“十三五”全国航海类专业职业教育创新教材

船舶通信技术与业务

（第二版）

主　编　王化民

大连海事大学出版社
DALIAN MARITIME UNIVERSITY PRESS

图书在版编目(CIP)数据

船舶通信技术与业务 / 王化民主编 . — 2 版. — 大连 : 大连海事大学出版社, 2024. 8

“十四五”职业教育国家规划教材 “十三五”全国航海类专业职业教育创新教材

ISBN 978-7-5632-4465-2

Ⅰ. ①船… Ⅱ. ①王… Ⅲ. ①航海通信—通信技术—高等职业教育—教材 Ⅳ. ①U675. 7

中国国家版本馆 CIP 数据核字(2023)第 201572 号

大连海事大学出版社出版

地址:大连市黄浦路523号 邮编:116026 电话:0411-84729665(营销部) 84729480(总编室)

http://press. dlmu. edu. cn E-mail:dmupress@ dlmu. edu. cn

大连天骄彩色印刷有限公司印装 大连海事大学出版社发行

2020 年 1 月第 1 版 2024 年 8 月第 2 版 2024 年 8 月第 1 次印刷

幅面尺寸:184 mm×260 mm 印张:28. 75

字数:629 千 印数:1~2000 册

出版人:刘明凯

责任编辑:张 华 责任校对:刘若实

封面设计:张爱妮 版式设计:张爱妮

ISBN 978-7-5632-4465-2 定价:72. 00 元

总　序

随着我国产业结构优化升级不断加快和经济发展质量不断提高，职业教育重要地位和作用越来越凸显。为了适应我国经济社会不断发展的需要，职业教育改革形势迫在眉睫。《国家职业教育改革实施方案》(国发〔2019〕4 号)指出：改革开放以来，职业教育为我国经济社会发展提供了有力的人才和智力支撑，现代职业教育体系框架全面建成，服务经济社会发展能力和社会吸引力不断增强，具备了基本实现现代化的诸多有利条件和良好工作基础。

航海职业教育在我国航海人才培养板块中占举足轻重的地位，培养了大批水上运输技术技能人才。“十三五”以来，航海职业教育改革不断深化，航海专业课程教学与教材的推陈出新是提高海员专业素质的直接抓手。为此，全国交通运输职业教育教学指导委员会航海类专业指导委员会，组织各校航海类专家在“经全国职业教育教材审定委员会审定的‘十二五’职业教育国家规划教材”基础上适当增加了其他课程教材，编写了“‘十三五’全国航海类专业职业教育创新教材”。本套教材具有如下三个创新点：

其一，紧密结合轮机工程技术和航海技术两个专业的国家级教学资源库、专家教学研究成果等立体化数字资源。本套教材以二维码的形式将传统教材与资源库、教学研究成果有机结合，实现了教学方法上的创新，便于学生自学和知识拓展。

其二，紧密结合国家有关船员职业培训新规定。本套教材内容紧扣《中华人民共和国海船船员适任考试和发证规则》及《海船船员培训大纲(2016 版)》等文件，覆盖规则和大纲的全部内容。

其三，紧密结合前沿的生产技术和衔接新老编写团队工作。本套教材新增企业一线技术人员参与编写，将前沿的生产技术和管理资料应用到教学工作中，并在“经全国职业教育教材审定委员会审定的‘十二五’职业教育国家规划教材”基础上适当增加了其他课程教材，充分体现了知识和技能的实用性、先进性。

本套教材主要作为航海类院校相关专业学生学习用书，也可作为海船船员适任培训相关课程的学习资料。

全国交通运输职业教育教学指导委员会对本套教材的编写提出了许多好的建议。全国航海职教联盟和中国交通教育研究会职教分会专家库的专家们积极参与了有关教材的编写和审定。大连海事大学出版社为本套教材的出版做了大量的卓有成效的工作。在此一并表示衷心的感谢。

全国交通运输职业教育教学指导委员会
航海类专业指导委员会
2019 年 8 月

编者的话

本书是在《船舶通信技术与业务》的基础上更新再版而来。

中国共产党第二十次全国代表大会提出:“我们要坚持教育优先发展、科技自立自强、人才引领驱动,加快建设教育强国、科技强国、人才强国,坚持为党育人、为国育才,全面提高人才自主培养质量,着力造就拔尖创新人才,聚天下英才而用之。”依据中国共产党第二十次全国代表大会对我国教育领域提出的战略要求,《船舶通信技术与业务》编写团队结合“十四五”职业教育国家规划教材评审专家意见和《职业院校教材管理办法》相关要求对教材进行了修订,旨在培养符合国际国内相关法规要求、具有船舶通信技术与业务能力的航海高技能人才。

全书包括全球海上遇险和安全系统概述,海上无线电通信技术基础知识,船用甚高频通信设备,船舶中/高频无线电设备,Inmarsat 通信系统构成及 C 船站,Inmarsat FB 系统与业务,COSPAS-SARSAT 系统及紧急无线电示位标,遇险现场搜救装置,海上安全信息播发系统,遇险、紧急、安全通信,GMDSS 设备电源和天线,船舶通信管理,其他船用通信系统及设备,搜救工作及船舶报告制度,应急应变及辐射防护措施,海上通信业务出版物的使用和 GMDSS 现代化,共 17 个项目及 3 个附录。

本书涵盖《国际海上人命安全公约》《海员培训发证和值班标准国际公约》《国际无线电规则》等有关船舶通信方面的规定和程序;诠释了 GMDSS 通用操作员培训大纲和考试大纲的全部内容。本书还对 GMDSS 现代化采用的新系统、新技术前瞻性地做了介绍,以适应船舶通信技术快速发展的需要。

本书重视“隐性思想政治教育”理念改革经验,准确引入教材思政内容;采用“项目引领、任务驱动”的职业教育理念,把船舶驾驶员应掌握的典型通信工作任务作为基本内容,辅以相关专业理论知识。本书具有鲜明的航海职业教育特色,突出了船舶通信职业能力培养国际化、能力培养系统化的教学要求。

本书满足航海院校 GMDSS 课程教学大纲,内容与船舶通信实际紧密结合,有利于对学员进行职业能力培养。

为方便学员在互联网上学习本书的主要内容,编者为主要章节编制了微课,放置到网络平台上。考虑学员考取 GMDSS 操作员适任证书的需要,编者特意在本书末附加了 3 个附录,包括船舶通信常用术语和缩写(中英文对照)、综合练习题和综合练习题参考答案。

本书可作为院校航海技术专业以及其他相关专业和课程的 GMDSS 操作员培训教材,还可作为船员自学、船舶管理人员的学习参考用书。

本书由王化民担任主编,李建民、丁峰担任主审,杨华、李波、刘军、吴金龙、杨淑娟担任副主编,张颖、王劲松和刘学参与了本书的编写工作。

本书在编写和出版工作中,得到了全国交通运输职业教育教学指导委员会航海类专业指导委员会、大连海事大学出版社、大连海事大学、烟台大学、青岛远洋船员职业学院、江苏海事职业技术学院、天津海运职业学院、浙江交通职业技术学院同人的大力支持和热心帮助,特致谢意。

书中如有疏漏、错误之处,敬请读者提出宝贵意见。您的意见或建议请发送到以下邮箱:390769338@ qq. com。

编　者

2023 年 10 月

目 录

项目一

全球海上遇险和安全系统概述

任务一　了解海上无线电通信发展

一、无线电波的发现

据《管子》和《吕氏春秋》记载，我们的祖先在公元前两百多年就发现了具有吸引铁器的石头——天然磁石，并对其进行加工，制成了可以指明方向的奇异勺子——司南。这也是历史上有记载以来，人类第一次接触磁这种看不见摸不着却又十分神奇的事物。后来，司南被我们古代的使节带到了欧洲。中国古代天然磁石的发现和应用，启迪了欧洲的科学爱好者，促进了无线电通信的发明。

19 世纪初期人类就在不断的创造和发明中开启了无线电通信时代。1837 年美国的莫尔斯发明了无线电报，并创建了莫尔斯电码；1865 年英国的麦克斯韦在前人电磁的探索发现基础上提出了电磁波学说；1887 年德国的赫兹用一个振荡电偶极子发现了电磁波，并在 1888 年 1 月将实验数据在《论动电效应的传播速度》一文中予以公布，轰动了全世界，历史上第一次直接验证了电磁波的存在及其传播速度；1897 年意大利科学家马可尼实现了当时最远的无线电信号的发射，距离不过 100 码（1 码约等于 0.914 4 m），并在一年后成功进行了岸到船通信实验。1901 年 12 月 12 日，马可尼在加拿大东南角的纽芬兰信号山用气球和风筝架设起接收天线，成功地接收到了大约距离此 2 500 km 外的在英国西南角波尔杜用大功率发射电台发送的国际莫尔斯电码“S”——“嘀、嘀、嘀”，实现了用无线电进行远距离通信的尝试。这是有史以来人类第一次跨越大西洋的无线电通信。从此，无线电通信从实验室进入人们的生活、生产中，改变了人们的生活方式，改变了世界，成为近代人类历史上伟大的发明之一。

马可尼的试验结果令人振奋，但也动摇了当时关于无线电理论研究的一些成果。当时科学家认为无线电波类似光波，沿直线传播。而马可尼的这次通信试验，跨越了大西洋,克服了地球曲率的影响,用当时的无线电波直射理论不能解释这次试验。也就在这个时期,人们发现了电离层折射电波现象,即短波段的电波能经由电离层反射回地面。

无线电的发展史,在很大程度上就是人们对各波段进行研究、运用的历史。先是长波通信、中波通信,继而是短波通信,一直到今天的微波通信和卫星通信。

无线电技术传入中国,早期主要在综合类期刊出现。1897 年 5 月 2 日《时务报》第 25 册刊出译文《无线电报》,这是"无线电报"一词在中国的最早出现。

进入 20 世纪,无线电通信在军事方面发挥了重要作用。早期的军用电台诞生于 1914 年,两次世界大战促进了无线电通信的快速发展和应用。在中国的早期革命斗争中,红军就将无线电通信作为重要的联络方式,特别是在红军进行战略转移的伟大长征中,各纵队之间的联系主要就是靠无线电台进行。从这个意义上讲,无线电通信在近代中国革命中的应用促进了中国革命的胜利和新中国的诞生。

二、海上莫尔斯通信体制的建立

20 世纪初期,1903 年第一届国际无线电报会议在柏林召开,有八个海洋大国参加了会议。考虑到航海业的迅速发展和海上事故的日益增多,会议提出要确定专门的船舶遇难无线电信号,但会议对此没有做出正式决定。会后不久,英国马可尼无线电公司宣布,用"CQD"作为船舶遇难信号,在安装有马可尼公司无线电设备的船舶上使用,但没有作为国际统一的遇难信号。直到 1906 年,在柏林召开的第二届国际无线电会议上才提出使用莫尔斯电码"SOS"作为遇险信号,即"・・・———・・・"。1908 年国际无线电报公约组织已经明确规定应用"SOS"作为海难求救信号。但此后的一段时间,船舶电报员们仍然使用"CQD"。1909 年 8 月,美国轮船"阿拉普豪伊号"由于尾轴破裂,无法航行,就向邻近海岸和过往船只拍发了"SOS"信号,据记载这是船舶第一次使用"SOS"遇险求救信号。

"SOS"遇险求救信号被广泛使用,应追溯到 1912 年 4 月"泰坦尼克号"沉船事件之后。"泰坦尼克号"从英国南安普敦出发,途经法国瑟堡-奥克特维尔以及爱尔兰昆士敦,目的地为美国纽约。1912 年 4 月 14 日,船上时间夜里 11 时 40 分,"泰坦尼克号"撞上冰山;15 日 0 时 15 分,"泰坦尼克号"船长命令电报员发出了过时的"CQD MGY"遇险呼救信号,MGY 是"泰坦尼克号"的无线电呼号。电报员随后改用了"SOS"遇险求救信号继续求援,附近的大多数船只收到了"SOS"遇险求救信号,而对开始发出的"CQD MGY"遇险呼救信号忽视了接收,包括相距 500 n mile 的姊妹船"奥林匹克号"和相距 49 n mile 的加拿大太平洋公司的"圣殿山号"、相距 135 n mile 的"法兰克福号"、相距 70 n mile 的"毕亚马号"、相距 243 n mile 的"波罗的号"、相距 170 n mile 的"维珍尼亚人号",以及相距 80 n mile 的"卡柏菲亚号",它们即向现场行驶,准备救援。但是就在 18 n mile 外的不定期客船"加利福尼亚号"的电报员因关闭了电报机而未能及时收到求救电报。"加利福尼亚号"客船离"泰坦尼克号"最近,此船如果在收到电报后全速救援,可以赶在“泰坦尼克号”沉船前到达现场。4 月 15 日凌晨 2 时 20 分,“泰坦尼克号”船体断裂成两截后沉入大西洋,船上 1 517 人丧生,是至今为止死伤最惨重的海难之一。

“泰坦尼克号”海难给人们留下了很多教训,其中在无线电报警和值班方面主要有如下不足之处:

(1)船舶电台呼号和遇险报警信号不统一,造成难以识别遇险船舶和遇险信号。“泰坦尼克号”电报员开始并没有使用“SOS”,而是使用英国马可尼无线电公司早期使用的船舶遇难信号“CQD”发出遇险报警,而被其他附近的船舶所忽视。虽然,稍后又改用“SOS”求救,但也暴露了遇险信号使用方面存在问题。

(2)没有设置遇险报警和值守频率,而是在工作频道上发射报警信息。

(3)没有严格的无线电值守规定。离“泰坦尼克号”最近的“加利福尼亚号”客船如果不是因关闭了电报机而漏收了“泰坦尼克号”的求救信号,也许能够在“泰坦尼克号”沉没前抵达,从而减少人员伤亡。

“泰坦尼克号”海难的深刻教训使人们清晰地认识到了海上无线电通信对于保障船舶航行安全及人命安全的重要性。从此,海上遇险与安全通信在各类国际公约制定中被特别重视与强调,这主要体现在《国际海上人命安全公约》(《SOLAS 公约》)和《无线电规则》有关条款中。

在英国政府的倡议下,1913 年在伦敦召开了第一次关于海上人命安全的国际会议,讨论了救生设备、无线电通信、冰区附近航行的减速或转向等事项。1914 年 1 月 20 日,13 个主要航海国家达成一致,形成了第一个《SOLAS 公约》。这是一个具有里程碑意义的国际公约,建立了包括船舶防水和防火舱壁、信号设备(特别是无线电信号)、航行安全、救生、消防及消防设备等在内的国际规定。后因第一次世界大战爆发,直到 1915 年这个国际公约才被更多国家认可执行。

第一个《SOLAS 公约》首次对船舶无线电通信提出强制要求,主要有如下几条:

(1)规定 500 kHz 为莫尔斯报遇险和呼叫频率;“SOS”作为遇险求救信号;

(2)每艘海上船舶均应分配固定的“船舶呼号”;

(3)规定船舶在航行期间,对规定的遇险和呼叫频率进行值守,以保证对遇险报警的收听;

(4)船舶应配备由蓄电池供电的紧急无线电收发信机。

至此,旨在保障海上人命安全的海上莫尔斯通信体制正式建立,直到 1999 年 2 月 1 日全球海上遇险与安全系统(GMDSS)的正式实施,运行了近一百年的时间。无线电通信从发明至今,人们借助无线电通信技术救助了数以万计人的生命。

1948 年,联合国政府间海事协商组织(IMCO)制定了《1948 年海上人命安全公约》,又规定中频 2 182 kHz 为无线电话遇险频率,并于 1958 年生效。但是,海上遇险报警与通信还是以莫尔斯遇险报警与通信制度为主,无线电话报警与通信作为辅助手段,一直到 GMDSS 正式生效才得以实施。1974 年政府间海事协商组织(IMCO)又对《SOLAS 公约》进行了修订,形成《1974 年国际海上人命安全公约》,于 1980 年 5 月 25 日生效,中国作为签约国,据此中国籍船舶也要遵照执行。

莫尔斯通信主要使用甚高频(VHF)设备进行近距离通信,使用中/高频设备进行中距离和远距离通信。

三、GMDSS 提出的原因与背景

从 19 世纪末期无线电通信的发明,到 20 世纪初期因为“泰坦尼克号”海难而正式建立的莫尔斯遇险报警与通信体制,再到 20 世纪末期实施 GMDSS,近 100 年的时间里海上通信主要以莫尔斯通信体制为主。这种通信体制主要有如下特点:

(1)遇险报警与通信主要使用中/高频收发设备以莫尔斯电报为主要通信方式;

(2)莫尔斯遇险报警频率为 500 kHz,主要依赖人工方式进行遇险报警与接收;

(3)需要专门训练的专业人员才能进行莫尔斯通信;

(4)遇险报警距离有限,报警信息只能由附近的船舶电台和海岸电台接收到;

(5)主要依赖于中短波通信,没有卫星通信;

(6)遇险协调救助主要依赖于附近的船舶,岸上没有救助协调中心,这样岸上救助力量不能充分协调和利用。

这种通信体制的缺陷主要表现在:

(1)设置莫尔斯遇险频率 500 kHz 和无线电话遇险频率 2 182 kHz 都属于中波波段,其传播的距离为 150 n mile 左右;甚高频段无线电话遇险和安全频率 156. 8 MHz (VHF CH16),因只能直线传输,故受到地球曲率的影响,通信距离为 25 n mile 左右。这种设置主要是为了实现遇难船向附近的船舶报警和通信。如果遇险发生在沿岸海域,附近海岸电台也可能收到遇险报警。但是,因没有设置短波遇险报警频率,就不可能在公海水域实现船到岸的远距离遇险报警。因此,这种通信体制难以实现以岸基为中心的海上搜救体制。

(2)船舶遇险时,必须由专职通信人员发送莫尔斯遇险报警,其他人员因没有经过专门训练,难以胜任遇险报警的发射。因此,这种通信体制使船舶应对突发海难事件受到了限制。

(3)主要依赖人工值守遇险频率,很难实现全天候的人工值守,易造成人为的漏听和延误。虽有自动值守设备,但由于通信技术等原因,信号易受到干扰,成功率低。

(4)沿岸国家建立的搜救体系,没有形成统一的全球海上搜救协调体系,不能充分发挥其应有的作用,难以有效地开展协调搜救作业。

四、GMDSS 的提出和审议

1973 年在第八届海安会(MSC)上做出了“关于发展海上遇险呼救系统的建议”的 A. 283 号决议案,正式开始了新的海上通信系统的研究。1979 年 MSC 通过了 A. 420 决议案,为建立“未来全球海上遇险和安全系统(FGMDSS)”而设立工作组,准备建立全球通信网，规定新系统应符合国际海事组织制定的 1979 年《国际海上搜寻救助公约》。1982 年第 32 次无线电分委员会将"未来全球海上遇险及安全系统(FGMDSS)"改名为"全球海上遇险及安全系统(GMDSS)"。

1986 年国际海事组织(IMO)宣布自 1986 年开始准备由莫尔斯向 GMDSS 过渡；从 1992 年 2 月 1 日至 1999 年 2 月 1 日设置了 7 年的过渡期，以应对由莫尔斯遇险通信体制过渡到 GMDSS 新系统所面对的不可预期的问题。

1988 年国际海事组织(IMO)召开缔约国外交大会，通过了《1974 年国际海上人命安全公约 1988 年修正案》(以下简称《SOLAS 公约 1988 年修正案》)，该修正案的第四章"无线电通信"部分将 GMDSS 首次列入。

1989 年国际电信联盟(ITU)召开无线电行政大会，重新对无线电通信频率进行了划分和调整，以满足全球海上遇险及安全系统实施的需要。

《SOLAS 公约 1988 年修正案》在第四章 A 部分—通则中对 GMDSS 做了如下规定：

(1)建立岸上搜救协调中心(RCC)，对船舶发出的遇险报警迅速做出反应，协调岸上和遇险船舶附近的船舶开展搜救工作；

(2)向海上航行的船舶播发海上安全信息，预防海难事故的发生；

(3)在海上能够有效地进行全球范围的无线电通信；

(4)整个系统高效率、可靠，设备实现微机控制、自动化操作。

自 1999 年 2 月 1 日船舶通信正式由莫尔斯通信体制进入全球海上遇险和安全通信系统，开启了 GMDSS 通信时代，卫星通信成为海上遇险和安全的主要通信手段。GMDSS 主要使用的通信系统和设备包括：国际移动卫星通信系统(Inmarsat)及其船舶终端设备、中/高频通信设备(含数字选择性呼叫、无线电传通信和单边带通信)、甚高频通信设备(含数字选择性呼叫和无线电话通信)、国际搜救卫星系统船载紧急无线电示位标(EPIRB)、搜救雷达应答器(Radar-SART)、自动识别系统搜救发射器(AIS-SART)、NAVTEX 接收机等。

五、GMDSS 现代化的提出和审议

全球海上遇险与安全通信系统自 1992 年开始实施，1999 年全面强制实施以来对水上人命救助和财产保护发挥了重要的作用。但是，随着通信技术和信息技术快速发展，新的通信技术、通信系统和通信设备不断涌现；船舶运输和管理越来越现代化和信息化，越来越多的航运部门需求船岸快速、便捷、高效、直观的通信，以加强岸上机构对船舶的管理，提高航运的效率和航行安全。在这样一个背景下，国际海事组织适时地提出"GMDSS 复审和现代化对策研究工程"，开展对无线电通信信息新技术支持水上遇险及安全通信系统的研究；开展与这一工程相关的涉及技术、政策、频谱需求和相关规则的修订等诸多方面的研究；鼓励各国和相关组织积极开展全球海上遇险与安全系统复审及现代化对策研究，实现 GMDSS 的更新升级，以实现 GMDSS 和现代最新通信技术和手段的融合，以满足海上安全的最新需求。

2008年国际海事组织（IMO）无线电通信与搜救分委会（COMSAR）第12次会议首次提出审议GMDSS与e-Navigation概念的关系及GMDSS现代化需求。

2010年国际海事组织第86届海上安全委员会会议（MSC.86）应COMSAR第13次会议请求正式建立GMDSS复审前期研究新任务，并于次年的COMSAR第14次会议上正式建立特别工作组，按照该组工作计划及程序安排，已于2012年3月召开的COMSAR第16次会议确定GMDSS复审与现代化对策研究范围和任务；国际海事组织决定将GMDSS复审和现代化作为该组织的高优先项目，第90届海安会批准该项目于2012年正式启动，我国相关部门在国际海事组织（IMO）高级复审阶段同步启动了我们国家的GMDSS现代化对策研究。

2018年5月在伦敦召开第99届海安会上审议了中国代表团提交的北斗系统加入GMDSS的立项申请，同时审议并通过《SOLAS公约》第Ⅳ章及附录证书修正案等决议案等。

国际海事组织航行、通信与搜救分委会（NCSR）第6次会议于2019年1月16日至25日在英国伦敦召开，根据GMDSS的现代化计划，审议《SOLAS公约》第Ⅲ、Ⅳ章以及有关文书的修正案草案，以现代化的GMDSS取代《SOLAS公约1988年修正案》中已过时的GMDSS概念，并将相关内容列入国际电信联盟（ITU）2019年11月举办的世界无线电通信大会的议程。

整个GMDSS现代化计划，包括《SOLAS公约1988年修正案》相关章节内容修改和海上无线电通信和无线电导航无干扰无线电频谱的确定工作已于2021年完成。

在NCSR第6次会议上还通过批准了Inmarsat船队安全网和铱星卫星系统（Iridium）提供海事安全信息的法律文件。

2018年12月在伦敦召开的第100届海安会上审议航空和海上搜救程序指南，世界航行警告业务（WWNWS）和世界海洋信息警告业务引入铱星系统；审议了海上安全信息（MSI）决议案[A.705(17)]和世界航行警告决议案[A.705(17)]；修订了部分专业术语，修改了《SOLAS公约》第Ⅳ章和附录证书格式，以保证与前两次会议通过的《SOLAS公约》修正案相协调。

2019年6月在伦敦召开的第101届海安会上审议北斗加入GMDSS进程，审议批准了若干GMDSS现代化和E航海的有关修改案和标准，包括：

（1）批准MSC.466(101)船载航行显示器显示航行相关信息性能标准[MSC.191(79)决议]修正案；

（2）MSC.467(101)e-Navigation框架下海事服务定义及其统一格式与结构导则；

（3）MSC.468(101)MSI信息播发建议[A.705(17)决议]修正案；

（4）MSC.469(101)全球航行警告业务[A.706(17)决议]修正案；

（5）MSC.470(101)IMO/WMO全球气象信息和警告业务[A.1051(27)决议]修正案；

（6）MSC.471(101)自浮式406 MHz紧急无线电示位标（EPIRB）性能标准修正案。

在国际海事组织（IMO）海上安全委员会第101届会议上批准的相关正式通函

包括：

（1）决议号 MSC. 1/Circ. 1603 GISIS 海上保安模块的电子数据传输导则；

（2）MSC. 1/Circ. 1608 提交含新建或修订船舶定线制或船舶报告系统的提案的程序；

（3）MSC. 1/Circ. 1609 航行设备用户界面设计标准化指南；

（4）MSC. 1/Circ. 1610 e-Navigation 框架下海事服务业初步描述；

（5）MSC. 1/Circ. 1611 船队安全技术要求临时导则；

（6）MSC. 1/Circ. 1612 拟用于极地航行船舶的航行设备和通信设备导则；

（7）MSC. 1/Circ. 1613 铱星临时安全服务手册；

（8）MSC. 1/Circ. 1222/Rev. 1 航行数据记录仪（VDR）和简化航行数据记录仪（S-VDR）年度测试指南；

（9）MSC. 1/Circ. 1259/Rev. 8 远程识别和跟踪系统技术文件（第Ⅰ部分）；

（10）MSC. 1/Circ. 1376/Rev. 4 LRIT 系统服务计划连续性；

（12）MSC. 1/Circ. 1412/Rev. 2 RIT 数据中心和国际数据交换中心运行状况评估原则和指南；

（13）MSC. 1/Circ. 1364/Rev. 1/Corr. 1 国际 SafetyNET 手册修正案。

在 NCSR 第 7 次会议上审议了因 GMDSS 现代化需修正《STCW 规则》和示范课程的议题。国际海事组织（IMO）在人的因素、培训和值班分委会第 6 次会议（HTW 6）上同意在 GMDSS 现代化完成之后对海员培训、发证和值班标准国际公约（STCW）做必要修正。

2000 年 5 月在线上召开的第 103 届海安会上批准了 NCSR 增加的议题，计划在海上甚高频段引入 VHF 数据交换系统（VDES），实现海上无线电通信数字化；制定 NAV-DAT 性能标准和相关文件，用于接收海上安全和保安相关信息，并纳入全球海上遇险和安全系统（GMDSS）现代化计划。

在 2021 年 10 月在线上召开的第 104 届会议上批准了旨在更新 GMDSS 要求的《SOLAS 公约》修正案草案，以使 GMDSS 能够适应现代通信系统，同时取消运载老旧系统的要求；强调 GMDSS 现代化工作应注重一般性规定，而不考虑具体服务供应商，修订 A1 至 A4 海区设备相关要求。对通信设备的要求从有关救生设备的《SOLAS 公约》第Ⅲ章调整到有关无线电通信的第Ⅳ章，未来将不再参考先前的决议及通函。在 2022 年 4 月线上召开的第 105 届海安会通过了有关 GMDSS 现代化实施的《SOLAS 公约》修正案，并决定该修正案于 2024 年 1 月 1 日正式生效实施。至此，随着 GMDSS 现代化生效期临近，船舶通信设备将迎来新一轮的更新和换代。

国际海事组织（IMO）海上安全委员会第 106 届会议于 2022 年 11 月 2—11 日以线下和线上结合形式举行，会议审议通过了中国北斗系统加入 GMDSS 移动卫星服务系统的申请，认可 BDMSS 提供海事卫星服务。

任务二　全球海上遇险和安全系统概述

一、全球海上遇险和安全系统简介

全球海上遇险和安全系统(Global Maritime Distress and Safety System,GMDSS)的概念在 1973 年被国际海事组织(IMO)提出,自 1992 年 2 月 1 日开始经历了 7 年过渡期后,于 1999 年 2 月 1 日起正式生效实施。GMDSS 经过近十年的运行实践后,根据海上和陆上通信技术的不断发展,国际海事组织(IMO)无线电通信与搜救分委会(COMSAR)在 2008 年召开的第 12 次会议上首次提出了 GMDSS 现代化和 e-Navigation 的概念,经过数年的审议(高级复审和详细复审),确定了 GMDSS 现代化的实施计划,修订了《SOLAS 公约》第Ⅳ章“无线电通信”的相关条款,在 2022 年 4 月线上召开的第 105 届海安会上获得通过,并决定该《SOLAS 公约》修正案于 2024 年 1 月 1 日正式生效实施。这标志着海上通信进入 GMDSS 现代化时代。

《SOLAS 公约 2022 年修正案》的第四章“无线电通信”部分仍分为 A、B 和 C 三部分。A 部分为通则;B 部分规定了《SOLAS 公约》缔约国政府应遵守的承诺;C 部分规定了船舶分海区应配备的无线电设备的类型以及无线电值班的操作、电源、性能标准、维修、无线电人员、无线电记录等要求。同时要求《SOLAS 公约》缔约方遵守国际电信联盟(ITU)《无线电规则》的相关规定。

《SOLAS 公约 2022 年修正案》的第四章从生效之日起,将适用于国际航线上航行的所有客船和 300 总吨以上的所有货船。

GMDSS 基本概念为:GMDSS 是一个主要基于岸上组织搜索和协调救助的海上遇险和安全系统。当船舶遇险时,能够迅速地发出遇险报警,岸上救助协调中心(RCC)以及遇险事件附近船舶能可靠地接收到该遇险报警;在搜救区内的 RCC 将协调组织沿海搜救力量和遇险事件附近的船舶对海上遇险者快速实施搜索和救助。同时 GMDSS 系统还向海上提供包括航行警告、气象警告在内的海上安全信息播发,以保证船舶的安全航行,避免海难事件的发生。

GMDSS 概念如图 1-1 中的(a)(b)(c)(d)所示。

其中:

图 1-1(a)为 GMDSS 组成示意图。

图 1-1(b)表示船舶遇险首先从紧急无线电示位标(EPIRB),和/或认可的移动卫星系统终端设备,和/或 DSC 系统发送遇险报警信息。幸存者弃船登上救生艇筏后,安装并启动搜救雷达应答器(Radar-SART)或者自动识别系统搜救发射器(AIS-SART),导引搜救者前来救助。

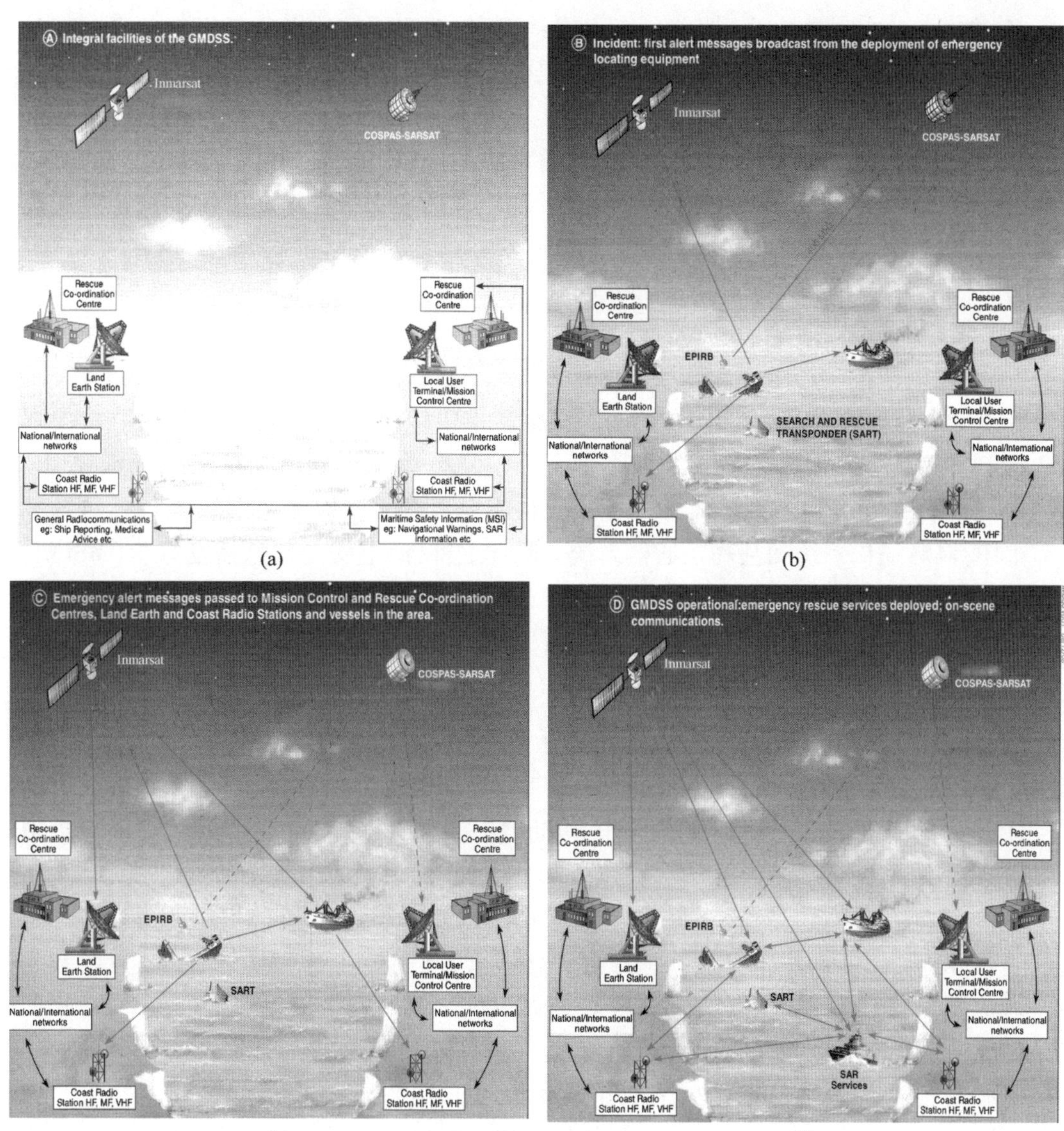

图 1-1　GMDSS 概念

图 1-1(c)表示由 EPIRB 发出的遇险报警信息经由搜救卫星传送到地面上的本地用户中心(LUT)和任务控制中心(MCC),最终传送到遇险船舶所在海域的救助协调中心(RCC);和/或由移动卫星船舶终端(如 Inmarsat C 船站)启动遇险报警,经由移动卫星、地面接收站,传送到 RCC;和/或由数字选择性呼叫(DSC)设备向附近船舶和海岸电台发射遇险呼叫。

图 1-1(d)表示遇险搜救工作在岸上救助协调中心(RCC)的指挥下全面展开,RCC 与遇险事件水域的船舶进行搜救协调通信;遇险事件水域船舶间进行遇险现场通信;附近的船舶和岸上搜救机构派出的搜救艇正在开往遇险事件水域,实施搜救作业。

国际海事组织(IMO)制定了《国际搜寻救助公约》,将全球水域划分成若干搜救区,确立了统一的搜救方案、搜救合作和搜救程序;规定了缔约国或者组织负责的搜救区。海上人命安全公约明确要求沿岸缔约国的海岸电台和卫星地面接收站提供值守业务,同时也要求公约船舶进行无线电自动值守,以保障对附近海域遇险船舶报警信息的接收,并为海上遇险船舶和人员提供援助或者协调搜救。同时国际海事组织(IMO)还要求《SOLAS 公约》缔约国通过移动卫星系统和/或地面无线电通信系统为海上船舶提供海上安全信息业务。

二、GMDSS 的组成

全球遇险与安全系统(GMDSS)按照国际海事组织(IMO)总体规划设计构成,主要包括卫星分系统和地面通信系统两个部分。卫星分系统包括国际移动卫星系统(Inmarsat)、COSPAS-SARSAT 系统、铱星系统、北斗卫星系统。地面通信系统包括传统的海上中/高频通信系统和甚高频通信系统。除此之外,海上安全信息播发系统(MSI)和用于遇险现场的搜救定位设备也是 GMDSS 组成部分。

1. *移动卫星通信系统*(Mobile Satellite Communicating System)

目前,缔约国通过并认可的纳入 GMDSS 的移动卫星通信系统有国际移动卫星通信系统和铱星系统,共同为海上船舶提供遇险、紧急、安全和常规通信服务。

国际移动卫星系统由总部设在伦敦的国际移动卫星公司管理,是被缔约国认可的 GMDSS 一个重要部分,为海上船舶提供移动卫星通信业务;目前是全球最大的移动卫星服务提供商,为各类型海事、航空与陆地终端用户提供数据和语音通信服务;其在轨卫星移动业务工作在 L 频段和 Ka 频段。Ka 频段是 Inmarsat 第五代卫星的移动业务工作频段;Inmarsat 卫星全部部署在地球静止轨道上。目前,满足 GMDSS 遇险、紧急和安全通信要求的船舶地球站有 Inmarsat C 船站。该系统的宽带卫星通信船站——FB 船站已经被远洋商船广泛采用;Inmarsat 第五代卫星支持的全球宽带终端(GX-terminal)已完成实船试验,其通信带宽和速率将达到 50 MHz。

铱星通信系统(Iridium System)是低轨道移动卫星通信系统,2018 年被国际海事组织(IMO)审议通过纳入 GMDSS,包括海上的移动用户可以使用铱星手持机通过铱星通信系统进行语音、数据、寻呼和短信等通信。

我国的北斗卫星文本通信系统也于 2022 年 11 月被审议批准加入 GMDSS 移动卫星服务系统。

2. *地面无线电通信系统*(Terrestrial Communicating System)

GMDSS 地面无线电通信系统是指使用中/高频(MF/HF)和甚高频(VHF)通信设备进行遇险报警、搜救协调通信、遇险现场通信及常规通信的系统。地面无线电通信系统主要包括船舶中/高频无线电设备和甚高频无线电话设备。船舶中/高频设备在中/高频段为船舶提供无线电电话通信和数字选择性呼叫;船舶甚高频设备在甚高频段为船舶提供无线电电话、数字选择性呼叫和数据通信(VDES)。

3. 海上安全信息播发系统(Promulgation of Maritime Safety Information)

岸对船的海上安全信息播发系统是一个全球航行警告系统，其业务主要由 NAVTEX 系统、NAVDAT 系统和具有增强群呼(EGC)功能移动卫星系统提供。

NAVTEX 系统是一个用无线电传技术播发，工作在 518 kHz 上，船舶配备 NAVTEX 接收机接收沿岸 MSI 播发系统。

NAVDAT 系统是一个用无线电数字通信技术播发，工作在 500 kHz 上，船舶配备 NAVDAT 接收机接收沿岸 MSI 播发系统。

具有增强群呼(EGC)功能移动卫星系统提供的 MSI，主要是指陆上有关部门经由 Inmarsat C 系统和铱星系统向沿岸和公海播发 MSI，船舶用具有 EGC 功能的 C 船站或铱星手持机接收的系统。

4. COSPAS-SARSAT 系统

COSPAS-SARSAT 是搜救卫星系统，紧急无线电示位标(EPIRB)是该系统的船上报警设备。当船舶遇险时可自动启动或人工启动 EPIRB，发出遇险报警。当 EPIRB 随遇险船舶下沉到水下 2~4 m 时，静水压力释放器自动释放 EPIRB，EPIRB 浮出水面发出遇险报警。如果船舶没有下沉，也可人工启动 EPIRB 发出报警；极轨道和静止轨道卫星上的 406 MHz 转发器都可能接收到这一报警信息，并转发给地面接收站，最终将报警信息传送给遇险区域的救助协调中心。

5. 搜救定位设备

船舶配备搜救定位设备能在救助现场导引搜救船舶或者搜救飞机尽快确定遇险船舶及幸存者的位置，并实施救助。搜救定位设备包括搜救雷达应答器(Radar-SART)和自动识别系统搜救发射器(AIS-SART)。

对于《SOLAS 公约 2022 年修正案》第四章规定范围内的船舶，我们称之为 SOLAS 船舶或者 GMDSS 船舶。而对于渔船、军舰、非商业游艇、木船、非动力船、内湖船等因不在公约规定范围内的船舶，我们称之为非 SOLAS 船舶，对于这些船舶不强制要求遵守 GMDSS 规定，但是一些国家鼓励或规定非 SOLAS 船舶为保障安全航行配备部分 GMDSS 设备。

三、GMDSS 的功能

按照《SOLAS 公约 2022 年修正案》要求，GMDSS 系统应具有如下九项无线电通信功能：

1. 发射船到岸的遇险报警

GMDSS 船舶应具备至少两种不同的单独方式发射船到岸的遇险报警，每一种方式使用不同的无线电通信业务，即 GMDSS 船舶至少应有两台分开且独立的装置发送船到岸的遇险报警，且每台装置均应使用不同的无线电通信业务。比如仅在 A1 海区作业的船舶，船舶的主要报警方式是 VHF DSC，第二报警方式可以是 EPIRB；在 A2 和 A3 海区,船舶的主要报警方式是中/高频 DSC,第二报警方式可以是海事卫星船站或者是EPIRB;在 A4 海区航行的船舶,主要报警方式是高频 DSC,第二报警方式是 406 MHz EPIRB。

GMDSS 船舶的遇险报警要迅速可靠地传送到陆上搜救协调中心(RCC)和遇险事件附近的船舶。遇险报警应指明船舶识别和遇险位置,如果时间允许,还应指明遇险性质和有助于救助行动的其他信息。

2. 接收岸到船遇险转发

GMDSS 船舶应具有接收岸到船遇险转发的能力。如果船舶在沿岸海域遇险,搜救协调中心接收到报警后会立即协调岸上救助力量实施救助;如果船舶在远海水域遇险,搜救协调中心接收到报警后就会向遇险事件附近的船舶转发遇险船舶信息。通常 RCC 经由认可的移动卫星系统转发遇险船舶信息,或者经由海上安全信息(MSI)或数字选择性呼叫系统(DSC)转发遇险船舶信息,遇险事件附近的船舶将能够接收岸到船的遇险转发。

《SOLAS 公约》的这项规定为 406 MHz EPIRB 用户或者移动卫星终端用户发送遇险报警,而遇险事件附近船舶不能直接收到此报警信息提供了解决方案。

3. 发射和接收船到船遇险报警

SOLAS 船舶应具有船到船遇险报警的功能。这一功能由甚高频数字选择性呼叫(VHF DSC)和中频数字选择性呼叫(MF DSC)完成。

SOLAS 船舶还应具有接收船到船遇险报警的功能,即:如果遇险船舶采用 VHF DSC 遇险呼叫,附近 30 n mile 范围内船舶的 VHF DSC CH70 值守机将能够接收到这一呼叫,并转到 VHF CH16 上用无线电话方式进行遇险通信;如果遇险船舶是采用 MF DSC 遇险呼叫,附近 200 n mile 范围内船舶在 2 187.5 kHz 上将能够接收到这一呼叫,并转到中频 2 182 kHz 上进行无线电话遇险通信。

综上,GMDSS 系统中的遇险报警可以在三个方向上进行,即船到岸方向、岸到船方向、船到船方向。

4. 发射和接收搜救协调通信

搜救协调通信是指搜救协调中心(RCC)与遇险船舶,或者遇险事件附近船舶关于搜寻与救助的通信,SOLAS 船舶应具有发射和接收这类通信的能力。搜救协调通信通常采用移动卫星通信系统或者其他通信系统进行。

5. 发射和接收现场通信

现场通信是指在遇险现场的船舶、艇筏或救助飞机间关于搜寻与救助遇险船舶或者幸存者等的通信,SOLAS 船舶应具有发射和接收现场通信的能力。现场通信主要使用甚高频无线电话(VHF)设备在遇险安全专用信道上进行,也可以根据具体情况使用其他有利于搜救作业的通信设备进行。现场通信使用的设备和规定的频率(信道)如下:

(1)船舶甚高频设备

VHF CH16(156.8 MHz)(G3E)为甚高频无线电话遇险和安全通信信道,另外也用于航空台就安全目的进行的通信。

VHF CH06(156.3 MHz)(G3E)用于船台和航空台间协调搜救作业通信,以及其他安全目的的通信。

(2)航空甚高频设备

121.5、123.1 MHz(VHF A3E)为航空紧急通信频率,可用于船舶和飞机间通信。客船强制配备该设备,商船和远洋渔船一般不配备该设备。

(3)中/高频无线电设备

2 182.0 kHz(MF J3E)为中频无线电话遇险和安全通信频率。

2 174.5 kHz(MF F1B)为中频无线电传遇险和安全通信频率。

3 023.0 kHz(HF J3E)为航空无线电话频率,主要用于从事协调搜救作业的移动台间相互通信,以及参与协调搜救作业的移动台和陆地台间通信。

4 125.0 kHz(HF J3E)用于航空台与海上移动业务台间为遇险和安全目的(包括搜救)进行的无线电话通信。

5 680.0 kHz(HF J3E)为航空搜救频率,主要用于从事协调搜救作业的移动台间无线电话通信,以及参与协调搜救作业的移动电台和陆地电台间的无线电话通信。

6.发射和接收定位信号

遇险船舶报警中的位置信息受流向、流速等因素的影响可能与实际位置有一定偏差。为尽快发现和救助遇险船或幸存者,SOLAS 船舶应具有发射和接收定位信号的能力,以导引搜救者尽快确定遇险者的位置或者方位,实施救助。

SOLAS 船舶的定位信号主要由船舶配备的搜救雷达应答器(Radar-SART)和/或自动识别系统搜救发射器(AIS-SART)提供。紧急无线电示位标(EPIRB)中的第二发射机也在航空紧急频率 121.5 MHz 上提供导引信号。

7.接收海上安全信息

SOLAS 船舶应具有接收海上安全信息的能力,以保障船舶的航行安全,避免海难事故的发生。

GMDSS 提供全球航行警告业务(WWNWS),有关 GMDSS 缔约国通过认可的系统向规定海域的船舶播发海上安全信息,SOLAS 船舶应能可靠地接收这些信息。

GMDSS 现代化后的海上安全信息播发系统有:

(1)相关《SOLAS 公约》缔约国经由国际移动卫星 C 系统(Inmarsat C)采用增强群呼技术(EGC)向规定海域播发海上安全信息,船舶配备 Inmarsat C 船站接收这类信息。

(2)相关《SOLAS 公约》缔约国经由铱星系统(Iridium System)采用增强群呼技术(EGC)向规定海域播发海上安全信息,船舶配备铱星手持机接收这类信息。

(3)缔约国海岸电台采用无线电传技术在 518 kHz 和/或 4 209.5 kHz 上用英语播发海上安全信息,船舶配备 NAVTEX 接收机接收沿岸 MSI。

规定可在 490 kHz 上用本国语言播发沿岸水域海上安全信息。我国沿海因为电磁环境的影响,改用 486 kHz 播发中文航行警告和气象报告。

(4)GMDSS 现代化引入数字通信技术 NAVDAT 系统播发 MSI,工作在 500 kHz 上,船舶配备 NAVDAT 接收机接收沿岸 MSI。我国上海海岸电台已经建成了 NAVDAT 播发台。

8. 发射和接收紧急和安全无线电通信

SOLAS 船舶应具有发射、接收紧急和安全无线电通信的功能,以为发生危及船舶和人员安全的紧急与安全事件时提供无线电通信保障。

9. 发射和接收驾驶台对驾驶台通信

驾驶台对驾驶台通信(Bridge to Bridge Communications)功能通常是指在驾驶台正常航行的位置,为船舶航行安全使用 VHF 设备进行的无线电话通信。VHF 设备除能在 CH16 信道上实现驾驶台到驾驶台通信外,还应能在 VHF CH13 信道上进行有关航行安全的通信。

GMDSS 船舶九大功能的设备实现方案如表 1-1 所示。

表 1-1 GMDSS 船舶九大功能的设备实现方案

序号	GMDSS 船舶功能	设备实现方案								
		VHF 设备	Radar-SART Or AIS-SART	NAVTEX NAVDAT	EGC	EPIRB	MF 设备	移动卫星 SES	HF 设备	Two-way VHF
1	发射船到岸遇险报警	×注 1				×	×注 2	×	×注 3	
2	接收岸到船遇险报警	×注 1					×注 2	×	×注 3	
3	发射和接收船到船遇险报警	×					×			
4	发射和接收搜救协调通信							×		
5	发射和接收现场通信	×					×	×		×
6	发射和接收定位信号		×			×				
7	接收海上安全信息			×	×					
8	发射和接收紧急和安全无线电通信	×					×	×	×	×
9	发射和接收驾驶台对驾驶台通信	×					×			×

注 1:船舶在 A1 海区;注 2:船舶在 A2 海区;注 3:船舶在 A3 海区

任务三 掌握 GMDSS 海区划分和船舶电台设备配备

一、GMDSS 海区划分

2024 年 1 月 1 日生效的《SOLAS 公约 2022 年修正案》规定在国际航线上航行的所有客船以及 300 总吨以上的货船，须根据船舶航行的海区配备无线电设备，确定船舶的无线电值守和 GMDSS 设备操作使用人员配备。

依据《SOLAS 公约 2022 年修正案》规定，基于岸基无线电设施的无线电业务覆盖将全球海域划分为四个海区（Sea Area），即 A1 海区、A2 海区、A3 海区和 A4 海区如表 1-2 和图 1-2 所示。

表 1-2 GMDSS 海区描述

海区	覆盖距离	船载无线电设备	主要频率	EPIRB	救生艇筏设备
A1 海区	岸基 VHF 台覆盖 20 ~ 50 n mile 范围海域	VHF 设备	156.525 MHz（CH70） 156.8 MHz（CH16）	406 MHz EPIRB	SART；便携式 VHF
A2 海区	除去 A1 海区的 50~250 n mile 范围内海域	MF 设备 VHF 设备	以上频率再加如下频率： MF DSC 2 187.5 kHz；MF RT 2 182 kHz NAVTEX 518 kHz	406 MHz EPIRB	同上
A3 海区	认可的移动卫星业务覆盖范围内，不包括该海域内 A1 和 A2 海区	SES MF/HF 设备 VHF 设备	A1 和 A2 海区的相关频率，再加所有 HF 相关频率认可的移动卫星业务信道	406 MHz EPIRB	同上
A4 海区	除 A1、A2、A3 海区以外海域，主要在极地海域	MF/HF 设备 VHF 设备	以上相关频率，但不包括静止卫星报警用频率	406 MHz EPIRB	同上

四个海区的定义和描述如下：

A1 海区是指在至少一个甚高频（VHF）海岸电台的无线电话覆盖范围内的区域，该区域内可以连续提供 VHF DSC 遇险报警业务。A1 海区实际范围由《SOLAS 公约》缔约国政府依据本国的甚高频海岸电台实际覆盖进行定义。

A2 海区是指在至少一个中频（MF）海岸电台的无线电话覆盖范围内的区域，该区

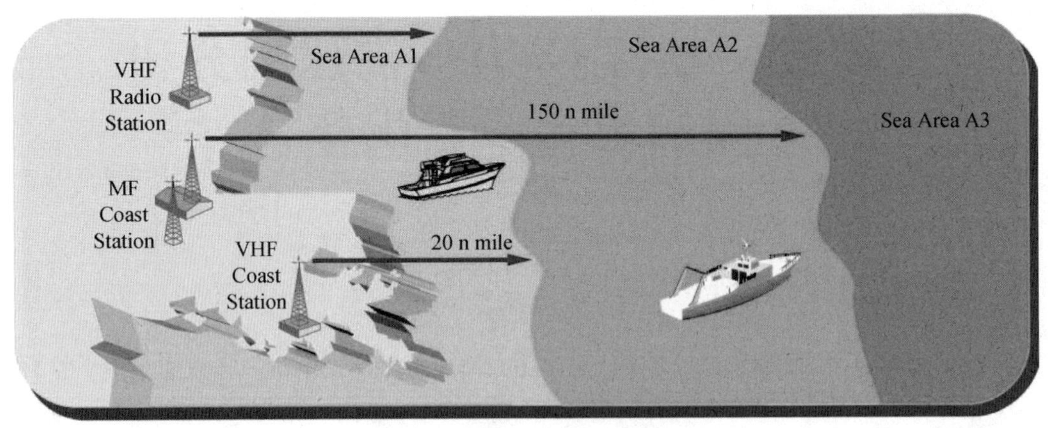

图 1-2　GMDSS 海区划分示意图

域内可以连续提供 MF DSC 遇险报警业务,但不包括 A1 海区。A2 海区实际范围由《SOLAS 公约》缔约国政府依据本国的中频海岸电台实际覆盖进行定义。

A3 海区是指在认可的移动卫星业务覆盖范围内,在该区域内任何位置使用船舶地球站(SES)能实现连续遇险报警,但不包括 A1、A2 海区。

A4 海区是指除 A1、A2、A3 海区以外的海域。

二、船舶电台设备配备

在国际航线上航行的所有客船和 300 总吨以上的货船,应按照《SOLAS 公约 2022 年修正案》的规定,根据船舶航行的海区配备无线电设备。

(一)SOLAS 船舶安装无线电装置要求

SOLAS 船舶安装无线电装置应遵守如下要求:

(1)无线电装置安装的位置应不产生机械、电气或其他来源的有害干扰而影响设备的正确使用,且应确保电磁兼容性,避免与其他设备和系统造成有害影响。

(2)无线电装置安装的位置应确保最大限度的安全性和可操作性。

(3)防止水、高温和其他不良环境条件的有害影响。

(4)具有独立于主电源和应急电源的可靠的、永久性的电气照明装置,为操作无线电装置的无线电设备控钮提供充足的照明。

(5)如适合,应清楚地标明 GMDSS 标识,以供无线电装置操作员使用。

(6)对航行安全所需的甚高频无线电话信道的控制,应能即刻在驾驶台便于船舶操纵的位置上进行。如适合,应能从驾驶台两翼进行甚高频无线电通信(含使用便携式甚高频设备进行无线电通信)。

(7)客船应在驾驶台操纵位置安装遇险面板,其要求如下:

①遇险面板应包含一个单独的按钮,当按下这个按钮时,就会使用船上所需的所有无线电装置发出遇险警报,或者每个无线电装置都对应有一个按钮。

②当任何按钮被按下时，应有清晰直观的指示。

③遇险报警按钮应具备防止按钮或者按钮集合的误启动。

④在客船上，如果 EPIRB 被用作第二遇险报警手段，且不能从遇险面板遥控启动，就应在船舶操纵位置的驾驶室附近再安装一个 EPIRB。

⑤收到和发射遇险报警都应有可视和声音指示，以及无线电业务指示。可视和声音指示器可以与遇险面板组合在一起。

（二）SOLAS 船舶无线电设备配备的基本要求

GMDSS 船舶基本配备为：一台具有 DSC 功能的 VHF 设备（至少具有 CH16、CH13 和 CH06）、一台 VHF DSC 值守机、一台 Radar-SART 或者 AIS-SART、一台 NAVTEX 接收机和一台 EPIRB。救生艇筏需按下文注 3 要求配备双向甚高频设备。除满足基本配备外，SOLAS 船舶还应依据航行的海区增配 GMDSS 设备。各海区最低配备要求（含双套设备）如表 1-3 所示。

表 1-3　各海区最低配备要求（含双套设备）

设备	A1 海区	A2 海区	A3 海区/移动卫星解决方案	A3 海区/HF 解决方案	A4 海区
含 DSC 功能的 VHF	×	×	×	×	×
VHF CH70 DSC 值守机	×	×	×	×	×
含 MF DSC 功能的中频无线电话设备		×	×		
2 187.5 kHz DSC 值守机		×	×		
含 EGC 接收机的移动卫星船站（SES）			×		
含 DSC 和 NBDP 的 MF/HF 无线电话设备				×	×
MF/HF DSC 值守机				×	×
增配含 DSC 功能的 VHF（备份设备）			×	×	×
增配移动卫星船站（备份设备）			×		
增配含 DSC 和 NBDP 的 MF/HF 无线电话设备（注 1）（备份设备）				×	×
NAVTEX 接收机	×	×	×	×	×
EGC 接收机	×注 2	×注 2		×	×
自浮式卫星 EPIRB	×	×	×	×	×
Radar-SART 或者 AIS-SART	×注 3	×注 3	×注 3	×注 3	×注 3
满足 GMDSS 要求的手持双向 VHF 设备	×注 4	×注 4	×注 4	×注 4	×注 4
自 1997 年 7 月 1 日起所有客船应配备下列设备					
遇险面板（注 5）	×	×	×	×	×
所有的无线电通信设备能自动更新船位（注 6）	×	×	×	×	×
从驾驶台能在 121.5 MHz 或 123.1 MHz 上进行现场通信的双向无线电通信设备（注 7）	×	×	×	×	×

注 1：在 A3 海区航行的船舶，双配设备是指在原有必备设备的基础上增加一套移动卫星船站或者 MF/HF 设备。

注 2：没有 NAVTEX 业务覆盖的地区。

注 3：在国际航线上航行的 300～500 总吨船舶仅需配备 1 台 Radar-SART 或者 1 台 AIS-SART；500 总吨及以上的货船和所有的客船需要配备 2 台 Radar-SART 或者 2 台 AIS-SART。

注 4：在国际航线上航行的 300～500 总吨船舶仅需配备 2 部满足 GMDSS 要求的手持双向 VHF 设备；500 总吨及以上的货船和所有的客船需要配备 3 部满足 GMDSS 要求的手持双向 VHF 设备。

注 5:依据《SOLAS 公约》所有在国际航线上航行的客船应配备遇险报警面板。
注 6:依据《SOLAS 公约》所有在国际航线上航行的客船的相关无线电通信设备能自动更新船位。
注 7:依据《SOLAS 公约》所有在国际航线上航行的客船应配备能从驾驶台在 121.5 MHz 或 123.1 MHz 上进行现场通信的双向无线电通信设备。

任务四　掌握各海区船舶遇险报警方式和船舶电台值守要求

一、各海区船舶遇险报警方式概述

为了在所有海域确保遇险船舶能够可靠地实现船到岸、船到船的报警,GMDSS 三个系统可为遇险船舶提供报警,即 Inmarsat 系统、COSPAS-SARSAT 系统和 DSC 系统。

在 A1 海区,遇险船舶使用 VHF DSC 就可实现船到岸、船到船的报警;也可使用 Inmarsat C 船站经由 Inmarsat 系统向搜救协调中心报警;还可启动 EPIRB 经由 COSPAS-SARSAT 系统实现船到岸的遇险报警。

在 A2 海区,遇险船舶使用 MF DSC 就可实现船到岸、船到船的报警;也可使用 Inmarsat C 船站经由 Inmarsat 系统向搜救协调中心报警;还可启动紧急无线电示位标(EPIRB)经由 COSPAS-SARSAT 系统实现船到岸的遇险报警。遇险船舶还可使用 VHF DSC 向附近的船舶报警。

在 A3 海区,遇险船舶使用 HF DSC、Inmarsat C 船站或者启动 EPIRB 实现船到岸的报警。遇险船舶还可使用 VHF DSC、MF DSC 向附近的船舶报警。

在 A4 海区,遇险船舶使用 HF DSC 或者启动 EPIRB 实现船到岸的报警。遇险船舶还可使用 VHF DSC、MF DSC 向附近的船舶报警。

当船舶突遇船舶下沉海难,船上装载的 EPIRB 在随船下沉到 2~4 m 水深时,其静水压力释放器可释放支架上的 EPIRB,EPIRB 浮出水面,自动发射遇险报警。

船舶根据遇险情况,可采用任何可能的方式向附近船舶和岸上报警,也可同时采用多种遇险报警方式。

二、GMDSS 遇险和安全频率

为了船舶的航行安全,以及海上发生遇险、紧急情况下的通信畅通,GMDSS 规定了各系统遇险和安全专用频率,现将这些频率的用途及简要说明列于表 1-4 内。该表列出了 30 MHz 以下 GMDSS 遇险和安全专用频率。表 1-5 列出了 30 MHz(VHF/UHF)以上 GMDSS 遇险和安全专用频率。

表 1-4　30 MHz 以下 GMDSS 遇险和安全专用频率

频率（kHz）	用途	说明
490	MSI	NAVTEX 系统用本国语言播发海上安全信息的专用频率
518	MSI	NAVTEX 系统中用英语播发海上安全信息的专用频率
*2 182	MF RTP 通信	中频无线电话遇险和安全通信频率
*2 187. 5	MF DSC	中频数字选择性呼叫遇险和安全频率
3 023	AERO-SAR	航空搜救频率，指从事协调搜救作业的移动台间相互通信，以及参与协调搜救作业的移动台和陆地台间通信
*4 125	RTP 通信	航空台与海上移动业务台间为遇险和安全目的进行的通信
*4 207. 5	DSC	DSC 遇险和安全通信频率
4 209. 5	MSI	NAVTEX 系统用英语播发海上安全信息的高频频率
5 680	AERO-SAR	航空搜救频率，指从事协调搜救作业的移动台间相互通信，以及参与协调搜救作业的移动台和陆地台间通信
*6 215	RTP 通信	无线电话遇险和安全通信频率
*6 312	DSC	DSC 遇险和安全通信频率
6 314	HF MSI	海岸电台用 NBDP 方式向公海播发海上安全信息
*8 291	RTP 通信	无线电话遇险和安全通信频率
*8 414. 5	DSC	DSC 遇险和安全通信频率
8 416. 5	HF MSI	海岸电台用 NBDP 方式向公海播发海上安全信息
*12 290	RTP 通信	无线电话遇险和安全通信频率
*12 577	DSC	DSC 遇险和安全通信频率
12 597	HF MSI	海岸电台用 NBDP 方式向公海播发海上安全信息
*16 420	RTP 通信	无线电话遇险和安全通信频率
16 804. 5	DSC	DSC 遇险和安全通信频率
16 806. 5	HF MSI	海岸电台用 NBDP 方式向公海播发海上安全信息

注 1：根据无线电规则和世界无线电通信大会相关条款的要求，带 * 标志的频率禁止做干扰遇险、紧急和安全通信的发射。

注 2：12 290 kHz 和 16 420 kHz 仅允许用于与 RCC 的呼叫与通信。

表 1-5　30 MHz（VHF/UHF）以上 GMDSS 遇险和安全专用频率

频率（MHz）	用途	说明
*121. 5	AERO-SAR	117. 975~137 MHz 频段航空移动业务台无线电话遇险和紧急频率，该频率还可用于救生艇筏台，121. 5 MHz EPIRB 使用此频率。海上移动业务台和航空移动业务台可用此频率进行遇险和紧急通信

续表

频率(MHz)	用途	说明
123.1	AERO-SAR	121.5 MHz 的航空辅助频率,用于航空移动业务台和其他移动业务台以及陆地电台间协调搜救作业的通信。可用此频率进行遇险和紧急通信。121.5 MHz 和 123.1 MHz 都使用 A3E 发射种类,服从政府安排
* * 156.3	VHF CH06	用于船台和航空台间协调搜救作业通信,以及其他安全目的通信
* 156.525	VHF CH70	用于 DSC 遇险和安全呼叫
* * * 156.650	VHF CH13	用于船到船有关安全航行的通信
* 156.8	VHF CH16	无线电电话遇险和安全通信,另外用于航空台及安全目的通信
* 161.975	AIS-SART VHF CH AIS1	用于搜救作业的 AIS-SART(AIS 搜救发信机)
* 162.025	AIS-SART VHF CH AIS2	用于搜救作业的 AIS-SART(AIS 搜救发信机)
* 406~406.1	406 MHz-EPIRB	专用于地球到空间方向的卫星 EPIRB
1 530~1 544	SAT-COM	除用于常规通信外,还用于海上移动卫星业务空间到地球方向的遇险和安全通信,此波段设置了 GMDSS 遇险、紧急和安全通信优先等级
* 1 544~1 545	D&S-OPS	限定用于空间到地球方向遇险和安全作业,包括向地球站转发卫星 EPRIB 信号,以及用于从空间站到移动台窄带链路
1 626.5~1 645.5	SAT-COM	除用于常规通信外,还用于海上移动卫星业务地球到空间方向的遇险和安全通信,此波段设置了 GMDSS 遇险、紧急和安全通信优先等级
* 1 645.5~1 646.5	D&S-OPS	限定用于地球到空间方向遇险和安全作业,用于卫星 EPIRB
9 200~9 500	SART	用于搜救雷达应答器

注 1:根据无线电规则和世界无线电通信大会相关条款的要求,带 * 标志的频率禁止做干扰遇险、紧急和安全通信的发射。

注 2:发射试验的次数和持续时间应保持在最低,必要时应与相关管理部门协调,尽量用假天线,或者降低功率。但是要避免在遇险和安全频率上的测试,否则要标明测试性发射。在非遇险发射前,要先在相关频率上收听,以确保无遇险发射。

注 3:带 * * 标志的信道 VHF CH06、CH70、CH16、AIS1、AIS2 可以用于航空台的搜救作业和其他有关安全的通信。

注 4:带 * * * 标志的 VHF CH13 信道是全球范围内航行安全通信信道,主要用于船舶间航行安全通信。根据相关国家管理部门的规定,该信道还用于船舶移动和港口作业。

三、救生艇筏无线电设备

救生艇筏电台应配备能在 156 ~ 174 MHz 频段工作的无线电话设备，即便携式 VHF，能在 156. 8 MHz（VHF CH16）和至少其他一个频率（信道）上发射和接收信息。

应配备工作在 9 200~9 500 MHz 频段的雷达 SART 或者工作在 156~174 MHz 频段的 AIS-SART，能够向搜救船舶或者搜救飞机发射定位信号。

如果救生艇筏配备 DSC 设备，应能在 2 187. 5 kHz、8 414. 5 kHz 和 156. 525 MHz（VHF CH70）发射信息。

目前，一些船舶公司为船舶的救生艇筏配备了铱星手持机。

四、船舶电台值守要求

根据世界无线电通信大会的规定，有 GMDSS 值守责任的海岸电台应保持 DSC 频率的自动值守；海岸地球站应保持对空间站转发的遇险报警的连续自动值守；船舶在海上航行期间应保持对 DSC 遇险和安全呼叫频率的值守，能自动接收气象警告、航行警告和其他有关船舶的紧急安全信息；根据海安会决议案"MSC. 131（75）"的要求，船舶还要尽可能地保持对 VHF CH16（156. 8 MHz）的值守。

海上船舶必须依据航行海区在下列频率上保持连续值守：

（1）VHF DSC CH70；

（2）MF DSC 遇险和安全频率 2 187. 5 kHz；

（3）HF DSC 遇险和安全频率 8 414. 5 kHz，还要对 4 207. 5 kHz、6 312. 0 kHz、12 577. 0 kHz 和 16 804. 5 kHz 中的至少一个频率保持值守，可根据距离最近 DSC 海岸电台的位置和时间由操作人员决定值守上述 DSC 遇险和安全频率的哪个 DSC 频率，或者是全部值守，一般白天选择 12 577. 0 kHz，夜间选择 4 207. 5 kHz 值守。

（4）SOLAS 船舶应能在 VHF CH13 收听有关附近航行安全的通信。

（5）根据船舶航行的海域，应能接收岸对船播发的海上安全信息，即保持对沿岸 MSI 播发台的值守，即：

①NAVTEX 518 kHz；

②Inmarsat C（EGC SafetyNET）；

③HF MSI。

任务五　熟悉 GMDSS 无线电操作员证书与人员配备要求

一、GMDSS 无线电操作员证书种类

按照国际电信联盟(ITU)的《无线电规则》规定,设四种 GMDSS 证书。即:

(1)一级无线电电子证书(First Class Radio-Electronic Certificate,1st REC),具有完全的在船维修能力。

(2)二级无线电电子证书(Second Class Radio-Electronic Certificate,2nd REC),具有有限的在船维修能力。

(3)通用操作员证书(General Operator's Certificate,GOC),具有全球操作能力,但不包括维修能力。

(4)限用操作员证书(Restricted Operator's Certificate,ROC),仅限 A1 海区船舶。

二、GMDSS 无线电操作员配备要求

对于仅在 VHF 海岸电台通信范围内(A1 海区)航行的船舶,必须配备一名持有上述四类任一证书的人员;对于航行在其他海区的船舶,必须配备一名持有一级无线电电子证书,或者二级无线电电子证书人员,或者一名持有通用操作员证书的通信设备操作人员。

如果船舶设备安装超过最低配备要求,也需要配备持有较高标准的操作员证书人员,以确保操作员的知识水平与船上设备配备相适应。

《无线电规则》和《国际海上人命安全公约》都要求船上配备一名胜任的人员,作为遇险时的专门通信操作员。

我国交通部 2004 年 6 月 30 日颁布的第 7 号交通部令《中华人民共和国船舶最低安全配员规则》附录 2 中规定了我国无线电操作员的最低配员要求,如表 1-6 所示。同时还规定,500 总吨以下的船舶,如果仅航行在 A2 海区内,可配兼职 GMDSS 通用操作员 1 人;300 总吨及以下国内航行船舶,免配 GMDSS 操作员。

表 1-6 中华人民共和国海船无线电操作员最低配员要求

<table>
<tr><th>船舶航行海区</th><th colspan="2">无线电操作员最低配员要求</th></tr>
<tr><td>A1</td><td colspan="2">兼职 GMDSS 限用操作员 1 人</td></tr>
<tr><td>A2</td><td colspan="2">专职 GMDSS 通用操作员 1 人或兼职 GMDSS 通用操作员 2 人</td></tr>
<tr><td rowspan="2">A3 和 A4 海区</td><td>双套设备</td><td>专职 GMDSS 通用操作员 1 人
或兼职 GMDSS 通用操作员 2 人</td></tr>
<tr><td>单套设备</td><td>专职 GMDSS 无线电操作员 1 人</td></tr>
</table>

任务六 了解 GMDSS 无线电操作员证书应具备的适任要求

一、GMDSS 一级无线电电子证书需要具备的理论和操作知识

(1)电工学原理和无线电及电子学基本理论及电工工艺知识,并满足下述(2)(3)(4)项的要求。

(2)GMDSS 无线电通信设备的理论知识,包括无线电话设备、DSC 设备、Inmarsat 设备、EPIRB、SART、NAVTEX 接收机、船舶天线系统、救生艇筏无线电设备及包括电源在内所有辅助设备的理论知识以及通常用于无线导航的其他设备原理的一般知识,尤其是关于这些设备的维修知识。

(3)上述 GMDSS 设备的实际操作知识和维护保养知识。

(4)船舶航行中,利用适当的测试设备和工具对上述 GMDSS 设备可能发生的故障查找和排除的实际知识。

(5)所有 GMDSS 各分系统及其设备的详细实际操作知识。

(6)利用无线电话设备正确地发送和接收信息的能力。

(7)熟悉适用于海上无线电通信的有关规则;通信设备 PSC 检查相关知识;防止误遇险报警以及误报警的处理。

(8)了解有关无线电通信的计费知识。

(9)了解《SOLAS 公约》对有关无线电通信部分的规定。

(10)较好地掌握国际电信联盟(ITU)的一种工作语言;申请人能令人满意地用这种语言口头和书面表达自己的意思。

(11)具有计算机微处理器以及软、硬件知识,微机组网知识,以及一般故障处理。

(12)了解现代通信导航系统(GMDSS 现代化及 e-Navigation)技术与设备。

(13)GMDSS 通信英语听说与读写、键盘输入等能力。

(14)船舶应急应变及辐射防护能力。

二、GMDSS 二级无线电电子证书需要具备的理论和操作知识

(1)同 GMDSS 一级无线电电子证书的(1)(2)(3)项要求。

(2)船舶航行中,利用船上可用手段对上述 GMDSS 设备可能发生的故障进行修理和需要更换模块单元时所需的实际知识。

(3)同 GMDSS 一级无线电电子证书的(5)至(14)项要求。

三、GMDSS 通用操作员证书需要具备的理论和操作知识

(1)《SOLAS 公约》及其修正案、《无线电规则》等国际公约相关条款的内容及相关知识。

(2)无线电台识别、海上通信业务出版物的使用,以及涉及通信计费的相关知识。

(3)具有 GMDSS 所有子系统及其设备的详细操作知识和正确收发信息的能力,包括船用 VHF 设备、船用 MF/HF 设备、Inmarsat C 船站、海上安全信息接收设备、EPIRB 设备和 SART 设备相关知识和操作能力。

(4)GMDSS 设备电源相关知识和维护能力。

(5)遇险、紧急、安全通信能力,以及防止发出误报警的措施和减小误报警影响的能力。

(6)搜救无线电通信及船舶报告制度,包括《国际航空和海上搜寻救助手册》中的程序及船舶报告制度以及使用《国际信号规则》。

(7)使用《国际信号规则》和《IMO 标准航海通信英语》进行有关海上人命安全信息沟通的能力,包括 GMDSS 通信英语听说、阅读和写作,以及键盘输入能力。

(8)无线电设备危害知识,包括电气和非电离辐射危害知识,以及有关船舶和人员安全应急应变及辐射防护能力。

四、GMDSS 限用操作员证书需要具备的理论和操作知识

(1)了解《SOLAS 公约》及其修正案、《无线电规则》等国际公约与 A1 海区相关条款的内容及相关知识。

(2)无线电台识别等相关知识。

(3)具有船用 VHF 设备、海上安全信息接收设备、EPIRB 设备和 SART 设备相关知识和操作能力。

(4)GMDSS 设备电源相关知识和维护能力。

(5)使用船用 VHF 设备进行遇险、紧急、安全通信能力,以及防止发出误报警的措施和减小误报警影响的能力。

(6)搜救无线电通信及船舶报告制度,包括《国际航空和海上搜寻救助手册》中的

程序及船舶报告制度以及使用《国际信号规则》。

（7）使用《国际信号规则》和《IMO 标准航海通信英语》进行简单的有关海上人命安全信息沟通的能力。

（8）无线电设备危害知识，包括电气和非电离辐射危害知识，以及有关船舶和人员安全应急应变及辐射防护能力。

任务七　了解保证无线电设备有效性的措施

为了确保海上通信的畅通和可靠，规定了 GMDSS 设备三种维修配备方案，即双套设备维修、岸基维修和海上维修。其中，岸基维修，可以理解为一套设备；选择岸基维修的船舶，需要和陆上通信导航维修公司签订岸基维修协议，并且需要在船舶备份一份岸基维修协议，以备 PSC 检查时出示给检查官。海上维修，可以理解为一套设备；选择海上维修的船舶需要配持有二级无线电电子证书以上的专职通信人员。

航行于 A1 和 A2 海区的船舶，需要从双套设备维修、岸基维修和海上维修三种方案中任选一种方案或其组合。航行于 A3 和 A4 海区的船舶，需要从双套设备维修、岸基维修和海上维修三种方案中任选两种的组合。对于航行于 A3、A4 海区的船舶，世界上的通用做法是采用双套设备维修和岸基维修相结合的方案。

思考与练习

1. 简述 GMDSS 的基本概念。
2. GMDSS 由哪些分系统组成？各分系统主要船载设备有哪些？
3. GMDSS 有什么功能？
4. GMDSS 海区是如何划分的？
5. GMDSS 基本通信设备配备有哪些？航行 A3 海区的船舶有什么增配方案？
6. GMDSS 各海区的主要遇险报警方式是什么？
7. GMDSS 主要有哪些遇险和安全频率？
8. 简述船舶电台的值守要求。
9. 简述船舶救生艇筏无线电设备。
10. GMDSS 无线电操作员证书有哪些？
11. 我国海船无线电人员最低配员如何要求？
12. GMDSS 设备三种维修配备方案是什么？
13. 航行于 A1 和 A2 海区的船舶，需要什么设备配备方案？
14. 航行于 A3 和 A4 海区的船舶，需要什么设备配备方案？

项目二

海上无线电通信技术基础知识

任务一　掌握无线电波的基本概念

一、什么是无线电波

无线电波又称电磁波或电波，它是高频电流通过发射天线在其周围空间形成交变的磁场，在空间中交变磁场又会产生交变电场，如此反复。交变磁场向空间波动传播。真空中无线电波以光速传播，$C=3\times10^5$ km/s。

二、无线电波术语定义、符号、单位以及相互关系

1. 频率的定义、符号、单位及换算

(1)频率的定义：无线电波在 1 s 内幅值大小与方向周期性重复变化的次数称为频率。

(2)表示频率的符号：f。

(3)频率的单位：赫兹(Hz)；千赫兹(kHz)；兆赫兹(兆赫)(MHz)；千兆赫(吉赫)(GHz)。

(4)频率间的单位换算：1 000 Hz＝1 kHz；1 000 kHz＝1 MHz；1 000 MHz＝1 GHz。

2. 周期的定义、符号、单位及换算

(1)周期的定义：无线电波幅值大小与方向变化一次所用的时间称为周期。

(2)表示周期的符号：T。

(3)周期常用时间单位：秒(s)；毫秒(ms)；微秒(μs)。

(4)周期常用时间单位间的换算：1 s＝1 000 ms；1 ms＝1 000 μs。

3. 波长的定义、符号、单位及换算

(1)波长的定义:无线电波在一个周期内传播的距离称为波长。

(2)波长的符号:λ。

(3)常用波长的单位:米(m);分米(dm);厘米(cm);毫米(mm)。

(4)常用波长单位间的换算:1 m=10 dm;1 dm=10 cm;1 cm=10 mm。

4. 无线电波的速度

(1)无线电波的速度:无线电波在单位时间内传播的距离称为速度。

(2)速度符号:v。

(3)常用无线电波速度单位:米/秒(m/s);千米/秒(km/s)。

(4)无线电波的传播速度:$v \approx 3\times10^5$ km/s。电波在真空中传播近似光速。

5. 两个关系式

(1)$T=1/f$,周期和频率互为倒数;其中,T 的单位为秒(s),f 的单位为赫兹(Hz)。

(2)v(m/s)=λ(m)×f(Hz);其中,v 的单位为米/秒(m/s),λ 的单位为米(m),f 的单位为赫兹(Hz)。

任务二　掌握无线电频段划分及水上移动业务频段划分和使用

一、频段划分表

为了更好地分配频率资源,减少干扰,国际无线电咨询委员会(CCIR)划分了频段(又称为波段),划分后的波段名称、波长范围、频段名称和频率范围如表 2-1 所示。

表 2-1　波段划分表

波段名称		波长范围	频段名称	频率范围
极长波		10^5 m 以上	极低频(ELF)	3 kHz 以下
超长波		10^5~10^4 m	甚低频(VLF)	3~30 kHz
长波		10^4~1 000 m	低频(LF)	30~300 kHz
中波		1 000~100 m	中频(MF)	300~3 000 kHz
短波		100~10 m	高频(HF)	3~30 MHz
米波(超短波)		10~1 m	甚高频(VHF)	30~300 MHz
微波	分米波	10~1 dm	特高频(UHF)	300~30 000 MHz
	厘米波	10~1 cm	超高频(SHF)	3~30 GHz
	毫米波	10~1 mm	极高频(EHF)	30~300 GHz

二、水上移动通信业务频段划分和使用

中频(MF):415~4 000 kHz,其中,中频Ⅰ(MF Ⅰ)为 415~530 kHz,中频Ⅱ(MF Ⅱ)为 2 MHz。

高频(HF):4 000~27 500 kHz。

甚高频(VHF):156~174 MHz。

在高频(HF)段,水上移动通信业务主要工作在 4 MHz、6 MHz、8 MHz、12 MHz、16 MHz、18 MHz、22 MHz 和 25 MHz 频段。

国际电信联盟(ITU)为海上通信业务的无线电话(RT)、无线电传(Radiotelex)、数字选择性呼叫(DSC)、无线电报(WT)等分别指配了工作信道(Working Channel)或者频率。

国际电信联盟(ITU)在分配这些信道时对船到船工作信道和船到岸工作信道分别做了分配。其中,遇险和安全专用信道、船到船工作信道的收/发频率相同,简称"同频"。无线电信道划分的详情在国际电信联盟(ITU)《无线电规则》附录中予以载明;水上移动业务的频率指配详情也列载在英国《无线电信号表》第一卷(Admiralty List of Radio Signals Volume 1)海岸电台表(Maritime Radio Stations)后的附录中。

任务三 了解无线电波传播途径、电离层及电波传播特点

了解无线电波的传播途径和特点,有助于选择最佳通信频率,顺利完成相关通信任务。

一、无线电波的传播途径

根据传播途径不同,无线电波可分为经由地球表面传播的地面波(简称"地波");经由空气媒介直线传播的空间波;经由电离层折射传播的电离层波(简称"天波")。

地面波传播如图 2-1 所示。

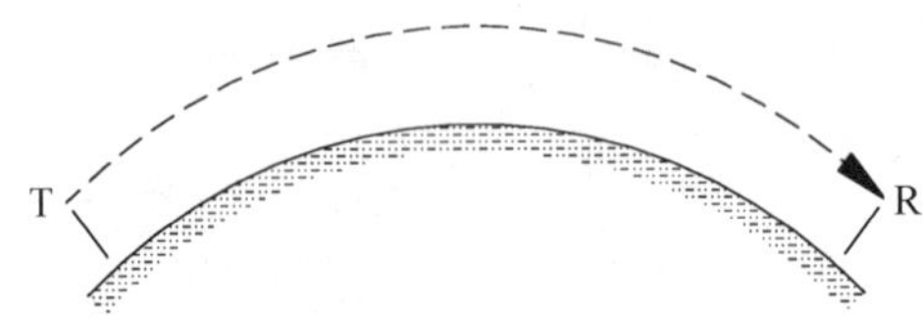

图 2-1 地面波传播

空间波如图 2-2(a)所示,分为直射波、入射波和反射波;图 2-2(b)和 2-2(c)分别是

空间波传播的另外两种形式，其中图 2-2(c)所示的是靠卫星作为中继站的通信示例。

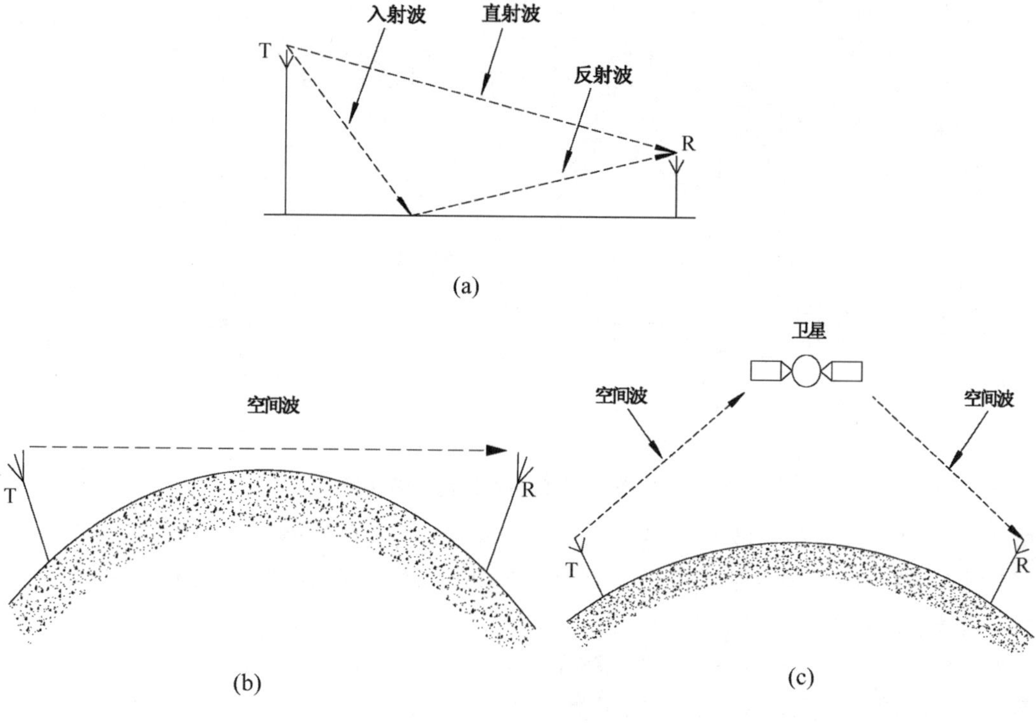

图 2-2　空间波传播

二、电离层划分及变化特点

大气层受到太阳紫外线辐射，气体分子被电离成正、负离子和自由电子。大气层由于高度不同，受到的辐射不同，形成了密度不同的电离层，分布在距地面 50～300 km 高的空间内。电离层大致分为 D、E、F1、F2 层，高度越高，电子浓度越大。其电离层划分如图 2-3 所示。

D 层和 E 层变化最有规律，中午浓度最强，上、下午次之，晚上 D 层消失。F 层在白天分为两层：F1 和 F2，其中 F1 层在晚上消失。到了晚上，随着太阳紫外线辐射的减弱，电离层只剩下 E 层和 F2 层。

无线电波在穿越电离层时，会受到吸收和衰减。吸收和衰减的大小与频率和电离层的浓度有关。电离层受多种因素的影响，不稳定，对无线电波传输影响较大。

电离层划分与无线电波传播如图 2-3 所示。

三、各波段电波传播特点

1. 长波和超长波传播特点

超长波波长为 100～10 km，频率为 3～30 kHz；长波波长为 10～1 km，频率为 30～

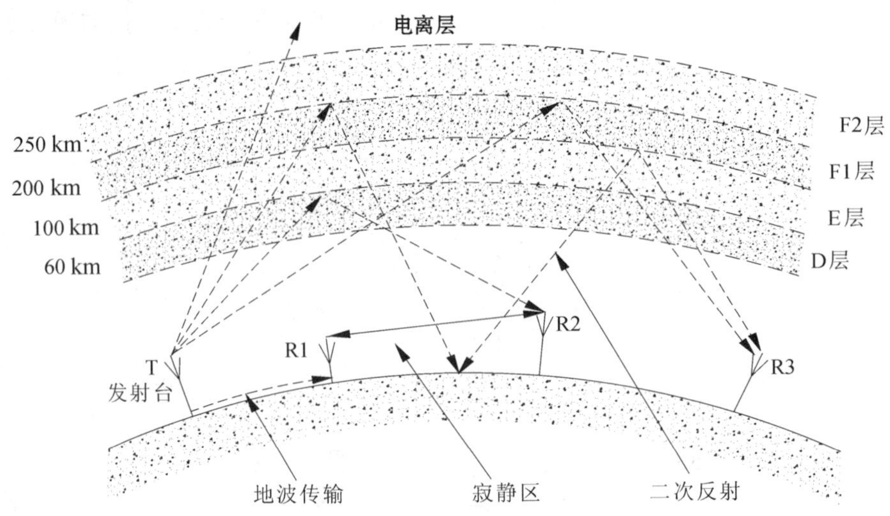

图 2-3 电离层分布与无线电波传播

300 kHz。因长波和超长波波长很长,地形、地貌对其传播的影响很小,因此这两个波段的电波在 300 km 范围内基本上沿地表面传播,更远距离的通信则靠电离层反射传播。由于长波和超长波频率低,无线电波穿入电离层很浅即可反射回地面,电离层对其吸收很小。在白天,该两个波段的无线电波靠 D 层反射,夜间由 E 层反射。长波和超长波靠地面与电离层之间多次来回反射可实现远距离通信。由于电离层 D 层和 E 层变化较有规律,地波场强也较稳定,因此长波、超长波的地波和天波传播都比较稳定。

长波和超长波通信的主要缺点:

(1)其地波衰减慢,对其他台站干扰大;

(2)易受天电干扰,尤其是在多雷雨的夏季,受天电干扰严重;

(3)长波台和超长波台收发设备笨重,需要庞大的天线。

除潜艇声呐通信外,目前商业航海不在此波段上通信。

2. 中波传播特点

中波波长为 1 km~100 m,频率为 300~3 000 kHz。中波在传播时沿地面绕射的能力比长波和超长波差,山峰、山丘等高度超过中波波长的地形、地貌,对中波传播衰减增大,传播距离相应减小。白天,电离层 D 层对中波强烈吸收,电离层很难将其反射到地面,其传播主要靠地波,大约为 200 n mile。夜间,D 层消失,中波能从 E 层反射回来,且气体分子比较稀薄,传播损耗较小,同时地波也能传播,因此能传输更远距离。

无线电波传播的衰落现象是指接收点信号强度无规则变化,时而大时而小。电波衰落现象产生的原因是信号的多路径传播和电离层的变化,使得信号到达接收点的相位和场强不断变化。

白天,中波传播主要靠地面波,到达接收点的场强较稳定,信号清晰度高,衰落现象不明显。晚上,中波由天波和地波同时传播,接收点天波与地波因不是同时到达,出现相位差,造成背景噪声很大,衰落现象严重。

克服电波衰落现象的方法通常是采用噪声抑制和在接收机中加自动增益控制

(Automatic Gain Control,AGC)电路。

综上,中波传播的特点可归纳为:白天主要靠地波传播,晚上既靠地波又靠天波传播。白天传播距离近,大约为 200 n mile;夜间传播距离远,达数百海里。同时传播中存在衰落现象。

3. 短波传播特点

短波波长为 100~10 m,频率为 3~30 MHz。短波主要靠天波传播,由于短波波长较短,沿地面绕射传播的能力差,衰减快,陆地传播距离一般不超过 100 km,海洋里传播最多也只有 150 km。

短波主要靠 F 层反射回地面。电波在电离层内衰减与频率有关, 频率越高,衰减越小。晚上电离层变薄,短波的高端频率将穿透电离层,辐射到外层空间,不再折回地面。

短波通过电离层的一次或多次反射,可实现远距离通信。短波受电离层变化影响大,通信时间和通信距离不同,所使用最佳工作频率也有很大差别。一般地讲,白天使用短波段较高频率,夜间使用短波段较低频率。白天,短波段较低的频率通信距离近,较高的频率通信距离远。

短波传输也存在衰落现象,与中波衰落原因不同,因短波段的电波经由不同电离层反射和不同路线传播,到达接收台时电波出现相位差,有时短波段的衰落现象还比较严重。克服电波衰落现象的方法与中波相同,加 AGC 电路。

短波存在寂静区现象,即收听某一海岸电台某频率信号,在距离海岸电台较近和较远地区都能收到该频率信号,但中间一环形区收不到该频率信号,这个收不到该频率信号的环形区域称为寂静区,如图 2-4 所示。

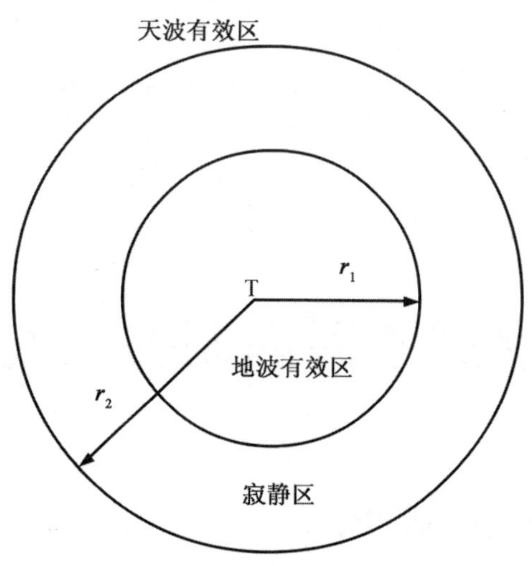

图 2-4　寂静区

造成寂静区现象的原因是:T 台某短波频率的地波传输半径为 r_1;该频率的天波反射回来的最近半径为 r_2;两者存在跳跃距离(r_2-r_1),形成一个该频率信号的天、地波都不能覆盖的寂静区。

综上,短波的传播特点是:主要靠天波传播,地波传播衰落快;白天频率越高,传播距离越远;白天使用高一些的频率,晚上选用低一些的频率;靠一次或者多次反射实现远距离通信。

短波段最佳通信频率通常根据所在地点海岸电台开放频率的信号强度和清晰度选择。下面是几个海域与国内主要海岸电台最佳短波通信频段与时段:

船舶所在海区	白天最佳频段	夜间最佳频段(船时大约 17 时始)
印度洋	16 MHz,22 MHz	8 MHz,12 MHz
红海	16 MHz,22 MHz	8 MHz,12 MHz
地中海	16 MHz	8 MHz,12 MHz

当船舶航行于西欧附近海域时,船时 06—15 时段几乎不能与国内主要海岸电台的任何频段直接联系;船时 15—18 时段,12 MHz 频段;船时 18 时到次日凌晨时段,8 MHz 频段,可以与国内主要海岸电台直接联系。同波段电波传输具有可逆性,即当某船收听到某海岸电台一个频率上的信号质量较好,那么在该信道上发射,对方台也能较好地接收到该船的信号。

4. 超短波和微波的传播特点

超短波波长为 10~1 m,频率为 30~300 MHz。

微波波长为 1 m~1 mm,频率为 300 MHz~300 GHz。

超短波和微波的传播特点基本相同。在这些波段发射的电波频率高,波长短,沿地球表面传播对其衰减大,电离层也不能将其反射回来,而是穿透电离层奔向太空,因此超短波和微波主要靠空间波传播。由于受到地球曲率的影响,传播距离不会很远,在天线绝对高度(距海平面的高度)为几十米时,一般仅有几十海里。海上 VHF 波段,通信距离一般在 30~50 n mile。

气压和湿度也会影响这些波段电波的传播,发生折射而增大传播距离,因此在其波段电波的传播路径并非如真空状态下直线传播,而是曲线传播。但超短波和微波基本是按“视距”直线传播,因此通信双方发射天线的高度是影响通信距离的重要因素。卫星通信就是利用该波段的传播特点,实现远距离通信。

任务四　掌握不同调制方式与发射类型

一、通信中要使用调制的原因

人能听到的声音大约在 300~3 000 Hz,人耳很难分辨高于和低于这一范围的声音,因此这个频率段又称为音频。声音以声波方式在空气中传播,传播速度慢,大约为 340 m/s,且衰减快,不会传播很远。

如何才能把信号传到遥远的目的地,人们在不断地探索和研究。从 18 世纪发现无线电波到19世纪以来无线电波的广泛应用，从莫尔斯通信到无线电话通信，再到现在广泛使用的移动通信和卫星通信等，无线电通信正在深刻而又广泛地影响着世界，影响着人们的生活。

实验证明，无线电信号有效辐射的条件是天线有效长度应和电波波长相比拟。因此，音频波长在10^6~10^5 m，架设这样长度的天线通信显然是困难的。波长和频率的关系式：$\lambda=v/f$。该式提示我们，频率f越高，其波长越短，需要的天线也越短。例如，高频段波长在10~100 m，船舶架设类似这样长的天线是有可能的。同时，更高的频率可以容纳更多的电台工作，提高频谱的使用率。这就需要一种技术，把需要传递的信号放置在更高的频率上发射出去。

二、调制的概念与调制技术

调制信号：把要传递的音频信号的原始信号称为调制信号（也称为控制信号）。

调制：把调制信号加到高频信号的技术称为调制。

载波：高频信号称为载波。

已调信号：经过调制后的高频信号称为已调信号。

解调：在接收端从已调信号中检取原始信号的过程称为解调（也称为检波）。

波形图：以横轴为时间，竖轴为幅度为变量呈现的信号图形。

频谱图：以横轴为频率，竖轴为幅度为变量呈现的信号图形。

图2-5（a）所示为音频波形图；图2-5（b）所示为音频频谱图；图2-5（c）所示为载频波形图；图2-5（d）所示为载频频谱图；图2-5（e）所示为单一音频信号调制载频的波形图；图2-5（f）所示为单一音频信号调制载频的频谱图。图中Ω为音频；U为载频振幅，f_c为载频；$(f_c-\Omega)$为调制后的下边频；$(f_c+\Omega)$为调制后的上边频。

调制的方法是多种多样的，例如对连续波的调制方法有调幅、调频、调相、边带调制等；对于数字信号需要通过MODEM移频键控技术进行数模信号的转换等。

船舶通信需要传递的信号除了语音信号外，还有电传、数字等。这些信号都需要调制到载频上才能发送。

如何才能把音频信号加到更高的频率上去？下面仅用波形图和频谱图介绍调幅和单边带调制技术，以此来理解调制的概念。

波形图清楚地标明了调幅制的调制过程，已调信号波形的包络呈现了音频信号的波形。

从频谱图可以清楚地看出音频信号从音频到某一更高频率的搬移过程。

实际上，通常要传递的语音不是单频，而是300~3 000 Hz范围内的音频信号（ΔF），如图2-6（a）所示。完成调制后的调幅电话频谱图如图2-6（b）所示。

三、单边带调制

从图2-6（b）所示的频谱图中可以看出，要传递的音频信号（ΔF）包含在上、下边带

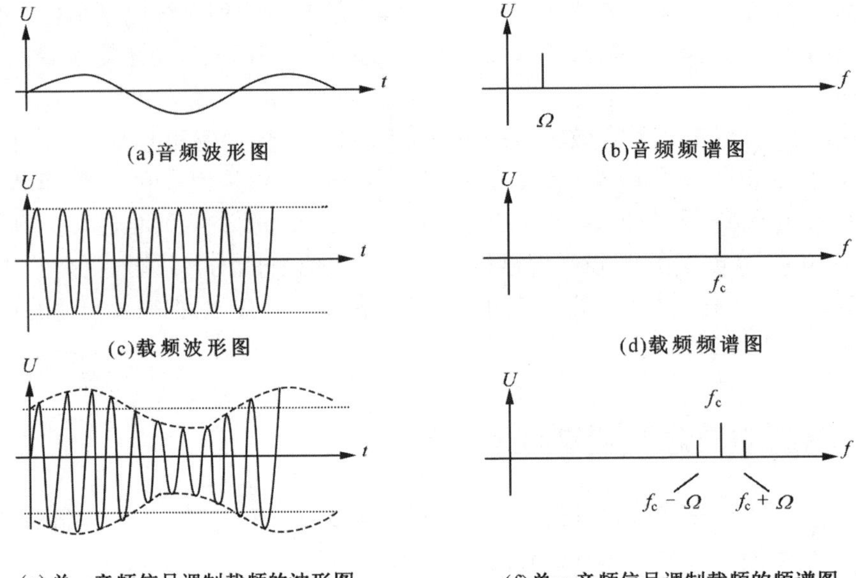

图 2-5　波形图和频谱图

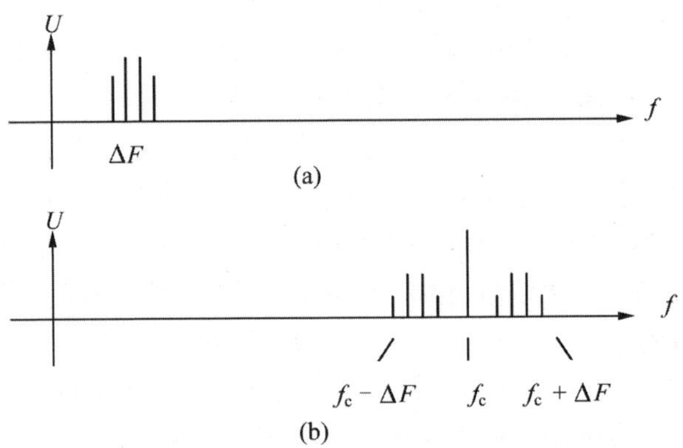

图 2-6　用音频信号 ΔF 调制的调幅波频谱

中,载频 f_c 并不包含要传递的音频信号 ΔF,只要采用一种技术抑制载频 f_c 和一个边带,只传送一个边带,就可完成信息的传送。目前水上移动业务中中/高频无线电话采用的是单边带无线电通信,即采用抑制载频 f_c 和下边带,只传送上边带的通信技术,如图 2-7 所示。

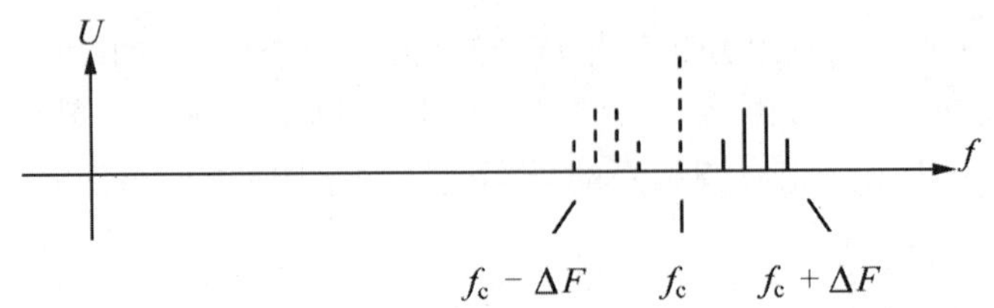

图 2-7　用音频 ΔF 调制的上边带信号频谱图

由图2-6和图2-7可见，音频信号ΔF经过单边带调制完成了频率的搬移，从ΔF搬移到“$f_c+\Delta F$”。其搬移后单边带信号的幅度是原信号幅度的1/2；没有调制信号时，也无边带信号和载频信号输出；搬移后的频谱结构与调制信号的频谱结构保持着线性的关系。

四、单边带通信的优点

单边带通信的优点是：

(1)节约频谱。以$\Delta F=300\sim3\ 000$ Hz为例，调幅信号带宽是音频最高频率的2倍，即6 kHz。而单边带信号的带宽为3 000~300 Hz，即2 700 Hz，比调幅信号节省了近一半的频谱。

(2)节省功率。在调幅制通信中，不论是否发射信息，调幅机总在发射载频。单边带通信不发射载频，只发射一个边带，而且无信息时，单边带发信机不发射信息，节省了发射功率，单边带发信机的峰包功率仅是调幅机峰包功率的1/8就能取得相同的通信效果，即能节省7/8的功率。

(3)抗选择性衰落。中短波调幅制信号传输中受电离层变化和多路径传播等因素的影响，信号衰落现象明显。而单边带信号中，既没有载波，频带又窄，频率分量间幅度和相位依从关系弱，故单边带信号传输受电离层的影响小，具有抗选择性的衰落特点。

在单边带通信中，收端的本地载频和发端的载频必须严格同步，且需要较高稳定度。在单边带通话时，收、发两端的工作频率偏差不能超过±80 Hz。GMDSS要求无论岸台或船台，其频率误差容限都不得超过±10 Hz。对边带滤波器的要求较高，对载频的衰减达到40 dB以上，对无用边带的衰减要达到60 dB。对放大器的线性要求高，单边带信号的放大与搬频必须保持严格的线性，否则就要失真。

综上，水上移动通信业务中，除采用以上所介绍的调制技术外，还采用调频自动报(F1B)、调相无线电话(G3E)、调相自动报(G2B)等。GMDSS现代化将引入正交频分复用(OFDM)等技术。

五、通信工作种类及其表示方法

1. 通信工作种类表示法的有关规定

通信工作种类又称为发射类型。1979年国际电信联盟(ITU)无线电行政大会通过的无线电规则中规定：通信工作类型表示五个字符，其中前三个字符表示基本特征，后两个字符表示附加特征。

基本特征由两个字母中间夹一位数字组成，其中：第一位字符是字母，表示主载波的调制方式；第二位字符是数字，表示调制信号的性质；第三位字符是字母，表示所发信息的类型。

(1)第一位字符定义规定如下：

A——双边带调制;B——独立边带;C——残余边带;F——频率调制;G——相位调制;H——单边带全载波;J——单边带全抑制载波;K——用幅度调制的脉冲系列;P——未调制的脉冲系列;R——单边带减幅或变幅载波。

(2)第二位字符定义规定如下:

1——单路,不用调制副载波,但包括量化或数字的信息;2——单路,采用副载波调制,包括量化或数字的信息;3——单路,包括模拟信息;4——双信道或多信息,包括量化或数字的信息。

(3)第三位字符定义规定如下:

A——代表人工接收的无线电报;B——代表自动接收的无线电报;C——代表传真;D——数据传输、遥测技术、遥控操作;E——代表无线电话(包括广播);F——电视(视频)。

(4)第四位字符定义规定如下:

A——各单元具有不同数目和/或持续时间的双态代码;B——没有纠错的各单元具有相同数目和持续时间的双态代码;C——有纠错的各单元具有相同数目和持续时间的双态代码;F——每个状态或状态的组合代表一个字符的多态代码;J——商用音质的声音。

(5)第五位字符定义规定如下:

N——没有复用;C——码分复用;F——频分复用。

2. 常用工作种类

水上移动业务无线电话的体系包括:A3E、H3E、R3E、J3E、F3E、G3E 等。其中,A3E 为双边带调幅无线电话;H3E 为单边带全载波无线电话;R3E 为单边带减幅载波无线电话;J3E 为单边带抑制载波无线电话;F3E 为调频无线电话;G3E 为调相无线电话。

假若用 ΔF 调制载波 f_c,则 A3E 输出信号包含“$f_c-\Delta F$, f_c,$f_c+\Delta F$”;H3E 输出信号包含“f_c, $f_c+\Delta F$”;R3E 输出信号包含“f_c, $f_c+\Delta F$”,载波 f_c 有一定衰减;J3E 输出信号包含“$f_c+\Delta F$”。

根据规定,J3E 发射的载波功率应至少低于峰包功率 40 dB,基本上不发射载频。J3E 工作方式是船舶主要的无线电话通信方式。

工作种类 R3E 发射的载波功率应低于峰包功率 18±2 dB,只发射一部分载波,海岸电台常采用这种方式与船舶进行无线电话通信。采用 R3E 工作种类的主要目的是:接收机可以从 R3E 信号中提取载波作为导频(标准频率),利用它来控制接收端的频率源,使收发两端载频保持同步,以减轻对频率稳定度的要求;便于和从事搜索救助的飞机进行通信,克服飞机高速运动中产生的多普勒频移现象;便于在无线电话中利用导频提供连续信号,以控制接收机的频率和增益。

工作种类 H3E 发射的载波功率要低于峰包功率 6±1 dB,H3E 工作种类与调幅收信机兼容,主要用于遇险和安全通信,调幅收信机和单边带收信机都能接收。

水上移动业务无线电报体系工作种类有:A1A、A2A、H2A、F1B 等。船舶 MF/HF 设备的 NBDP 和 DSC 方式,采用的工作种类是 F1B。

船舶 VHF 设备无线电话采用 G3E 调制技术;VHF DSC 采用 G2B 调制技术。

任务五　了解无线电收/发系统的组成和有关概念

一、无线电收/发系统的组成框图

如图 2-8 所示,一个通信系统应由发信系统、收信系统和传输媒介组成。发信系统至少应包括信息源和发信机;收信系统至少应包括收信机和信息宿。信息源是指系统所要传递的对象,如语言、文字、图像和数据等;发信机用于将信息源送来的信息转换成电信号,然后再对此电信号进行调制转换、放大传递出去;传输媒介分有线和无线,无线传输媒介主要靠空间电波传输;收信机主要是将发送端传来的信息进行接收、放大、转换、解调出源信号;信息宿是信息源的接收者,把收信机送来的源信号还原为语言、文字、图像和数据等。

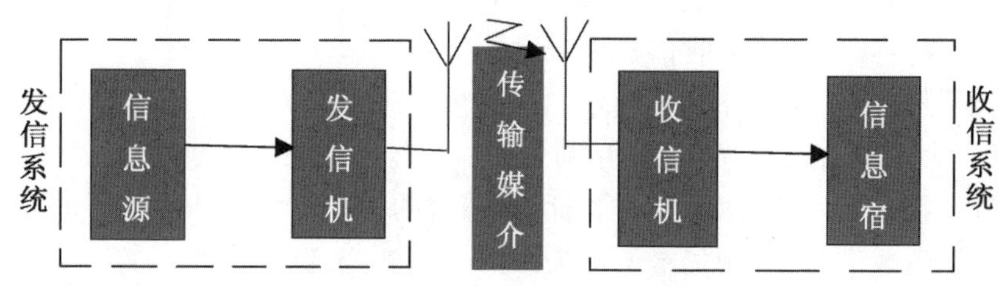

图 2-8　无线电收/发系统的组成框图

二、模拟信息和数字信息

1. 模拟信息

模拟信息指信号的幅度或者强弱随时间连续变化的信号,比如声音的大小、图像的亮度强弱等。直接传输这样的信息系统称为模拟通信系统。GMDSS 的中/高频单边带通信等就属于模拟通信。

2. 数字信息

数字信息的状态不随时间连续变化。预传递的源信息经过数字化转换,成为 CPU 能够处理的数字信息,然后再将这些数字信息转换处理后进行传送,这类通信称为数字通信。GMDSS 的 DSC、NBDP 和卫星通信都属于数字通信。

三、信号与噪声的概念

1. 信号带宽与系统带宽

信号带宽是指信号的最高频率分量与最低频率分量之差,是信号的频谱宽度。为保证信号在系统中不失真传输,就要确定合适的系统带宽。一般系统带宽略大于信号带宽。例如 GMDSS 中 MF/HF 无线电话信号带宽就是 2 700 Hz,即语音的最高频率与最低频率之差(3 000~300 Hz)。而为了保证 2 700 Hz 语音信号的不失真传输,MF/HF 设备的单边带通信时,系统带宽设计为 3 kHz。中/高频 DSC 和 NBDP 的信号带宽为 170 Hz,而系统带宽为 300 Hz。

2. 噪声和干扰

噪声指通信系统中有用信号以外的有害干扰信号,分内部噪声和外部噪声。内部噪声由电路内部随机产生,也称为随机噪声;外部噪声通常称为干扰。

接收信号可能遇到各种干扰,主要有以下几种:

(1)邻近频率的干扰:指与信号频率相近的干扰信号引起的干扰。

①中频干扰:频率恰好为收信机中频的干扰。

②镜像干扰:干扰频率和信号频率与本振频率成镜像关系。

(2)收信机中还存在交调干扰、互调干扰、阻塞干扰、倒易干扰等。

①交调干扰是有用信号和干扰信号因收信机的前端放大器和混频器的非线性而产生的交叉调制造成的,随有用信号的消失而消失。

②互调干扰是多个干扰信号因收信机的前端放大器和混频器的非线性产生的组合频率形成的干扰。

③阻塞干扰是有用信号和某一强干扰信号同时存在,使收信机的前端放大器进入饱和失去放大功能,造成不能听到有用信号的现象。

④倒易干扰指的是强干扰信号和弱本振相混而产生的干扰。

3. 信噪比和载噪比

信噪比是指通信系统某点信号的平均功率(S)与噪声的平均功率(N)的比值,通常用 S/N 或者 SNR 表示,计量单位是 dB。

载噪比是指通信系统某点信号的载波(C)与噪声(N)的比值,通常用 C/N 或者 CNR 表示,计量单位是 dB。

四、收信机的灵敏度和选择性

1. 灵敏度

灵敏度是指收信机在规定的输出信噪比的条件下,收信机接收微弱信号的能力。其定义为:输出信噪比为某一定值时,在收信机输入端所需的最小信号强度或场强。

2. 选择性

选择性是指收信机选择有用信号,抑制各种干扰信号的能力。同样情况下,输出信号信噪比越高,表明收信机的选择性越好。

收信机的灵敏度和选择性是衡量收信机性能好坏的两个重要指标。

收信机的其他性能指标还有:非线性失真度,频率稳定度,整机频率特性,输出功率等。

五、MF/HF 无线电通信设备的工作方式

收发信机的工作方式分为单工、双工和半双工。

单工工作方式是指通信的双方只能进行交替发射的工作方式。

双工工作方式是指通信的双方可以同时进行发射的工作方式。

半双工工作方式是指通信的双方一方为单工,另一方为双工的工作方式。

GMDSS MF/HF 无线电通信设备在船与岸之间通信时一般采用半双工的工作方式,即船舶采用单工工作方式,海岸电台采用双工工作方式。而船台与船台之间通信通常采用的是单工工作方式。

思考与练习

1. 无线电波是如何产生的?
2. 无线电波的传播途径有哪些?
3. 简述各波段的主要传输特点。
4. 分别解释频率、周期、波长的定义、符号和单位。
5. 为什么要进行调制?
6. 何谓调制?
7. 何谓解调?
8. 试结合波形图和频谱图介绍单边带调制的过程。
9. 单边带通信的优点有哪些?
10. 写出 VHF 电话、VHF DSC、MF/HF DSC、NBDP、SSB 等工作种类的表示方法。
11. 试画出无线电收/发系统的组成框图。
12. 何谓模拟信息?
13. 何谓数字信息?
14. 试述信号带宽与系统带宽的区别。
15. 指出噪声和干扰的区别。
16. 接收机存在哪些干扰?
17. 试述信噪比和载噪比的定义。
18. 试述收信机的灵敏度和选择性的定义。

19. 何谓双工通信?
20. 何谓单工通信?
21. 何谓半双工通信?

项目三

船用甚高频通信设备

任务一　了解船用甚高频设备的通信原理和功能

一、船用甚高频(VHF)设备的通信原理

船用甚高频(VHF)设备是实现水上移动业务近距离无线电通信的主要设备,通信距离大约为 30~50 n mile,工作在 VHF 的 156~174 MHz 频段。

船用 VHF 无线电话信号采用的调制方式为间接调频(G3E)方式,即用原始语音信号调制高频载波的相位,从而使高频载波频率随原始信号的幅度变化而变化,属于角度调制,甚高频发射机通信原理示意图如图 3-1 所示。目前,船用 VHF 发射机现在主要使用锁相环调频方式,原始语音信号在执行调频前进行了预加重操作,预加重操作是为了提高原始信号中高音频分量的强度,因为在接收机解调操作过程中会产生高频噪声,有了预加重线路可以在小信噪比情况下提高系统抗噪声性能。信号经预加重后进行调频调制,将原始低频信号加载到高频载波信号,然后进行功率放大,滤除低频信号后经天线发射出去。

船用 VHF 选取感应在天线上的预接收的无线电波,首先进行高频放大,并送入带通限幅器消除接收信号在幅度上可能出现的畸变;在鉴频器进行解调;去加重,将发射时因预加重而提升的高音频电压相应削弱;最后通过低通滤波器送到低频放大器放大,送到扬声器和话机听筒。甚高频接收机工作原理框图如图 3-2 所示。

VHF DSC 终端则是将 CPU 信号送到调制解调器(MODEM)采用移频键控(FSK)技术实现数模转换。根据规定,调制解调协议的信号频率为 1 700 ±400 Hz,即副载波 1 700 Hz 为中心频率,±400 Hz 为频移,“0”对应 2 100 Hz,“1”对应 1 300 Hz,调制速率

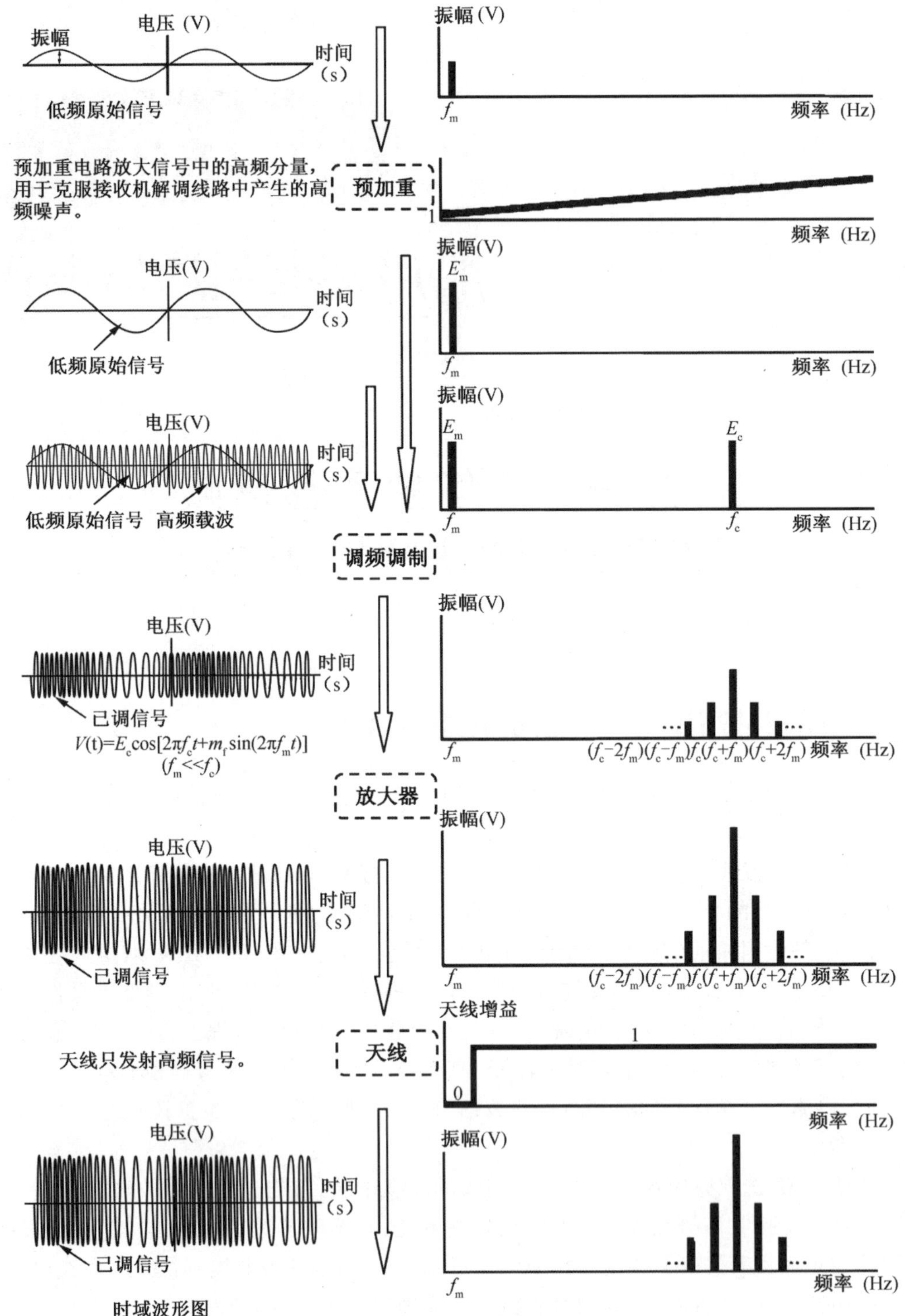

图 3-1 甚高频发射机通信原理示意图

f_m—调制信号(原始音频信号)；f_c—载波信号(高频载波)

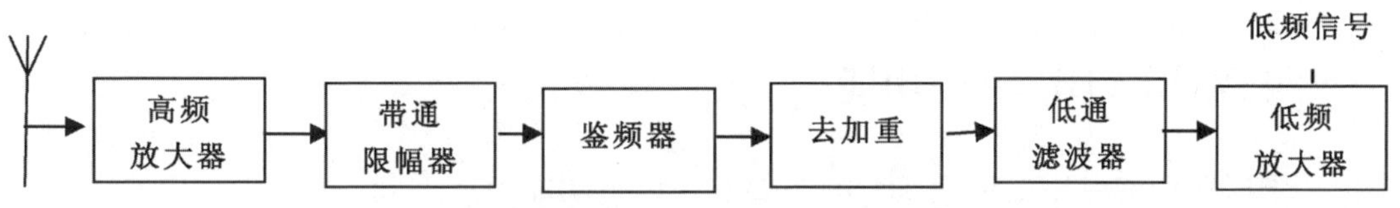

图 3-2　甚高频接收机工作原理框图

为 1 200 波特(Baud)。调制器输出的信号,送到 VHF 发射机,采用相位调制方式(G2B)调制载波后放大发射。

GMDSS 现代化将在水上移动业务的甚高频段引入甚高频数据交换系统(VDES),采用正交频分复用(OFDM)技术调制。

二、船用 VHF 通信的工作方式

船用 VHF 设备有单工和双工两种工作方式。

(1)单工方式:是指通信双方交替进行发射的一种操作方式。船用 VHF 设备无线电话的单工操作是由送受话器上的按键 PTT(Push To Talk)控制的,按下 PTT 键时天线与发射机相接,对着话筒讲话,即可把信息发出。松开 PTT 按键,发射机关闭不工作,天线接入接收机,接收机工作,收听对方讲话。因此,进行无线电话通信时,讲话完毕需要告知“OVER”,以表示对方可以讲话。

水上移动业务 VHF 船舶间的通信只能采用同频单工方式工作。VHF DSC 呼叫也是采用单工方式工作,但不由人工控制,而由设备自动控制工作。即当 VHF DSC 设备监测到有给本台的 VHF DSC 信息时,自动让 VHF DSC 发射延迟一段时间,从而实现了由设备自动控制的单工工作方式。

(2)双工方式:是指通信双方同时进行收发操作的一种通信方式。双方在两个频率上工作,甲方的发射频率即为乙方的接收频率,乙方的发射频率即为甲方的接收频率。收、发频率有一定的频率间隔,信息的传递在两个方向上同时进行。船岸 VHF 通信使用双工信道时,可以采用双工方式。船用 VHF 的双工信道收、发频率之差为 4.6 MHz,由天线的双工器实现收、发信号的分离,而不相互干扰。

三、船用 VHF 无线电话功能

船用 VHF 设备是实现水上移动业务中近距离遇险呼叫、遇险现场通信,以及紧急、安全和常规无线电话通信的主要设备,还是港口引航业务、船舶动态业务、驾驶台对驾驶台通信的主要设备。

按规定,水上移动业务 VHF 台需要在 VHF CH16 信道上保持值守,以随时与附近船舶或岸台进行有关船舶航行安全的通信。

四、船用 VHF DSC 功能

VHF DSC 的专用信道为 CH70,主要实现以下功能:

(1)遇险报警、遇险收妥:船舶在 A1~A4 某海区航行时,可使用 VHF DSC 实现近距离的船到船遇险报警和遇险收妥。船舶如果航行于 A1 海区,则可以实现船到岸 DSC 遇险呼叫,以及接收岸到船方向的遇险收妥。

(2)紧急呼叫:当船舶遇到紧急情况,比如人员落水、船员严重疾病等情况,需要附近其他船舶的紧急帮助或者采取紧急措施,可以在 VHF CH70 信道上发送紧急等级的 DSC 呼叫,再转到 CH16 信道上进行紧急无线电话通信。

(3)安全呼叫:当船舶遇到影响航行安全的情况,比如航线上发现漂浮物,需要告知其他船舶,可以在 VHF CH70 上发送一个安全等级的 DSC 呼叫,再转到约定的信道上进行无线电话安全通信。非遇险情况下,简短的无线电话安全通信可以在 VHF CH16 进行,繁忙海区或者较长的安全信息应转到其他信道上进行。

(4)常规呼叫:为了和 VHF 岸台(A1 海区)或者附近船舶进行常规 VHF 无线电话通信,可以先在 VHF CH70 上发送常规等级的 DSC 呼叫,再转到约定的信道上进行无线电话通信;也可以在 CH16 上呼叫,然后转到另一信道上进行常规后续通信。

(5)A1 海区还可以实现船经岸与陆上电话用户的自动连接,即用 VHF DSC 呼叫方式打直拨电话(这项业务的实现,要依据该海区的 VHF 岸台是否开放这一业务,目前全球开放这项业务的 VHF 岸台很少)。

(6)自动值守:船舶 VHF 内装 VHF CH70 DSC 值守机,有独立的接收天线,船舶按规定在 VHF CH70 信道上保持 24 h 不间断值守,随时接收到附近 VHF 台在 CH70 信道上用 DSC 方式发送的遇险、紧急、安全和常规呼叫。

(7)另外,自动识别系统(AIS)也在 VHF 波段的 CH87B 和 CH88B 信道采用数字通信技术,实现了船位的自动播发、接收和查询。

五、VHF 的通信距离

VHF 信号的发射和接收距离是有限的,理论上传播距离为视距。VHF 信号的传播距离还会受到气压和湿度的影响,通过折射将增大传播距离。

由于空气媒介的折射导致了无线电波的传播路径是曲线,而非直线。VHF 无线电波受到一定程度的折射后,传播距离要大于视距。这是因为此波段电波穿过大气层传播时,趋向低波速区传播,从而引起波速改变,造成电波传播方向的弯曲和折射。弯曲和折射度依赖于波速改变率,称为折射指数。折射指数受空气、高度变化、压力、温度和湿度影响。

通信双方收/发天线至海平面的高度是决定 VHF 通信距离的重要因素。另外通信双方发射机的功率和接收机的灵敏度,以及收/发天线的质量和位置等也会影响 VHF

通信距离。无线电通信双方即使在无线电通信视距内，也不能保证就一定能接收到信号。

决议案 A.801(19)附件 3 列出了无线电水平线传播距离的计算方法：

传播距离(n mile)大约等于[海岸电台 VHF 接收天线高度(m)的平方根+船舶发射天线的高度(m)的平方根]再乘以系数 2.5。

$$D = 2.5(\sqrt{H_1} + \sqrt{H_2}) \tag{3-1}$$

D 为通信距离，单位为海里；H_1、H_2 为两台的天线绝对高度，单位为米(m)。

如两船舶电台的天线高度都为 9 m，则 VHF 通信距离约为 15 n mile。

传播距离(n mile)大约等于[海岸电台 VHF 接收天线高度(ft)的平方根+船舶发射天线的高度(ft)的平方根]再乘以系数 1.23。

以上公式得出的无线电通信视距没有考虑天线质量等因素。

表 3-1 中所列的天线高度是 VHF 天线至水平面或者是地平面的高度，通信距离是指在开阔水域或者平坦的陆地条件下的 VHF 通信距离。

如果船舶的 VHF 天线高度为 9.2 m，VHF 岸台的天线高度为 213.4 m，那么两台无线电视距(即通信距离)为 40 n mile(7 n mile+33 n mile)。

表 3-1　VHF 天线高度与大概的理论无线电通信距离表

天线高度 [m(ft)]	无线电视距 (n mile)	天线高度 [m(ft)]	无线电视距 (n mile)
1.5(5)	3	30.5(100)	12
3.0(10)	4	91.4(300)	21
4.6(15)	5	152.4(500)	28
6.1(20)	6	213.4(700)	33
9.2(30)	7	274.3(900)	37
12.2(40)	8	304.8(1 000)	39
15.3(50)	9	609.6(2 000)	55
22.9(76)	11	914.4(3 000)	67

任务二　了解船用 VHF 设备的类型及基本结构

一、船用 VHF 设备的类型

目前，船用 VHF 生产厂家很多，使得船舶 VHF 外观上不尽相同，但由于其功能和技术要求一样,设备结构和操作控制大体相同。

图 3-3(a)是古野(FURUNO)公司的 VHF;图 3-3(b)是 SAILOR 公司的 VHF;图 3-3(c)是 JRC 公司的 VHF;图 3-3(d)为一部古野 VHF 设备的分机,图 3-3(e)为 VHF 天线;图 3-3(f)展示了几款手持双向 VHF,又称为船用便携式 VHF 双向无线电话。

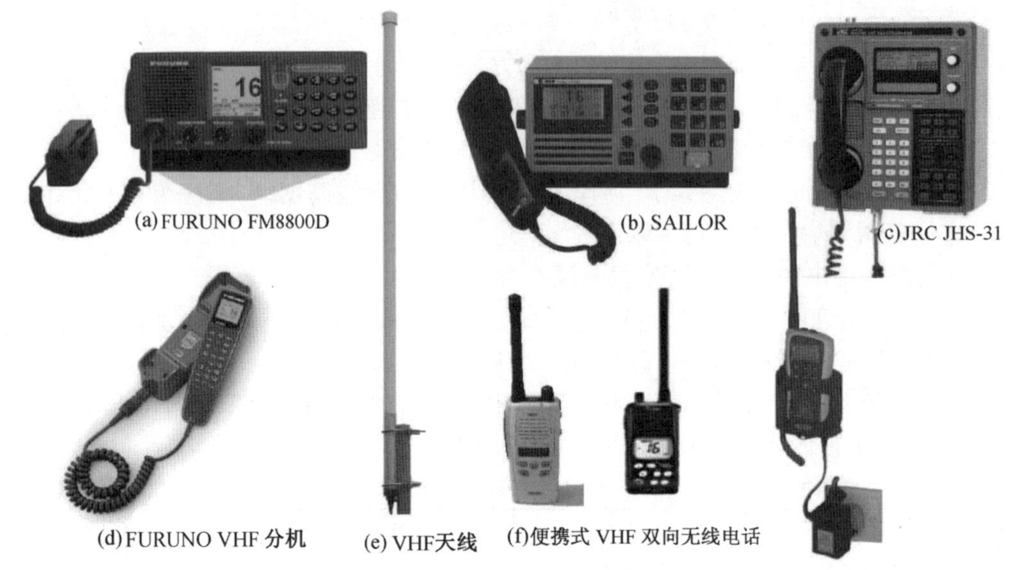

图 3-3　VHF 无线电设备

根据《SOLAS 公约 1988 年修正案》要求,具有无线电话通信和 DSC 呼叫功能的 VHF 无线电通信设备是 GMDSS 船舶的基本配备设备之一。而手持双向 VHF 是救生艇筏的必配设备,按规定 500 总吨以上的船舶应配备 3 台;300~500 总吨的船舶可以配备 2 台,并应配备 3 块未拆封的在有效期内的锂电池。

二、船用 VHF 设备的基本结构

图 3-4 为 VHF 设备的基本构成图,设备的核心部件为 VHF 收发信机;设备的外围部件为话筒、DSC 终端、VHF DSC 值守机和打印机(选配)等终端设备;DSC 终端还可外部连接卫星导航设备自动更新船位。VHF DSC 值守机是一单信道(CH70)接收机,使用独立的值守机天线,VHF 收发信机共用一根天线。电源可以使用 110 V 或 220 V 交流电,也可以使用直流 24 V 供电,并应提供备用电源供电。

船用 VHF 收/发信机、控制面板、DSC 终端和 VHF CH70 值守机一般集成在一起,再外接一个或者多个手柄话机,2 根天线(一根 VHF 收发天线和一根 VHF CH70 值守机天线)。控制面板一般有显示屏,以及含 CH16 键、DISTRESS 按钮、MENU 菜单键等控制键钮。

船用 VHF 收发天线尺寸要求:根据国际电信联盟(ITU)的波段划分,VHF 波段频率范围为 30~300 MHz,波长为 10~1 m。船用 VHF 设备工作的频率范围为 156~174 MHz,对应波长不到 2 m。通信设备的理想的天线尺寸应近似波长,且不小于波长的四

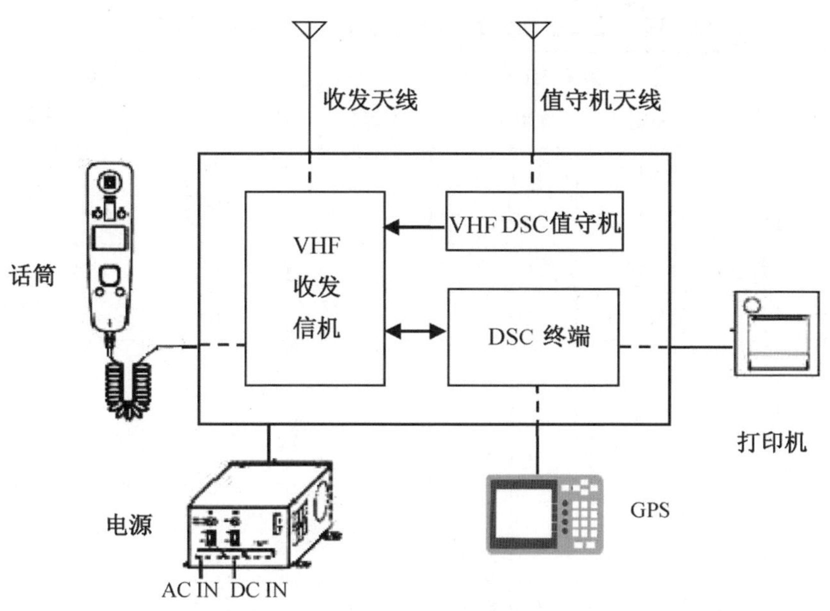

图 3-4　VHF 设备的基本构成图

分之一。因此船舶 VHF 设备的收发天线可以做得很小,这样就可以具有较高的强度,便于安装于驾驶台顶端或者主桅的上部,有利于增大 VHF 设备的通信距离。

船用 VHF 设备的抗噪声性能:VHF 设备所采用的调频调制与调幅信号相比,信号大信噪比情况下,抗噪声性能明显优于调幅信号;信号小信噪比情况下,存在"门限效应",此时解调器的输出几乎完全由噪声控制。为改善门限效应(或者说降低噪声门限)可采用"预加重"和"去加重"技术来改善解调器输出信噪比,预加重和去加重技术不仅在低信号范围内减小了不希望的噪声,而且还消减了输出端的总噪声,从而改善了输出信噪比。

任务三　掌握重要的 VHF 频道用途和使用规定

一、水上移动业务 VHF 波段频率与信道划分

国际无线电咨询委员会(CCIR)指配给水上移动业务的 VHF 频段为 156 ~ 174 MHz。其中,船台发射频率为 156.025 ~ 157.425 MHz,岸台发射频率为 156.050 ~ 162.025 MHz。相邻信道间隔为 25 kHz,双工信道的收发频率间隔为 4.6 MHz。

水上移动业务 VHF 频段 ITU 信道发射频率表如表 3-2 所示。

表 3-2　水上移动业务 VHF 频段 ITU 信道发射频率表

信道号	注释	发射频率(MHz)		船舶间通信	港口作业和船舶移动		公众通信
		船舶电台	海岸电台		单工频率	双工频率	
60	(15)	156.025	160.625			×	×
01	(15)	156.050	160.650			×	×
61	(15)	156.075	160.675		×	×	×
02	(15)	156.100	160.700		×	×	×
62	(15)	156.125	160.725		×	×	×
03	(15)	156.150	160.750		×	×	×
63	(15)	156.175	160.775		×	×	×
04	(15)	156.200	160.800		×	×	×
64	(15)	156.225	160.825		×	×	×
05	(15)	156.250	160.850		×	×	×
65	(15)	156.275	160.875		×	×	×
06	(8)	156.300		×			
2006		160.900	160.900		×	×	×
66		156.325	160.925			×	×
07		156.350	160.950			×	×
67	(12)	156.375	156.375	×	×		
08		156.400		×			
68		156.425	156.425		×		
09	(13)	156.450	156.450	×	×		
69		156.475	156.475	×	×		
10	(12)	156.500	156.500	×	×		
70	(6)	156.525	156.525	DSC 遇险、安全和常规呼叫信道			
11	(12)	156.550	156.550		×		
71		156.575	156.575		×		
12	(9)	156.600	156.600		×		
72	(13)	156.625		×			
13	(9)	156.650	156.650	×	×		
73	(12)	156.675	156.675	×	×		
14		156.700	156.700		×		

续表

信道号	注释	发射频率(MHz)		船舶间通信	港口作业和船舶移动		公众通信
		船舶电台	海岸电台		单工频率	双工频率	
74		156.725	156.725		×		
15	(10)	156.750	156.750	×	×		
75	11/18	156.775			×		
16	(7)	156.800	156.800	无线电话遇险、安全和呼叫信道			
76	11/18	156.825			×		
17	(10)	156.850	156.850	×	×		
77		156.875		×			
18	(14)	156.900	161.500		×	×	×
78		156.925	161.525			×	×
1078		156.925	156.925		×		
2078		161.525	161.525		×		
19		156.950	161.550			×	×
1019		156.950	156.950				
2019		161.550	161.550				
79		156.975	161.575			×	×
1079		156.975	156.975		×		
2079		161.575	161.575		×		
2028		162.000	162.00				
20		157.000	161.600			×	×
1020		157.000	157.000		×		
2020					×		
80		157.025	161.625			×	×
21		157.050	161.650			×	×
81		157.075	161.675			×	×
22	(15)	157.100	161.700		×	×	×
82	(14)	157.125	161.725		×	×	×
23	(14)	157.150	161.750		×	×	×
83	(14)	157.175	161.775		×	×	×
24	(14)	157.200	161.800		×	×	×

续表

信道号	注释	发射频率(MHz)		船舶间通信	港口作业和船舶移动		公众通信
		船舶电台	海岸电台		单工频率	双工频率	
1024	(19)	157.200					
2024	(19)	161.800	161.800	×(仅用于数据通信)			
84	(14)	157.225	161.825		×	×	×
1084	(19)	157.225					
2084	(19)	161.825	161.825	×(仅用于数据通信)			
25	(15)	157.250	161.850		×	×	×
1025	(19)	157.250					
2025	(19)	161.850		×(仅用于数据通信)			
85	(14)	157.275	161.875		×	×	×
1085	(19)	157.275					
2085	(19)	161.875	161.875	×(仅用于数据通信)			
26	(9)	157.300	161.900		×	×	×
1026	(19)	157.300					
2026	(19)	161.900					
86	(14)	157.325	161.925		×	×	×
1086	(19)	157.325					
2086	(19)		161.925				
27		157.350	161.950			×	×
1027		157.350	157.350				
2027	ASM1	161.950	161.950				
87		157.375	161.975		×		
28		157.400	162.000			×	×
1028		157.400	157.400				
2028	ASM2	162.000	162.000				
88		157.425			×		
AIS1	(16)	161.975	161.975				
AIS2	(16)	162.025	162.025				

二、水上移动业务 VHF 波段信道用途和使用规定

对表 3-2 所有信道的一般规定，见下面(1)~(5)条。

(1)管理部门按照以下业务分配信道：船舶间通信、港口作业和船舶移动业务，轻型飞机和直升机与船舶或者支持海上作业的岸台之间的通信。公众通信在使用这些信道时，要和相关管理部门先签订协议。

(2)除 VHF CH06、CH13、CH15、CH16、CH17、CH70、CH75 和 CH76 外，表内的其他信道可以依照管理当局的安排，用于高速数据传输和发送传真。

(3)依据 ITU WRC12 决议，除 VHF CH06、CH13、CH15、CH16、CH17、CH70、CH75 和 CH76 外，表内的其他信道可以依照管理当局的安排，用于直接印字报和数据传输。

(4)表内频率可以用于内陆水道的无线电通信。

(5)依据 ITU-R M. 1084 建议案的最新版本规定，在对相隔 25 kHz 的信道不造成干扰的基础上，当局可以批准使用相隔 12. 5 kHz 的频率。尤其是对 CH06、CH13、CH15、CH16、CH17 和 CH70 不能造成干扰，也不能影响 ITU-R M. 489-2 建议案所述信道的技术特性。

专门信道使用规定，见(6)~(16)款：

(6)CH70(156. 525 MHz)信道：VHF DSC 遇险呼叫、紧急呼叫、安全呼叫和常规呼叫信道。

(7)CH16(156. 800 MHz)信道：VHF 频段无线电话遇险和安全信道，用于遇险呼叫、遇险通信、紧急通信，以及简短的安全信息播发。长时间的安全信息播发应在该信道上播发引语后转到其他信道上播发。在 VHF CH16 上的发射应保持在最低限度，且不得超过 1 min。根据国际海事组织(IMO)海安会决议案 MSC. 131(75)和 2007 年世界无线电通信大会相关决定，船舶在航行期间应尽可能地保持在 VHF CH16 上收听，及时应答周围船舶有关航行安全的呼叫。在进行非遇险类呼叫之前，船舶应在 VHF CH16 上守听一会儿，当确知没有通信在进行时，再在此信道上进行呼叫。

(8)VHF CH06(156. 300 MHz)信道：用于船舶电台和从事于协调搜救作业的航空器电台之间的通信，还用于冰封季节航空器电台、破冰船和救助船间的通信，船舶电台应避免对这些通信造成有害干扰。

(9)VHF CH13(156. 650 MHz)信道：船舶航行安全通信信道，主要用于船舶间的航行安全通信，还可用于船舶移动和港口作业。

船舶间通信建议首选 CH06；港口作业建议首选 CH12；船舶移动建议首选 CH11；船岸常规公众通信建议首选 CH26。

(10)VHF CH15 和 CH17 可用于船上通信，但发射功率不能超过 1 W，以免对 CH16 造成干扰。在地方水域使用这些信道时，应遵守国家相关部门的规定。

(11)VHF CH75 和 CH76 仅限定在有关导航的通信，且发射功率不超过 1 W。所有预防措施的目的是防止对 CH16 造成有害干扰。

(12)VHF CH10 和 CH11 的使用,注意避免干扰 CH70 信道。

(13)VHF CH09、CH72 和 CH73 分别是船舶间通信、港口作业和船舶移动的首选业务。

(14)VHF CH18 和 CH82~CH86 可作为单频信道使用,但要服从相关管理部门的专门安排。

(15)VHF CH02~CH05、CH18、CH22~CH26、CH61~CH65、CH82~CH86 可以作为单频信道使用,也可以作为初始测试和新技术的引进,但要服从相关管理部门的专门安排,不能造成有害干扰。

(16)AIS1 和 AIS2 信道为 AIS 专用信道,还可用于移动卫星业务(地对空方向),接收船舶发送的 AIS 信息。

(17)VHF CH06、CH70、CH16、AIS1 和 AIS2 还可用于航空器进行搜救作业和有关安全的作业。

(18)VHF CH75 和 CH76 还被指配用于移动卫星业务(地对空方向),接收船舶的远距离 AIS 广播信息。

(19)依据 ITU-R M.1084 和 M.2092 建议案,从 2017 年 2 月 1 日起,VHF CH24、CH84、CH25、CH85、CH26、CH86 可用于甚高频数据交换系统(VDES)通信,而不要对其他信道造成干扰。

(20)从 2019 年 2 月 1 日起,VHF CH2027 指配为 ASM1,VHF CH2028 指配为 ASM2,限定海岸电台使用。如果管理当局允许,国内规则载明,这些信道也可以由船台使用,但应采取预防措施,避免对 AIS1、AIS2、CH2027、CH2028 信道造成干扰。

任务四　了解甚高频数字选择性呼叫技术及性能要求

一、甚高频数字选择性呼叫简述

数字选择性呼叫(Digital Selective Calling, DSC)工作在甚高频和中/高频段,是启动遇险、紧急、安全和常规通信的初始呼叫系统。GMDSS 的 DSC 技术承担了 MF、HF、VHF 频段 DSC 遇险和安全频率上的值守;遇险、紧急、安全和常规通信的初始呼叫,以及查询呼叫和船位报告等。

VHF CH70 信道作为 VHF 频段唯一的 DSC 专用信道,DSC 遇险、紧急、安全和常规呼叫都在此信道上进行。按照 GMDSS 要求,船用 VHF 设备不仅具有 DSC 功能,还需要配置 VHF CH70 DSC 值守机,保持对 VHF CH70 信道自动的不间断的 24 h 值守。

VHF DSC 可实现快速的船到船遇险报警,遇险事件附近的船舶会马上收到,实施救助。因此,在附近有船舶时,VHF DSC 的遇险报警是首选的报警方式。

在 A1 海区 VHF DSC 还能实现船到岸、岸到船方向的遇险报警。

VHF EPIRB 也是工作在 VHF CH70 采用 DSC 报警技术的紧急无线电示位标。但是,因只能配备在 A1 海区作业的船舶,故远洋商船不配备此设备。

二、VHF DSC 呼叫类型及分类

1. VHF DSC 的呼叫类型

VHF DSC 技术具有多种选择性呼叫功能,包括单台呼叫(Individual Call)、所有船呼叫(All Ships Call)、群呼(Group Call),以及船到岸直拨电话呼叫(Direct-Dial)。由于 VHF 频段电波传输距离有限,VHF 设备一般不设海区呼叫(Area Call)。

另外,VHF DSC 还具有查询功能和船位报告功能,即:使用 DSC 技术可以查询附近船舶情况,包括船舶位置信息,同时可做船位报告。AIS 系统就是利用了 DSC 的这项功能。

2. DSC 的分类

(1)按 DSC 工作的频段划分,有 MF DSC、HF DSC 和 VHF DSC。

(2)按 DSC 设备的功能划分,有 A 级 DSC 设备、B 级 DSC 设备和 C 级 DSC 设备。

A 级 DSC 设备具有 DSC 技术的全部功能。其不仅能够进行各种类型的 DSC 呼叫,而且可进行 DSC 遇险多频呼叫,以及对 RQ 呼叫序列具有自动应答功能,MF/HF DSC 设备一般是 A 级 DSC 设备。

B 级 DSC 设备具有 DSC 技术的部分功能,比如 VHF DSC 设备不含海区呼叫;MF DSC 设备不能进行遇险多频呼叫等。因此,它们属于 B 级 DSC 设备。

C 级 DSC 设备仅具有简单的遇险报警功能,比如 VHF CH70 EPIRB 就是 C 级设备。

三、海上移动业务识别码

DSC 技术使用海上移动业务识别码(Maritime Mobile Service Identification Code, MMSI)进行识别和呼叫,相关内容见项目十二任务十所述。

四、DSC 的编码与检纠错技术

DSC 技术编码由十位二进制码元构成,又称十单元检错码,其中前 7 位为信息码元,后 3 位为检错码元,检错码元用三位二进制表示信息码元中“0”的个数,即:0~7 个“0”,二进制分别用“000,001,010,011,100,101,110,111”表示。这样当收到的一个字节中信息码元“0”的个数与检错码元表示的“0”的个数不相符时,则表示该字节有错误。信息码元中最左位为最低数字位,从左至右第七位为最高数字位。检错码元最右位为最低数字位,从右至左第三位为最高数字位。

信息码元“0000000”表示数字“0”;“100000”~“1111111”表示数字“1”~“127”;7位二进制信息码元,共可表示128种信息。信息码元第09至99号前100个编码作为信息中的数字编码使用,从第100至第127号编码作为信息功能编码使用。

这种编码具有很强的检错能力,除信息码元传送过程中出现偶数畸变,即同时出现“0”变“1”和“1”变“0”的错码外,所有其他形式的错码均可检查出来。

DSC技术为提高信息传输准确性采用垂直校验技术,即在DSC呼叫序列后加一个垂直校验字节(ECC)。方法是将各个字节的信息码元垂直排列,然后垂直模2和相加,称为垂直校验信息码,加入检错码构成ECC,并加入DSC呼叫序列,最后和DSC呼叫序列一起发送。接收方按同样原理对接收到的信息码元进行垂直模2和相加,也生成一个ECC。接收到的ECC和自己生成的ECC比较就能辨别哪一列信息传送出错,再参考行检错情况,可进行相关信息位的纠错。

DSC技术采用二重时间分集方法,将DSC电文发送2遍,间隔4个字节时间,将2次传输的字节对照并检错,输出正确字符,实现纠错。

归纳起来,DSC技术采用行检错加垂直检错技术,纠错采用行、列群计数相关位和二重时间分集技术进行纠错。DSC采用这样的检纠错技术进一步增强了DSC呼叫的抗干扰和抗衰落能力。

五、VHF DSC组成和工作原理

1. VHF DSC的组成框图

VHF DSC的组成框图如图3-5所示,主要由一个微处理器(CPU)加外围部件与一个调制解调器(MODEM)构成。

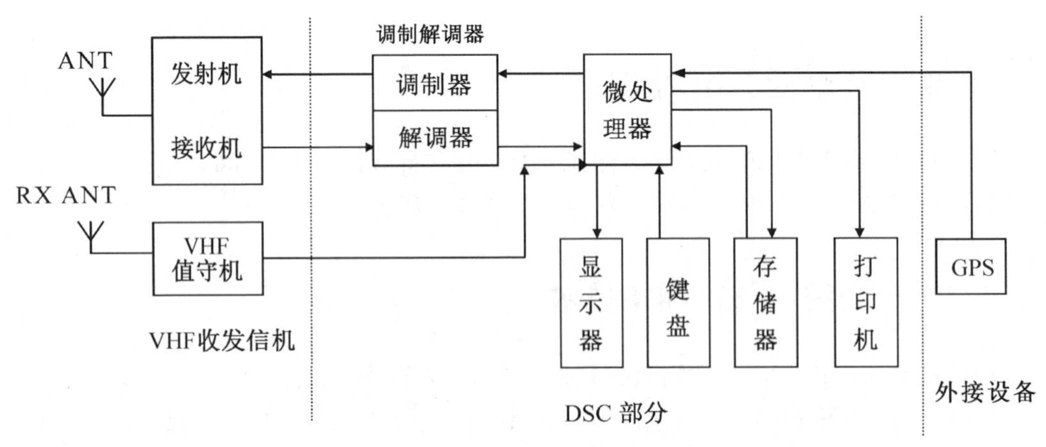

图3-5 VHF DSC的组成框图

2. VHF DSC的工作原理

CPU完成各类DSC呼叫序列的组成、编码及对收到的DSC电文的解码、检纠错、显示、打印等;DSC 需要内装或者外接一个 GPS 信号,自动输入船舶的位置。调制解调器也称为 MODEM,其中调制器将 CPU 送来的基带数字信号进行数-模转换,并把转换的音频模拟信号传送到与之相连的发射机,进行 G2B 调制放大后发射;解调器将来自接收机的音频模拟信号进行模-数变换,并把转换的基带数字信号传送到 CPU 进行处理。VHF DSC 值守机的作用是实现对 VHF CH70 DSC 信道的连续值守。

3. VHF MODEM 协议

调制器的功能就是完成数-模转换,采用移频键控调制(FSK)技术,将 CPU 送来的数字信号转换为 1 700±400(Hz)的音频信号,1 700 Hz 为中心频率,±400 Hz 为频移,二进制码"1"对应较低频率 1 300 Hz,"0"对应较高频率 2 100 Hz。数字信号"0"和"1"就像电键的启闭一样,使调制器的输出频率发生变化,故称为移频键控调制,即 FSK 调制。

六、VHF DSC 的主要技术要求

(1)VHF DSC 传输速率为 1 200 波特(Baud),每一比特位传输时间需要(5/6)ms,每一字节传输时间为(25/3)ms,分集时间约为 33.3 ms。

(2)频率容差:VHF 为±10 Hz。

(3)根据最新版"ITU-R M.493-12"和"ITU-R M.541-9"建议案,DSC 控制器特色较早期版本有一些新的改进,主要变化如下:

①防止误发报警,在遇险报警按钮上加弹簧保护;

②接收到报警,报警声逐渐增大;

③可关闭自动连接 VHF 信道功能,这个功能不包括发给本船的遇险和紧急信号、接收到遇险和紧急呼叫;

④显示本船位置,并指示是人工输入、内接 GPS 或者外接 GPS 信号;

⑤自动船位更新功能,4 h 没有输入船位,产生报警声;24 h 以上位置自动删除;

⑥如果本船的 MMSI 没有存储在存储器,DSC 就不能发射,有提示显示;一旦存储,没有制造厂商的仪器,用户将不能改变。

任务五　掌握 VHF DSC 操作程序和各类呼叫

一、VHF DSC 的典型呼叫序列

依据最新的建议案,一个典型的 DSC 呼叫由下列部分组成:

点阵	定相序列	呼叫类型	被呼叫台识别(识别码)	优先等级	自识别码	遥指令 1	遥指令 2	后续通信频率	序列结束符	差错校验符

解释如下:

1. 点阵(Dot Pattern)

点阵是能停止 DSC 接收机的接收扫描,实现比特同步,由 0 和 1 交替组成的序列。当扫描接收机在某频率上检测到点阵信号时,就停止扫描,在检测到点阵信号的频率上接收 DSC 信息。同时,点阵还用于使接收机精确地同步在发射起始比特位上,即比特位同步。

2. 定相信号(Phasing Signal)(定相序列)

定相信号使接收机获得正确的字节同步。定相信号自动加入呼叫序列中。

3. 呼叫格式表示(Format Specifier)(呼叫类型)

VHF DSC 有如下呼叫类型:遇险呼叫(Distress Call)、所有船呼叫(All Ships Call)、单台呼叫(Individual Station Call)、船队呼叫(Groups of Stations Call)、自动电话呼叫(Automatic Phone Call)等。根据相关新决议案,未来的 DSC 模型还能接收以本船为中心的圆形区,设备会自动转换成矩形区。

4. 传送地址(被呼叫台识别)

传送地址处可以输入被呼叫台 MMSI 或者船队 MMSI。当一个台收到呼叫本船信息,就予以接收。接收到遇险呼叫、所有船呼叫,不需要地址码,就予以接收。

5. 优先等级(Category)

优先等级有 4 级,即"DISTRESS"(遇险)、"URGENCY"(紧急)、"SAFETY"(安全)和"ROUTINE"(常规)。"SHIPS BUSINESS"(船舶事务)在新版本协议中已经取消。

6. 自识别码(Self-ID)

呼叫中总是要自动包括本机的 MMSI 码。自识别码在设备安装调试时就应由安装工程师输入固化在设备中。

7. 电文(遥指令)

电文包括约定随后通信信道、报告位置信息等。

8. 序列结束符(EOS)

"EOS"表示序列结束,代码"127";"RQ",代码"117",要求接收方收到 DSC 呼叫之后,自动或者人工的发回一个 DSC 收妥确认通知;"BQ",代码"122",设备自动选择此项,也可人工选择此项,标明对一个带"RQ"呼叫的应答呼叫。"RQ"和"BQ"仅用于单台呼叫格式中和自动电话呼叫中。

9. 差错校验符(Error Check Character)

自动生成垂直校验码,并自动加入呼叫序列中,用于对整个呼叫序列各字节信息位的垂直校验,采用的是偶数校验,序列中的定相序列不参与垂直校验。接收方按照同样的方法也生成一个ECC,和接收到的ECC按位垂直比对,确认哪列出错。

二、VHF DSC 遇险呼叫

(1)VHF DSC遇险报警在VHF CH70上进行,传播距离大约为30~50 n mile,在所有海区船到船的遇险报警主要用VHF DSC实现,也是尽快获得附近船舶救助的首选报警方式。A1海区在该频段还可实现船到岸DSC遇险报警,并能接收岸到船的DSC遇险转发。

(2)VHF DSC遇险呼叫可以按压遇险报警按钮快速启动发出,也可人工编辑后发出。

(3)VHF DSC仅有单频遇险报警方式。如图3-6所示,图中N是间隔次数,每次报警连续发射5遍DSC报警电文,间隔大约为3.5~4.5 min,等待接收DSC遇险收妥。如果接收不到DSC遇险收妥,再继续重复DSC遇险报警。

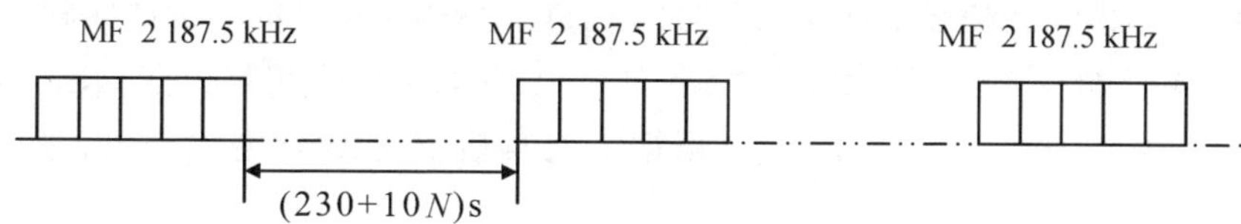

图3-6 VHF CH70 DSC遇险报警

(4)VHF DSC遇险报警内容。按照最新建议案M493-12,DSC遇险呼叫内容如下:

点阵	定相序列	格式符 DISTRESS	遇险船识别	遇险性质	遇险位置	遇险时间 UTC	后续通信方式	序列结束符	差错校验符

①点阵、定相序列、序列结束符和差错校验符参见"一、VHF DSC的典型呼叫序列"所述。

②遇险性质(Nature of Distress):由操作人员从遇险性质列表中选择,共12种遇险性质,包括海盗(Piracy)和人员落水(Man Overboard)。虽然这两类性质包括在DSC遇险报警的遇险性质中,但在随后的无线电话通信中,仍要求用紧急通信程序,通信前加紧急信号"PAN PAN"。

③遇险位置(Position of Vessel in Distress):位置自动更新;但是老设备人工输入船位;假若位置不知道或者4 h没有更新,用10个"9"字替代。

④遇险时间UTC:UTC时间表示有效遇险位置的时间;无效时间,用4个"8"字代替。

⑤按照最新建议案,遇险报警后立即跟随一个1.8 s的附加信号,称为扩展序列(Expansion Sequence),作用是提高遇险船位的分辨率。老的设备不兼容这个扩展序列,但不影响遇险报警的接收和显示。

⑥当船舶发生相当紧迫的遇险,急需附近船舶和岸上救助力量救助,可首先考虑 VHF DSC CH70 遇险报警。VHF DSC 遇险报警主要是向附近船舶报警。

三、VHF DSC 遇险收妥及相关规定

1. VHF DSC 遇险收妥一般规定

(1)接收到 DSC 遇险报警的船舶和 RCC,应立即向船长或者负责人报告,按照船长或者负责人的指示和授权正确地处理。

(2)DSC 遇险收妥需要人工操作发出。在 A1 海区船舶遇险发出 VHF DSC 遇险呼叫,该海区的 VHF 海岸电台应尽快发出 VHF DSC 遇险收妥,然后转到 VHF CH16 信道上与遇险船进行遇险通信。

(3)DSC 遇险收妥应包括发送收妥船的 MMSI,并发送到所有船舶,以便让所有船舶了解搜救进程。DSC 遇险收妥还有让遇险船停止 DSC 遇险呼叫的作用。

(4)接收到 VHF DSC 遇险报警的船舶,应设置在 VHF CH16 信道上收听。如果提供救助,接收到报警的船舶应在 VHF CH16 信道上与遇险船舶或救助船舶联系。

(5)如果船舶在 A1 以外海区,在接收到 VHF DSC 遇险报警后,可与 RCC 或者海岸电台协商后,发送 DSC 遇险收妥;或者根据情况直接发送 DSC 遇险收妥,终止 DSC 的遇险报警。

2. DSC 遇险收妥序列内容

DSC 遇险收妥序列内容如下:

点阵	定相序列	格式符 ALL SHIP	自识别码	DISTRESS ACK	遇险船识别	遇险性质	遇险位置	遇险时间 UTC	随后 RT	EOS	差错校验符

四、VHF DSC 遇险转发一般规定

(1)在 VHF 段接收到一个 DSC 遇险报警的船舶不得将此呼叫用 DSC 转发。如转发确有必要,可用其他通信方式转发。

(2)下列两种情况可以用 VHF DSC 进行遇险转发:

①附近遇险船没有发出遇险报警,需要代其发送遇险报警时。

②非遇险船舶的负责人或者陆地电台的负责人认为需要进一步的援助时,也可转发遇险报警。

(3)DSC 遇险转发须由船长或者负责人授权下才能发送。

(4)当船舶做 DSC 遇险转发要非常慎重,只有绝对必要时才可进行。为防止误报警,新 DSC 设备不再有自动遇险转发程序,只能人工转发。

(5)可以使用任何手段向海岸电台或者附近船舶电台转发遇险报警,可以使用单

台呼叫或者所有船呼叫等形式。

五、VHF DSC 遇险转发序列内容

VHF DSC 遇险转发序列内容如下：

点阵	定相序列	格式符 ALL SHIP	自识别码	DISTRESS RELAY	遇险船识别	遇险性质	遇险位置	遇险时间 UTC	随后 RT	EOS	差错校验符

六、VHF DSC 其他类型呼叫及规定

1. 一般规定

(1)在 VHF CH70 发送 DSC 呼叫,约定无线电话通信信道;也可在 VHF CH16 信道上直接呼叫某船,约定无线电话通信信道;注意船到船 VHF 通信只能用单工信道。如果是在 A1 海区,还可以用上述方式和信道完成船到岸、岸到船的相关通信。如果 VHF 海岸电台开放用户通信业务,在 A1 海区还可进行船到岸到用户无线电话通信。

(2)根据最新建议案,优先等级将取消"Ship Business",而统一用"ROUTINE"。

(3)对单台的 DSC 呼叫,要求接收台收妥,应在呼叫中标明"RQ";接收台应以人工或者自动方式发回标明"BQ"的 DSC 收妥。

(4)船台自动收妥海岸电台的 VHF DSC 呼叫应在 3 s 内完成。

(5)不允许在 VHF CH70 信道上发测试性呼叫。对 VHF DSC 呼叫功能的检测,可以使用 VHF DSC 单台呼叫的方式由一个 VHF 设备呼叫本船的另一个 VHF 设备。还可以启动 VHF DSC 自检测功能,检验 VHF DSC 线路是否正常。

2. 几个常规 VHF DSC 呼叫序列

(1)VHF DSC 自动电话呼叫

点阵	定相序列	AUTO PHONE	某岸台识别码	优先等级	自识别码	遥指令 1 TEL	遥指令 2 建议信道	陆上电话号码	ACK RQ	差错校验符

(2)应答 DSC 自动电话呼叫

点阵	定相序列	AUTO PHONE	被叫台 MMSI 码	优先等级	岸台 MMSI 码	遥指令 1 TEL	遥指令 2	陆上电话号码	ACK BQ	差错校验符

(3)查询某船船位呼叫

点阵	定相序列	FORMAT SELECTIVE	被叫台 MMSI 码	优先等级	本台 MMSI 码	遥指令 1 POSITION	遥指令 2	船位	ACK RQ	差错校验符

(4)应答船位查询呼叫

点阵	定相序列	FORMAT SELECTIVE	被叫台MMSI码	优先等级	本台MMSI码	遥指令1 POSITION	遥指令2	船位	ACK BQ	差错校验符

(5)查询呼叫

点阵	定相序列	FORMAT SELECTIVE	被叫台MMSI码	优先等级	本台MMSI码	遥指令1 POLLING	遥指令2	ACK RQ	差错校验符

(6)应答查询呼叫

点阵	定相序列	FORMAT SELECTIVE	被叫台MMSI码	优先等级	本台MMSI码	遥指令1 POLLING	遥指令2	ACK BQ	差错校验符

(7)常规 DSC 呼叫

点阵	定相序列	FORMAT SELECTIVE	被呼台识别码	优先等级	自识别码	遥指令1后续通信方式	遥指令2	后续工作信道	ACK RQ	差错校验符

(8)报对 DSC 呼叫预约的应答序列

点阵	定相序列	FORMAT SELECTIVE	呼叫台识别码	优先等级	自识别码	遥指令1后续通信方式	遥指令2	后续工作信道	ACK BQ	差错校验符

任务六　了解船舶 VHF 设备技术要求

一、船舶 VHF 设备技术要求

船舶 VHF 设备应满足如下技术要求：

(1)具有遇险、紧急与安全,船舶业务和常规业务 DSC 呼叫与话音通信功能。

(2)遇险报警只能通过报警按钮实现,该按钮有明显标志,并具有防止误报警措施。遇险报警的启动至少需要两个独立的步骤。遇险报警的发送状态应有显示,并且遇险报警可随时中断和启动。

(3)可使用交流或直流电源,能显示电源的供电状态,要求能在开机 1 min 内工作。

(4)收发转换由“PTT”控制实现,有发射显示。

(5)接收机有人工音量调整旋钮,并设有静噪控制。

(6)有 CH16、CH70 专门按键,颜色与其他键不同,便于识别和选择。

(7)能在 VHF CH70 保持对 DSC 连续值守;CH16 和任一非 16 信道能实现双值守功能。

(8)信道切换时间小于 5 s,收发转换时间小于 0.3 s。

(9)无线电话发射类型为 G3E,DSC 发射类型为 G2B,信道间隔为 25 kHz,射频带宽为 16 kHz,并应采用 6 dB/倍频程的预/去加重技术。船用 VHF 的最大频偏为 ± 5 kHz。天线的电波辐射采用垂直极化波。

(10)能显示工作信道;键盘各按键和显示器应能在夜光背景下可见。

(11)如装有一个以上的控制器,驾驶台控制器有优先权。多个控制器连接船舶 VHF 时,只能由一个控制器控制工作,启用标志在别的控制器上应有显示。

(12)除自动 DSC 和双值守功能外,只能由信道选择控制键实现信道选择。信道切换期间不能发射;收发控制不会引发无用辐射。

(13)接收机输出负载可以是扬声器或话筒,音频输出应有足够的功率,和令人满意的信噪比;扬声器的输出可关闭;单工发射时接收机将被哑控。

(14)VHF 发射机发射时不会因天线的开路或短路而损坏。

(15)频带和信道:船台发射频率从 156.025~157.425 MHz,岸台发射频率从 156.050~162.025 MHz,收发间隔 4.6 MHz,相邻信道间隔 25 kHz。

(16)载波输出功率:一般船舶 VHF 输出功率低挡为 1 W,高挡为 25 W。岸台的输出功率通常在 50 W 以内。天线阻抗为 50 Ω。

(17)容许频率误差:海上 VHF 的容许频率误差为 10×10^{-6}。

(18)发射机的音频谐波失真:调制音频的频带应限于 300~3 000 Hz 内。

(19)发射机的无用辐射必须小于 0.25 μW,机箱辐射功率必须小于 25 μW。

(20)灵敏度:船用 VHF 接收机灵敏度应优于 1 μV。

(21)对于手持双向 VHF,除能在 CH16 信道上通信外,还应至少在 CH06 信道上通信。且要配备三块未开封的锂电池。手持双向 VHF 从 1 m 高处跌落硬地面应不被损害。

二、静噪电路(SQUELCH)

静噪电路(SQUELCH)技术的要求是:当输入信号达到一定电平后,静噪电路才允许信号输出,否则自动断开音频输出。静噪电路抑制门限电平高,将降低 VHF 接收机的灵敏度,微弱信号将难以通过。静噪旋钮的使用方法是:将控制面板上的静噪旋钮逆时针旋转到静噪声升起,再顺时针缓慢转动静噪旋钮到静噪刚刚消失的位置即可。

三、船舶 VHF 双值守

船舶 VHF 双值守的技术要求是:使 VHF 接收机能同时守听包括 CH16 在内的 2 个电话信道,CH16+任意非 CH16 信道。在双信道守听时,每隔 1 s 或更短的时间间隔检查 CH16 信道,如果 CH16 信道出现信号,接收机即刻锁定到此信道。双值守功能可人工开启或关闭,双值守期间,扫描信道号能同时显示。

任务七 掌握 VHF 常规无线电话通信程序

一、VHF 无线电话通信规定与注意事项

(1)准备:通信前思考一下要通信的内容。如有必要,可以写下通信要点,以避免在繁忙信道上通信中断和浪费通信时间。

(2)呼叫前先守听:注意呼叫前,先在信道上守听,确保信道空闲时再进行通信,避免造成干扰。

(3)通信纪律:

①如果有另一呼叫信道可用,就应避免在 CH16 信道上进行非遇险、紧急和简短安全信息的发射。

②在港口作业信道上,避免进行与船舶安全和船舶航行无关的通信。

③避免不必要的发射。

④避免使用不正确的船舶识别。

⑤避免在通信情况不好时占用专门信道。

⑥避免使用非礼貌用语。

(4)通信中的重复:除非接收台请求,否则应避免通话重复。

(5)降低发射功率:如果通信情况允许,就尽可能地使用最低发射功率。

(6)自动识别系统(AIS):AIS 用于船到船通信信息的数据交换,还用于同岸基设施的通信。使用 AIS 的目的是帮助识别船舶、跟踪目标、简单信息交换和提供辅助信息等。AIS 可以和 VHF 无线电话一同使用。AIS 的操作依据是 A.917(22)决议案——船载 AIS 操作使用指南。

(7)同岸台的通信:通信中服从岸台指挥,船台要在岸台指定的信道上通信。需要改变信道时,岸台要得到船舶的确认,再改变信道。当接收到岸台停止发射的指令时,应立刻停止通信,直到岸台再呼叫。

(8)与其他船舶通信:根据无线电规则的规定,VHF CH13 为驾驶台到驾驶台通信专用信道。被呼叫船可以要求在另一信道上进行通信,但是要得到呼叫船的确认后,再

转换到另一信道上进行通信。通信前要注意收听,避免造成干扰。

(9)遇险通信:遇险呼叫和遇险信息有绝对优先权。当所有电台听到遇险呼叫时,应停止发射,注意保持守听。当船舶接收到一个遇险信息时,如果在遇险船附近,就立即收妥确认。如果不在遇险船附近,应延迟收妥,等待更近的船舶收妥。在电台日志中记录遇险呼叫和遇险信息,并送交船长阅看。

(10)呼叫规定:

①根据无线电规则,CH16 仅可用于遇险、紧急和简短的安全通信,以及常规呼叫。当进行常规呼叫时,可在此信道呼叫后转到其他信道上进行通信。

②进行非遇险通信时,可以用一个工作信道作呼叫信道。如果工作信道不能用于呼叫信道时,可以把 CH16 信道作呼叫信道用。

③与船舶或岸台联系困难时,不要占用信道,要间隔一段时间再呼叫,或者转到另一信道呼叫。

(11)改变信道:如果在一个信道通信不令人满意,可要求改变信道,并得到确认。

(12)通信中的拼读:通信中船名、呼号,或者遇到一些难读的单词,可以用国际信号码拼写。

(13)注意把呼叫地址表达清楚,要谨慎使用"I"和"YOU"。

例如一海船和港口通航管理站间的会话:"Seaship,this is Port Radar,do you have a Pilot?""Port Radar, this is Seaship, yes I do have a Pilot."

(14)值守要求:海上任何船要求在 VHF DSC CH70 保持连续值守(《SOLAS 公约》第Ⅳ章值守规定)。根据实际情况,船舶还应保持在 CH16 上连续守听。

(15)依据国际电信联盟(ITU)无线电规则规定:

①CH16(156.8 MHz)用于遇险、紧急和简短的安全通信,以及常规呼叫,一般在此信道上呼叫后再转到一个其他工作信道上通信。

②指定给港口作业用的 VHF 信道,仅可用于有关船舶操作处理、移动和安全通信,以及涉及人员安全的紧急通信。

③在工作繁忙的港口,船舶通信时如果使用港口作业的 VHF 信道可能对船舶的港内移位和安全造成干扰。

二、VHF 常规无线电话通信程序

1. 呼叫(当呼叫岸台或者另一艘船舶时)

被叫"岸台名"1 次(岸台通信繁忙,根据需要可被叫 2 次),跟随"this is"1 次。

呼叫"船名"2 次,指示所用信道。

例如:"Port City,this is Seastar, Seastar,on Channel 14"。

2. 互换信息

(1)当不知道船名,但是知道位置,可以使用位置,这种情况下传送目的地为所有船。

例如:“Hello all ships, this is Pastoria,Pastoria Ship approaching number four buoy,I am passing Belinda Bank Light”。

(2)当接收到信息,收妥只讲“RECEIVED”就可。当接收到信息,需要信息含义清楚,讲“RECEIVED,UNDERSTOOD”。必要时还要重复信息,例如接收到信息:“Your berth will be clear at 0830 hours”,回答:“Received, understood, berth clear at 08. 30 hours”。

(3)适时发送如下信息:“Please use/I will use IMO standard marine communication phrase”。(请用标准海上通信用语,或者我将用标准海上通信用语)。

(4)当要听到的信息包含指令和建议时,回答时应把相关内容重复一遍。例如:听到“建议你船从我船尾通过(Advise you pass astern of me)”。你船回答:“我将从你船尾通过(I will pass astern of you)”。

(5)如果信息没有正确接收,要求重复,讲:“请再说一遍(Please say again)”。

(6)如果信息收到,但是不明白,讲:“Message not understood”。

(7)当需要改变信道时,讲:“请改变到信道 11(Please change to Channel 11)”并等到对方确认后再改变信道。

(8)本船讲完让对方回答,说:“OVER”。

(9)通话结束,说:“OUT”。

3. 注意事项

船到岸、船到船 VHF 无线电话要简洁明了,建议使用国际海事组织(IMO)的标准航海用语,避免不必要的通信占用信道和浪费通信时间。

任务八　掌握 VHF 操作实例

FM-8800 是日本 FURUNO 公司设计生产的甚高频设备,包含了 1 个收发信机模块和 2 副天线,收发信机包括 VHF 发射机、接收机和 70 频道值守机,如图 3-7 所示。该设备最多可以连接 4 个遥控手柄。

一、FURUNO 操作简介

1. 开、关机及音量调节

打开直流电源开关,顺时针旋转主收发机上的[VOLUME/POWER]旋钮,把扬声器调整到适当的音量并开机;逆时针旋转该旋钮至终点即可关机。

2. 静噪调节

音量调整好后,顺时针慢慢旋转[SQUELCH]旋钮,直到噪声消失;通常,逆时针旋转该旋钮至终点,可设置在自动调节静噪状态。

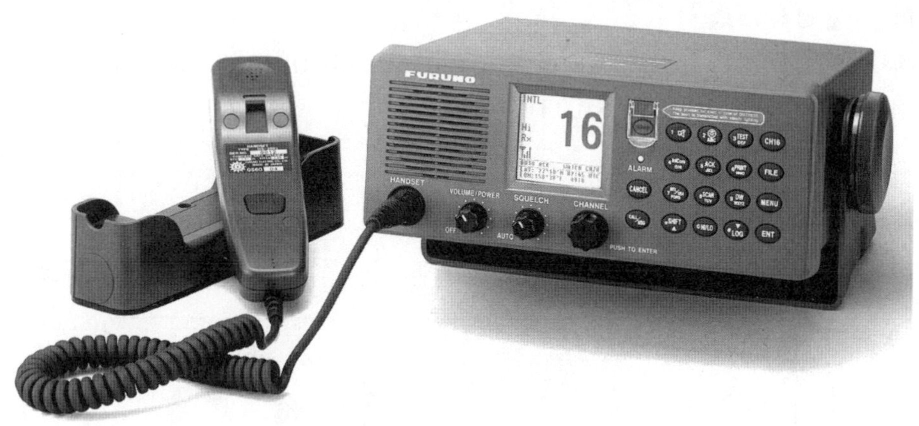

图 3-7　FURUNO FM-8800

3. 开启/静音扬声器

按[SHIFT]+[/1]键，可关闭或者接通扬声器；关闭时，如果收到遇险呼叫或者紧急呼叫，可激活扬声器，发出报警声。

4. 亮度、对比度调节

按[SHIFT]+[/2]键调节亮度，共 3 挡亮度；按[SHIFT]键，然后旋转[CHANNEL]旋钮，可调节对比度。

5. 自测试

按[SHIFT]+[TEST/3]键。同时，[DISTRESS]键上红色指示灯亮；[ALARM]键上红色指示灯亮，并发出报警声。

6. 打印

按[SHIFT]+[PRINT/6]键，可以打印通信文件、当前显示以及日常测试结果。

7. 声音报警

当收到遇险报警或者其他 DSC 呼叫，将有声光报警。对于遇险或者紧急呼叫，按[CANCEL]键，取消声音报警；而对于其他呼叫，蜂鸣 2 min 后自动停止。

8. 双值守

先选择非 16 信道，然后按[SHIFT]+[DW/9]键进行双信道值守。按[CH16]键或者再按[SHIFT]+[DW/9]键停止双值守。

9. 发射功率选择

按[SHIFT]+[HI/LO/0]键可以选择发射功率，高功率为 25 W，屏幕显示“Hi”；低功率为 1 W，屏幕显示“Lo”。国际信道的 CH15、CH17、CH75、CH76 功率默认为 1 W。

10. 改变信道模式

按[SHIFT]+[INTL/USA/7]键，可以在 ITU 信道和内存信道之间转换。

11. 查看通信记录

按[LOG]键,可以调看接收到的普通呼叫(RCVD ORDINARY)、遇险呼叫(RCVD DISTRESS)和发射过的(TRANSMITTED)呼叫记录。

二、主收发机显示屏内容

主收发机显示屏显示内容如图 3-8 所示,此界面上各个数字区的功能如下:

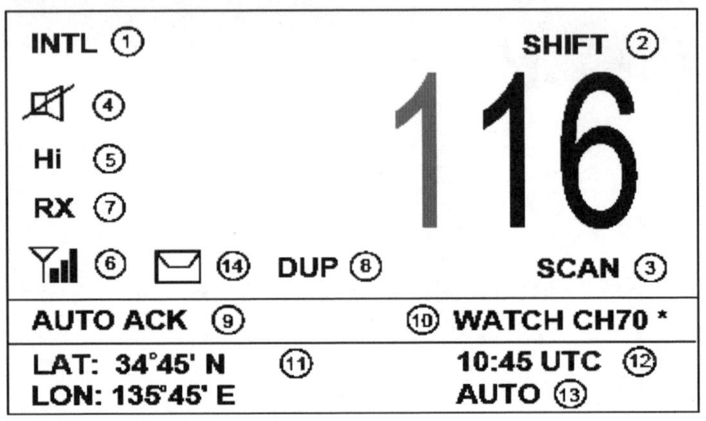

图 3-8 主收发机显示屏显示内容

(1)信道模式:国际信道 INTL 与内存信道 MEMO。
(2)按[SHIFT]键使用第二功能时,右上角出现"SHIFT",持续 2~3 s。
(3)信道扫描模式:SCAN 表示扫描内存信道,DUAL 表示双值守。
(4)扬声器通断。
(5)发射机功率:高(25 W)Hi,低(1 W)Lo。
(6)信号强度指示。
(7)收发模式:RX——接收,TX——发射。
(8)当前信道类型:DUP——双工,SIMP——单工。
(9)DSC 的应答方式:AUTO ACK——自动应答,MANUAL ACK——人工应答。
(10)值守 CHF DSC CH70 信道。
(11)当前船位显示。
(12)当前 UTC 时间。
(13)船位输入模式:AUTO——自动输入,MANUAL——人工输入。
(14)收到 DSC 电文,未读,显示信封标志。

三、快速遇险报警

遇险事件来得很突然时,可打开图 3-7 中 VHF 控制面板上的遇险报警键钮的盖子,按下[DISTRESS]键 3 s 以上,进行快速遇险报警。

四、编发遇险报警

如果时间允许，可以编发遇险报警说明遇险性质。参照图 3-7，按[DISTRESS]键小于 3 s，用[CHANNEL]旋钮或上、下箭头键选择遇险性质，输入船位；如果连接 GPS，则不必人工输入船位；按面板上[DISTRESS]键 3 s 以上，发出编发的遇险报警。

五、VHF DSC 遇险收妥

(1)收到遇险报警时，会听到报警提示音，先按[CANCEL]键停止音频报警，再按[ENT]键，选择“DISTRESS ACK”项，然后按[CALL]键 3 s 发射遇险收妥信号。遇险收妥发出后，回到待机界面，并自动转到 CH16 信道。

(2)收到遇险报警后如果不发遇险收妥，按[CANCEL]键 3 次，或者按[CANCEL]键 2 次，然后按[ENT]键，也显示待机界面。

六、进入遇险通信

本船发出遇险报警，收到遇险收妥后，按[CANCEL]键取消报警音，转入 CH16，进行遇险通信。遇险通信后屏幕下方显示“DISTRESS MODE”。遇险模式，需关机再开机，可恢复正常模式。

七、VHF DSC 遇险转发

(1)国际海事组织(IMO)已经规定，收到 VHF 和 MF DSC 遇险报警，船舶不允许转发。当遇险船不能自己发射报警；或非遇险船的船长或者负责人，或海岸电台的负责人认为对遇险船有必要进一步帮助时，可以进行遇险转发。

(2)按[CALL]键，在呼叫类型中选择“RELAY SEL”可以把遇险报警转发给海岸电台；选择“RELAY ALL” 把遇险报警转发给所有电台。

八、取消误报警

本船发出误报警后，首先立即关闭设备，然后重新开机，并切换至 CH16 广播以下信息：

All Stations, All Stations, All Stations

This is VESSEL'S NAME, CALL SIGN.

DSC NUMBER, POSITION.

Cancel my distress alert of DATE, TIME, UTC.

=Master, VESSEL'S NAME, CALL SIGN.

DSC NUMBER, DATE, TIME UTC.

九、VHF 紧急呼叫与紧急通信

使用 VHF 设备进行紧急呼叫与紧急通信有两种方式:

1. 使用 DSC 呼叫

按面板[CALL]键,选择呼叫类型,然后输入对方识别码,选择"URGENCY"优先等级,根据提示继续操作。发出呼叫后,转入 CH16 进行紧急通信。

2. 使用电话呼叫

按面板[CH16]键,直接发起紧急呼叫并通信,注意冠以"PAN PAN"信号。

十、VHF 安全呼叫与安全通信

使用 VHF 设备进行安全呼叫与安全通信有两种方式:

1. 使用 DSC 呼叫

按面板[CALL]键,选择呼叫类型,然后输入对方识别码,选择"SAFETY"优先等级,根据提示继续操作。发出呼叫后,转入 CH16 进行安全通信。

2. 使用电话呼叫

按面板[CH16]键,直接发起安全呼叫并通信,注意冠以"SECURETY"信号。

十一、VHF 常规呼叫和常规通信

使用 VHF 设备进行常规呼叫和常规通信有两种方式:

1. 使用 DSC 呼叫

按面板[CALL]键,选择呼叫类型,然后输入对方识别码,选择"ROUTINE"优先等级,根据提示继续操作。发出呼叫后,转入约定的信道进行常规通信。

2. 使用电话呼叫

按面板[CH16]键,首先发起呼叫,播发引语后,约定一个信道,转到该信道进行通信。

十二、查询呼叫

按面板[CALL]键,选择"POLLING"项,在"SHIP ID"项中输入对方船舶的识别码,选择优先等级,按[CALL]键 3 s 发出呼叫,然后等待应答。如果能收到对方船舶的应答,可以确认对方船舶在本船舶的通信范围内,可以与之正常通信。

查询呼叫主要用于查询某船是否在本船通信范围内,接收到响应后,表示可以与之通信。这种呼叫仅可查询一条船。

十三、常规 DSC 呼叫

按面板[CALL]键,在“CALL TYPE”中选择呼叫类型,根据需要输入对方识别码,选择“ROUTINE”优先等级,根据提示,约定后续通信信道,按[CALL]键 3 s 发出呼叫,然后等待应答。

任务九　掌握 VHF 设备的维护与测试

一、船用 VHF 设备测试

(1)按规定 VHF DSC 应每日进行一次自测试。

(2)VHF CH70 信道禁止发射 DSC 测试呼叫。但可以在本船两台 VHF 设备间进行一个单台常规 DSC 呼叫,以验证通信功能。呼叫时尽量采用小功率进行。

二、船用 VHF 设备的维护

(1)检查天线的连接是否正常。检查连接点是否松动,检查绝缘性能和防水性能。

(2)检查 VHF 设备外设终端(话筒、打印机、GPS 等)的连接,避免松动虚接。

(3)驾驶台的两台 VHF 经常轮换使用,定期检查话筒,定期清洁面板。

(4)注意话筒放置在话筒架上,放置话筒坠地损坏和话筒线扭曲折断。

(5)经常检查设备交直流电源工作情况。

(6)按规定进行设备自测试,两台间通信测试时尽量选用小功率。

(7)定期检查 VHF 稳压电源(2 组:AC 220 V/DC 24 V)输出是否正常。

(8)定期检查天线(2 根)连接是否牢固,固定支架是否良好。

(9)定期做自测试。

(10)使用 VHF 设备在无线电话频率上与附近岸台进行呼叫,确认通信质量。

(11)船舶 2 台 VHF 设备间进行单台常规呼叫,确认 DSC 呼叫功能。

(12)定期检查经常检查 VHF 设备交、直流电源(备用电源)转换情况。

(13)定期检查与导航仪的连接情况;DSC 的船位是否能够自动更新;如不能自动更新,一般失去 GPS 信息一分钟后设备会给出报警;如改为人工输入船位,应不超过 4 h 更新一次。

(14) VHF 无线电话使用登记簿由驾驶员或使用人员直接填写,要求每次通话结束后,将有关通话内容和航行、锚泊期间每班值守的情况摘要记录在“通话内容摘要”栏内,并在“签字”栏内签署姓名。当进行有关遇险、紧急、安全以及重大事件方面的通信时,应详细记载通话内容和过程并由船长签署或加签。

思考与练习

1. 介绍海上 VHF 设备的主要通信功能。
2. 介绍海上 VHF 重要信道的功能与使用规定。
3. 如果船舶的 VHF 天线高度为 12.2 m,VHF 岸台的天线高度为 30.5 m,那么 2 台无线电视距(即通信距离)为多少海里?
4. 介绍船用 VHF 设备的工作方式。
5. 介绍船舶 VHF 设备的组成及各部分作用。
6. 水上移动业务 VHF 波段如何划分?
7. 介绍 VHF DSC 遇险报警(快速报警和编发报警)方法;随后遇险通信在什么信道上进行?在何海区能使用 VHF 完成船到岸报警?
8. 船舶接收到 VHF DSC 遇险报警后应如何处理?有何规定?
9. 发生 VHF DSC 误报警后如何取消?
10. 介绍 VHF 设备维护、测试规定。

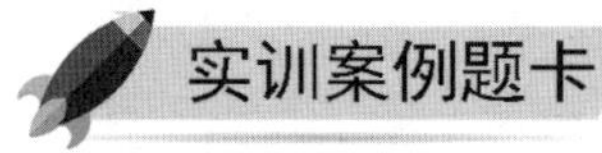

实训案例题卡

船舶甚高频设备实训案例题卡(1)
1. 解释 VHF 控制面板键钮功能。
2. 调节静噪。
3. 某船欲用 VHF 设备联系“银河”轮,约定在 CH13 上通电话,完成通信。

船舶甚高频设备实训案例题卡(2)
1. 选择 CH13 并设置为低功率发射。
2. 设置 CH12 与 CH16 双值守。
3. 某船在 A2 海区(船位:58°14′N 150°25′E)失控漂流,在 VHF 设备编发遇险报警;附近船舶收到后,如何处理?

船舶甚高频设备实训案例题卡(3)
1. 更新本船船位和当前时间,并说明更新原则。
2. 完成设备自测试,并解释测试结果。
3. 某船用 VHF 设备联系附近船舶,约定在 CH13 上通电话,在 VHF 设备上完成。

船舶甚高频设备实训案例题卡(4)
1. 查看本台 VHF DSC 自识别码和群呼码。
2. 将 DSC 收妥方式设置为手动。
3. 某船在 A1 海区遇险,快速发射 DSC 遇险报警;附近船舶收到后如何处置?

项目四

船舶中/高频无线电设备

任务一　了解船舶 MF/HF 设备功能、组成及主要技术性能

一、船舶中/高频设备实例和组成框图

图 4-1 是古野(FURUNO)中/高频设备实例。图 4-2 是 SAILOR 中/高频设备实例。

图 4-1　古野(FURUNO)中/高频设备实例

图 4-2　SAILOR 中/高频设备实例

二、船舶中/高频设备的功能和组成框图

1. 船舶中/高频设备的功能

MF/HF 无线电设备属于 GMDSS 地面通信系统设备,具有遇险报警、遇险通信(包括遇险协调通信和遇险现场通信)、紧急通信、安全通信、常规通信,以及对 MF/HF DSC 遇险和安全频率自动扫描值守等功能。

2. 船舶中/高频设备的组成框图

图 4-3 为中/高频设备组成框图,包括中/高频收发信机单元、天线调谐单元、中/高频控制器、NBDP 终端、DSC 终端、SSB 无线电话、电源和天线。

MF/HF 收发信机是中/高频设备的主要单元,其发射机线路、接收机线路、MF/HF DSC 值守机、DSC MODEM、NBDP MODEM 以及电源线路都集成在此单元中。中/高频控制器承担了除 NBDP 外的主要操作控制;NBDP 终端实际上是一个加载了 NBDP 程序的 PC 机;天线调谐单元完成发射前的功率放大输出回路与天线的调谐和阻抗匹配;天线分收/发天线和 MF/HF 值守机天线,收发信机共用一根天线的设备只能工作在单工方式。

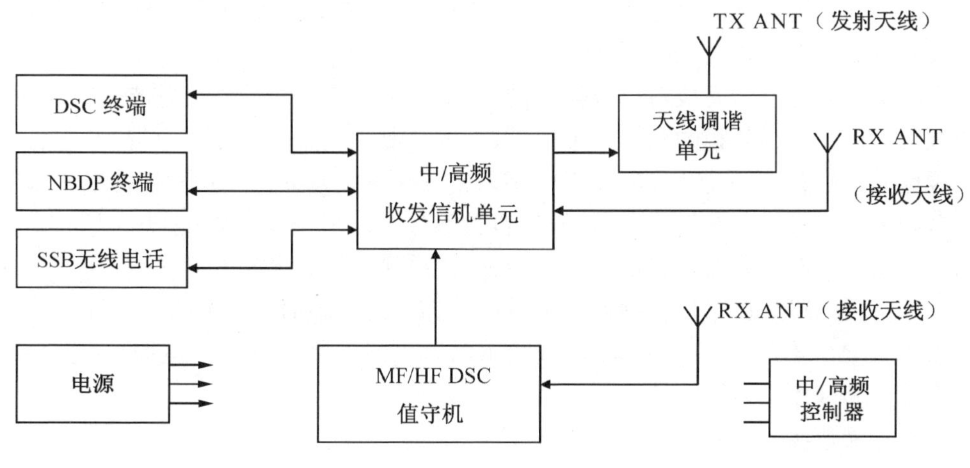

图 4-3　中/高频设备组成框图

三、船舶中/高频发信机的组成及功能

船舶中/高频发信机的功能是把要传送的话音信号变换为高频单边带(SSB)信号,或将窄带直接印字(NBDP)终端或数字选择性呼叫(DSC)终端输出的移频键控(FSK)信号转换为高频信号,然后再将这些信号放大到额定功率,通过天线自动调谐器匹配,经由天线发射出去。

如图4-4所示,船舶中/高频发信机的基本组成包括激励器(Exciter)、高频功率放大器(Power Amplifier)、天线自动调谐器(Automatic Tune Unit)、操作控制单元和电源等组成。

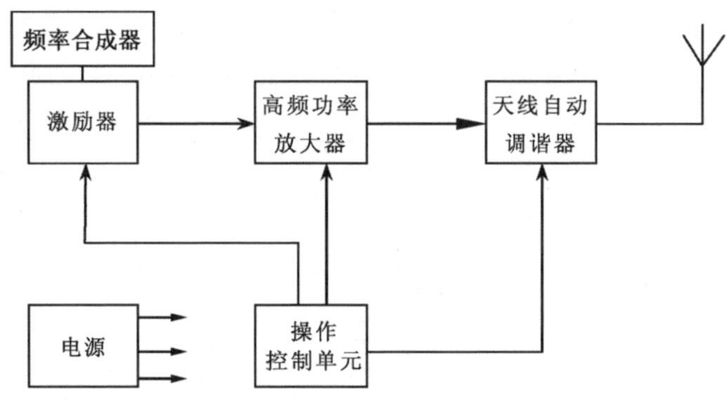

图4-4　船舶中/高频发信机的基本组成

1. 激励器

激励器的功能是产生发信机发射所需要的各类信号,并将各类信号搬移到发射频率上,经线性放大器放大,为高频功率放大器提供足够的信号推动功率。

激励器通常由音频信号处理电路、边带调制器、边带滤波器、平衡混频器、低通滤波器以及载频重置电路、线性放大器等组成。

音频信号处理电路完成对语音信号的压缩、限幅,然后送到平衡边带调制器;平衡边带调制器产生没有载频的双单边带信号;经过边带滤波器抑制掉下边带;平衡混频器承担线性搬频任务,海上MF/HF发射机多采用三次搬频方案完成发射频率搬移。采用三次搬频方案可以提高发射质量,并使整机方案灵活。低通滤波器完成对寄生干扰的进一步抑制。线性放大器是将信号进一步放大,送到高频功率放大器。

载频重置电路是在边带调制器和边带滤波器已经抑制掉载波的情况下,为了满足H3E和R3E等工作种类的需要,而让载频重新置入或者部分置入的电路,这些电路受到工作种类和键控电路等的控制。

2. 高频功率放大器

高频功率放大器的功能是把激励器送来的信号放大到额定功率,送到天线自动调谐器。

高频功率放大电路包括驱动器和功率放大器,它被用来放大射频信号,以达到额定

的输出功率。高频功率放大电路还包括检测电路、保护电路,以及功放滤波器电路。

3. 天线自动调谐器

天线自动调谐器又称为输出匹配网络,其主要功能是:在不同的工作频率和不同的天线参数的情况下,输出匹配网络使功率放大器输出回路和天线谐振,使线路呈现纯电阻特性,并使高频功率放大器输出回路和天线达到最佳阻抗匹配,使发射效率最大化。

船舶 MF/HF 发信机的工作频率范围大,波长为 10~100 m,不可能为不同波段分别配置天线,为此船舶中/高频发信机都有一天线自动调谐器置于高频功率放大器和天线之间,在不同的工作波段天线自动调谐器自动选择电感和电容组件,实现高频功率放大器和天线回路的谐振与阻抗匹配,实现最大效能的功率辐射。

4. 电源

电源提供以上各级所需要的各种稳定的低压和高压。电源电路包括整流电路和各种稳压电路。此外,发信机中还有自动电平控制电路,简称为"ALC 电路"。自动电平控制电路的基本作用是:减小由于各种原因引起的系统输出电平的变化范围。当负载加重或产生过激励时,能够及时地降低发射机的输出功率,对功率放大管起到了保护作用,还能够保证射频放大器工作于线性范围之内,实现线性放大的要求,有助于提高发射的质量,使发射机在全波段的功率输出保持均匀。

5. 频率合成器

船舶 MF/HF 收/发信机调制解调所用的频率都来自频率合成器。频率合成器用来产生整个工作频段所需要的高稳定度、高准确度的高频振荡信号,为激励器中的平衡调制器、平衡混频器,以及收信机的混频器和解调器提供所需的频率信号。现代船用 MF/HF 无线电通信设备广泛采用数字式锁相环路频率合成器,并采用 CPU 控制分频系数,以满足 GMDSS 中对 MF/HF 收发信机频率稳定度和频率转换速度的较高要求。

四、船舶中/高频收信机的组成及功能

船舶中/高频收信机的基本组成如图 4-5 所示。

船舶中/高频收信机的功能是将预接收的空间无线电波选择出来,进行放大、变频、解调出原始信号。

收信机的前端线路由选择电路和高频放大器(有时也称射频放大器)组成。选择电路又叫预选器,其功能是选出预接收信号,抑制无用信号和干扰信号。前端线路通常还包含天线保护线路,用于防止雷电等强信号损坏高频放大器。

从天线接收来的信号是很微弱的,所以首先要在高频放大器中进行放大,并抑制镜像干扰和中频干扰,提高信噪比。

混频器的作用是将本机振荡信号与接收信号进行混频,产生固定频率的中频信号。假定输入信号频率为 F_s,本机振荡的频率为 F_L,混频器取出这两个频率之差,并令其等于固定中频 F_i,即:

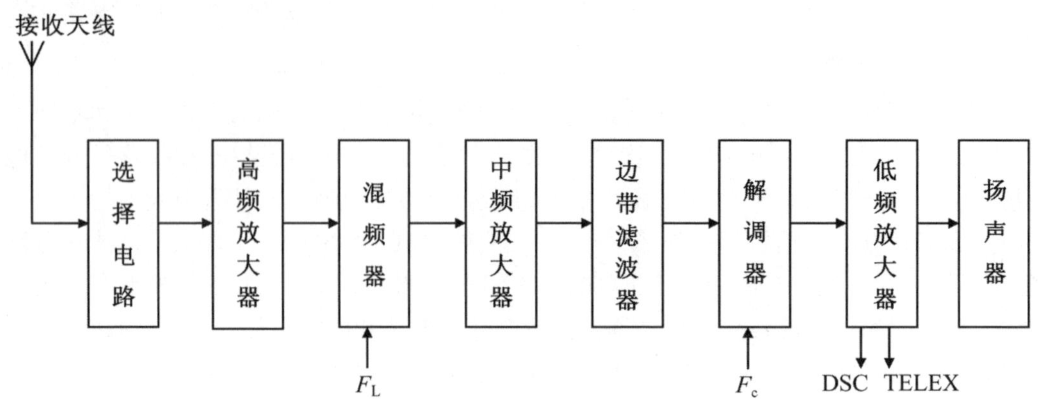

图 4-5 船舶中/高频收信机的基本组成

$$F_i = F_L - F_s \tag{4-1}$$

超外差式接收方式可以使前端选择电路容易抑制中频干扰信号,所以现代接收机一般将超外差式作为主要接收方式。超外差式接收,即:

$$F_i > F_s \tag{4-2}$$

采用这种技术的收信机称为超外差式收信机。

混频器的 F_L 来自频率合成器。目前,MF/HF 设备的接收机大都采用频率合成器。当选择电台信号时,改变前端选择电路参数的同时,也改变了频率合成器的分频系数,从而产生所需的 F_L。

中频放大器的作用是进一步放大中频信号,抑制邻近频率的干扰信号。船舶中/高频收信机的固定中频一般为几十兆赫兹。把各种信号频率变成固定的中频,在固定频率上设计放大器,其选择性和放大倍数可以大大提高。

边带滤波器的作用是选择某一边带的信号,抑制另一边带的信号。在增强选择性的同时,进一步抑制邻近频率的干扰。

插入载波 F_c 也是来自频率合成器。这是为了解调(还原)出音频信号而要求的频率信号。F_c 应准确地等于发射端第一级调制器所加的载波频率,中频信号 F_i 也加到解调器。解调器也称为检波器,其作用是解调出原来的音频信号。

低频放大器也称音频放大器,其作用是将低频信号进行放大,以达到额定的输出功率。如果是语音信号,送到扬声器;如果是 DSC 信号,就送到 DSC 终端设备;如果是无线电传信号,就送到 NBDP 终端。

此外,收信机中都有自动增益控制电路,简称为 AGC 电路。它的作用是:当输入信号电压变化很大时,进行自动调整,保持收信机输出功率几乎不变,以确保收信机接收效果。收信机中的自动增益控制电路一般是由采样、放大、控制三个环节组成,输出一个随外来信号变化的电流(或电压),去控制高频、中频放大器的增益。

船舶 MF/HF 收信机是一种宽波段、多功能的收信设备,能够接收高频信号,将其解调为语音或 DSC 或 NBDP 信号。接收频率范围为 100 kHz~30 MHz。无线电话系列的 J3E、R3E、H3E、A3E 信号,船舶中/高频收信机都能接收。

五、船舶 MF/HF 设备主要技术性能

MF/HF 无线电通信设备通信方式有 DSC、SSB(TEL)和 NBDP,其中海上无线电话采用上边带通信,通信方式 J3E;NBDP 和 DSC 在终端经过 FSK 转换,在发射通道采用 F1B 调制;收/发信机频率稳定度高,频率误差容限船台和岸台都不得超过±10 Hz;MF/HF DSC 报警电文每次重复 5 遍,50 s 内完成;常规 DSC 每次呼叫 6.2~9.6 s;收发信机在开机 1 min 之内即可以工作;频率转换速度达到 15 s;发信机具有自动调谐功能;接收机有足够的灵敏度和选择性;中频滤波器的带宽有 0.3 kHz 挡;收/发信机有频率预置、频率存储和接收机频率扫描的功能。

MF/HF 无线电通信设备用只读方式将海上移动业务 MF、HF 频段 ITU 信道永久存储,供使用者调用;使用 DSC 和 NBDP 遇险专用频率时,发射机工作种类自动转到 F1B 方式;在 F1B 方式时,自动加上高压;高压加上 3 min 之内,如不执行发射,高压自动断开。

船舶 MF/HF 设备具有遥控功能,可在驾驶台遥控 MF/HF 收/发信机,但是船舶 MF/HF 设备基本不选择遥控终端。

控制器能够通过专用接口连接各种终端设备和导航设备,可做成台式或壁挂式。

此外,MF/HF 无线电通信设备收/发信机具有较高的可靠性和稳定性,能连续工作 24 h 或更长的时间,能在恶劣的条件下工作。具有比较完善的自检测功能,检测结果显示在液晶显示屏上,根据显示的错误码,在说明书上查找出产生故障的部位或部件,以便于维修。

GMDSS 现代化将引进数据通信终端,使用正交频分复用(OFDM)调制技术。

六、船舶 MF/HF 设备的工作方式

船舶 MF/HF 设备收发信机的工作方式分为单工、双工和半双工。

单工工作方式是指通信的双方只能进行交替发射的工作方式。

双工工作方式是指通信的双方可以同时进行发射的工作方式。

半双工工作方式是指通信的双方一方为单工,另一方为双工的工作方式。

GMDSS MF/HF 设备在船与岸之间通信时一般采用半双工工作方式,即船舶采用单工工作方式,海岸电台采用双工工作方式。而船台与船台之间通信通常采用的是单工工作方式。不论船岸间通信还是船与船之间通信,船舶电台一般采用单工工作方式,主要是防止接收机被强信号损坏前端线路。

任务二　掌握船舶 MF/HF DSC 设备的功能及常规呼叫操作程序

一、DSC 的分类和 MF/HF DSC 功能

中/高频数字选择性呼叫(Digital Selective Calling,DSC)是 MF 和 HF 频段启动遇险、紧急、安全和常规无线电通信的呼叫系统。

(一)DSC 的分类

(1)按 DSC 工作的频段划分,有 MF DSC、HF DSC 和 VHF DSC。

(2)按 DSC 设备的功能划分,有 A 级 DSC 设备、B 级 DSC 设备和 C 级 DSC 设备。

A 级 DSC 设备具有 DSC 技术的全部功能。不仅能够进行各种类型的 DSC 呼叫,而且可进行 DSC 遇险多频呼叫,以及对 RQ 呼叫序列具有自动应答功能。MF/HF DSC 设备一般是 A 级 DSC 设备。

B 级 DSC 设备具有 DSC 技术的部分功能。比如 VHF DSC 设备不含海区呼叫;MF DSC 设备不能进行遇险多频呼叫等;因此它们属于 B 级 DSC 设备。

C 级 DSC 设备仅具有简单的遇险报警功能。如 VHF CH70 EPIRB 就是 C 级设备。

(二)MF/HF DSC 的功能

1. 遇险报警和遇险值守功能

船舶中/高频设备遇险报警采用 DSC 方式,满足 GMDSS 要求的中/高频设备还应配置一个 MF/HF DSC 遇险和安全频率扫描值守机,并需要保持 24 h 自动扫描值守。

根据规定,MF/HF DSC 遇险和安全频率扫描值守机需要保持对 2 187.5 kHz 和 8 414.5 kHz 值守外,还要对 4 207.5 kHz、6 312.0 kHz、12 577.0 kHz 和 16 804.5 kHz 中的至少一个频率保持值守,一般白天选择 12 577.0 kHz,夜间选择 4 207.5 kHz 值守,也可根据距离最近 DSC 海岸电台的位置和时间由操作人员决定哪个 DSC 频率,或者是全部值守。

MF/HF DSC 可实现船到船、船到岸、岸到船三个方向的遇险报警。特别是在 VHF、MF 频段的 DSC 遇险报警,附近的船舶收到后会及时实施救助。

2. 能进行多种类型的呼叫

能进行多种类型的呼叫包括单台呼叫(Individual Call)、所有船呼叫(All Ships Call)、群呼(Group Call)、海区呼叫(Area Call),以及船到岸到用户直拨电话呼叫(DirecT-Dial)。

3. 查询功能和船位报告

使用 DSC 技术可以查询附近船舶情况，包括船舶位置信息等。

二、海上移动业务识别码

DSC 技术使用海上移动业务识别码(Maritime Mobile Service Identification Code，MMSI)进行识别和呼叫，相关内容见项目十二任务十所述。

三、DSC 海区呼叫技术

DSC 海区呼叫用墨卡托(Mercator)坐标表示法，即横轴是赤道，纵轴与格林尼治经度线重合。在墨卡托坐标中描述一个矩形区域的方法是：选择左上角点为矩形区域的参考点，该点的坐标纬度与经度值如果精确到度，就可用 5 位数字表示；然后是矩形区域跨越的纬度差和经度差，如果精确到度，就可用 4 位数字表示，如图 4-6 所示。

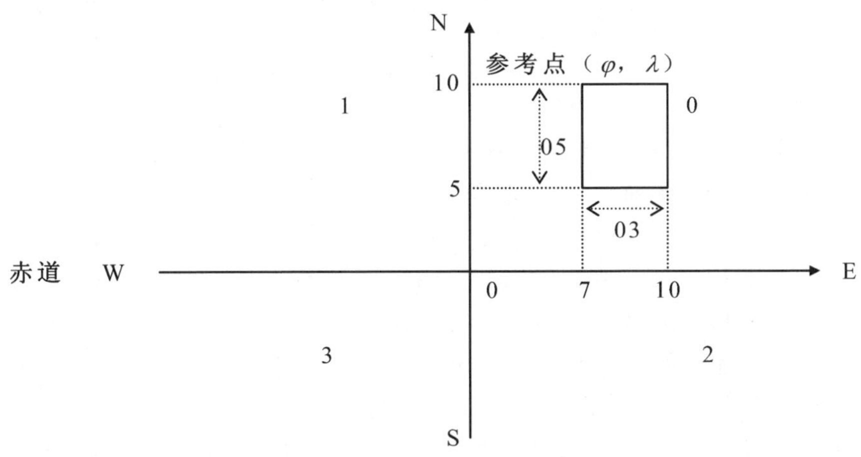

图 4-6　墨卡托坐标的矩形区域表示法

图 4-6 中矩形区域的参考点坐标为：$\varphi=100°N$，$\lambda=070°E$。纬度差为$\Delta\varphi=05°$，经度差为$\Delta\lambda=03°$。参考点所在 NE 象限。DSC 技术为便于发射，将墨卡托坐标划分的 4 个象限分别用 4 个数字表示，分别是：NE＝0，NW＝1，SE＝2，SW＝3。

图 4-6 所示区域按如下顺序界定：

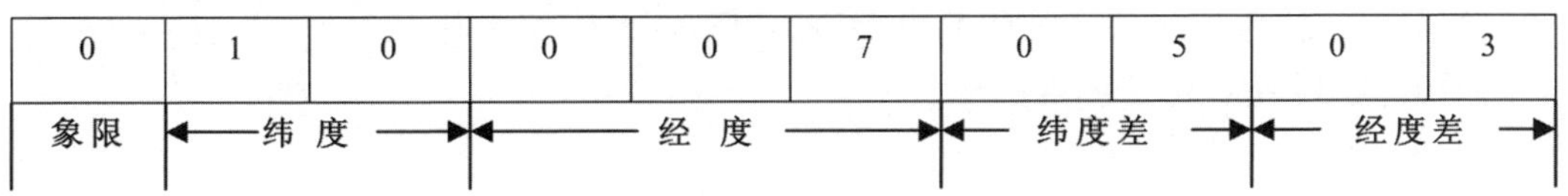

0	1	0	0	0	7	0	5	0	3
象限	←纬　度→		←经　度→			←纬度差→		←经度差→	

如上所示的区域为 10°N 007°E、05°N 007°E、10°N 010°E、05°N 010°E 的范围内，该海域船舶接收到这个呼叫后，就会响应，并显示、打印。

新型号 DSC 设备，能以本船进行圆形海区呼叫，DSC 自动转换成矩形区呼叫。

四、DSC 技术表示船位的顺序

船位 13.14°N 112.56°W 表示顺序为:

1	1	3	1	4	1	1	2	5	6

五、DSC 的编码与检纠错技术

DSC 字符编码采用十位二进制码元构成,又称为十单元检错码,其中前七位为信息码元,后三位为检错码元,检错码元用三位二进制表示信息码元中"0"的个数,即:用二进制的"000,001,010,011,100,101,110,111"分别表示 0~7 零的个数。收到一个字节,其中信息码元"0"个数与检错码元所表示的"0"的个数不相符时,即确认该字节错误。这种检错方法,也称为 DSC 水平一致检错。这种编码能检出除信息码元传送过程中出现偶数畸变外的任何错误。

DSC 还采用了垂直校验技术,其原理是将 DSC 呼叫序列中所传输字节的信息码元垂直排列,然后对相应位做垂直模 2 和相加(偶数个 1 等于 0,奇数个 1 等于 1),生成一个检错码,自动添加到 DSC 呼叫序列最后的字符错误检查(ECC)(这个字节也称为垂直校验信息码),构成 DSC 呼叫序列的其中一部分一起传输。

收台按以上原理将接收到的信息码元进行垂直模 2 和相加,也自动生成一个 ECC 检错码。收台将 DSC 呼叫序列中的 ECC 和接收后本机自动生成的 ECC 进行位比较,以辨别哪一列信息传送出错,再参考行检错情况,对相关信息位予以纠错。

DSC 还采用二重时间分集方法,将 DSC 电文发送 2 遍,间隔 4 个字节时间,将 2 次传输的字节对照并检错,输出正确字符,实现纠错。

信息码元中最左位为最低数字位,从左至右第七位为最高数字位。检错码元最右位为最低数字位,第三位为最高数字位。信息码元"0000000"表示数字"0";"100000"~"1111111"表示数字"1"~"127";7 位二进制信息码元,共可表示 0~127 种数据信息。信息码元第 0 至 99 号前 100 个编码作为数字编码使用,从第 100 至第 127 号编码作为信息功能编码使用。

归纳起来,DSC 技术采用行检错加垂直检错编码技术;采用行、列相关位纠错和二重时间分集传输技术纠错。DSC 采用这些检纠错技术旨在增强 DSC 呼叫的抗干扰、抗衰落能力,提高 DSC 传输的准确率。

六、DSC 的组成和工作原理

1. DSC 的组成

MF/HF 设备 DSC 的组成框图如图 4-7 所示,主要由调制解调器和微处理器(CPU)

加外接设备组成。通过调制解调器与中/高频收发信机相连,实现通信。

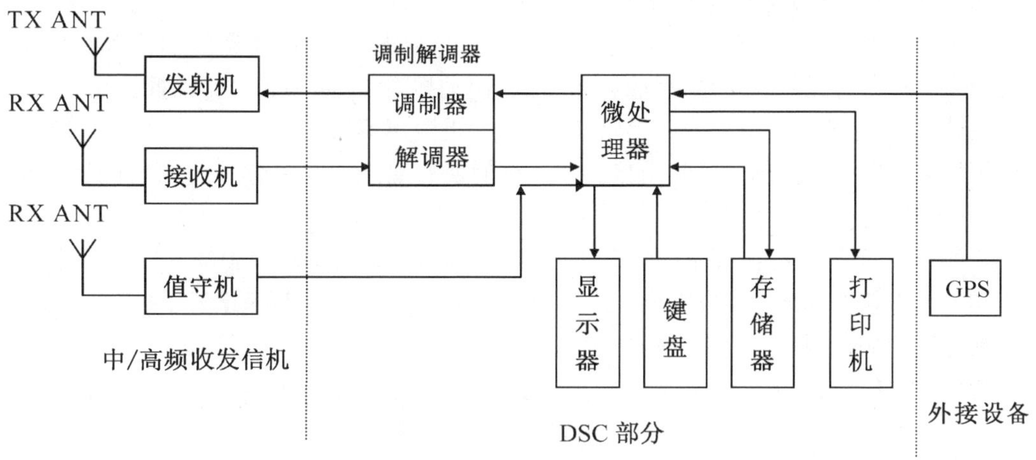

图 4-7　MF/HF 设备 DSC 的组成框图

2. DSC 的工作原理

CPU 完成各类 DSC 呼叫序列的组成、编码及对收到的 DSC 电文的解码、检纠错、显示、打印等;DSC 内装或者外接一个 GPS 信号,自动输入船舶的位置,也可人工输入船位。DSC 值守机的作用是实现对 MF/HF DSC 遇险和安全频率的 24 h 扫描值守。

调制解调器也称为 MODEM。其中调制器将 CPU 送来的基带数字信号进行数-模转换,并把转换的音频模拟信号传送到与之相连的发信机;调制器采用移频键控调制(FSK)技术,将 CPU 送来的数字信号转变为 1 700±85 Hz 的音频信号,1 700 Hz 为中心频率,±85 Hz 为频移,"1"对应较低频率 1 615 Hz,"0"对应较高频率 1 785 Hz。数字信号"0"和"1"就像电键的启闭一样,使调制器的输出频率发生变化,故称为移频键控调制,即 FSK 调制。FSK 信号的频率间隔仅为 170 Hz,和无线电传信号一样,传输频带很窄。转换后的 FSK 信号送 MF/HF 发射机,经 F1B 调制、搬频、放大后发射。

DSC MODEM 的解调器是调制器逆转换,即将来自收信机的信号,进行模-数变换,并把转换的基带数字信号传送到 CPU 进行处理、解码、打印和显示。

七、MF/HF DSC 的其他技术性能

(1)MF/HF DSC 传输速率为 100 波特(Baud),每一比特位传输时间需要 10 ms,每一字节传输时间为 100 ms,分集时间为 400 ms。

(2)频率容差:MODEM 为±0. 5 Hz;MF/HF 收发信机射频容差为 ±10 Hz。

(3)收信机频率带宽应有 300 Hz。

(4)输入/输出均为平衡式,阻抗为 600 Ω。

(5)根据最新版"ITU-R M. 493-12"和"ITU-R M. 541-9"建议案,DSC 新增技术要求有:

①防止误发报警,在遇险报警按钮上加弹簧保护;

②接收到报警,报警声逐渐增大;

③接收到遇险和紧急呼叫将启动有特色的双音频报警声,如果遇险船位置在纬度70°以上区域,或者无遇险船位,接收到报警,就启动报警声,如果遇险船位置在纬度70°以下区域,对远于本船500 n mile遇险船的报警,报警声不启动;

④如果在原始遇险转发1 h内接收到一个对所有船或者同一海域船舶的重复遇险转发,不报警;

⑤如果DSC控制器在菜单中静音了收信机,10 min后自动恢复值守;

⑥如果本船的MMSI没有存储在存储器,DSC就不能发射,并提示显示;一旦存储,没有制造厂商的仪器,用户将不能改变;

⑦显示本船位置,并指示是人工输入、内接导航仪信号或者外接导航仪信号;

⑧自动船位更新功能,4 h没有输入船位,产生报警声;24 h以上位置自动删除;

⑨能以本船进行圆形海区呼叫,DSC自动转换成矩形区呼叫;

⑩第二无线指令的“Medical Transports(医疗运输)”和“Neutral Ships(中立船舶)”指令不再缺省使用。如果使用,用紧急优先等级,发到所有台或者是同一海域船舶。

八、数字选择性呼叫的组成

依据最新的建议案,一个DSC呼叫由9部分组成,解释如下:

1. 点阵(Dot Pattern)

点阵能停止DSC接收机的接收扫描,实现比特同步。

由0和1交替组成的序列。当扫描接收机在某频率上检测到点阵信号时,就停止扫描,在检测到点阵信号的频率上接收DSC信息。同时,点阵还用于使接收机精确地同步在发射起始比特位上,即比特位同步。点阵持续时间为2 s(非遇险优先等级的呼叫0.2 s),因此MF/HF DSC值守机应在2 s内完成6个遇险和安全频率的扫描接收。

2. 定相信号(Phasing Signal)

定相信号大约12 s,使收信机获得正确的字节同步,按10个比特分组信息。定相信号自动加入呼叫序列中。

3. 呼叫格式(Format Specifier)

呼叫格式有6种呼叫类型:遇险呼叫(Distress Call)、所有船呼叫(All Ships Call)、单台呼叫(Individual Station Call)、船队呼叫(Groups of Stations Call)、海区呼叫(Sations in a Geographical Area Call)、自动电话呼叫(Automatic Phone Call)。

根据相关新决议案,未来的DSC模型还能接收以本船为中心的圆形区,设备会自动转换成矩形区。

4. 传送地址

传送地址有被呼叫台MMSI或者船队MMSI或者海区地址。

当一个台接收到和自己本船 MMSI 码一样;或者接收到一个海区呼叫,本船在该海区中;接收就继续接收,否则不予接收。接收到遇险呼叫、所有船呼叫,收信机总是要接收,就不需要地址码。

5. 优先等级(Category)

其有 4 级优先等级,即"DISTRESS"(遇险)、"URGENCY"(紧急)、"SAFETY"(安全)和"ROUTINE"(常规)。"SHIPS BUSINESS"(船舶事务)在新版本协议中已经取消。

6. 自识别码(Self-ID)

不管何种呼叫,呼叫中总是要自动包括本机的 MMSI 码。自识别码在设备安装调试时就应由安装工程师输入固化在设备中。

7. DSC 电文

DSC 电文是由操作员键入的电文信息,包括呼叫的性质或者位置,以及随后的通信频率或者信道。

DSC 遇险收妥、遇险转发和遇险转发收妥电文含 5 项内容:电文内容 0 是遇险船的 MMSI;电文内容 1~4 项是原始报警的内容。

其他 DSC 呼叫包括 2 项指令类电文或者 3 项如下内容电文:位置或者工作频率;自动电话呼叫时的电话号码;应答船位查询呼叫发送船位的 UTC 时间。

相关电文内容解释如下:

(1)电文内容 1:2 个无线指令,在编发 DSC 呼叫时由操作人员选择

①第一无线指令(First Telecommand)可以从一个大约有 24 项的指令列表中选择,通常是随后的发射类型;这些无线指令中包括标明是遇险收妥确认(Distress Acknowledgement)呼叫或者遇险转发(Distress Relay)的指令;遇险报警(Distress Alert)不在这个无线指令列表中,因为有专门的呼叫格式;测试呼叫(Test)、船位查询(Position)和查询呼叫(Polling)也在第一无线指令列表中;测试呼叫发给海岸电台,接收到海岸电台自动收妥确认后标明测试成功;"Position"指令用于要求收到船舶自动发回带船位的呼叫;"Polling"指令主要用于海岸电台查询船舶是否在通信范围内,以便进行相关通信。

②第二无线指令(Second Telecommand)有不同的选择列表,其中 2 个指令用于战争区域,一个指令用于标明"Hospital Ship",另一个指令用于标明本船是中立船舶(Neutral Vessel),这些指令制造厂商有不同的表示,例如"Res 18"(意思指 ITU 决议案 18 条款涉及的程序),有的直接用"Ships and Aircraft"表示。而老型号的 DSC 设备则直接提供战争区无线指令,未来型号的 DSC 设备则从设置菜单中选择。其他第二无线指令用于回答来电呼叫相关问题,例如"unable to comply(不能回答)""busy(忙)""cannot use channel(信道不能用)"等。

(2)电文内容 2:位置或者工作频率

如果 DSC 呼叫标明了随后使用的频率,收发台应能以此自动设置到发送指定的信道或者频率上,但是注意不要干扰其他船舶的工作。

如果在电文内容 2 中输入的是船位,被叫台强制用 DSC 回答并标明随后通信用的工作频率,或者标明不能通信和信号衰弱的原因。

(3)电文内容 3:电话号码或者 UTC 时间

当呼叫格式为自动电话呼叫时,该地方出现输入电话号码提示;如果是响应一个位置申请呼叫,电文内容 3 标明 UTC 时间及有效位置。其他情况下,电文内容 3 被省略。

8. 序列结束符(EOS)

"EOS"表示序列结束,代码"127"。在此项中可供选择的菜单项有:

"RQ",代码"117",要求接收方收到 DSC 呼叫之后,自动或者人工的发回一个 DSC 收妥确认通知。"BQ",代码"122",设备自动选择此项,也可人工选择此项,标明对一个带"RQ"呼叫的应答呼叫。

"RQ"和"BQ"仅用于单台呼叫格式中和自动电话呼叫中。

9. 差错校验符(Error Check Character)

自动生成垂直校验码,并自动加入呼叫序列中,用于对整个呼叫序列各字节信息位的垂直校验,采用的是偶数校验,序列中的定相序列不参与垂直校验。收方按照同样的方法也生成一个 ECC,和收到的 ECC 按位垂直比对,确认哪列出错。

九、完成 DSC 常规呼叫

1. DSC 常规呼叫常用术语

(1)国际 DSC 频率或信道(International DSC Frequency or Channel):配给海岸电台与外籍船舶 DSC 呼叫频率。

(2)国内 DSC 频率或信道(National DSC Frequency or Channel):单独指配给海岸电台或者一组台 DSC 呼叫频率(可以包括工作频率和呼叫频率)。

(3)国际 DSC 呼叫指外籍船舶和海岸电台间的 DSC 呼叫。

(4)国内 DSC 呼叫一般是指海岸电台和本国船舶的 DSC 呼叫。

(5)DSC 常规呼叫功能:旨在告知被叫台,随后进行无线电话或者无线电传通信信道等事宜。

2. 一般规定

(1)MF、HF DSC 国际信道仅用于岸到船呼叫以及呼叫收妥。全部船到岸的 MF、HF DSC 呼叫应首选海岸电台的 DSC 国内信道进行呼叫。海岸电台如果能够使用 DSC 国内信道呼叫时,就避免使用 DSC 国际信道呼叫。

(2)DSC 呼叫及随后的通信频率必须使用核定的工作频率,正确的发射类别。船到岸的 DSC 呼叫可以不指明随后工作频率而用船位替代。但是,海岸电台的收妥回复中要标明随后用的频率。

(3)根据最新建议案优先等级中将取消"SHIP BUSINESS",而统一用"ROUTINE"。

(4)对单台的 DSC 呼叫,要求收台收妥,应在呼叫中标明"RQ";收台应以人工或者自动方式发回标明“BQ”的 DSC 收妥,船台应保持在适合的 DSC 国内信道或者国际信道上值守。

(5)在一个频率上的 DSC 呼叫,再进行呼叫时间隔最少 45 s;如果换到另一频率上发射,间隔至少 5 min;如果仍没有接收到应答,应间隔至少 15 min 后再进行呼叫;每 24 h 内同一电文内容的 DSC 呼叫重复次数不得超过 5 次。一个 DSC 呼叫占用频率的时间集合通常不能超过 1 min。

(6)船台人工收妥海岸电台的呼叫应在 5 s~4.5 min 内完成。如果船台 5 min 内不能收妥海岸电台的呼叫,就应重新启动一个船到岸呼叫程序。

(7)船台自动收妥海岸电台的 MF、HF DSC 呼叫,应在 30 s 内完成。

3. DSC 国际频率

如表 4-1 所示,国际无线电咨询委员会(CCIR)规定了 34 个 DSC 专用的国际信道(International Channel),MF 分为两个波段,HF 分为八个波段,VHF 只有一个 DSC 信道,即 VHF CH70。当海岸电台开放 DSC 业务时,除指配 DSC 国际信道外,还指配 DSC 国内信道。每个海岸电台开放的业务,包括工作类型、工作信道、开放时间等可在英国出版的《无线电信号表》第一卷(281)《海岸电台表》(Admiralty List of Radio Singnals Volume 1—Coast Radio Stations)中查找。与选择合适的海岸电台通信要根据离该海岸电台的距离、时间等选择最佳工作频率通信。但是,目前开放 DSC 常规呼叫业务的台仅数个。

这 34 对国际频率中,其中 7 对是遇险安全频率,MF 2 187.5 kHz、HF 8 414.5 kHz 和 VHF CH70(156.525 MHz)三个 DSC 遇险和安全频率是必须要强制值守的,另外按规定还要至少扫描值守其他一个 DSC 遇险安全呼叫频率。一些厂家生产的 DSC 值守机除对中/高频 6 个 DSC 遇险和安全频率全部扫描值守外,还能对某些常规 DSC 频率扫描值守。

4. 进行 MF/HF DSC 注意事项

MF/HF DSC 常规呼叫一般不在遇险频率上进行。2 177 kHz 指定为 MF DSC 船到船常规呼叫频率。但是,在高频段没有为船到船 DSC 常规呼叫指配频率,仅为船到岸 DSC 常规呼叫指配了成对频率。

在进行 DSC 常规呼叫和测试呼叫前,应先在要用的信道上收听,在确认信道空闲时再进行呼叫,以免信道阻塞。

全球的海岸电台大部分没有开放中/高频 DSC 常规呼叫业务。海岸电台是否开放此项业务可在《无线电信号表》第一卷(281)中查找。

表 4-1　DSC 国际信道

频段	用 途	船台发送频率 (kHz)	岸台发送频率 (kHz)
MF Ⅰ	国际呼叫	458.5	455.5
MF Ⅱ	遇险与安全呼叫 船舶间呼叫 国际呼叫	2 187.5 2 177.0 2 189.5	2 187.5 — 2 177.0
HF 4 MHz	遇险与安全呼叫 国际呼叫	4 207.5 4 208.0 4 208.5 4 209.0	4 207.5 4 219.5 4 220.0 4 220.5
HF 6 MHz	遇险与安全呼叫 国际呼叫	6 312.0 6 312.5 6 313.0 6 313.5	6 312.0 6 331.0 6 331.5 6 332.0
HF 8 MHz	遇险与安全呼叫 国际呼叫	8 414.5 8 415.0 8 415.5 8 416.0	8 414.5 8 436.5 8 437.0 8 437.5
HF 12 MHz	遇险与安全呼叫 国际呼叫	12 577.0 12 577.5 12 578.0 12 578.5	12 577.0 12 657.0 12 657.5 12 658.0
HF 16 MHz	遇险与安全呼叫 国际呼叫	16 804.5 16 805.0 16 805.5 16 806.5	16 804.5 16 903.0 16 903.5 16 904.0
HF 18 MHz	国际呼叫	18 898.5 18 899.0 18 899.5	19 703.5 19 704.0 19 704.5
HF 22 MHz	国际呼叫	22 374.5 22 375.0 22 375.5	22 444.0 22 444.5 22 445.0
HF 25 MHz	国际呼叫	25 208.5 25 209.0 25 209.5	26 121.0 26 121.5 26 122.0
VHF	遇险与安全呼叫 国际呼叫	CH70	CH70

任务三 掌握中/高频无线电话通信程序、资料查询及最佳频率选择

一、水上移动业务中/高频无线电话通信概述

(1)水上移动业务 MF 频段常规上无线电话频率范围:1 605~4 000 kHz。

(2)水上移动业务 HF 频段常规上无线电话频率范围:4~27.5 MHz。海岸电台主要在 4 MHz、6 MHz、8 MHz、12 MHz、16 MHz、18 MHz、22 MHz、25 MHz 频段开放 SSB 业务,实现远距离无线电话通信。

(3)GMDSS 水上移动业务主要采用单边带(SSB J3E)技术,使用上边带。

(4)高频海岸电台在开放的无线电话信道有话务员值守。如果海岸电台开放自动电话业务,可以使用 HF DSC 方式完成船到岸到用户无线电话通信。

(5)船到岸无线电话通信,船舶要服从海岸电台指挥,不得争叫和干扰其他电台通信。通信前应先在信道上守听,当确知预通信信道空闲时,再呼叫海岸电台。

(6)海岸电台的通话表业务(Traffic List, T/L):海岸电台可根据它们的业务情况开放通话表业务,即将陆上公司和相关用户预联系船名和船舶呼号在通话表中予以播发。船舶按时收听该海岸电台播发的通话表,如果通话表中列明了本船的船名和呼号,船舶应主动在海岸电台开放的信道上联系。由于现在大多数岸到船的通信业务都转移到卫星链路上进行,故海岸电台的通话表业务开放得也越来越少。

二、中频常规无线电话业务

1. 船到岸中频常规无线电话通信

MF 通信距离是 200 n mile 左右,该频段的 2 182 kHz 是中频无线电话遇险与安全通信频率,还作为船到岸 MF 常规无线电话呼叫与回答用。大部分海岸电台在 MF 2 182 kHz 频率上都安排了人工值守,以随时应答 200 n mile 范围内(A2 海区)船舶的无线电话呼叫。

在 A2 海区的船舶可在 MF 2 182 kHz 频率上呼叫所在海域的 MF 海岸电台,海岸电台在应答呼叫船舶的同时,会告知一对和呼叫船舶通信的 MF 工作频率,然后在约定的 MF 工作频率上进行船到岸无线电话通信;也可在呼叫时告知海岸电台欲联系的陆地电话用户号码,由海岸电台话务员转接与陆地电话用户在约定的工作频率上通话。

海岸电台 MF 无线电话业务详情可在《无线电信号表》第一卷(281)中查找。

仅有极少数海岸电台开放 MF DSC 直拨电话业务。

2. 船到船中频常规无线电话通信

如需要进行船到船中频常规无线电话通信时,可先用 MF DSC 预约通信方式和频率。

三、船到岸高频常规无线电话通信程序

(1)选择合适的岸台。选择海岸电台的原则,尽量选择离通信目的地近的海岸电台。

(2)确定最佳工作信道。最佳工作信道的选择是实现船到岸通信的重要环节,船舶可根据 HF 频段通信特点、距海岸电台距离、工作时间选择与海岸电台通信最佳信道,即选择信号强度大、清晰且无干扰的信道。根据无线电波传输的特点,海岸电台白天一般开放较高频率,晚上一般开放较低频率。详情可参见前面短波传输特点的描述。

(3)设置中/高频设备。根据设备的使用说明书完成。

(4)呼叫与回答。参见“无线电话呼叫与回答格式”进行。

(5)正式通信。当要与陆地电话用户联系时,需要首先与海岸电台建立联系,再告诉岸台话务员预联系的陆地用户电话号码,由岸台话务员人工转接的方式实现。

(6)通信结束,并将通信详情记录在电台日志中。

四、资料查询

海岸电台开放的 SSB 无线电话业务所使用的 ITU 信道、频率、工作时间以及播发通话表(Traffic List)时间和频率等详情可在《无线电信号表》第一卷(281)海岸电台表中查找。查找方法从 281 后海岸电台索引(Index of Coast Radio Stations)中查找。

五、无线电话呼叫与回答格式

1. 国际无线电话呼叫格式

——被呼叫电台的台名+Radio 或其他识别,不超过三次;

——“This is”(言语困难时使用 DE,读作 DELTA ECHO);

——呼叫台名或其他识别,不超过三次;

若通信情况良好,上述呼叫次数可适当减少。

例如:Shanghai Radio,Shanghai Radio,Shanghai Radio;
This is M/V Yu Qiang,M/V Yu Qiang,M/V Yu Qiang. OVER.

2. 对国际无线电话回答格式

——呼叫电台的台名或其他识别, 不超过三次;

——“This is”(言语困难时使用 DE, 读作 DELTA ECHO);

——被呼叫台名+Radio 或其他识别，不超过三次；

若通信情况良好，上述呼叫次数可适当减少。

例如：M/V Yu Qiang，M/V Yu Qiang；

This is Shanghai Radio，have you something for me? OVER.

船舶电台若不能确定是否是对它的呼叫时，应等到该呼叫重复并听清后再回答。而当一个电台收到对它的呼叫，但对于呼叫电台的识别不能确定时，该电台应立即回答并要求呼叫电台重复呼号、船名或其他识别。比如：this is YUQIANG，repeat your call，over 或 this is YUQIANG，who is calling me? OVER.

无线电话通信一方讲完让对方讲，用"OVER"表明；结束通信用"OUT"表明。国内无线电话通信结束时，双方可使用中文"无事，再见"，表明通信结束。

3. 国内无线电话呼叫与回答格式

国内无线电话呼叫与回答格式参加以上国际无线电话呼叫与回答格式的描述，语言改为中文即可。

任务四　掌握船舶 MF/HF 无线电设备的使用方法

以 SAILOR HC4500 型中/高频设备为例，介绍 MF/HF 设备主要操作方法。

一、SAILOR MF/HF 设备控制器单元面板控钮介绍

SAILOR MF/HF 设备控制器单元面板如图 4-8 所示。

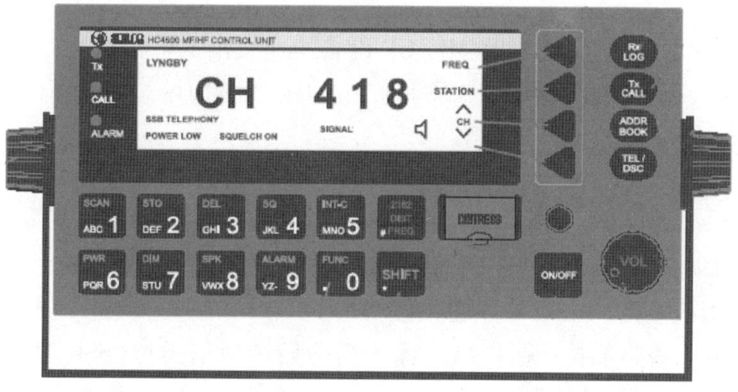

图 4-8　SAILOR MF/HF 设备控制器单元面板

1. 显示屏

显示各项内容。

2. 指示灯

Tx——发射指示灯。在发射时,该指示灯亮。

CALL——当接收到 DSC 呼叫时,该指示灯亮。

ALARM——当接收到报警呼叫时,该指示灯亮。

3. 键盘

[SHIFT]键——上档键,按下该键,并按相应标识键可选择第二功能操作。

[DISTRESS]键——遇险键。船舶遇险时,打开保护盖,按住 3 s,发射 DSC 报警。

接收控制旋钮——在频率显示界面时,按右下软键,屏幕对应的“ < ”标志依次会移动到“TUNE”“CLRF”“RF-G”。标志“ < ”指向“TUNE”时,转动该旋钮,以 100 Hz 微调接收机频率;标志“ < ”指向“CLRF”时,转动该旋钮,以 10 Hz 微调接收机频率;标志“ < ”指向“RF-G”时,转动该旋钮,可手动调整接收机的射频增益。

[ON/OFF]键——电源开关。可开启或者关闭 MF/HF 收发机。

[VOL] 旋钮——转动该钮,可调整音量大小。

[TEL/DSC]键——按该键可选择无线电话方式,或者选择 DSC 值守机设置。

[ADDR BOOK]键——打开 DSC 地址簿。

[Tx CALL]键——按此键可编辑 DSC 各类呼叫,并发射。

[Rx LOG]键——DSC 接收记录键。按此键可调看各类 DSC 呼叫。

[Soft keys]——4 个软键。操作内容显示在软键左边的屏幕上,可按软键选择操作。

二、快速 DSC 遇险报警

船舶遇险,情况非常紧急,可选择 MF/HF 设备快速发出遇险报警。

操作方法:打开保护盖,按[DISTRESS]键 3 s 以上,发射 DSC 报警。

三、编发 DSC 遇险报警

船舶遇险,如果有时间编发 MF/HF DSC 遇险报警,操作方法如下:

在控制单元面板上按[Tx CALL]键→按“DISTRESS”对应的软键→选择遇险优先等级(见注 1)→输入遇险船位(见注 2)→输入遇险后续通信类型(SSB TEL、AM TEL、FEC)(见注 3)→选择发射遇险呼叫的 DSC 频率(见注 4)→发射 DSC 遇险呼叫(见注 5)。

注 1:按上下箭头键(∧ ∨)对应的软键可选择“UNDESIGN”(不明遇险)、“DISABLE”(失控)、“SINKING”(正在下沉);按“MORE”对应的软键可选择其他遇险性质,

"LISTING(CAPSIZE)"(倾覆危险)、"GROUNDING"(搁浅)、"COLLISION"(碰撞)、"FLOODING"(进水)、"FIRE"(失火)、"ABANDONING"(弃船)、"PIRACY"(海盗)、"MAN OVER BOARD"(人员落水)等。

注2:输入遇险船位。自动显示GPS船位,按"ACCEPT"对应的软键接受输入;或者人工输入遇险位置,当光标在纬度标志(N/S)位置,或者是在经度标志(E/W)位置时,按"0"键可改变相应的标志;按" < "对应的软键,可删除一个字符输入;按" > "对应的软键,光标向前进一步;进入到输入遇险时间界面,输入遇险时间。按"CANCEL"对应的软键,可返回上一步。遇险位置和时间输入后,可输入随后通信方式。

注3:按相应的软键选择遇险后续通信类型,"SSB TEL"(单边带无线电话),"AM TEL"(调幅无线电话),"FEC"(无线电传);一般选择"SSB TEL"。

注4:按上下箭头键(∧∨)对应的软键可选择DSC遇险报警频率。向附近的船舶报警,可选择2 187.5 kHz;如果是向海岸电台报警,可选择HF DSC遇险报警频率,一般是8 414.5 kHz。

注5:按面板上的"DISTRESS"键3 s以上发出遇险报警。

四、接收DSC遇险报警

接收到遇险呼叫时,显示与操作,如图4-9~图4-11所示:

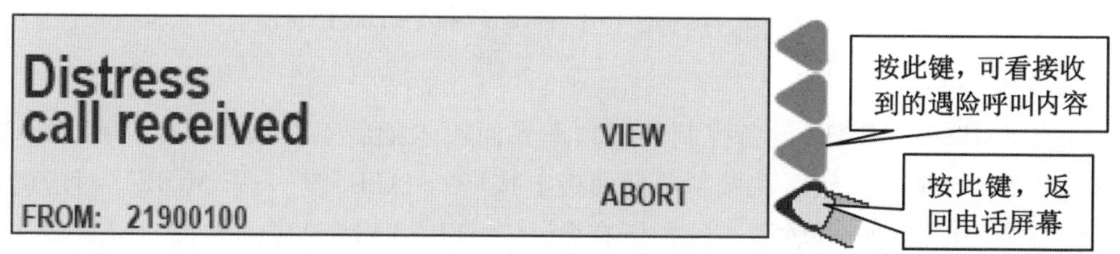

图4-9　遇险呼叫时的显示与操作(一)

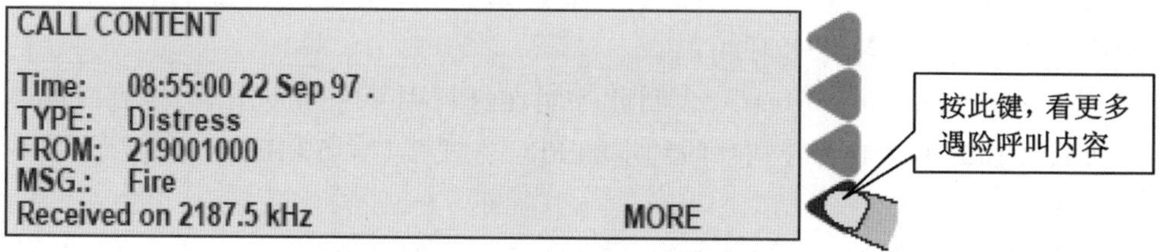

图4-10　遇险呼叫时的显示与操作(二)

按[ACK/REPLY]对应的软键遇险收妥或者遇险转发;

按[SET UP]对应的软键可设置到MF 2 182 kHz上进行遇险通信。

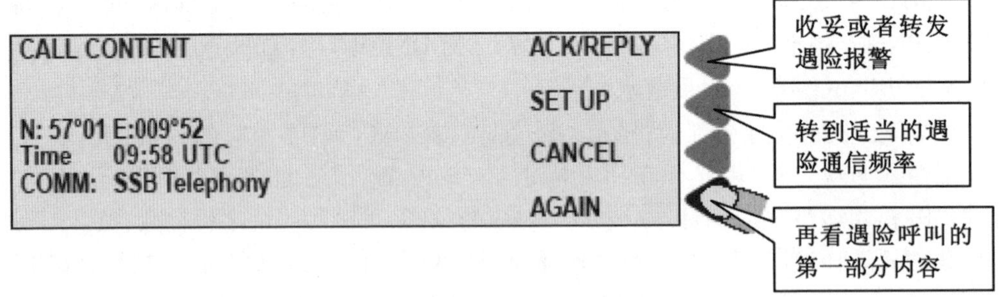

图 4-11 遇险呼叫时的显示与操作(三)

五、船到船 MF/HF 紧急呼叫和紧急通信示例

1. 案例情境

当一名船员落水失踪,需要附近海域船舶注意瞭望,发现情况及时报告。用 SAILOR MF/HF 无线电设备完成。

2. 完成方法

先在 2 187.5 kHz 向所有船或者某海区发一个 DSC 呼叫,优先等级选紧急(Urgency),约定 RT 在 2 182.0 kHz 或者约定 FEC 在 2 174.5 kHz 上通信。

3. 完成步骤

先在 SAILOR MF/HF 设备控制单元频率界面输入随后工作频率 RT 2 182 kHz 或者 NBDP 2 174.5 kHz,然后在控制单元面板上按[Tx CALL]键→按"MORE"对应的软键→再按"MORE"对应的软键→选择所有台,按"ALL STAT"对应的软键→选择优先等级,按"URGENCY"对应的软键→选择通信方式,按"SSB TEL"或"FEC"对应的软键→按"NO INFO"对应的软键→输入随后工作频率 2 182 kHz 或者 2 174.5 kHz→按"SEND"对应的软键发射 DSC 呼叫。

屏幕先出现"Call in progress",表明此呼叫在进行中。呼叫发出后,转到呼叫约定的 RT 方式 2 182 kHz(或者转到呼叫约定的 FEC 方式 2 174.5 kHz)。

六、船到船 MF/HF 安全呼叫和安全通信示例

1. 案例情境

船舶在某海域航行,发现一漂流物,可能危及航行安全,请附近的船舶注意瞭望。

2. 完成方法

先在 2 187.5 kHz 向所有船或者某海区发一个 DSC 呼叫,优先等级选安全(SAFETY),约定 RT 在 2 182.0 kHz 或者约定 FEC 在 2 174.5 kHz 上通信。

3. 完成步骤

参考紧急呼叫所示完成步骤进行。

七、船到岸 MF/HF DSC 测试示例

1. 案例情境

船舶在中国东海水域航行，经上海海岸电台完成 DSC 测试，用 SAILOR MF/HF 设备完成。

2. 完成步骤

操作步骤如下：在控制单元面板上按[Tx CALL]键→选择对海岸电台呼叫，按“Shore”对应的软键→键入上海海岸电台识别码：004122100，然后按“ACCEPT”对应的软键接受输入→按“Test Call”对应的软键→选择 DSC 测试呼叫发射频率（见注 1），然后按“ACCEPT”对应的软键接受选择→按“SEND”对应的软键发射 DSC 测试呼叫。

注 1：在《无线电信号表》第一卷（281）中，可查出上海海岸电台的 DSC 业务。上海海岸电台在 VHF/MF/HF DSC 遇险和安全频率上值守。在该步按上下箭头键（∧∨）对应的软键可选择 DSC 测试频率，在东海水域的船舶可选择 8 414. 5 kHz。在 SAILOR 设备上的中、高频 DSC 测试呼叫自动地设置成安全优先等级呼叫。

八、MF/HF 设备完成 DSC 常规呼叫及随后通信步骤

1. 案例情境

某公司两船舶在中国东海航行，两船在 MF 通信范围内，甲船想呼叫乙船进行 RT 通信，船上配备的是 SAILOR MF/HF 设备。

2. 完成方法

如果知道乙船在船到船 DSC 呼叫频率 2 177 kHz 上值守，甲船应先在频率 2 177 kHz 向某船一个 DSC 呼叫，约定随后 RT 工作频率，然后通信。

3. 完成步骤

甲船先在 SAILOR MF/HF 设备控制单元频率界面输入随后工作方式和工作频率，然后在控制单元面板上按[Tx CALL]键→按“SHIP”对应的软键→输入乙船的 MMSI 码，然后按“ACCEPT”对应的软键确认→按上下箭头键（∧∨）对应的软键选择 DSC 呼叫频率 2 177 kHz，然后按“ACCEPT”对应的软键确认选择→按“SEND”对应的软键发射 DSC 呼叫。

乙船接收到呼叫后，如果直接拿起话筒，则设备自动发回一个 DSC 收妥确认；如果不拿起话筒，应人工回复 DSC 收妥确认，然后甲、乙双方在约定的 RT 频率上通信。

九、船到岸中频无线电话通信

1. 案例情境

某船离广州海岸电台 100 n mile,欲和广州海岸电台进行船到岸到用户进行 RT 通信,船上安装有 SAILOR MF/HF 无线电设备,尝试完成任务。

2. 完成步骤

(1)从《无线电信号表》第一卷[281(2)]中查广州海岸电台中频 RT 业务。

(2)在图 4-10 中,按“FREQ”对应的软键,转换到频率界面,收发频率输入 2 182 kHz,用图 4-10 所示的“6、8、13”键调整接收机的音量和射频增益,按“PTT”键,呼叫广州海岸电台,告知欲联系的用户电话号码,约定好随后的通信频率。

(3)转到约定的频率上,与用户通信,通信结束,并做记录。

十、完成船到岸高频无线电话通信

1. 案例情境

某船在印度洋航行,三副值 0800—1200LT 班,欲和广州海岸电台进行 RT 通信,测试一下通信效果,然后和公司进行 RT 通信。SAILOR MF/HF 无线电设备完成任务。

2. 完成步骤

(1)从《无线电信号表》第一卷[281(2)]中查广州海岸电台 HF RT 业务。因为该船航行在印度洋,船时上午,根据电波的传输特点,应该选择广州海岸电台 16 MHz、22 MHz RT 业务信道。

(2)在图 4-10 中,直接输入选择的信道,或者按“FREQ”对应的软键,转换到频率界面,输入选择信道的收发频率,用图 4-10 所示的“6、8、13”键调整接收机的音量和射频增益,按“PTT”键,呼叫广州海岸电台,询问电话信号清晰度和强度,然后告知公司电话号码。

(3)与公司建立通信线路后,呼叫公司 RT 通信,通信结束,向岸台话务员询问通话时间,并做记录。

任务五　掌握中/高频无线电设备的维护和保养

一般来讲,对于远洋船舶,MF/HF 设备需要岸基维修,因此必须与维修公司签订岸基维修协议,协议中应规定在哪些主要港口进行维修工作。岸基维修协议必须得到当地船检部门的认可。

应定期检查天线、电缆、接插件和其他外部部件是否因海水及雾等沉淀了盐等积尘,是否因此造成了设备故障,这种检查的时间间隔也不能超过12个月。

设备的性能检查包括如下内容:

一、DSC功能

(1)MF/HF DSC自测试正常;

(2)船到岸DSC呼叫测试正常,包括能发出DSC呼叫,并能接收到海岸电台的DSC测试呼叫的收妥确认,且指示灯、蜂鸣报警都正常;

(3)DSC报警功能正常,包括能快速启动DSC遇险报警和编发DSC遇险报警;GPS信号能够正常输入,并能加入呼叫序列中;

(4)DSC的MMSI已经正常设置,并采取了防止随意修改措施;

(5)DSC值守机能自动扫描值守。

二、控制单元

(1)定期检查控制单元和收发机、NBDP终端和GPS等的连接正常;

(2)对收发机线路自测试,查看是否正常;

(3)用RT方式联系海岸电台,确认电话收发通道正常;

(4)控制单元键钮功能正常。

三、收发机单元

(1)确保无妨碍物阻碍空气从收发机单元冷却孔道自由流通,防止灰尘积聚过热;

(2)定期用吹尘器对收发机内部积尘清理;

(3)检查连接线和连接插头正常。

四、天线

(1)定期检查接地和电缆情况;

(2)保持天线馈电绝缘子清洁、干燥;

(3)定期检查天线对地绝缘情况;

(4)雷雨天气,为防止雷击把天线接地,或者将天线置于悬空位置,或者将天线放低。

五、其他

(1)检查交流电、蓄电瓶供电正常;
(2)设备技术资料(操作说明书、技术手册、产品证书等)注意定期检查保存。

思考与练习

1. 说明中/高频无线电设备组成、功能、通信方式。
2. 试介绍中/高频发射机的组成及各部分作用。
3. 试介绍中/高频接收机的组成及各部分作用、2 个技术指标、各类干扰的概念。
4. 介绍典型的 DSC 呼叫序列的组成。
5. 试述 DSC 的分类、功能与 MMSI 码的组成。
6. 船到岸 DSC 测试程序。
7. 介绍 MF/HF 无线电设备的日常维护与管理应注意的问题。

船舶中/高频设备实训案例题卡(1)
1. 在《无线电信号表》第一卷中查出上海海岸电台 MMSI 及 DSC 值守频率。
2. 调看最近接收到的 DSC 遇险级别电文,并指出遇险船舶的 MMSI 码。
3. 船舶在抵达青岛港前,通过上海岸台进行 HF DSC 呼叫测试。

船舶中/高频设备实训案例题卡(2)
1. 更新本船船位;查看本机 MMSI。
2. 某船在 A2 海区遇险,编发 MF 遇险呼叫;附近船舶接收到该遇险呼叫后应如何处置? 并在设备上完成。
3. 如果遇险船舶在 A3 海区向附近的船舶报警,如何进行? 附近船舶接收到该遇险呼叫后应如何处置? 并在设备上完成。

船舶中/高频设备实训案例题卡(3)
1. 解释船舶中/高频设备控制单元面板按键与控钮的功能。
2. 某船在黄海水域航行,欲用中/高频设备经广州海岸电台联系陆地电话用户,如何完成?

项目五

Inmarsat通信系统构成及C船站

任务一 了解 Inmarsat 通信系统构成

一、Inmarsat 通信系统概述

国际移动卫星组织(International Mobile Satellite organization, INMARSAT)成立于1979年,总部设在伦敦。1979年中国以创始成员国身份加入该组织,并指定交通部北京船舶通信导航公司作为中国的签字者,承担有关该组织的一切日常事务。Inmarsat通信系统为船舶提供遇险报警、遇险通信、紧急与安全通信及常规通信业务。通信的形式包括卫星电话业务、卫星电传业务、传真业务、电子邮件业务、数据传输、船队管理、船队安全网。同时,该系统也能为航空飞行器提供话音、数据、自动位置与状态报告等业务通信。该系统免费提供海事遇险救助和陆地自然灾害应急通信业务。

目前,Inmarsat C 系统、Inmarsat FB 系统可为大西洋、印度洋和太平洋广大海域的船舶提供海事卫星安全业务。这些系统在其天线仰角低至5°时都能提供可靠的通信,甚至低于5°以下也可提供通信。

Inmarsat 提供点波束工作模式和全球波束工作模式业务。点波束工作模式是指Inmarsat 卫星把发射波束集中在航运密集和通信业务繁忙地区,为这些地区船舶或者终端提供更多的大功率通信线路,提高通信质量的同时,还能降低对移动站的性能要求,以便减小移动站的体积。全球波束工作模式是指 Inmarsat 卫星为兼顾航运稀疏、过往船舶较少的地区航行船舶的安全,保证这些海域遇险船舶能够经由 Inmarsat 通信系统发送遇险报警和进行遇险通信而采用的通信技术。

二、Inmarsat 通信系统组成及各部分功能

Inmarsat 通信系统由三个主要部分组成:空间段、地面段和移动站。如图 5-1 所示,

空间段主要包括空间卫星、卫星控制中心和卫星测控站；地面段主要包括网络操作中心、网络协调站（NCS）和地面站（LES）。

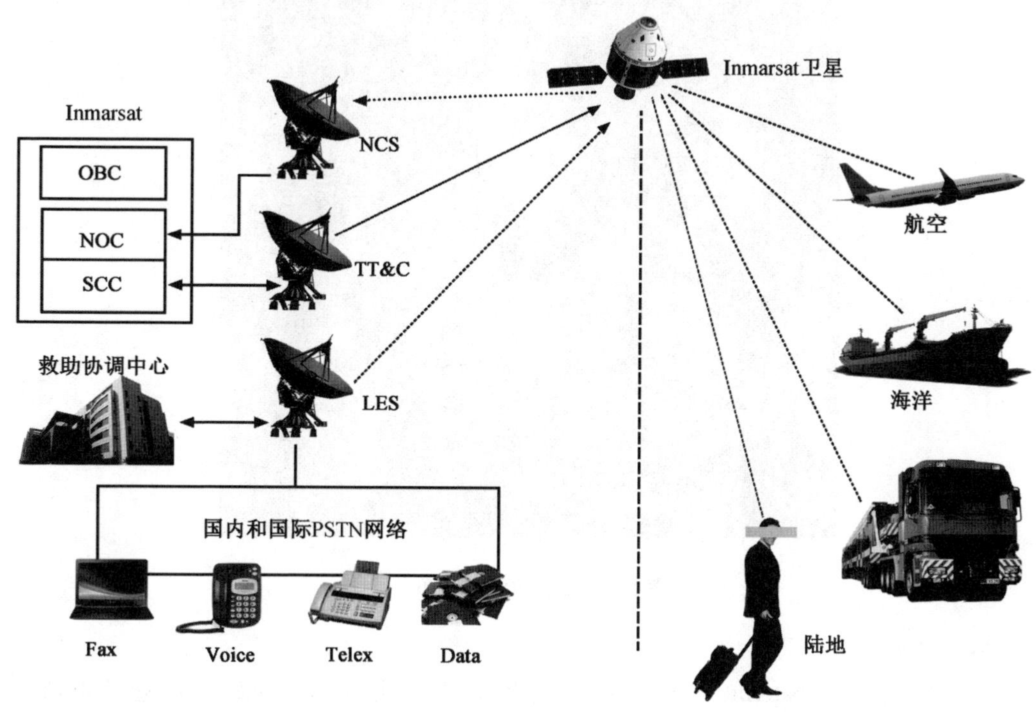

图 5-1　Inmarsat 通信系统组成示意图

（一）空间段组成及各部分功能

1. 空间卫星

Inmarsat 通信系统使用静止通信卫星实现通信。静止通信位于地球表面赤道上空，高度为 35 786 km。高度位于赤道上空 35 786 km 处的静止通信，覆盖地球表面积约三分之一。从此静止卫星向地球作切线和地球交于两点间的弧长约为 18 100 km，相邻的两颗卫星覆盖区有重叠的部分。Inmarsat 按照此原理布设了静止轨道卫星，第一代到第三代卫星分别布设在四个洋区赤道上空，每颗卫星的覆盖区分别称之为：大西洋东区（AOR-E）、大西洋西区（AOR-W）、太平洋区（POR）和印度洋区（IOR），卫星的位置与覆盖如图 5-2 所示。Inmarsat 通信系统不能覆盖南北纬 76°以上两极地区（此纬度移动站天线仰角等于 5°）。

目前，Inmarsat 在轨卫星中，第三代卫星五颗，分别位于 64°E（印度洋区）、15. 5°W（大西洋东区）、178°E（太平洋区）、54°W（大西洋西区）、25°E（西印度洋—辅助卫星）的赤道上空。Inmarsat 第三代卫星覆盖全球 98% 的陆地及所有海洋，每颗卫星都具有一个全球波束及 5 个宽带点波束，已经可以满足 64 kbit/s 准宽带数据业务和永久在线的需求；第四代卫星三颗在赤道上空，分别覆盖欧非、亚太和美洲地区。第五代三颗卫星也已经发射完成，其中一颗是中国建造和发射。

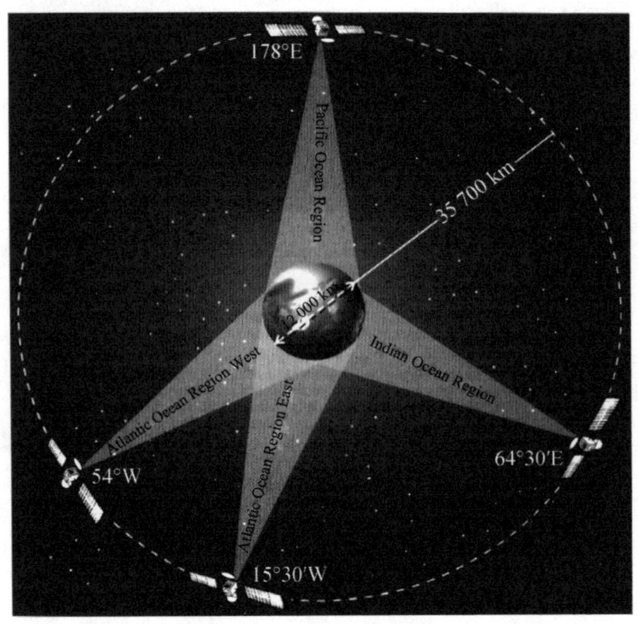

图 5-2　卫星的位置与覆盖

2. 卫星控制中心

卫星控制中心(Satellite Control Center,SCC)设在伦敦 Inmarsat 总部,它负责监视 Inmarsat 卫星的运行情况。卫星控制中心接收从卫星测控站(TT&C)发来的数据并对这些数据加以处理,通过测控站对 Inmarsat 卫星进行控制和管理。

3. 卫星测控站

卫星测控站 TT&C(Telemetry、Tracking and Control)跟踪遥测卫星,对卫星进行测控,把测得的数据送至卫星控制中心处理。测控站还接收从卫星控制中心发来的指令,对卫星姿态进行调整和控制。全球设立了四个测控站,在必要时可以替代卫星控制中心的功能。

4. Inmarsat 卫星覆盖区的电传、电话与数据业务洋区码

Inmarsat 卫星覆盖区的电传、电话与数据业务洋区码,也称为洋区接续码,如表 5-1 所示。

表 5-1　卫星业务洋区码(洋区接续码)

区码	AOR-E	AOR-W	POR	IOR
电传洋区码	581	584	582	583
电话洋区码	870	870	870	870
数据洋区码	1111	1114	1112	1113

(二)地面段组成及各部分功能

1. 网络操作中心

网络操作中心(Network Operations Center,NOC)位于伦敦 Inmarsat 总部,连接全球四个网络协调站,与网络协调站进行信息交换,对 Inmarsat 整个网络的通信业务进行监视、协调和控制。

2. 网络协调站

网络协调站(Network Coordinating Station,NCS)位于每个洋区,由 Inmarsat 网络操作中心控制。负责对本洋区地面站的通信进行协调、管理和监控,完成地面站间信道分配,发送洋区公共信道信息,NCS 之间的相互通信。

3. 地面站

地面站(Land Earth Station,LES)是陆地网络和移动站的网关,接续移动站的呼叫与通信,为移动站接入国内或国际通信网络提供接口。目前,每一个卫星覆盖区可建立若干个地面站,其中一个地面站可兼做网络协调站。地面站接续码在《无线电信号表》第一卷和第五卷中查找。北京地面站 F 系统、FB 系统和 C 系统的接续码如表 5-2 所示。

表 5-2 北京地面站接续码

移动站	太平洋	印度洋	大西洋东	大西洋西
Inmarsat F/FB	868	868	868	868
Inmarsat C	211	311		

(三)移动站

Inmarsat 卫星通信网络可以为空中、陆地、水上移动站(Mobile Station)提供话音、传真、数据通信业务。水上移动站也称为船站(Ship Station),目前船舶配备的 Inmarsat 终端有 C 船站、F 船站和 FB 船站等。

三、Inmarsat 通信系统工作原理

如图 5-3 所示,Inmarsat 通信系统业务由固定卫星业务和水上移动卫星业务组成。地面站和卫星之间的业务属固定卫星业务,工作在 C 波段;从地面站到卫星的线路称为上行线路,工作在 6 GHz 频段;从卫星到地面站的线路称为下行线路,工作在 4 GHz 频段。船站和卫星之间的业务属于水上移动卫星业务,工作在 L 波段;从船站到卫星的线路称为上行线路,工作在 1.6 GHz 频段;从卫星到船站的线路称为下行线路, 工作在 1.5 GHz 频段。

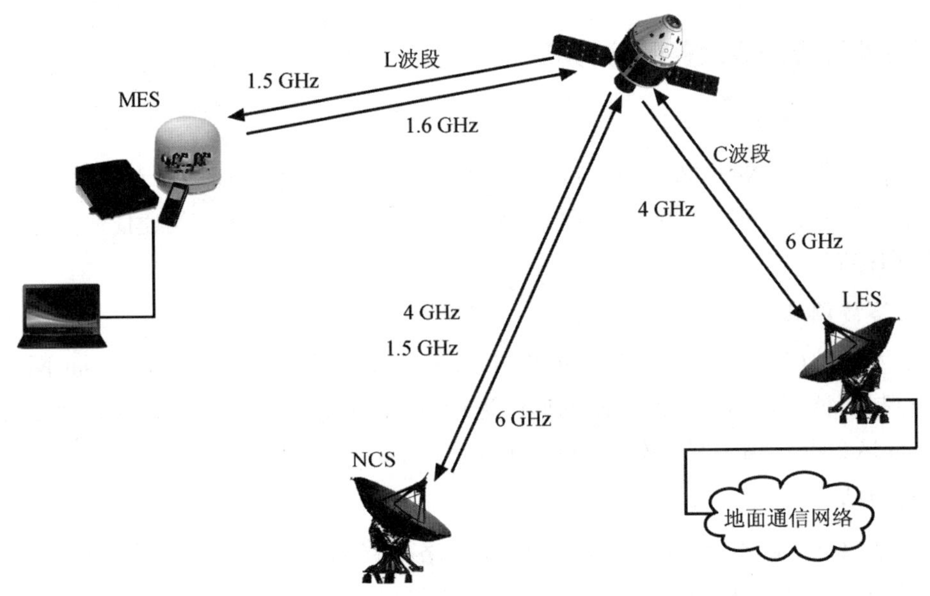

图 5-3 Inmarsat 通信线路工作频率示意图

四、Inmarsat 通信系统在 GMDSS 中的功能

1. 遇险报警功能

Inmarsat C 船站满足 GMDSS 要求,具有遇险报警功能。C 船站配有一个专用的遇险报警按钮,在紧急情况下,只需按一下该报警按钮即可启动船对岸遇险报警。C 船站可编辑或者快速生成遇险报警电文采用卫星电传技术发出报警。

在 GMDSS 中,划分 13 个搜救协调区,每个搜救协调区设一个或者多个搜救协调中心(RCC),RCC 均设有专线与一个地面站相连。因此,遇险船舶启动报警后,报警电文经由卫星、地面站直接传至相连的 RCC。如果遇险报警没有选择地面站或是设置的地面站无效,该洋区的网络协调站自动接收遇险报警信息,并转给遇险船所在区域的 RCC。

Inmarsat 系统采用 4 级通信优先抢占技术。遇险报警和遇险通信具有最高优先等级,一旦没有通信线路时,系统会切断低级的通信,空出线路用于遇险通信,并且这种优先等级处理不仅适用于船到岸,而且也适用于岸到船。地面站或相连的 RCC 收到船舶发来的遇险报警后,认为必要时,将通过地面站向遇险船附近的船舶转发遇险报警,即实现岸到船的报警。这种岸到船的报警可经由 Inmarsat C 系统采用全呼、群呼、单呼、区域呼或 EGC 方式进行。

2. 搜救协调通信功能

Inmarsat 是 RCC 进行搜救协调通信的主要系统之一。RCC 接收到船舶的遇险报警信息后,一般是通过 Inmarsat 通信系统与遇险船、救助船进行救助协调通信。为确保遇险通信的顺利进行,在公众通信网或专网不发达的国家或地区,可以在 RCC 设立陆用移动站,依靠移动站到移动站的通信方式进行搜救协调通信。

3. 海上安全信息的播发与接收

采用增强群呼技术(EGC)通过 Inmarsat C 系统的安全网(SafetyNET)播发海上安全信息(MSI),船舶采用 Inmarsat C 船站的 EGC 功能接收。

4. 常规通信功能

Inmarsat C、FB 等船站还能够提供全天候、可靠和高效的常规通信,包括卫星电传、电话通信、传真、高速数据传输等业务。

GMDSS 的遇险现场通信功能一般通过 VHF 无线电话来完成。但是,必要时,也可使用 Inmarsat 船站进行通信。

五、Inmarsat 接续短码业务

Inmarsat 通信系统提供二位码业务,又称为接续短码业务。表 5-3 列出了地面站可提供的接续短码业务。一个地面站能否提供表 5-3 所列的接续短码业务,以及有关地面站提供的其他接续短码业务,详情可查《无线电信号表》第一卷,在相关地面站开放的业务中查询。

表 5-3 地面站可提供的接续短码业务

代码	功能(英文)	中文解释
32	Medical advice	医疗指导:船舶用此接续短码业务,可连接到与地面站相连的医院,获得医疗指导
33	Technical assistance	技术支持:获得地面站的技术支持
38	Medical assistance	医疗援助:船舶伤病船员需要立即救助时使用此接续短码业务,线路会连接到特定机构,联系相关救助事宜
39	Maritime assistance	海事援助:船舶需要诸如拖带或造成污染时,可使用此接续短码业务,申请海事救助
41	Meteorological reports	气象观测报告:船舶发送气象观测报告时可使用此接续短码业务,链路可直接链接到陆上气象部门,船舶可免费发送气象观测报告
42	Navigational hazards and warnings	航行警告报告业务:船舶使用此接续短码业务,可与陆上航行部门建立链接,报告诸如发现的船舶残骸、废弃物、冰山和水雷等航行警告信息
43	Ship position reports	船位报告:船舶使用此接续短码业务可将线路链接到 AMVER、AUSREP、JASREP 等系统,向指定的机构发送船舶位置报告
92	Commissioning tests	入网测试

六、Inmarsat 通信系统发展展望

国际海事组织(IMO)自 20 世纪末把国际海事卫星(Inmarsat)引入 GMDSS 系统中，使海上通信发生了巨大变化。从引入至今，Inmarsat 通信系统已经由 Inmarsat A 系统的模拟通信升级到 Inmarsat B 系统的纯数字通信，到今天广泛使用的 Inmarsat C 系统宽带卫星通信 Inmarsat FB 系统，因为传输速率快，越来越受航海界欢迎，在其商业通信中正在扮演重要角色。20 多年来，Inmarsat 通信系统卫星也由第一代(1G)卫星发展到现在正在使用的第四代(4G)卫星；通信速率也由 9.6 kbit/s 提升到 64 kbit/s，到 FB 系统通信速率达到 432 kbit/s。现在，第五代卫星已经发射三颗，该系统卫星支持未来全球宽带终端(Inmarsat GX terminal)，通信速率将达到 500 kbit/s。

根据有关部门统计，我国海上通信在近 10 年发生了非常大的变化，从 2006 年至今，海上通信百分之九十以上的通信业务已经转移到国际海事卫星系统上进行。

近 10 年来，在国际海事卫星快速发展的同时，一些国家或组织的商业卫星系统也逐步建成并被许多船舶公司使用。目前，已经建成并投入使用的商业卫星系统有：铱星通信系统(Iridium)、舒拉亚卫星系统(Thuraya)、欧星通信系统、全球星通信系统(Globalstar)和轨道通信系统(Orbcomm)等卫星通信系统。

现在，国际海事组织只认可 Inmarsat C 系统船站作为 GMDSS 系统设备。但是，伴随着海上用户不断增加的需求，GMDSS 现代化方案将会考虑更新型的国际海事卫星船站和更多商业卫星系统进入 GMDSS 系统，这是大势所趋。一些通信设备制造商也在研制符合 GMDSS 要求的卫星通信设备。SAILOR 公司也在 Inmarsat FB500 型船舶地球站上增加遇险报警功能，这为 GMDSS 现代化用新一代宽带卫星船舶地球站替代 Inmarsat F 系统船舶地球站提供了解决方案。另外，一些商业卫星系统也在研制能满足海上船舶遇险报警、遇险通信和紧急安全通信船用终端设备。可以预见，GMDSS 现代化方案中将引进更加快速、便捷，形式多样的通信卫星系统和船用终端设备，广大海上用户将会在通信效率、通信方式、通信费用等方面受益。

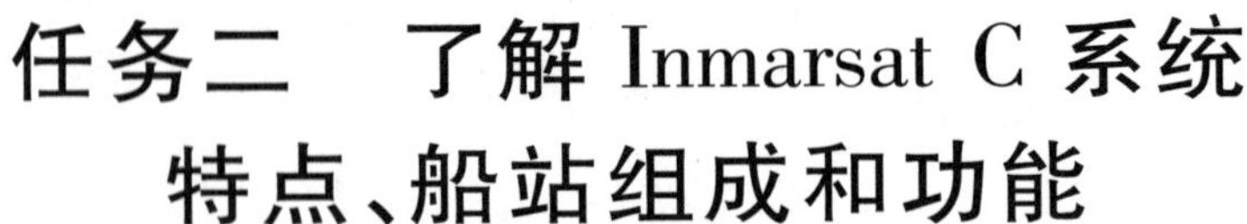

任务二　了解 Inmarsat C 系统特点、船站组成和功能

一、Inmarsat C 系统特点

Inmarsat C 系统工作于全球波束，是纯数据低速通信系统，采用存储转发方式，提供卫星电传业务，传输速率为 600 bit/s。C 标准船站小巧轻便，价格低廉，便于安装。采用全向天线，不需要伺服机构，具有遇险报警功能等特点，而广泛地应用于商船、渔船和

陆上运输工具。图 5-4 为 SAILOR C 船站;图 5-5 为古野 C 船站。

图 5-4 SAILOR C 船站

图 5-5 古野 C 船站

二、Inmarsat C 系统组成

C 系统使用 Inmarsat 静止轨道卫星转发信息,地面段由 C 系统的网络协调站(NCS)、地面站(LES)和 C 船站(SES)组成。

1. C 系统的网络协调站(NCS)

C 系统的网络协调站负责本洋区内的 LES 通信协调和管理。C 船站在该区域通信,需首先进行向该洋区 C 系统 NCS 入网登记。C 船站入网登记后,不发电文时,自动调谐到 C 系统 NCS 的公共时分多址(TDM)载波信道上,以接收 EGC 信息以及地面站呼叫本船的信息。Inmarsat C 系统的 NCS 识别码如表 5-4 所示。

表 5-4 Inmarsat C 系统的 NCS 识别码

卫星覆盖区	NCS 名称	所在国	NCS 识别码
大西洋西区(AOR-W)	贡希利(Goonhilly)	英　国	044
大西洋东区(AOR-E)	贡希利(Goonhilly)	英　国	144
太平洋(POR)	圣淘沙(Sentosa)	新加坡	244
印度洋(IOR)	塞莫皮莱(Thermopylae)	希　腊	344

2. C 系统地面站(LES)

地面站是 C 船站经卫星链路与陆地网络连接的网关。来自 MES 的电文经卫星转发到 LES,先存储处理,然后经陆上通信网络发送到目的地,反之亦然。C 系统 LES 的接入码由三位数字组成,第一位表示 LES 所在洋区,后两位分配给不同的 LES,如表 5-5 所示。

表 5-5 Inmarsat C 系统 LES 编码

AOR-E	AOR-W	POR	IOR
101 美国	001 美国	211 北京	311 北京
102 英国	002 英国	203 日本	303 日本
131 丹麦	011 法国	210 新加坡	308 韩国
111 法国	—	202 澳大利亚	304 挪威

3. C 系统船站(SES)

Inmarsat 陆上和船上的终端可统称为移动站(MES),船舶安装的 C 系统移动站也可称 C 船站,或简称 C 船站。采用全向天线,卫星电传通信方式,存储转发形式,实现船到岸,岸到船等的通信。C 船站满足 GMDSS 要求,是船舶必配的 Inmarsat 设备。

三、Inmarsat C 船站的组成

1. Inmarsat C 船站

图 5-6 为 Inmarsat C 船站的组成框图。

2. Inmarsat C 船站的组成简介

Inmarsat C 船站由上甲板设备(ADE)(图 5-6 所示的舱外设备部分)和下甲板设备(BDE)(即上图所示的舱内设备部分)组成。天线及配置在天线内的 C 船站双工滤波器等称为上甲板设备;甲板以下设备称为下甲板设备,下甲板设备由收、发机线路和 PC 机线路组成。收发机线路又称为数据电路设备(Data Circuit Equipment,DCE),PC 机又称为数据终端设备(Data Terminal Equipment,DTE)。新型的 C 船站通常将 DCE 和 DTE

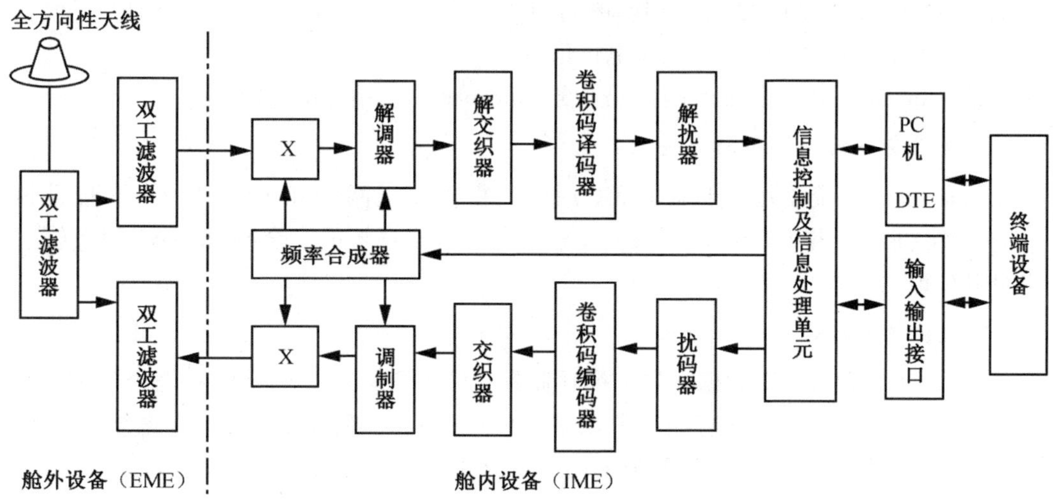

图 5-6 Inmarsat C 船站的组成框图

都集成在一起。DCE 的发射机线路由扰码器、卷积码编码器、交织器、调制器等组成；DCE 的接收机线路由解扰器、卷积码译码器、解交织器、解调器等组成；C 船站收发机的主要作用是要把发射的数字信号变换为射频信号，把接收的射频信号转换为数字信号，一些微型 C 船站将 DCE 集成在天线里。DTE 是一个在 DOS 环境下运行的 C 系统程序的 PC 机，包括键盘、数据显示器、打印机等，其作用是提供人机接口，完成数据的输入、输出和打印或显示。新型的 C 船站 DCE 和 DTE 组合在一起。

C 船站供电分为交流电源和直流电源两种。C 船站一般用直流电源工作，其直流工作允许范围为 9~33 V DC，一般选择 24 V DC，也可由交直流逆变器供电。交流一般选择 110 V AC/220 V AC 或 240 V AC，当船舶主电源断电时能自动地转接至备用电源；当船舶主电源恢复正常供电时，又能自动切换到船舶主电源工作。

C 船站的任选单元包括信号指示器、内置 GPS 以及 LRIT 组件和软件等。用户可以根据需要向厂方提出要求，是否加装任选单元。

满足 GMDSS 要求的 C 船站都配备有 EGC 电文处理器，将接收到的 EGC 信息加以处理后，送显示器显示或送打印机打印。

四、Inmarsat C 船站的主要功能

1. 遇险报警与遇险通信

Inmarsat C 船站满足 GMDSS 要求，是船舶必配设备，具有遇险报警与遇险通信功能，详见项目十任务八所述。

2. 船到岸间常规卫星电传通信

Inmarsat C 通信系统的常规通信用卫星电传技术，存储转发的方式实现信息的传输。但是，LES 通过扩展接口处理程序，可将船到岸间卫星电传方式传递的文本信息发

到陆地用户的传真机上,实现船到岸单向传真通信;或者发到陆地 E-mail 用户。同时,C 船站也能接收来自地面站的卫星电传信息。

部分 Inmarsat 通信系统的两位码业务,Inmarsat C 船站也能完成。

3. 提供安全网业务和船队网业务

Inmarsat C 系统用增强群呼(EGC)技术,提供安全网(SafetyNET)业务和船队网(FleetNET)业务。岸对船播发的海上安全信息经由 C 系统的安全网(SafetyNET)传送,船舶用 C 船站接收。

4. 提供数据报告和询呼功能

Inmarsat C 船站提供数据报告和询呼业务。应用商利用 C 船站的数据报告和询呼功能进行业务开发,用来做监控和数据采集(SCADA)。船舶的保安报警系统(SSAS)和远程识别跟踪系统(LRIT)一般都采用 C 船站进行设计开发实现。

任务三　掌握 C 船站入网/退网登记、洋区选择和 IMN 码知识

一、入网登记

Inmarsat C 系统收发电文之前,必须要选择一个洋区并完成入网登记(LOGIN)。C 船站的入网登记因设备不同而有所不同。有的厂家生产的 C 船站开机后自动地调谐到信号最强的 NCS 公共信道上,自动完成入网登记。一些 C 船站则需要人工入网登记。没有入网登记的 C 船站,除可发射遇险报警信息外,不能进行其他发射。

如果 C 船站是第一次向 NCS 发出入网登记申请,则需通过性能证实测试(Performance Verify Test,PVT),这类测试也称为链路测试(Link Test)。C 船站只有通过入网测试才能使用。

二、退网登记

如果 C 船站在较长一段时间内不使用,在关闭 C 船站电源前应先进行退网登记。如果 C 船站关机前没有向所在洋区的 NCS 进行退网登记,该洋区的数据库仍然保持该站为登记状态。若用户给该 C 船站发送电文,LES 通过 NCS 呼叫该 C 船站时,NCS 会认为该 C 船站在正常接收状态,会尝试呼叫 C 船站,呼叫多次后失败,会向原发送者发出无法投递的通知。由于占用了通信网,即使电文未投递,也会收取通信费用。

三、洋区选择原则

关于洋区的选择，主要考虑如下几点：

(1)如果船舶仅航行在一个卫星覆盖区，就只能选择船舶所在的洋区。

(2)如果船舶航行在多个卫星覆盖区，就要根据船舶的需要选择某一洋区。主要考虑便于向期望的 RCC 进行遇险报警与通信；其次要考虑便于接收前方航程的航行警告和气象报告；还要考虑便于与经常通信的地面站通信。

四、掌握 C 船站识别码

C 船站的识别码由九位十进制数字构成，第一位为“4”，紧跟其后三位(2~4 位)为对应的国家或地区的海上识别 MID 码。中国的 MID 码为“412”“413”“414”。中国籍船舶 C 船站识别码为：4412×××××，或者 4413×××××，或者 4414×××××。

任务四 掌握 Inmarsat C 系统网络协调站信道相关知识

C 系统的通信信道示意图如图 5-7 所示。

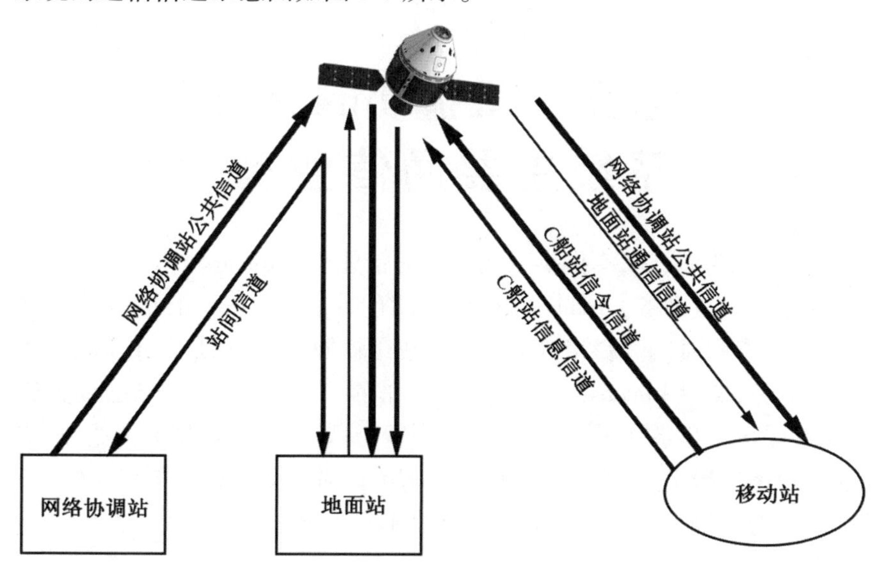

图 5-7 C 系统的通信信道示意图

1. 网络协调站公共信道

网络协调站公共信道(NCS Common TDM)用于 NCS 连续发射 TDM 载波。入网登记的船舶C船站在不通信时自动调谐于该信道,守听NCS发出的公共信息,如EGC信息;给发送信息的C船站转发LES收妥确认信息等。

2. 地面站通信信道

地面站通信信道(LES TDM)主要用来向C船站发送电传数据和一些信令信息。与NCS的TDM帧结构相同,C船站在通信时需要调谐到LES TDM信道上,接收来自地面站的信令信息。

3. C船站信令信道

C船站信令信道(MES Signalling Channel)是C船站专用信令信道,用于向LES请求信道分配或应答,以及向NCS入网登记(LOGIN)或退网(LOGOUT)。一个洋区中最多有40条信令信道,NCS根据每个LES的业务量来分配C船站的信令信道。C船站自动地在LES TDM中查询当前可用的信令信道频率,并调谐在此频率上进行通信。

4. C船站信息信道

C船站信息信道(MES Message Channel)是C船站用来向LES发送电传、数据的信道,采用时分多址接续(TDMA)方式进行信息传递。该信道由LES进行动态分配,C船站识别并调谐在该信道上发射电文。在使用完该信道后,便释放该信道,将这个信道资源还给LES。

5. 站间信道

站间信道(ISL Channel)是LES和本洋区的NCS之间的一条专用信道(Interstation Signalling Link,ISL),主要用来交换本洋区通信网络工作状态等相关信息。

任务五　掌握 Inmarsat C 系统主要通信业务

Inmarsat C系统为海、陆、空提供卫星电传通信业务。Inmarsat C船站是GMDSS唯一强制要求配备的卫星设备。Inmarsat C系统没有话音业务,采用低速数据传输,由于其体积小,设备价格和通信资费相对于其他船站比较便宜,特别是基于Inmarsat C系统开发出的增值业务,使得Inmarsat C系统的应用非常广泛,拥有的用户也非常多。

Inmarsat C系统提供的主要业务有:遇险报警与遇险通信、常规电传业务、增强群呼(EGC)安全网(SafetyNET)业务和船队网(FleetNET)业务、数据报告和寻呼业务,以及其他增值业务。遇险报警与遇险通信见项目十任务八所述。

一、经由C船站的常规卫星电传及增值业务

Inmarsat C船站主要采用卫星电传技术提供相关业务。C船站除提供常规卫星电传业务外,通过地面站的业务开发提供了其他增值业务,一般C系统地面站都能将C

船站使用卫星电传技术传递的文本信息通过开发程序,传递到一个陆地用户的传真机上,或者传递到 E-mail 用户。这些业务都是采用存储-转发的方式传递,也就是说 C 船站-LES-用户不是直接建立通信链路,而是在 LES 采用存储-转发的方式传递。

(一)C 船站常规卫星电传及增值业务操作程序

(1)开启 C 船站,并向所在洋区 NCS 完成入网登记。

(2)编辑电文:

①进入电文编辑菜单;

②按照格式编辑好电文;

③存储电文。

(3)在发射菜单中做相关设置:

①进入发射菜单;

②选择优先等级为常规;

③选择预发送的电文;

④参照表 5-6 选择通信类型、输入国家码和用户码;

表 5-6 C 船站常规电传及增值业务目的地地址码

通信类型	目的地地址码	网络类型
电传	电传国家码+用户电传码	Telex
传真	电话国家码+地区码+用户传真码	FAX
电子邮箱	电文第一行:to:邮箱 1;邮箱 2;……回车 北京地面站(POR/IOR):555	Special code
船到船卫星电传通信	电传洋区码+C 船站 IMN 码	Mobile

⑤选择接续的地面站;

⑥启动发射。

启动发射后,Inmarsat C 船站将自动发送电文,电文发送完毕后,自动切线。操作员发射电文后,应当注意地面站的确认通知,告知电文是接收或拒收;在船舶要求确认的情况下,5~10 min 内,即可收到用户通知,告知用户已经收到或投递失败。

(二)Inmarsat C 系统的电子邮件业务

Inmarsat C 系统的电子邮件业务是 Inmarsat C 系统 LES 开发的增值业务,不属于系统的强制业务,因此地面站是否开放该项业务和通信的形式取决于地面站本身,这需要用户使用时特别注意。地面站和 C 船站不同,设置的方式也不同,注意按照经由的地面站和使用的 C 船站操作程序设置,否则会使电文投递失败。

进行船到岸 E-mail 通信的一般程序如下:

(1)开启 C 船站,并向所在洋区 NCS 完成入网登记。

(2)编辑电文:

①进入电文编辑菜单。

②编辑邮件电文。收报人电子邮件地址在第一行中,如果第一行编辑错误,电文将无法投递或投递错误。

输入收报人电子邮件格式是:第一行加前缀"to:E-mail 地址 1,E-mail 地址 2,……回车",例如:第一行:to:user1@ coscoqmc. com. cn,wang@ 163. com 回车。

由于 Inmarsat C 系统的 E-mail 业务支持多地址传送,因此在进行多地址传送时,只要在各邮箱地址之间用","分隔开即可,但是地址超过一行不用回车键,直至把全部地址输入完后才可以使用回车键来区分地址或正文。第二和第三行空行,区分地址和正文。按照格式编辑好电文。

③存储电文。

(3)在发射菜单中做相关设置:

①进入发射菜单;

②选择优先等级为常规;

③选择预发送的电文;

④按照表 5-8 所给出的参数输入地面站处理 E-mail 程序的入口地址;

⑤选择接续的地面站;

⑥启动发射。

地面站将接收到的文本信息,传到本地面站的电子邮件处理程序,根据电文第一行的电子邮件地址,将电文自动地发送到电子邮箱用户。目前地面站接续地址一般采用"Special"的方式,特别业务代码不同,表 5-8 给出了部分国家地面站电子邮件程序入口地址等参数。

表 5-8　部分国家地面站电子邮件程序入口地址等参数

国家	地面站	网络类型	E-mail 程序入口地址	地址前缀
英国	BT	Special	67	to:
挪威	EIK	Special	28	to:
法国	France Telecom	Special	67	to:
日本	KDD	Special	28	to:
荷兰	Station 12	Special	28	to:
新加坡	Singapore Telecom	Special	65	to:
美国	Stratos	Special	633333	inet:
瑞典	Telia mobile	X. 25	2403722360710	to:
澳大利亚	Telstra	Special	28	inet:
德国	T-mobile	X. 25	624880790003	to:
中国	Beijing	Special	555	to:

(三)Inmarsat C 系统的传真业务

Inmarsat C 系统的传真业务也是 C 系统地面站的增值业务,单向船到岸开放,船到地面站采用卫星电传方式传递文本信息，然后地面站将文本信息进行转换后发到用户传真机上。

注意：C 系统船到岸到传真用户业务，不是完全的传真通信，这与 F 船站的传真通信不同。

二、增强群呼(EGC)业务

1. 增强群呼(EGC)业务简介

EGC 业务是 Inmarsat C 系统向船舶开放的一项公共信息播发业务。EGC 信息由获得授权的信息提供者提供，并对选定的 C 系统用户群或特定地理区域内的 C 系统船站广播。EGC 业务分安全网(SafetyNET)业务和船队网(FleetNET)业务。

安全网(SafetyNET)业务用于发送安全信息，该业务属强制性业务，主要是向船舶播发航行警告、气象报告、天气预报及其他海上安全信息。中国气象局提供的天气、海浪信息、气象报告；搜救当局提供的遇险船舶信息；海事主管部门提供的航行警告信息等，都经由 Inmarsat C 系统的安全网免费播发，船舶采用 C 船站进行接收。

船队网(FleetNET)业务是一种商业通信业务，属任选项业务，该业务把陆地信息以报文的形式向预定的一组海上船舶发送，例如船公司要对于本公司所属的船舶发出指示和通知等事宜，就可以使用该项业务。

LES 将 EGC 信息经由 LES 站间信令链路将其转发到 NCS。NCS 在其公共信道上发送 EGC 广播信息，C 船站在 Inmarsat C 系统的 NCS 公共信道上接收 EGC 广播信息。

2. 接收安全网播发信息

接收安全网播发的 EGC 信息是 Inmarsat C 船站的一项功能，一般情况下，设置比较简单，只要设置一下 NAVAREA 海区即可，但是在某些没有建立 NAVTEX 台的国家或地区(如澳大利亚)，就必须设置具体的区域和信息种类。

使用 C 船站接收 Inmarsat C 系统安全网播发的 MSI 步骤如下：

(1)调出 EGC 设置界面。

(2)查阅无线电信号表第三卷或第五卷的 SafetyNET 业务，设置预接收的航行警告区(NAVAREA)。NAVTEX 系统播发的 MSI 也可以在 EGC 界面设置接收。

(3)设置任选接收信息的种类，MSI 信息属于强制接收信息。

(4)更新设置，退出 EGC 菜单。

三、Inmarsat C 系统的数据报告业务

Inmarsat C 系统的数据报告业务主要用于 C 船站向预定的陆地用户发送简短的数据信息。Inmarsat C 系统的数据报告是通过信令信道发送的，一般数据报告最多可传输 32 个字节的信息，分三个数据块发送，传输时间短，适合于定时报告简短信息，例如船舶报告等。

船到岸的数据报告可以经由地面站直接传送给陆地用户,也可以将数据报告传送到地面站,由陆地用户向地面站调取,这取决于陆地用户和地面站之间的相互约定。

数据报告可预先设定发送时间与间隔。

Inmarsat C 系统的数据报告发送形式有三种:人工即时发送(由操作员控制发射)、人工编程发送(人工设置,由数据终端自动发射)和受寻呼指令控制自动发送(寻呼指令控制编程,数据终端自动发射)。

船舶的保安报警系统(SSAS)一般采用 C 船站的数据报告功能开发设计而成。

四、Inmarsat C 系统的寻呼(Poll)业务

Inmarsat C 系统的寻呼业务用于陆地用户通过 Inmarsat C 系统地面站经 NCS 公共信道向 C 船站发送指令,C 船站接收并根据寻呼指令执行某项任务或操作。

寻呼指令包括:

(1)发射无预约报告。要求船站发射一个独立的数据报告作为对 Poll 的响应;

(2)下载或清除船队网中的数据识别(DNID),即允许 C 系统 LES 将 DNID 下载给船站或从船站存储器中清除 DNID;

(3)编程数据报告。通过寻呼指令要求 C 船站启动发送预约或者无预约的数据报告、停止预约/无预约数据报告发送等多种指令。

网络识别信息由数据网络识别(Data Closed Network Identity, DNID)和船站在该网络中的编号组成。DNID 可以由船舶用户通过指令下载或清除。

每一个寻呼指令都包含被寻呼 C 船站的响应地址和一份最多 256 字节的简短文本信息。

Inmarsat C 系统支持三种寻呼:单船寻呼(Individual Poll)、群寻呼(Group Poll)和区域寻呼(Area Poll)。单船寻呼是指直接向一个 C 船站发送寻呼指令;群寻呼是指向具有相同闭环网络识别的一组船队 C 船站发送寻呼指令;区域寻呼是指向位于给定地理区域,并具有相同闭环网络识别的一组船队 C 船站发寻呼指令。

Inmarsat C 系统的数据报告和寻呼业务可以独立使用,也可以两种业务一起使用。中国船舶的远程识别跟踪系统(Long Range Identification and Tracking of ships,LRIT)就是在这两种业务基础上开发构建的。

澳大利亚船舶报告制度中就规定,“如果船舶 Inmarsat C 船站具有 Poll 功能,则 Polling 为强制(Mandatory)使用,一旦使用了此功能,船舶就不必再人工发送 PR”。设置和使用此项功能的过程如下:

(1)在 AUSREP SP 报告中的 N 项输入 Poll,并建议在 X 项输入船舶的 C 船站型号,例如“X/JRC/JUE-75C”(这步实际是对于澳大利亚用户授权)。

(2)为了保险起见,在 C 船站 SETUP 菜单中的 Land ID Registration for Polling 中输入 AUSREP 和 AUSRCC 的电传码 7162025 和 7162349,LES 输入 212 和 312;如果设备中没有此项,可以不进行输入。

(3)发送 SP 报告 5~10 min 后,检查 C 船站 CALL LOG 中是否有“Polling Reception Successful”的记录。

(4)每天检查 CALL LOG 中的 DATA RPT 是否成功。

任务六 了解 Inmarsat C 船站主要技术指标及技术

一、Inmarsat C 船站的主要技术指标

(1)接收频率:1 530.0~1 545.0 MHz。

(2)发射频率:1 625.5~1 646.5 MHz。

(3)频道间隔:5 kHz。

(4)接收灵敏度:增益噪声温度比(G/T)≥-23 dBk(天线仰角为5°的情况下)。

(5)发射功率:全向有效辐射功率(EIRP)≥12 dBw。

(6)调制方式:两相相移键控(BPSK)。

(7)频率精度:Inmarsat C 船站发射的载波频率通过与 NCS 及 LES TDM 载波频率比对来校准。除遇险报警外,Inmarsat C 船站在 L 波段发射的载波频率与接收的 LES TDM 载波频率之差不超过±150 Hz。

二、Inmarsat C 船站使用的主要技术简介

Inmarsat C 船站是一个全数字化船站,主要使用的技术就是数字信号的调制和差错控制技术,这里简单地把一些概念加以介绍。

1. 调制技术

Inmarsat C 船站使用的调制技术是两相相移键控(Binary Phase-shift Keying, BPSK),即用数字信号“1”和“0”来控制载波的相位。根据确定相位参考点的不同,分为绝对调相和相对调相,绝对调相是以未调载波的相位作为参考点,若已调载波的相位与未调载波的相位一致,则为二进制“1”;相位差为 180°,则为二进制“0”。相对调相是以前一位数据的已调载波信号的相位为参考点,若与前一位相位一致,则为二进制“1”;相位差为 180°,则为二进制“0”。

2. 载波同步、位同步和帧同步

在数字通信技术中,为了正确地传输和接收信息,收、发双方必须保持同步。同步的概念是数据在通信介质传输时,发送方发送数据的起止时间和速率与接收方接收数据的时间和速率必须保持一致。数据传输的同步有载波同步、位同步和帧同步。

(1)载波同步:指接收端在采用相干解调时,必须提供一个与发送端调制载波同

频、同相的载波,而获得这个载波的过程就叫载波同步,也叫载波提取。

(2)位同步:指接收端从收到的数据中提取比特同步信号的过程。在同步传输过程中,发送方以固定的时钟节拍发送数据信号,数据的每一位与时钟信号一一对应,接收方要从接收的数据中正确区分出每一位,即实现位同步。实际上位同步就是收发双方的时钟保持同步。

(3)帧同步:帧同步就是找出每一帧开头和结尾的过程。数字信号传输总是以一定数目的码元组成帧的结构来传输,船站在接收地面站的 TDM 载波时,必须精确地在其被分配的时隙里读取信息,同时船站发给地面站的 TDMA 信号,也必须精确地在其分配的时隙里发射,所以船站必须与地面站建立帧同步。

3. 数字信号的差错控制

数字信号在传输过程中,会受到各种各样的干扰,造成发送数据与接收数据不一致,为保持发送数据和接收数据一致,必须采用差错控制。Inmarsat C 系统差错控制技术主要用差错控制编码、扰码技术和交织技术,具体的工作原理这里不做介绍。

任务七 掌握 Inmarsat C 船站主要操作使用程序

以古野 FELCOM-15 型 C 船站为例,介绍 C 船站的主要操作使用程序。

日本 FURUNO 公司(古野)生产制造的 FELCOM-15 型 C 船站如图 5-8 所示。

图 5-8 FELCOM-15 型 C 船站

一、FELCOM-15 型 C 船站操作概述

1. 开/关机及亮度调节

按终端前面板上的电源键[POWER],可打开或关闭终端单元,终端单元开机时,设备自动进行自检测;按[ALT+F6/F7]键,可调整显示屏亮度。

2. 软驱和软盘

FELCOM-15 型 C 船站利用软盘来存储收发的电文,终端左下部有软盘驱动器,可读写软盘。软盘一般使用 2HD(1.44 Mbit),由于容量小,要定期备份并清理软盘的内容。软驱的工作指示灯亮时,不要从软驱中取软盘,以免损害软盘。

3. 屏幕显示与菜单

开机和自诊断测试完成后,屏幕显示预备(STAND BY)界面,如图 5-9 所示。显示"STAND BY"界面,C 船站自动扫描所在洋区卫星的公共 TDM 载波信道,以与卫星同步。当"Retuning"指示被"SYNC(NCS)"取代时,天线同步调谐程序完成,既可接收 EGC 信息,也能发送遇险报警。

File	Edit	Transmit	EGC	Reports	Logs	Options	Setup	Postion	StopAlarm

				IMN: 441219017
	Date	12-04-20	BBER	000
	Time	01:32(UTC)	C/N	OK(0dB)
			Send Level	OK(0)
	Postion	LAT 34:30.00N	Rx AGC Level	OK(254)
		LON 135:00.00E	REF Offset Freq	OK(0Hz)
	Waypoint	LAT	Symhe Local	OK
		LON	VCXO Control	131
	Course	345.5 DEG		
	Speed	10.2 KTS		
	Current NCS	344(IOR) LOGOUT	Antenna Power Supply	OK
	Current Channel	NCS CC		
	Current TDM	NCS CC	Water Temperature	68.2 DEG
	MES Status	Idle	Water Current	
	GPS Status	****	Direction	232 DEG
			Speed	1.9 KTS
	DCE Memory	32818 Bytes free	Depth	

Current State: IDLE	Retuning	12-04-20 01:32(UTC)
	NCS: IOR LOGOUT	LAT 34:30.00N
DCE F15 Ver.##		LON 135:00.00E

图 5-9 FELCOM-15 型 C 船站 STAND BY 显示屏

FELCOM-15 型 C 船站几乎完全由键盘控制,键盘顶部的[F1]到[F10]键为菜单功能键,直接按键盘顶部的[某 F]功能键,即可选择相应的菜单项。在打开的下拉分菜单中用上下键移动光标选择某下拉分菜单。依据下拉分菜单前面的数字,也可直接按相应的数字键,再按[ENTER]键选择某下拉分菜单项;有横向选择时,可用左右键移动光标到某项,再按[ENTER]键选择;按[ESC]键,可返回前一级菜单,直至回到"STAND

BY”界面。

F 功能键介绍如下:

F1——电文处理;

F2——电文编辑;

F3——发射界面;

F4——显示接收到的 EGC 信息;

F5——数据/信息报告;

F6——通信记录(显示发射记录和信息接收记录);

F7——任选功能键,用于入网、退网、测试等;

F8——设置功能键,可对 C 船站进行各类设置;

F9——船位功能键,用于人工输入船位;

F10——停止报警功能键,用于静默声音报警。

4. 错误信息和报警提示

当终端单元显示错误信息和报警时,有警告窗口出现提示,要注意查看。比如,出现“Pre-set LES ID for distress alert is invalid in the present ocean region. Please input preferred LES ID in the [Distress Alert Setup] menu”(当前洋区预设的遇险报警 LES ID 无效,请在遇险报警设置菜单中输入首选的 LES ID)时,需要在遇险报警设置中改变当前的 LES ID,以和当前跟踪的卫星洋区相一致。按[ESC]键关闭提示窗口。

二、入网登记和退网登记

1. 入网登记

屏幕底部显示“SYNC(NCS)”时,说明已与 NCS 同步。按[F7]功能键,选择“Options”菜单,在分菜单中选择好洋区后,再按数字键[1],选择入网(LOGIN),弹出“LOGIN”窗口,选择“YES”,按[ENTER]键,开始入网登记,状态栏的“LOGIN”字样闪烁。出现“Successful Login”的提示,说明入网成功,状态栏的“LOGIN”停止闪烁,当前状态出现空闲(IDLE)。按[ESC]键返回“STAND BY”显示。

2. 退网登记

设备空闲(IDLE)时,按[F7]功能键,选择“Options”菜单,再按数字键[2],选择退网(LOGOUT),弹出“LOGOUT”窗口,选择“YES”,按[ENTER]键,开始退网程序,窗口出现提示:“Starting Logout Process. Press any key to escape”(开始退网程序,按任何键可停止)。出现“Successful Logout”的提示,说明退网成功,状态栏出现“LOGOUT”,此时可关机。

注意:设备长时间不用,在关闭 C 船站电源前应向 NCS 做退出登记。如果移动站在关闭之前没有退网,Inmarsat C 系统的数据库仍然保持该移动站为登记状态。若有人给该 C 船站发电文,系统将电文经由公众网络发送至某一 LES,由于 LES 不知该移动站已停止使用，故仍试图将这份电文投送给该 C 船站，LES 采用预先确定的时间或一定的次数重发此电文，多次投送失败后停止发送并向原发送者发出无法投递的通知。由于占用了通信网，所以即使电文未被投递，国内或国际电信机构仍将向原发送者收取通信费用。

三、文件处理

1. 编辑设置

按[F8]键，打开设置(Setup)菜单，按数字键[3]，打开编辑器设置菜单进行设置：

(1)Text Mode：选择“Telex”，用大写字母创建电文；选择“ASCII”，可用大写或小写字母创建电子邮件。

(2)Edit Mode：选择插入(Insert)模式或覆盖(Overwrite)模式。

(3)Word Wrap：打开/关闭行尾自动连字功能。

(4)Line No.：显示/关闭行号。

(5)Tab Width：设置水平表宽度：每行 2、4 或 8 制表位。

(6)Column Width：栏宽，电传为 69；ASCII 为 40 到 80。

(7)Cursor Type：光标类型，“■”或者下划线。

(8)Scroll：设置全屏滚动或者半屏滚动。

2. 新建电文

按[F1]键，打开文件(File)菜单，按数字键[1]，建立一个新文件：此时光标出现在电文区第一行，可输入电文。按[F1]键，再按数字键[4]，输入文件名(不要超过 8 个字符)，按[ENTER]键，将文件存储到软盘，不关闭屏幕；按[F1]键，再按数字键[3]，屏幕出现提示：“Save this message?”(存储这份电文吗?)，选择“YES”，按[ENTER]键，输入文件名，按[ENTER]键，将文件存储到软盘，清屏。

3. 打开文件

按[F1]键，再按数字键[2]，屏幕出现软盘上的文件列表，用上下箭头键选择待打开的文件，按[ENTER]键，随后文件出现在屏幕上。本机最多可以打开 2 个文件，当已经打开了 2 个文件时，必须先关闭一份文件，方能打开第三个文件。

4. 删除文件

按[F1]键，再按数字键[5]，用上下箭头键选择文件，按[ESC]键，提示：“OK to delete file?”(删除文件吗?)，选择“YES”，按[ENTER]键，删除文件。

5. 文件重命名

按[F1]键，再按数字键[6]，用上下箭头键选择文件，按[ENTER]键，输入新文件名，按[ENTER]键。

四、遇险报警与遇险通信

1. 快速遇险报警

遇险事件来得很突然时,可打开面板上的保护盖,直接按红色遇险报警按钮(Distress)4 s 以上,直到指示灯连续亮,进行快速遇险报警。

2. 编发遇险报警

如果时间允许,可以编发遇险报警。按[F8]功能键,调出"Setup"菜单,按数字键[1],进入"Distress Alert Setup"菜单,根据提示,设置船位、遇险性质等信息,最后按[ENTER]键显示更新窗口,选择"YES",按[ENTER]键确认;然后按遇险报警按钮(Distress)4 s 以上,直到指示灯连续亮,发出编发的遇险报警。

注意:C 船站即使不入网登记,也能发射遇险报警。

3. 遇险通信(发送遇险等级的电文)

按功能键[F1],再按数字键[1],编辑遇险通信电文;按[F3]功能键,调出"Transmit"菜单,按数字键[1],进入"Transmit Message"菜单,在"Priority"中选择"Distress";选择编辑界面内容做发射电文;在"LES ID"中键入地面站进入码(应与遇险报警的地面站进入码一致);选择"TRANSMIT",按[ENTER]键,就能将编辑的遇险优先等级电文直接发送到相关 RCC。

五、取消误报警

船舶误发遇险报警后,可采用 Inmarsat C 船站编辑取消误报警电文发给 RCC。具体操作如下:

1. 编辑一份取消误报警的电文

TO:RCC

FM:M/V SHIP'S NAME/CALL SIGN/IMN/COCEAN AREA

THIS IS M/V SHIP'S NAME/CALL SIGN/INMARSAT C ID, AT_____UTC, POS IS _____N(S)______E(W), OUR SHIP SENT A FALSE ALERT VIA INMARSAT C, PLS CANCEL IT, NOW OUR SHIP ALL OK. TKS.

MASTER

2. 打开发射窗口,键入或者选择

(1)按[F3]键,打开发射菜单。

(2)按数字键[1],打开发射信息窗口。

(3)Priority:

——如果使用常规卫星电传业务给 RCC 发送取消误报警电文,选择"Normal";

——如果将取消遇险报警电文直接发到 RCC,选择"Distress"。

(4)Message File:选择取消误报警电文,可选正在编辑的电文或软盘上的电文。

(5)Station Name:如果 RCC 在存在地址簿中,可选择。

(6)Destination Type:目的地接收类型选择“TELEX”。

(7)Country/Ocean Code:键入“085”。

(8)Station ID:RCC 电传号(如果采用常规卫星电传;如果是遇险等级,此处不用选)。

(9)LES ID:应与遇险报警使用的地面站一致。

(10)Option:任选项。

(11)Confirmation:投送确认。选择“ON”,申请投送确认。

(12)Transmit:启动发射。

六、发射菜单与发射界面主要操作与选择简介

(1)按[F3]键,打开发射菜单,下拉分菜单是:

——Transmit Message:发射信息项。

——Cancel:取消发射。

——Request Delivery Status:人工向 LES 请求传回过去 24 h 发射电文的投送信息。

方法:进入此菜单,选择电文,按[ENTER]键,选择“YES”,并按[ENTER]键,发出申请,几分钟后收到 LES 对该申请的收妥信息:“Delivery status received for (file name)”,而对电文的投送信息则出现在投送状态窗口的“Delivery”栏。

(2)按数字键[1],选择第一项下拉分菜单,进入发射界面,各项内容介绍如下:

——Priority:Normal 为常规等级;Distress 为遇险等级。

——Message File:选择发射电文,可选正在编辑的电文或软盘上的电文。

——Station Name:选择地址簿用户。多用户传送的方式(TELEX 和 FAX 多用户设置方法:选择一个用户后按空格键,用户出现 * 号标记,再选择另一个,最多可选 10 个电传用户,7 个传真用户;E-mail 多用户设置方法:选择一个用户后按空格键,“To”“Cc”和空格交替出现,并标记 * 号,最多可设置 10 个 E-mail 用户站。)。注意:不同格式的电文和不同的 2 位前缀码不能同时发射。要取消“ * ”号标记,在选择有 * 号的用户站后,再按空格键。

——Destination Type:目的地接收类型有:TELEX、E-mail、FAX、CSDN、PSDN、X400、DNID、SPEC 等项目供选择。

——Prefix Code:前缀码,可输入业务代码等。

——Country/Ocean Code:国家码/洋区码,比如给中国电传为 085,传真为 086;太平洋电传码为 582。

——Station ID:用户电传的识别码,或传真机号,或 IMN 码;E-mail 此处为 INET。

——Modem Type:调制器类型,传真选“T30”。

——Address:键入收件人的 E-mail 地址。

——Subject:E-mail 主题。

——Attach File:E-mail 的附件。

——LES ID:键入地面站识别码。

——Option:任选项。

——Confirmation:选择“ON”,申请投送确认;选择“OFF”,不要投送确认。

——Send Delay:发送电文时间。

——Delivery Delay:投送要求。选择“IMMEDIATE”,地面站收到后,立即投送。

——Code:使用编码方式,IA5:国际字母表 5 号,ASCII 码(7 bit),用此码发射含小写的英文;ITA2:2 号国际通信字母表(5 bit),此编码比 IA5 码发射快,陆地电传使用此码,LES 将所有的码转换为 ITA2 码,不能转换的码用“?”表示;DATA:数据(8 bit),使用此码发射数据。

——[TRANSMIT]:启动发射。

(3)C 船站常用业务归纳

C 船站常用业务归纳举例如表 5-8 所示(—表示无)。

(4)注意事项

①E-mail 电文应使用“ASCII”码编辑。

②C 船站传真仅为船到岸单向传送文本信息到用户传真机。

③Inmarsat 的接续短码业务也可使用 C 船站传送。例如:31——海上信息查询;32——申请医疗指导;33——技术帮助;37——呼叫时间和费用查询;38——医疗帮助;39——海事救助;41——气象报告;42——航行警告;43——船位报告。

表 5-8 C 船站常用业务

业务类型	用户举例	通信类型	国家码/洋区码	用户地址	调制解调器
陆地电传用户	青岛远洋公司	TELEX	085	32237	—
船舶电传用户	印度洋 C 船站	TELEX	583	441219701	—
E-mail 用户	wang@ 163. com	E-mail	—	li@ 163. com	—
传真用户	青岛传真用户	FAX	86	53285752555	T30
接续短码业务	医疗咨询	SPEC	—	32	—

七、设置接收增强群呼信息

1. C 船站 EGC 业务简介

本机接收到 EGC 电文时,屏幕左下角出现提示信息:“Receiving EGC Message”。如果在“Auto Mode Setup”菜单中,自动存储和打印接收 EGC 信息功能开通,收到的 EGC 电文就能自动接收、打印,并存储到在“System Setup”菜单中选择的 EGC 输出终端。对 EGC 电文的存储容量是 32 千字节。当 EGC 存储器满时,最早的 EGC 电文自动删除。

2. 显示、重打印 EGC 电文

按[F4]键,再键入数字键[1],打开 EGC 电文显示窗口,如图 5-10 所示,根据状态行的提示进行相应操作。

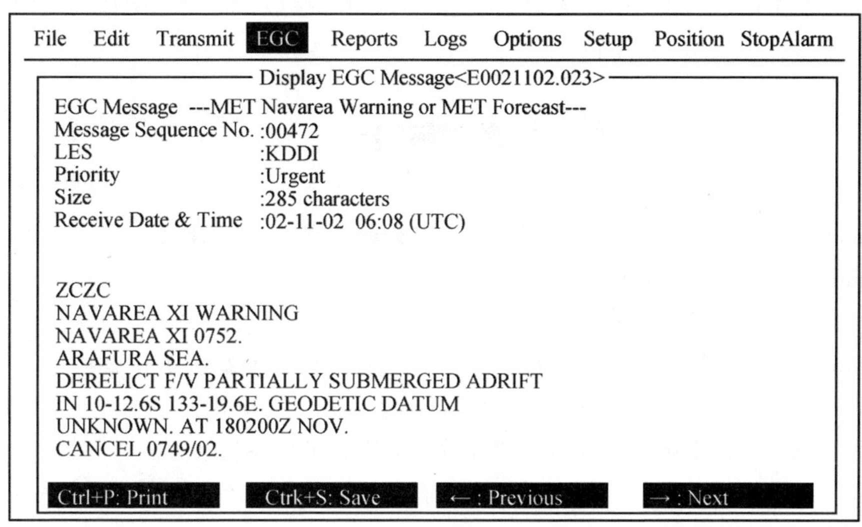

图 5-10　EGC 电文显示窗口

3. 接收显示 EGC 限用网络 ID(ENID)

ENID 属于 FLeet NET(船队网)业务。为获得这项业务,船舶必须向一个信息提供商登记。信息提供商将船舶添加到接收船队中,通过一个支持船队网业务的 LES 下载群呼码,唯一地传给 C 船站。C 船站将 ID 码存储,并接收信息提供商的广播业务。C 船站操作员不能改变这个存储的 ENID,并直至 64 个 ENID 被存在一个不可变存储器为止。

该项业务的操作方法如下:按[F4]键,再键入数字键[2],打开"EGC 网络 ID 码表",用上下键选择要禁用或者激活的 ENID,按空格键禁用;按[ENTER]键激活(禁用的 ENID,无 * 号标志),按[ESC]键返回"STAND BY"显示。

4. 打开 EGC 电文记录窗口

按[F6]键,再键入数字键[3],显示接收到的 EGC 电文列表,用上下键选择 EGC 电文,按[ENTER]键显示电文内容,按[ESC]键 2 次返回"STANDBY"显示。

任务八　掌握 Inmarsat C 船站日常维护与保养

Inmarsat C 船站日常维护与保养应注意以下几个方面:

——保持设备清洁。

——检查所有电源和信号线与各个终端的接口连接是否牢固。

——定期清理磁盘,备份数据。

——检测电源。

——设备开机时会自检,如果检测结果正常,则进入待机状态,否则无法发射。

——定期做性能验证测试,这个检测包括从 LES 接收的一条检测信息,向 LES 发射一条检测信息和遇险报警测试。

思考与练习

1. Inmarsat 系统组成包括哪些部分?各部分的主要作用是什么?
2. Inmarsat 第四代卫星覆盖区如何划分?
3. 何谓固定卫星业务?何谓移动卫星业务?分别工作在什么频段上?
4. Inmarsat 系统中电话、电传、数据通信对应的洋区业务编码是什么?
5. Inmarsat 系统在 GMDSS 中的作用是什么?
6. 介绍 Inmarsat 系统主要的二位码业务(接续短码业务)。
7. Inmarsat C 船站为什么进行入网登记和关机前要退网?结合设备进行入网和退网操作。
8. 结合设备发送 Inmarsat C 遇险报警,随后进行遇险通信。
9. 结合设备接收 EGC 信息。
10. 结合设备用 Inmarsat C 船站给用户发送 E-mail 电文。
11. 结合设备用 Inmarsat C 船站给用户发送一份传真。
12. 结合设备进行 Inmarsat C 船站性能证实测试(链路测试)。

实训案例题卡

Inmarsat C 船站实训案例题卡(1)
1. 解释 C 船站面板控钮主要功能。
2. 船舶遇险,如何利用 C 船站进行快速遇险报警,解释报警路由。
3. 用 C 船站设置接收 N/W 和 WX。

Inmarsat C 船站实训案例题卡(2)
1. 查看 C 船站近期收发信息。
2. 解释 C 船站显示屏幕上显示的主要内容。
3. 船舶遇险,用 C 船站编发遇险报警,解释报警路由。

Inmarsat C 船站实训案例题卡(3)
1. 解释 C 船站主要操作菜单功能和操作程序。
2. 用 C 船站完成性能和链路测试。
3. 如何防止 C 船站误报警?

项目六

Inmarsat FB系统与业务

任务一　了解 Inmarsat FB 系统与业务

一、Inmarsat FB 系统组成与功能

新一代卫星船站是宽带卫星船站(Fleet Broadband,FB 船站),是最新一代 Inmarsat 卫星通信设备。FB 系统组成与功能示意图如图 6-1 所示,使用海事宽带通信技术,能同时实现可靠、高速的 IP 数据接入和常规语音通信,还能提供文件传输、收发短信、召开视频会议、实时电子海图更新、天气更新、远程局域网访问和互联网访问、安全通信、传真业务、语音信箱等。FB 船站采用即时通信,覆盖除两极外的全球用户。数据传输速度 432 kbit/s,完全满足收发邮件、浏览网页、传输大文件的需求。海图信息、在线天气数据、航线计划编制和船员组呼都可以在同一时间完成,大大提高了船上信息的效率。

二、FB 船站操作使用

FB 船站操作使用非常简单,概括介绍如下:

1. 正确连接设备

根据设备说明书,把终端正确地连接到 FB 设备的相关端口上。

FB 提供的业务和对应的端口可参照表 6-1 所示进行连接。

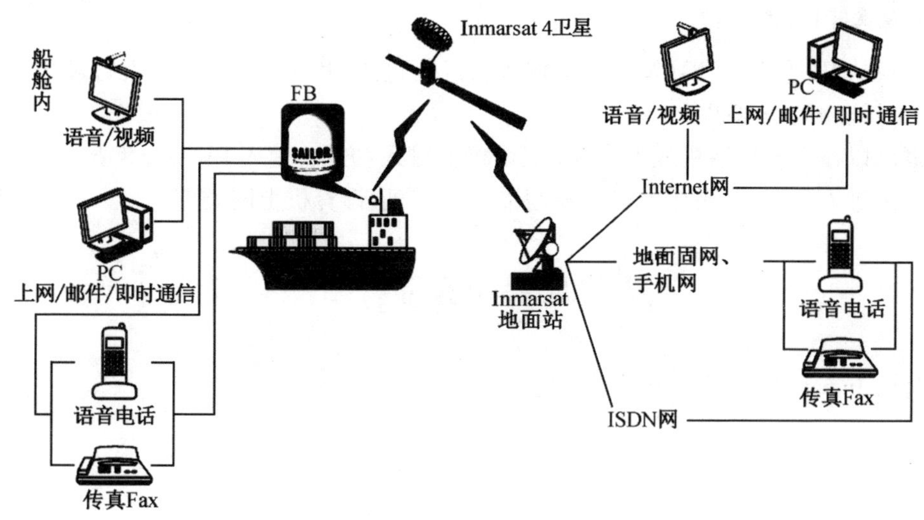

图 6-1 FB 系统组成与功能示意图

表 6-1 FB 提供的业务和对应的端口

业务类型		端口		
		电话/传真业务接口	局域网业务接口	ISDN 业务接口
线路传送	3.1 kHz 音频	模拟电话机	IP 手机	ISDN 电话机
		G3 传真机		G3 传真机
		与模拟调制解调器相连的计算机		
	标准语音	模拟电话机	IP 手机	ISDN 电话机
	数据、UDI 或 RDI			G4 传真机/或者有 ISDN 调制解调器计算机
数据包传送	多址数据用户		计算机	
	单址数据用户		计算机	
短信业务(SMS)			有 WEB 接口计算机	

2. 开启 FB 船站

开机前确认已装入了正确的 SIM 卡,打开 FB 设备开关(例如,SAILOR FB 开关在设备后面一侧)。

注意:只有先装入了正确的 SIM 卡,才能进入 BGAN 系统。IP 手机使用以太网电源,将其正确地接在端口上即可使用。

3. 输入 PIN 码

一般从 IP 手机的 BGAN 菜单中输入,方法:进入 BGAN 菜单→键入管理用户名→键入 PIN 码→键入密码。

也可以在标准电话机或者 ISDN 电话机上输入,方法:键入 PIN 码+#号。

开机进入系统后,操作方法与我们平时用手机、计算机上网类似。

简述 Inmarsat FB 系统组成与功能。

项目七

COSPAS-SARSAT系统及紧急无线电示位标

任务一　了解 COSPAS-SARSAT 系统和组成

一、COSPAS-SARSAT 系统简介

COSPAS-SARSAT 系统是 1982 年由加拿大、法国、美国和苏联联合开发的全球卫星搜救系统。其中 COSPAS 是俄文 КОСПАС 的译音,是苏联开发的搜寻遇险船舶的空间系统(Space System for the Search of Vessels in Distress);SARSAT 系统(Search And Rescue Satellite-Aid Tracking System)是美国、法国、加拿大开发的卫星搜救系统。因卫星高度在 700~1 000 km,经过南北两极,故也称该系统为低高度极轨道搜救卫星系统。1988 年国际海事组织将其引入 GMDSS,作为 GMDSS 系统的一部分,名称为 COSPAS-SARSAT 系统。紧急无线电示位标(EPRIB)是该系统的船上终端。

随着部分国家或组织的静止卫星加载 406 MHz 转发器,COSPAS-SARSAT 系统还称为全球搜救卫星系统。目前有几十个国家和组织参与该系统的运行和管理。该系统免费无歧视地为全球范围内的海、陆、空遇险用户提供遇险报警及定位信息给搜救机构。

二、COSPAS-SARSAT 系统的组成

COSPAS-SARSAT 系统由 406 MHz 示位标、空间段(搜救卫星)、本地用户终端和搜救任务控制中心组成,如图 7-1 所示。

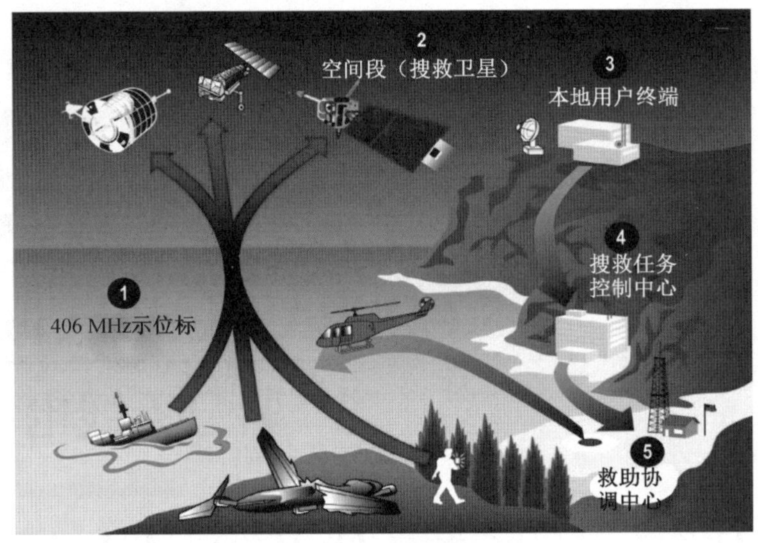

图 7-1　COSPAS-SARSAT 系统组成示意图

1. 406 MHz 示位标

406 MHz 示位标是一台发信机。示位标有三种类型：航空用紧急示位发射机(Emergency Locator Transmitter，ELT)、船用紧急无线电示位标(EPIRB)、个人示位标(Personal Locator Beacon，PLB)。三种示位标的发射频率都为 406 MHz。一般三种示位标内都装有第二发射机，即 121.5 MHz EPIRB。121.5 MHz 是国际航空紧急频率，该示位标的发射作为搜救飞机的导引搜救信号。

船舶遇险可以通过人工或者自动方式启动 406 MHz EPIRB 发射报警信号。自动启动是在示位标的静水压力释放器受到 2～4 m 水深压力的情况下，自动释放示位标，示位标浮出水面发射报警信号。示位标启动后，大约每 50 s 发射一次 0.5 s 的射频信号，内部电池应能使发射维持 48 h。

而飞机上配备的 ELT 则是靠撞击启动或者人工启动发射报警。

2. 空间段

空间段的主要任务是对示位标发出的报警信号进行变频、存储和转发等处理，然后送到本地用户接收终端(LUT)。

如图 7-2 所示，COSPAS-SARSAT 系统空间段主要由低高度地球轨道(Low-altitude Earth Orbit，LEO)卫星和静止轨道(Geostationary Earth Orbit，GEO)卫星，以及载体上的 406 MHz 接收-转发仪器组成。低高度地球轨道卫星上装载的 406 MHz 接收-转发仪器简称为 LEOSAR；静止轨道卫星上装载的 406 MHz 接收-转发仪器简称为 GEOSAR。所有成员可免费使用空间段转发的报警信息。

406 MHz EPIRB 发射的信息在 LEOSAR 卫星上经过部分处理，主要测出报警信号的多普勒频移，然后以存储转发模式或本地模式将卫星的下行线路转发给低高度地球轨道卫星的本地用户终端(LEOLUT)。

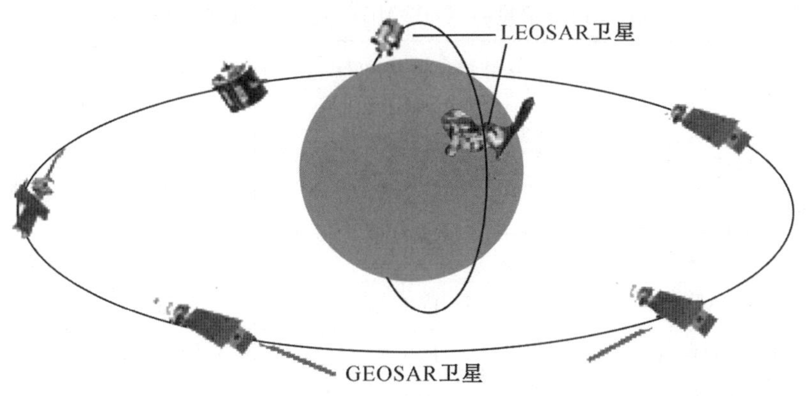

图 7-2 COSPAS-SARSAT 卫星图

GEOSAR 系统卫星接收到 406 MHz EPIRB 报警信号后，由于没有多普勒频移，直接将信号转发给静止轨道卫星系统本地用户终端(GEOLUT)。因此，新型的 EPIRB 内装有导航仪，以在报警时发出遇险位置。

LEOSAR 系统由 6 颗卫星组成，SarsaT-7 到 SarsaT-12，运行在近极轨道，装有 406 MHz 转发器。如表 7-1 所示，406 MHz 转发器和搜救处理器主要装载在美国气象管理局(NOAA)的气象卫星上，卫星轨道为太阳同步，近极轨道，高度 850 km。其他近极轨道卫星上装载的 406 MHz 转发器由法国和加拿大提供。

近极轨道搜救卫星绕地球一周大约 100 min，卫星运行速度为 7 km/s，卫星升起到落下时间大约 15 min。如图 7-3 所示，近极轨道卫星通过时在地球上的共视带为 6 000 km。使用低高度卫星的优点是，需要较低的下行链路发射功率，较为明显的多普勒频移，缩短绕行一周的时间。

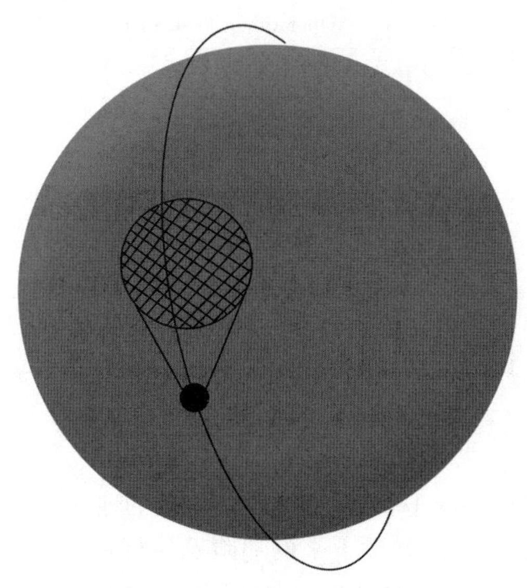

图 7-3 近极轨道卫星共视带

表 7-1　在轨 LEO 卫星装载 406 MHz 转发器和搜救处理器情况

Satellite	Repeater Instruments	Search and Rescue Processor	
	406 MHz	Global	Local
SarsaT-7(NOAA-15)	Full	Full	Full
SarsaT-8(NOAA-16)	Full	Full	Full
SarsaT-9(NOAA-17)	Full	Full	Full
SarsaT-10(NOAA-18)	Full	Full	Full
SarsaT-11(METOP-A)	Full	Full	Full
SarsaT-12(NOAA-18)	Full	Full	Full

如表 7-2 所示,GEOSAR 空间段有多颗静止轨道卫星装有 406 MHz 转发器已投入运行,卫星高度位于 36 000 km 静止轨道。卫星提供方有美国、印度、欧盟,俄罗斯也计划在静止轨道卫星上装载 406 MHz 转发器。目前,GEOSAR 空间卫星已经基本覆盖除两极地区外,南北纬 70°间的广大区域。目前,GEOSAR 系统有 21 个地面接收站(GEOLUT)分布在 14 个国家。这些 GEOLUT 与 COSPAS-SARSAT 系统的 MCC 相连,分发 GEOSAR 系统的遇险报警信息。

表 7-2　COSPAS-SARSAT 地球同步卫星运营现状

Satellite	Status	Comments
GOES-11 West(135° W)	Full	Operational GOES-West satellite
GOES-12(60° W)	Stand by	
GOES-13 East(75° W)	Full	Operational GOES-East satellite
GOES-14(105° W)	Stand By	In-orbit spare
GOES-15(89.5° W)	Stand By	In-orbit spare
INSAT 3A(93.5° E)	Full	
MSG-1(9.5° E)	Full	
MSG-2(0°)	Full	
Electro-L No. 1	Under Test	Launched on 20 January 2011, under test from 20 February at 76° E

3. 本地用户终端

本地用户终端(Local User Terminal,LUT)是系统的地面接收站,用于实时修正其跟踪卫星的轨道参数,并接收卫星转发下来的遇险示位标信号和数据,并进行处理,把这些信息送到搜救任务控制中心(MCC)。本地用户终端(LUT)分 LEOLUT 和 GEOLUT。

(1) LEOLUTs

LEOLUTs(LEOSAR Local User Terminals)是低高度地球卫星搜救系统的地面接收

站,用于接收并处理406 MHz 信号。LEOLUT 使用搜救接收机处理器(SARP)处理接收到的信息,提供全球覆盖。目前系统有57个LEOLUT运行工作。在LEOLUT将把探测到的多普勒频移信息进行处理,包括解码、运算等,然后提取示位标的位置数据和识别信息,一并转发给MCC。全部的406 MHz 数据在每次通过的几分钟内即可处理完成。同时,LEOLUT还实时地修正卫星的轨道参数。

(2)GEOLUTs

GEOLUTs(GEOSAR Local User Terminals)是静止轨道卫星搜救系统的地面接收站,接收并处理从静止卫星转发的406 MHz 遇险报警信息,并能够实现在406 MHz 频率上全天候的监听,没有报警延迟。由于报警EPIRB和静止卫星间没有相对运动,无多普勒频移现象,因此无法通过计算得到示位标的位置,只能通过解调得出示位标信号中包含的信息,这些信息是示位标中的卫星导航仪提供的。因此,示位标需内装卫星导航仪或者外部提供位置信号,遇险报警发射时一并把遇险位置信息发出。

据初步统计,全球有GEOLUT 21座、LEOLUT 48座(含北京1座)已在运营中。

4. 搜救任务控制中心

搜救任务控制中心(Mission Control Center,MCC)和本地用户接收终端(LUT)相连接。一个MCC至少要连接一个LUT。目前,全球有30个MCC,COSPAS-SARSAT对全球的地理区域进行划分,对每一个MCC都按照其所属的地理区域位置划分搜救服务区,在接收到LUT送来的示位标的数据后,MCC首先进行判断其报警位置,如果报警发生在自己的搜救服务区内,则MCC将向自己的搜救指挥协调中心(RCC)或搜救协调点(Search and Rescue Point of Contact,SPOC)发送报警电文,给出示位标的报警位置和登记信息,如果报警发生在自己的搜救区以外,MCC将向自己所属的节点任务控制中心(Nodal MCC)发送报警电文,再由节点任务控制中心把相应的电文转发给离示位标最近的MCC,以便实施搜救行动。搜救任务控制中心的作用是和本地用户终端相连,一个MCC至少要连接一个LUT。MCC的主要功能是:

(1)收集、整理、储存和分类从LUT与其他MCC送来的数据;

(2)在COSPAS-SARSAT系统内与其他MCC进行信息交换;

(3)过滤虚假报警,解除模糊值;

(4)把报警和定位数据分发到有关的搜救协调中心(RCC)或搜救协调点(SPOC)。

三、我国的LUT和MCC简介

我国于1994年加入了该组织,由交通部负责,在北京交通部大楼建有卫星搜救本地用户终端(LUT)和搜救任务控制中心(MCC),负责对中国服务区的实时覆盖和报警数据的处理分配。北京LUT的覆盖区域包括我国全部陆域和大部分海域。中国香港特别行政区也建有COSPAS-SARSAT系统(LUT和MCC),由中国香港特别行政区海事处负责运行和管理。北京的LUT无法实时覆盖的我国南部海域,由中国香港特别行政区的LUT实时覆盖。

假如海上遇险发生在中国负责海域,将通知中国海上搜救中心(目前也建在交通运输部大楼),并通知遇险船舶的船籍国;若遇险发生在中国国境以外,则通过接点MCC将数据传送给相关的国家。对于航空、探险、登山、陆地等遇险,COSPAS-SARSAT卫星搜救系统可根据遇险信号中的编码判断其身份,并以最快的速度直接将遇险信息通知其管理部门,以便使遇险者能够得到及时有效的救助。

任务二 了解搜救卫星系统工作原理、定位原理和工作模式

一、COSPAS-SARSAT 系统的工作原理

COSPAS-SARSAT系统的主要优点是仅使用几颗低高度、极轨道卫星实现全球覆盖。但是,LEOSAR系统不能连续覆盖,造成报警延迟,这种延迟在赤道附近区域尤其突出,最大延迟可能要达到近2 h。而静止轨道卫星则在广大地区提供了连续覆盖,没有报警延迟。但是,GEOSAR不能提供全球覆盖,南北纬70°以上地区是静止卫星的盲区。同时,GEOSAR卫星和LEOSAR卫星都存在信号可能被遮挡的问题。因此,GEOSAR和LEOSAR结合组成卫星搜救系统,有效地解决了系统的缺陷,使遇险用户的报警更快更可靠地传送到RCC或者指定的搜救联系点(SAR Points of Contact,SPOC),进行及时有效的救助。

船舶在遇险时,人工或自动启动卫星紧急无线电示位标发出遇险报警信号,由GEOSAR卫星或者LEOSAR卫星转发给本地用户终端GEOLUT或者LEOLUT,然后经搜救任务控制中心将遇险报警信息转发至某一国家的搜救协调中心或搜救机构,开始搜救行动。

二、COSPAS-SARSAT 系统的定位原理

在LEOSAR系统中,极轨道卫星紧急无线电示位标位置的确定是靠检测卫星和示位标之间由于相对运动而使接收信号产生多普勒频移的大小来确定的,多普勒频移的大小与卫星和示位标当时的相对位置有关,由于卫星某一时刻的位置是已知的,根据多普勒频移图就能计算出示位标的位置。这种方法得到的是两个位置,一个是真实的示位标的位置,一个是相对于卫星投影到地面上的运行轨迹的真实船位的镜像船位,计算机再根据地球的自转参数,消除镜像船位,求得真实船位。

LEOSAR系统采用多普勒频移定位,因此该系统的示位标不需要内置导航仪提供位置信息。当采用多普勒频移的方式确定示位标位置时,其定位精度高,一般在2~3 n mile。

GEOSAR系统卫星和示位标间不存在多普勒频移,因此该系统的示位标需要内置导航仪提供位置信息,其位置精度与内置导航仪位置精度一样。

三、LEOSAR系统的两种工作模式

LEOSAR系统有两种工作模式:本地工作模式和全球覆盖工作模式。

1. 本地工作模式

本地工作模式也称实时转发模式。即当LEOLUT和示位标同时都在卫星的视区内时,卫星接收406 MHz示位标的信号,测出多普勒频移,形成数字信息,实时转发给卫星视区内的LEOLUT。

2. 全球覆盖工作模式

全球覆盖工作模式也称为存储、转发模式。即当LEOLUT和示位标不同时在卫星的视区内时,卫星接收406 MHz EPIRB示位标的信号,测出多普勒频移,形成数字信息,先存储在卫星上,等到一个LEOLUT出现在卫星视区内时,再转发给卫星视区内的LEOLUT。因LEOSAR系统靠这种存储、转发工作模式覆盖全球,故又称全球覆盖工作模式。但这种工作模式存在报警延时,最大报警延时近2 h。随着部分国家和组织的静止卫星上加载406 MHz转发器,有效地解决了系统报警延时的问题。

任务三　掌握紧急无线电示位标的概念和功能

一、紧急无线电示位标的概念

如前面所介绍,紧急无线电示位标是COSPAS-SARSAT系统的用户终端设备,工作在406.025 MHz,有三种类型:航空用紧急示位发射机(Emergency Locator Transmitter, ELT)、船用紧急无线电示位标(EPIRB)、个人示位标(Personal Locator Beacon, PLB)。三种示位标内都装有第二发射机,121.5 MHz EPIRB,121.5 MHz是国际航空紧急频率,该示位标的发射作为搜救飞机的导引搜救信号。

GMDSS建立之初认可三种示位标,即406 MHz EPIRB、1.6 GHz EPIRB和VHF CH70 EPIRB。其中1.6 GHz EPIRB是Inmarsat系统的,称为Inmarsat E站,目前Inmarsat E系统已经关闭,船舶也不再配备这样的设备。VHF CH70 EPIRB使用DSC技术发射DSC遇险报警,仅配备航行在A1海区的船舶或者艇筏上,远洋船舶上不配备这样的设备。

406 MHz EPIRB是COSPAS-SARSAT系统的船上报警设备,属于GMDSS船舶必配的基本设备,从1993年8月1日起,所有船舶都按照要求配备。船舶配备的406 MHz

EPIRB 需要安装在自浮式支架上或者盒子内,因此也称为自浮式卫星 EPIRB(FloaT-free satellite EPIRB)。船舶遇险下沉到示位标静水压力释放器受到 2~4 m 水深压力时,自动释放 EPIRB,示位标浮出水面发射报警信号。示位标启动后,大约每 50 s 发射一次 0.5 s 的射频信号,示位标内部电池能维持 48 h 发射。同时,船舶上的 406 MHz EPIRB 也可以人工启动。

二、紧急无线电示位标的功能

406 MHz EPIRB 的功能:遇险报警、识别、定位和寻位。船舶遇险时,可自动启动或者人工启动 406 MHz EPIRB 发出遇险报警,系统卫星接收报警信号,测出遇险用户位置信息,并转发到地面接收站(LUT),提取示位标用户的位置和识别,经由搜救任务控制中心(MCC)送到遇险用户所在区域的 RCC,使遇险者得到及时有效的救助。

COSPAS-SARSAT 系统卫星能根据多普勒频移自动测出遇险报警示位标的位置信息,并转发到 LEOLUT。在 LEOLUT 内,提取遇险船的识别和位置,经由 MCC 送到遇险搜救区域内的 RCC。为了解决 406 MHz EPIRB 报警延迟问题,一些静止轨道上的卫星也装载了 406 MHz 转发器,用于接收转发 406 MHz EPIRB 的报警信号,但是静止轨道上的卫星不能自动测定报警示位标的位置,需要船上 406 MHz EPIRB 内置导航仪或者提前输入位置信息发射报警。

406 MHz EPIRB 的寻位功能由内装的 121.5 MHz 第二发射机完成。当船舶遇险启动示位标报警后,第二发射机还交替在 121.5 MHz 上发射信号。因为 121.5 MHz 是航空紧急频率,在此频率上的信号发射,将有助于引导搜救飞机前来救助。

飞机上配备的 ELT 则是靠撞击启动或者人工启动发射报警。

任务四 了解 EPIRB 的启动、测试方法及注意事项

对 406 MHz EPIRB 的管理和使用主要从示位标的放置、自动启动、人工启动和测试方面掌握。船舶配备的几种 406 MHz EPIRB 相关操作介绍如下。

一、TRON-30S/40S 406 MHz EPIRB(挪威 JOTRON 公司产品)

TRON-30S/40S 406 MHz EPIRB 实物图片如图 7-4(a)所示,其存放与工作程序如下。

1. 平时放置

示位标平时放置在自浮式支架上,机体上有一个箭头↑表示平时放置的方向,箭头指向示位标尾部,倒置放置,水银开关因倒置而断开;应急开关在[OFF]位。

2. 自动启动

船舶遇险时,EPIRB 在水下 2~4 m,静水压力释放器动作,自动释放自浮式支架上的示位标,示位标正立浮出水面,这时水银开关和海水开关都接通,示位标的电池电压提供到 EPIRB 发射机,发射机开始发射报警信号。如果是夜间,光电控制电路接通,夜间指示灯亮;如果是白天,光电控制电路断开,夜间指示灯不亮。

3. 人工启动

船舶遇险时,可人工启动 EPIRB。方法:从自浮式支架上的拉下示位标,将示位标正立,水银开关接通;拔出应急开关插销,应急开关自动到[EMERGENCY]位。示位标的电池电压经水银开关和应急开关提供到 EPIRB 发射机,发射机开始发射报警信号。如果是夜间,光电控制电路接通,夜间指示灯亮;如果是白天,光电控制电路断开,夜间指示灯不亮。

4. 试验

从自浮式支架上的拉下示位标,将示位标正立,水银开关接通;应急开关到[TEST]位。示位标的电池电压经水银开关和应急开关提供到 EPIRB 发射机,发射机开始自测。指示灯约 1 s 闪烁 1 次,然后持续亮 10 s,表明工作正常。如果试验在暗处,示位标上的夜间指示灯也会亮。

注:机体的箭头↑指向如果朝下,则表示该示位标正立。

二、JQE-3A 406 MHz EPIRB(日本 JRC 公司产品)

JQE-3A 406 MHz EPIRB 实物图片如图 7-4(b)所示,其存放与工作程序如下。

1. 平时放置

示位标平时放置在自浮式支架上,机体上的黑色箭头与示位标自浮式支架上黑色箭头应对齐;应急开关在[AUTO]位。

2. 自动启动

船舶遇险时,EPIRB 在水下 2~4 m,静水压力释放器动作,自动释放自浮式支架上的示位标,示位标正立浮出水面,这时磁开关吸合。示位标的电池电压提供到 EPIRB 发射机,发射机开始发射报警信号。

3. 人工启动

船舶遇险时,可人工启动 EPIRB。方法:工作方式开关放置到[MANUAL]位。示位标的电池电压提供到发射机,发射机开始发射报警信号。

4. 试验

将工作方式开关旋到[TEST]位,绿色指示灯亮,表示示位标工作正常。

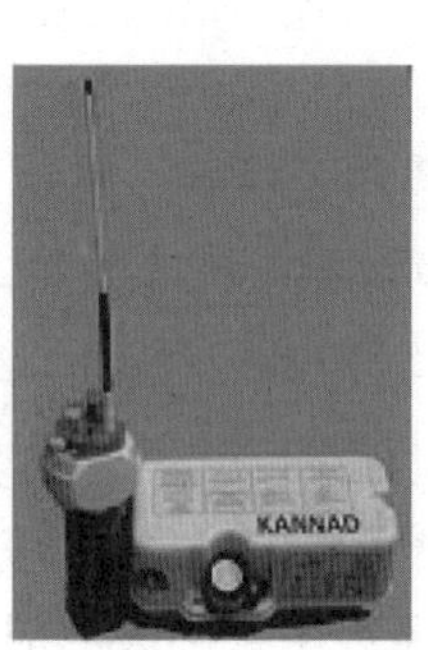

(a) TRON-40S (b) JQE-3A (c) KANNAD

图 7-4 EPIRB 设备实物图

三、KANNAD 406 MHz EPIRB(法国产品)

KANNAD 406 MHz EPIRB 实物图片如图 7-4(c)所示,其存放与工作程序如下。

1. 平时放置

示位标平时放在自浮式机箱内,标有“This Side Up”的面朝上,应急开关在[ON]位。

2. 自动启动

船舶遇险时,EPIRB 在水下 2~4 m,静水压力释放器动作,自动释放机箱内的示位标,示位标正立浮出水面,这时磁开关吸合。电池电压提供到发射机,开始发射报警信号。

3. 人工启动

船舶遇险时,可人工启动 EPIRB。方法:打开机箱取出示位标,这时应急开关和磁开关都接通,电池电压提供到发射机,发射机开始发射报警信号。

4. 试验

打开机箱取出示位标,这时应急开关和磁开关都接通,电池电压提供到发射机,发射机开始发射报警信号,发射指示灯闪亮,表明发射机工作正常。但此试验不能超过 30 s,否则将产生有效报警。

四、新型的 KANNAD EPIRB

图 7-5 所示是一款新型的 KANNAD EPIRB,其存放与工作程序如下。

1. 平时放置

示位标平时按图 7-5 所示放在自浮式机箱内,这样放机箱内磁铁能把示位标内的磁开关吸开；工作开关封条不要打开，开关盖盖住[ON]位。

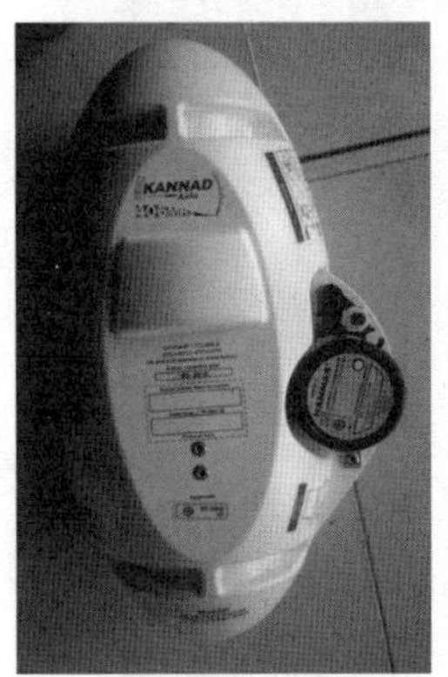

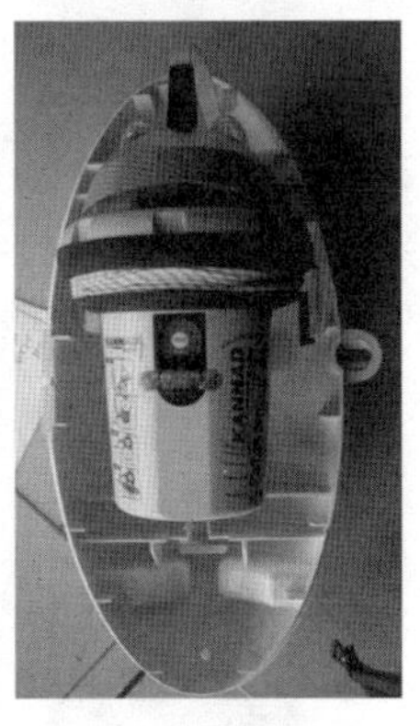

图 7-5　新型 KANNAD EPIRB 示意图

2. 自动启动

船舶遇险时，EPIRB 在水下 2~4 m，静水压力释放器动作，自动释放机箱内的示位标，示位标正立浮出水面，这时磁开关吸合，海水触点由海水接通，开始发射报警信号。

3. 人工启动

船舶遇险时，人工打开机箱，取出示位标，撕掉工作开关封条，向上推开关盖，露出[ON]位，按住[ON]位数秒，开始发射报警信号。

4. 试验

打开机箱取出示位标，按住[TEST]位数秒，开始测试，闪光灯闪亮，表示工作正常。

五、SAILOR EPIRB

图 7-6 所示是 SAILOR EPIRB，其存放与工作程序如下。

1. 平时放置

示位标平时按图 7-6 所示放在自浮式机箱内。

2. 自动启动

船舶遇险时，EPIRB 在水下 2~4 m，静水压力释放器动作，自动释放机箱内的示位标，示位标正立浮出水面，这时海水触点由海水接通，开始发射报警信号。

3. 人工启动

船舶遇险时，人工打开机箱，取出示位标，把示位标顶部的开关固定塑料取下，向左推开关，按下[ON]按钮数秒，开始发射报警信号。

4. 试验

打开机箱取出示位标，按住在顶部的[TEST]按钮数秒，开始测试，闪光灯闪亮，表示工作正常。

图 7-6　SAILOR EPIRB

任务五　掌握防止 406 MHz EPIRB 误报警和正确取消误报警的方法

一、防止 406 MHz EPIRB 误报警

紧急无线电示位标(EPIRB)发生误报警,往往不容易被发现,所以造成的后果比较严重,因此对该设备的放置、维护保养、检查测试时要非常注意,防止误报警发生。

根据国际海事组织(IMO) 决议案 A. 814(19)相关条款,为防止 406 MHz EPIRB 误报警应注意几点:

(1)确保新启用的卫星 EPIRB 识别码要在当天的 24 h 内正确登记在数据库中,或者自动地提供到搜救当局(因为搜救人员在应答紧急事件中要用到 EPIRB 的识别码)。船长应证实 EPIRB 的信息已经登记在数据库中。及时的登记将有助于在搜救行动中识别遇险船舶,迅速获得其他有利于救助的信息。

(2)确保在船东、船名和船籍国等有关船舶的信息改变时,立即更新 EPIRB、Inmarsat 和 DSC 设备的登记,或者将船舶的新数据重新编程输入到有关的 GMDSS 设备中。

(3)确保新船的 EPIRB 的安装位置在船舶的设计和建造的初级阶段就得到考虑。406 MHz EPIRB 设备安装后,船长应组织全体船员学习有关使用规定和注意事项。船长、驾驶员必须了解和熟练掌握该设备的性能结构、操作规程及试验方法。

(4)确保卫星 EPIRB 由有技术资格的工程技术人员根据设备安装说明书进行认真谨慎安装。有时因不适当的处理或者安装,会造成卫星 EPIRB 的损坏。应将卫星 EPIRB 安装在一个在船舶下沉时能自由浮起和自动启动的位置,并且又不会被偶然启动。在改变识别码或者更换电池时,要严格按照设备说明书的要求进行。

(5)确保在船舶遇险时如果能够立即得到救助,就不要启动 EPIRB。EPIRB 主要在遇险船不能用其他方式获得救助的情况下使用,以向搜救部门提供位置信息和发射导航信号。

(6)确保在紧急情况下使用 EPIRB 后,如果可能,应恢复 EPIRB,解除报警。

(7)确保在 EPIRB 受损、报废、处理或者其他原因不再使用时,移去电池,或者送回制造商,或者粉碎,以确保卫星 EPIRB 不工作。注意:如果要将 EPIRB 送回制造商,应将 EPIRB 包装在金属箔筒内,以防止运输期间发射信号。

(8)安装在易启动,但不易产生误报警的地方。

(9)406 MHz EPIRB 属于救生无线电报警设备。当船舶处于危急状况,严重危及船舶和人命安全时,在船长指示下或相关操作人员主动请示船长批准后方可启动。严禁无关人员随意触动设备及其附属设施。任何违反操作规程造成的误报警发射,要及时上报有关部门,并按《中华人民共和国海上交通监督管理处罚规定》处理。

二、正确取消 406 MHz EPIRB 误报警

一旦发生 406 MHz EPIRB 误报警,首先立即终止 EPIRB 的发射。

EPIRB 的报警信息最终要传送到船舶所在海域的 RCC。因此,发现误报警后,从《无线电信号表》第五卷(285)查得所在海域 RCC 联系方式,用 Inmarsat F 船站或者其他通信设备与所在海域的 RCC 联系,取消 406 MHz EPIRB 发出的报警信号。

任务六　掌握 EPIRB 的安装、检查、维护保养的要求

一、安装 406 MHz EPIRB 注意事项

所有 SOLAS 船舶从 1993 年 8 月 1 日起,就按要求配备了自浮式 406 MHz EPIRB。

在船上的 406 MHz EPIRB 要求安装在自浮式支架上,并能人工启动和自动启动。EPIRB 示位标启动后,每 50 s 发射一次功率为 5 W 的射频脉冲。EPIRB 的电池使用年限为 4 年,电池容量为 48 h。自浮式支架上的静水压力释放器使用年限为 2 年。

船舶配备 406 MHz EPIRB 后,应及时向有关机构注册。注册的内容主要包括装船 EPIRB 的出厂序列号,船舶的国籍、船东、船名等信息。如果注册的内容有任何变更,应迅速通知注册机构,比如:船舶的变更,船东的变更,EPIRB 的丢失、被盗等,都要迅速通知注册机构。

406 MHz EPIRB 一般安装在驾驶台两侧或驾驶台顶部等便于操作的位置,并张贴明显标志。设备周围和上方应避免放置有碍设备取出和自浮释放的物体。

安装的地点应便于接近,容易维护,人工启动方便;周围无障碍,无废气,无化学品污染,无机械冲击,无海浪冲击。

406 MHz EPIRB 设备安装前,各船舶所属公司的通信导航管理部门应认真核对和试验所装设备与船舶相关的数据是否一致;做好电池失效期、释放器更换期等有关数据的记录工作。

二、406 MHz EPIRB 的检查、维护保养要求

406 MHz EPIRB 的检查、维护保养要求如下:

(1)406 MHz EPIRB 的操作使用及日常维护工作由二副负责。

(2)EPIRB 要注意电池和静水压力释放器的有效期,及时做好准备与更换工作。

(3)对不同类型的设备,分别按不同的方法进行试验,检查其工作情况。带试验开关的设备,将开关转至[TEST]位置,试验指示灯应闪亮或点亮。

(4)远洋船舶(往返航期为 3 个月左右),每次国内开航前由二副对设备进行一次试验;短航线船舶(往返航期不足 2 个月),每季度第一次开航前由二副对设备进行一次试验。试验时,应按产品说明书自测试程序进行,防止由于操作不当造成的误报警发射,并将试验情况填入电台日志。

(5)确认其安装位置及方法是否满足设备安装要求。所有示位标安放位置的上方均不应存在妨碍示位标自动浮起的物体。做系绳用的浮力短索,其布置应能防止在浮离时被缠在船舶结构上。

(6)检查贴于设备外部的简短说明,原电池的失效日期和编入发射器的识别码是否清晰可见,设备上的反光材料是否完好,是否具有制造厂、型号、编号、出厂日期的铭牌以及本局船用产品检验标志。

(7)接受港口当局安排的登船检查,责任人员应在场,并给予必要的协助。

(8)对 406 MHz EPIRB 的检查、维护保养应如实记载在电台日志中。

思考与练习

1. 介绍 406 MHz EPIRB 的功能。

2. 简述全球搜救卫星系统的组成及各部分的作用。

3. 简述 LEOSAR 和 GEOSAR 结合的搜救卫星系统的工作原理。

4. 简述 LEOSAR 系统的两种工作模式。

5. 介绍某种 406 MHz EPIRB 的平时放置要求,以及自动启动、人工启动和测试方法。

6. 对 406 MHz EPIRB 安装地点有哪些要求?

7. 介绍 406 MHz 的检查、管理与维护保养要求。

8. 结合设备介绍防止 406 MHz 示位标误报警注意事项,发生误报警后如何取消?

9. 结合设备指出 406 MHz 示位标电池和静水压力释放器的有效期。

EPIRB 实训案例题卡(1)
1. 从 EPIRB 安装支架上(或者安装盒中)取出示位标,再正确安装到支架上(或者安装盒中)。
2. 找出 EPIRB 设备上的船名、呼号标识并指出电池和静水压力释放器的有效期。
3. 说明 EPIRB 人工启动方法。

EPIRB 实训案例题卡(2)
1. 找出 EPIRB 的控制开关,并说明开关的功能。
2. 完成 EPIRB 自测试。
3. 说明 EPIRB 自动启动方法。

项目八

遇险现场搜救装置

任务一　了解 Radar-SART 的功能及寻位原理

一、Radar-SART 的功能

搜救雷达应答器(Search And Rescue Radar Transponder,SART)是 GMDSS 船舶的救生艇筏设备,其功能是在遇险现场使救助飞机或者救助船舶尽快确定遇难船舶、救生艇及幸存者的位置。

遇险船舶的遇险报警信息中可能包括遇险船舶的位置,某些情况下遇险报警信息甚至没有标明遇险船位。由于所处海域流向、风向及其他因素,遇险船舶或幸存者的位置可能发生很大变化。如果遇上恶劣海况、浓雾或黑夜,现场搜救幸存者的作业难度会很大。为此,国际海事组织(IMO)要求 SOLAS 船舶配备 SART 和 9 GHz 雷达,以解决遇险现场搜救不易发现失事地点或幸存者的问题。这使遇险船舶、救生艇或幸存者被迅速发现和获救成为可能,解决了海上搜救作业中的难题。

二、Radar-SART 的配备要求

按《SOLAS 公约 1988 年修正案》规定,客船和 500 总吨及以上的货船,每船应配备 2 只 9 GHz 搜救雷达应答器;300 总吨到 500 总吨的货船至少应配备 1 部 9 GHz 搜救雷达应答器。该项要求对于 1992 年 2 月 1 日以后建造的新船,从即日起开始实施;对于 1992 年 2 月 1 日以前建造的船舶,从 1995 年 2 月 1 日开始实施。

三、Radar-SART 的寻位原理

搜救雷达应答器是一个具有收发功能的小型设备，其作用是当搜救船舶或飞机接近时，在 9 GHz 雷达（亦称为 X 波段雷达或 3 cm 雷达）信号的触发下，发出特定的示位信号，以使搜救者能在复杂的海况下及时发现遇险幸存者，大大地提高救助的成功率。

平时 SART 可以储存在驾驶室内，也可安装在船舷或救生艇上，以方便遇险时携带或安装。一旦险情发生，SART 可人工启动。启动后 SART 处于待命状态；当收到 9 GHz 的雷达信号时，SART 会立即进入应答状态，发回响应信号，即在与所收雷达信号相同的波段上发射一串脉冲信号，该信号在雷达显示器上的标志是同一方位上的 12 个等距离光点。而搜救船舶或飞机上的操作员可根据该标志的起始点来得出遇险幸存者的确切位置，及时进行营救。图 8-1（a）为 SART 实物，图 8-1（b）为搜救雷达显示的 SART 响应信号，图 8-1（c）为示意图。其标志信号在雷达显示器上的视觉效果如图 8-1（b）所示（雷达为偏心显示方式）。在图 8-1（c）的示意图上，ON 为船首线，A 为救助船与幸存者间的距离，θ 为救助船与幸存者间的方位夹角。

(a)

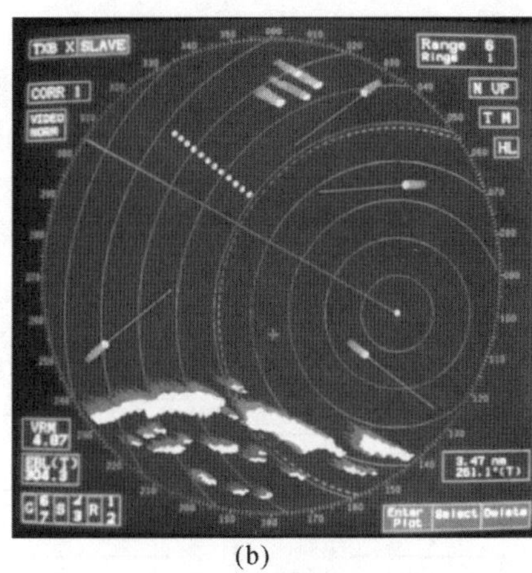

(b)

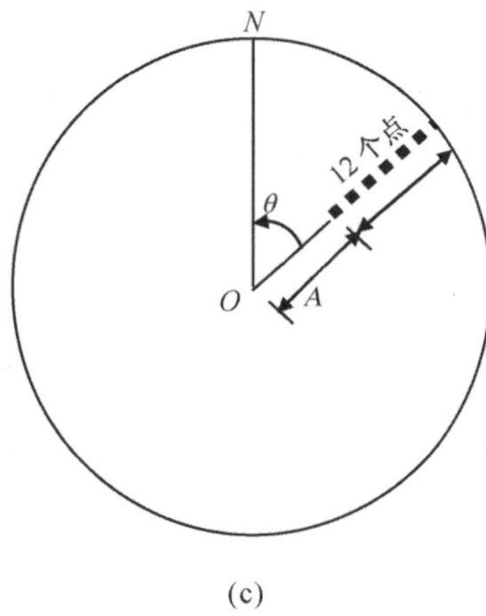

(c)

图 8-1　SART 实物、搜救雷达显示的 SART 响应信号及示意图

图 8-1 中间图的显示图例是双方距离较远时的情形。随着双方距离渐近，雷达所收到的 SART 信号也渐强，因而在大光点附近会逐渐出现小光点。这主要是 SART 响应雷达波的回扫信号造成的。当距离近至约 1 n mile 时，雷达天线的旁瓣与后瓣方向也能接收到 SART 的信号，此时由于余辉现象，导致雷达显现器上的标志信号由 12 个光点逐渐扩展为 12 条弧线。再近时则可形成 12 个同心圆。这时的标志信号只能用来测距，却无法用来测量方位。为避免出现上述情形，要求搜救雷达的操作员必须随距离的逐渐接近，适时降低雷达增益。始终保持雷达显示器上的 SART 标志信号呈 12 个光点状态。

另外，除发射无线电信号外，在 SART 上还同时设有声光指示装置，以便持有 SART 的遇险幸存者判定设备的工作状态和搜救者距离的远近。以 TRON 型 SART 为例，在

其处于待命状态时,其上的指示灯以亮 0.5 s、灭 1.5 s 的 2 s 周期闪动。当收到雷达信号后,其频率加快,改为以亮 0.5 s、灭 0.5 s 的 1 s 周期闪动。而声响装置在待命状态不发声,在收到雷达信号后,远距离时,能周期性地听到应答时发出的短促声,随距离渐近,周期渐短,直至变成连续的声响,此时表明搜救者已经近在咫尺。若听到几种不同音调的声响时,则可断定有多个救援船舶或飞机到达。

任务二 了解 Radar-SART 的组成和各部分作用及技术性能

一、Radar-SART 的组成和各部分作用

如图 8-2 所示,Radar-SART 由天线、环行器(环路器)、接收机、扫频器和发射机组成。

接收机实际上是一个宽带接收机,工作在 9 GHz,可以接收 3 cm 雷达(9 GHz 雷达)的脉冲波,接收机接收到雷达脉冲后,产生 100 μs 左右的方波,控制扫频器和发射机工作。

发射机采用的是扫频发射机,在扫描器的锯齿脉冲和接收机方波控制下工作,发射频率范围在 9 200~9 500 MHz 的调频波,使雷达接收机很容易地接收到此信号。

扫频器就是一个锯齿波产生器,用于产生锯齿波电压,控制扫描频率发射机工作。

环路器的作用是把 SART 的发射机和接收机隔离,在发射时不至于把接收机损坏。

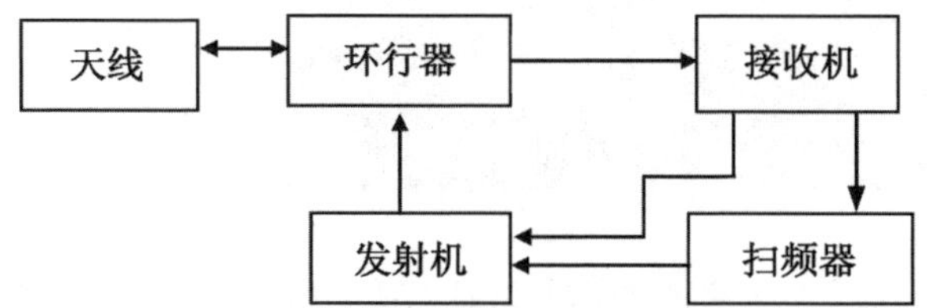

图 8-2 Radar-SART 组成方框图

图 8-3 所示是搜救雷达应答器各部分的波形图,其中:

(a)雷达脉冲;

(b)接收机被雷达触发后产生的 100 μs 的方波;

(c)扫频器产生的锯齿脉冲;

(d)发射机发出的调频信号;

(e)导航雷达接收的示意图;

(f)导航雷达形成光点的脉冲图。

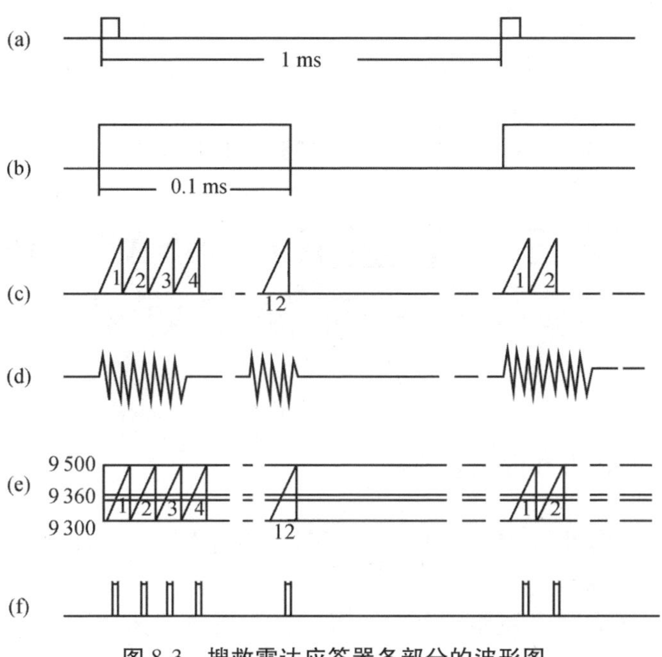

图 8-3 搜救雷达应答器各部分的波形图

二、Radar-SART 的技术性能

1. Radar-SART 的容量

雷达的发射脉冲重复周期为 1 ms,而 SART 的 12 次扫描发射大约用 100 ms,加上 SART 的回复抑制时间,则每台 SART 在一个具体方位上能响应大约 9 台雷达的询问。在全方位上,雷达的方位鉴别能力按 2°计算,则每一台雷达只有在雷达天线旋转一周所用时间的 1/180(2/360=1/180)的时间内能对 SART 发出询问信号。于是在全方位内,SART 所能响应的询问雷达的台数是 180×9=1 620 台。因此 SART 所能响应的雷达台数是完全可以满足实际需要的。同时,现代雷达都使用了成熟的噪声抑制技术,它防止了与雷达本身发射不同步的回波显示。

2. Radar-SART 对电池的要求

SART 是用电池供电工作的。要求 SART 的电池容量应能使 SART 在准备状态工作 96 h,然后还能连续应答 1 kHz 探测脉冲 8 h。

3. Radar-SART 的其他技术性能要求(CCIR-628 建议部分要求)

频率范围:9 200~9 500 MHz。

极化方式:水平极化。

扫描形式:锯齿线性变化的扫描频率发射。

脉冲持续时间:每次响应,扫描发射 12 次,约占 100 ms。

有效全向辐射功率(EIRP):大于 400 mW。

有效接收灵敏度:优于-50 dBmW。

恢复时间:在 10 ms 以内。

响应延迟时间:小于 0.5 ms。

工作温度范围:-30~+65 ℃储存;-20~+55 ℃工作。

任务三　掌握 Radar-SART 的操作要求和使用要求

一、Radar-SART 的操作要求

总体要求是:工作可靠,操作简便,便于携带,容易发现。具体要求如下:

(1)应能易于非熟练人员操作;

(2)应装有防止意外启动的装置;

(3)应装有监听或监视(或两者兼备)装置,以指示应答器是否正常工作和告知幸存者已有搜救船只在靠近他们;

(4)应能人工启动和关闭,也能在紧急时自动启动;

(5)应能提供待命状态的指示;

(6)应能从 20 m 高处落入水中而不损坏;

(7)在 10 m 深水处,至少应能保持 5 min 而不进水;

(8)在浸入水中条件下,受到 45 ℃热冲击应仍能保持水密;

(9)单独落入水中,应能自动正向立起,指示灯在上面;

(10)应有一根与 SART 连接的浮动绳索,以提供遇难幸存者系在身上使用;

(11)应能抗海水和油的浸蚀;

(12)长期暴露在阳光下及在风雨浸蚀下,技术指标不应降低;

(13)所有表面应呈可见度高的橘黄色;

(14)外围构造平滑,以防止损伤救生筏和遇难幸存者。

二、Radar-SART 的使用要求

(1)便携式 Radar-SART 平时应以关机状态放在其容器中,存放在驾驶室两侧容易接触到的地方。船舶遇险时从容器中取出 SART,并开机。

(2)船舶出现紧急情况,船长指示在母船上安装使用 SART 时,应把 SART 安装在罗经甲板外的栏杆上。

(3)如果是弃船,应由指定人员将 SART 携带到救生艇(筏)上,尽量安装在高处;也可由幸存者手持,或者安放在遇险船的船舷上,作为出事点的标志。

幸存者应注意：SART 收到搜救船舶或者搜救飞机雷达的探测脉冲作用时，蜂鸣声和指示灯闪亮发生变化，遇险者可以此得知是否有救助船舶或救助飞机在靠近他们。

（4）应按照操作说明书的要求使用 SART。

（5）SART 装船后，有关人员应熟练掌握其性能结构、操作规程和测试方法。

任务四 掌握 Radar-SART 的作用距离和搜救应注意的问题

一、Radar-SART 的作用距离

Radar-SART 的作用距离主要与 SART 的安装高度和搜救者雷达的天线高度有关。一般情况下，如果 SART 的安装高度离海面 1.5 m，雷达天线高度离海平面 15 m 以上，搜救船在至少 5 n mile 远处就能探询到 SART 信号；飞行高度 3 000 ft 雷达峰值功率 10 kW 的搜救飞机能在 40 n mile 远处探询到 SART 信号。Radar-SART 的概念图如图 8-4 所示。影响探询 SART 信号距离还有以下因素：

第一，雷达天线的高度和雷达的类型有关，一般来说，大型船舶的雷达有较高的天线增益，离海平面也比较高，探询 SART 的距离也远。第二，受到天气和海况的影响，对于平静的海面因电波多径传输可影响 SART 的接收；相反在大浪时，搜救雷达和 SART 仰角要发生变化，可能导致更远距离的接收；但是在波谷时也会降低探测距离，SART 的安装高度也同样会影响发现 SART 的距离，实际使用 SART 时，应当将 SART 启动后安装在尽可能高的地方，并注意不要对 SART 有任何遮挡。

国际海事组织（IMO）建议 SART 的性能标准为：当 SART 安装在离海平面 1 m 以上，搜救雷达天线高 15 m 时，能达到至少 5 n mile 的探测距离，实际上，对于远洋船舶，雷达天线的高度一般在 30 m 左右，SART 安装的高度也在 2 m 以上，因此在 10 n mile 以外的范围内，就可以发现幸存者。

实验得知：将 SART 平放在地板上时，作用距离为 1.8 n mile；垂直放在地板上时，作用距离为 2.5 n mile；当 SART 漂浮在水中时，作用距离为 2.0 n mile。一般天气情况下，适当安装 SART，大船雷达发现距离为 10 n mile 以上；如果安装不好，或者在救生艇筏内使用，或者漂浮在水中，发现距离甚至比视距还要近。

二、搜寻 Radar-SART 信号应注意的问题

在海上救助时，使用雷达搜寻遇险者的 SART 信号应注意以下几个问题：

1. 雷达量程的选择

在使用雷达低量程挡时，仅能显示 SART 的几个亮点，例如在 3 n mile 量程仅能显

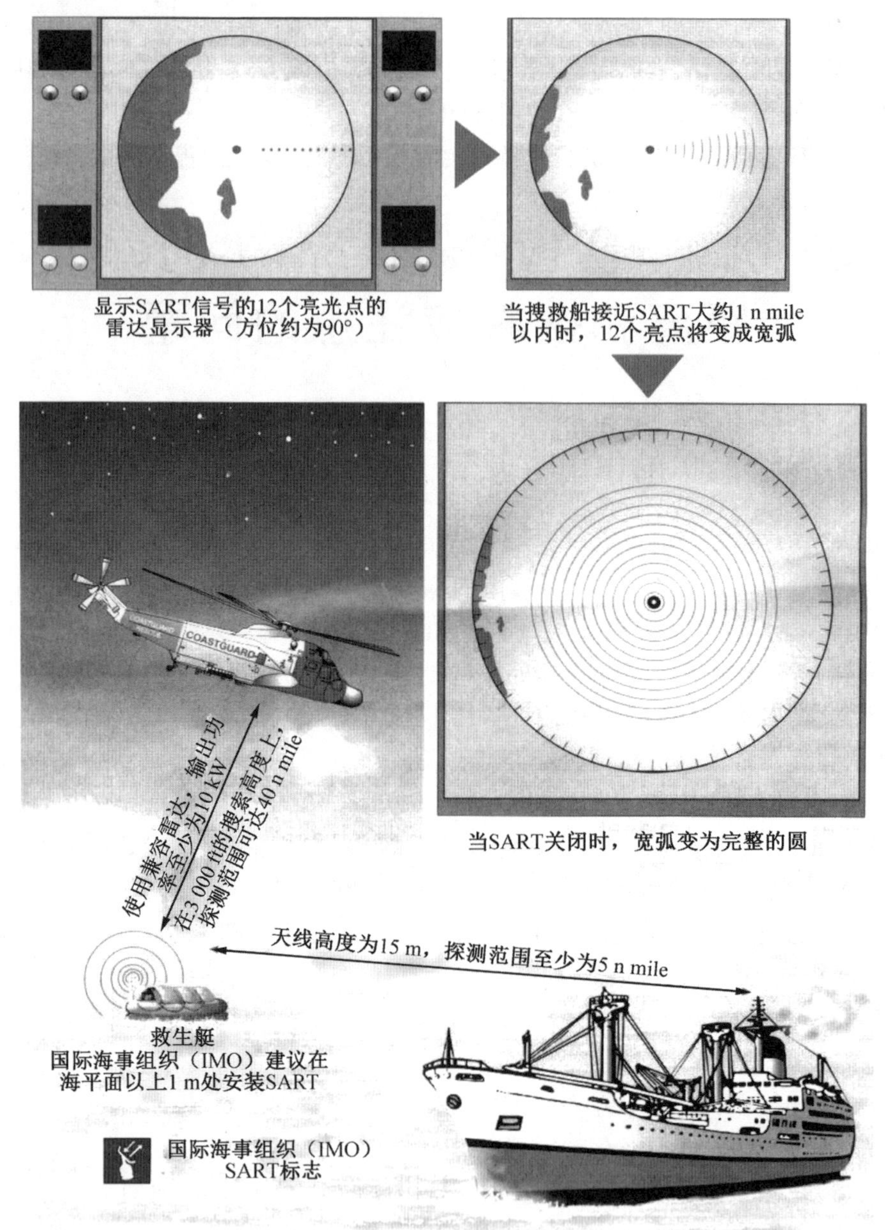

图 8-4　Radar-SART 的概念图

示出 SART 信号的 4 个亮点。在恶劣海况下，杂波干扰非常严重，经常不能看到完整的 12 个亮点的 SART 信号。一般情况下，海浪干扰最严重可延至 4 n mile，不会完全淹没整个 SART 信号。因此，由两亮点间距离大约 0.65 n mile，可推算出遇险者的位置。

从以上分析看，开始进入搜救区时，应尽量用远量程，以在大范围内搜寻到遇险者的 SART 信号。当搜寻到遇险者的 SART 信号后，最好使用雷达的 6～12 n mile 的量程。这些量程中，能看到完整的或多个 SART 亮点，易区别其他回波和确定 SART 的位置。

2. SART 的距离误差

在 SART 距搜救者雷达相距 6 n mile 左右时，距离误差 150 m 以上；而在接近 SART 时，由于雷达能接收到 SART 的正向扫描信号和返回扫描信号，所以会出现两个不同形状的亮点，第一个亮点的距离延迟不大于 150 m。

3. 选择合适的雷达带宽

小于 5 MHz 的雷达带宽将对 SART 的信号稍有衰减。最好是使用中等带宽以确保获得 SART 的最佳信号。一般雷达的远距离量程，采用宽脉冲和窄带滤波器，带宽在 3～5 MHz；雷达的近距离量程，采用短脉冲和宽带滤波器，带宽在 10～25 MHz，应根据具体情况灵活选用。

4. 接近 SART 时的注意事项

在接近 SART 时，来自雷达天线的旁瓣波束，可能使 SART 的信号在雷达的荧光屏上变成一串圆弧或同心圆。这种情况，可用反海浪旋钮来消除。出现这种情况，证明 SART 在船附近，应减速并注意搜索。

5. 恶劣的海况下使用的注意事项

在海况不好的情况下，为增加 SART 信号的可见度，可失谐雷达，以减小海浪回波的影响。自动频率控制雷达不允许手动失谐设备。注意在失谐的情况下，一些需要的信息比如航行和避碰船舶信息可能被取消，因此可能的情况下，要尽快回到正常调谐状态。

6. 导航雷达的调整

在搜救过程中，要合理地调整雷达增益，最好使雷达显示器出现轻微背景噪声，但是还不至于干扰到正常信号的辨别，以获得对 SART 信号的最大范围的搜寻。

为获得最佳探测距离，海浪抑制旋钮应放在最小。注意在受到海浪杂波干扰时，不使用反海浪控钮，最近的 SART 回波可能被淹没。这种情况下，可从 SART 回波的最后亮点推算出本船船位。如海浪抑制旋钮有自动/人工选择，选择人工方式。注意和自动方式比较一下，看选择哪种方式效果更好。

在搜寻 SART 时，应将抗雨雪干扰旋钮放在人工位置上，直到搜寻到 SART 信号。如旋钮有自动/人工雨雪抑制功能，选择人工方式。注意和自动方式比较一下，看选择哪种方式效果更好。如果海浪抑制和抗雨雪干扰用一个旋钮控制，建议选择手动搜寻 SART 信号。注意和自动方式比较一下，看选择哪种方式效果更好。

注意：SART 和雷达反射器不能在同一救生艇筏上使用，因为雷达反射器可能阻挡 SART 的信号。

任务五　掌握 Radar-SART 的检查、测试和维护保养要求

一、Radar-SART 的检查要求

要求每月对 Radar-SART 进行检查、测试,并将情况记录在电台日志。要注意外观检查,确认其处于良好状态;检查 SART 上标识的船名、呼号、MMSI 号是否清楚,电池是否在有效期内。配备的 SART 数量是否和电台执照一致。检查雷达应答器的存放位置是否便于取出并易于带上救生艇筏。

二、Radar-SART 的测试要求

在对 Radar-SART 进行测试时,应按照设备厂家的操作要求进行。当 SART 没有自测控钮时,把 9 GHz 雷达打开,将 SART 从容器中取出,开关打到"STAND BY"位置,拿到船头;如果船舶在码头系泊,最好一人将 SART 带到离船稍远一些的岸上,另一人在船舶驾驶台观测雷达是否收到 SART 的应答信号。雷达显示器上出现一系列等间隔点样回波,同时雷达应答器有受到触发产生蜂鸣音和指示灯闪亮,表明 SART 工作正常。雷达应答器试验时间应尽可能短,以免干扰其他雷达工作和过分消耗雷达应答器电池电量。

一些型号的 SART 有自测控钮,可以用本船的两只 SART 测试,一只打开,开关在[STAND BY]位,另一只开关旋至[TEST]位,两只 SART 都产生蜂鸣音和指示灯闪亮,表明工作正常。法国的"RESCUE SART"就可按上述方法测试。

三、Radar-SART 的维护保养要求

一般 SART 的代理商每 4 年对其提供的设备的工作情况进行 1 次全面的检查,并更换电池。更换电池的工作,只能由委托的代理去做,并由其处理旧电池,同时注意如下事项:

(1)不要企图打开该机;

(2)不要对电池充电;

(3)不要将电池扔进火中;

(4)不要将电池放在 70 ℃以上的地方;

(5)不要使电池短路;

(6)除试验以外的其他原因,如果使用了 SART,不管发射时间多长,不管是否到了

电池更换期限，都必须更换电池。

任务六　掌握 Radar-SART 的操作使用程序

本节将以下列几种厂家的 Radar-SART 为例，介绍如下。

一、SF4251 雷达应答器的操作使用程序

SF4251 SART 是 SAIT 公司产品，由英国的 MCMNRDO 工厂生产。该机的主要外部器件是高可见度的橙色塑料，使用不锈钢螺钉及“O”形密封圈，使之保持水密。在船舶遇险时，撕下安全标签，按下按钮开关即可启动。该 SART 使用锂锰二氧化物电池，加装了防止过载的熔断器，电池寿命 5 年，电池部分与电路之间用标有极性的插头连接，便于更换电池。

SF4251 SART 重 1 kg，携带方便，一般将其安装在专用的机架上。弃船时，将其带到救生艇筏上，并可利用该机的拉杆将它安装在救生艇筏上。

1. SF4251 SART 的平时安放

平时，将 SF4251 SART 安放在两舷，避开本船的雷达波束。按图 8-5 所示的形式固定安装支架。然后，将 SF4251 SART 的圆顶朝上放入容器内，并压至合适的位置。取出时，向外拉写有“PULL”的塑料拉手即可。SF4251 SART 与罗经安放安全距离是 1.5 m。

2. SF4251 SART 的操作

如图 8-5 所示，SF4251 SART 的操作程序介绍如下：

(1) 在船舶遇险的情况下，将启动开关（在机身中部的圆空内）打到[ON]位，使 SF4251 SART 处于等待响应状态。

(2) 然后用力向外拉支杆部分。

(3) 从拉杆取下塑料顶帽。

(4) 伸展拉杆，并旋紧锁定。

(5) 将拉杆插入 SART 的基座孔内。

(6) 如果是在救生艇筏上使用，按图 8-5 所示将 SF4251 SART 升到艇筏观察窗口 A 外，SF4251 SART 的支撑杆下端插在插孔 B 中，固定支撑架 C。

3. SF4251 SART 工作说明

SF4251 开启并安装固定好之后，即处于预备状态，准备应答雷达信号。该机收发共用一副天线，用一个 PIN 二极管进行收发转换。通常，PIN 二极管开关将天线接至接收机电路。为了减少电池电量的消耗，在预备状态下，只有接收机部分供电。这时，指

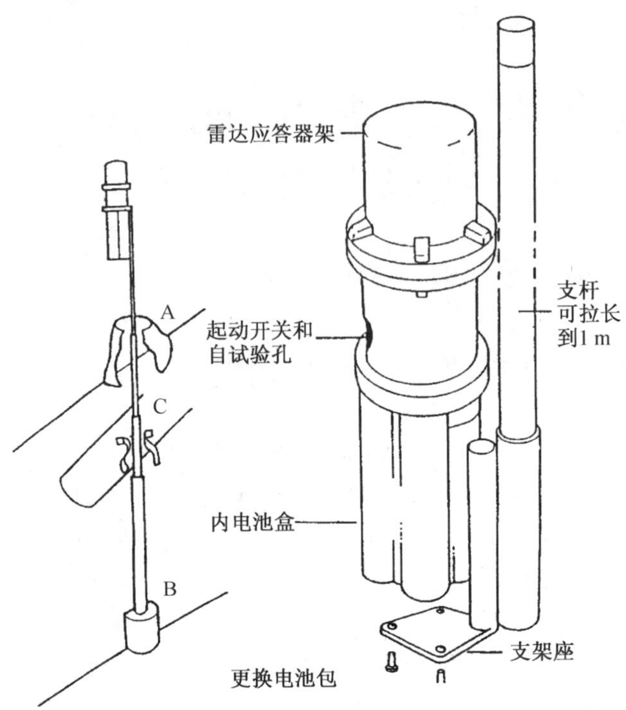

图 8-5　SF4251 SART

示灯 LED 每 2 s 闪烁 1 次。在收到雷达信号时,接收机电路的视放和检测电路,使该机的发射机电路启动,SF4251 SART 由预备状态转到“发射”状态,PIN 二极管将天线转接到发射机电路,指示灯持续发亮,蜂鸣器每 2 s 响 1 次。该机的检测电路收到雷达信号后,触发扫描产生器,压控振荡器(VCO)工作,产生 12 次正向和反向频率扫描,并送到发射机的输出级进行放大发射。发送完 12 次正向和反向频率扫描脉冲信号后,扫描产生器停止工作。

如果超过 15 s,没有检测到雷达脉冲,SF4251 SART 则恢复到预备(STAND BY)状态。

4. SF4251 SART 的自测试

应定期对 SF4251 SART 进行自测试验,现结合图 8-5 将本机的自测试程序介绍如下:

将 SART 放在某一正在工作的航海雷达的视线内,将随机附的试验探针小心插入在启动开关中心直径是 3 mm 的圆洞中,注意不要损坏保护启动开关的标签条。推试验探针,启动测试程序,红色指示灯(LED)将连续发亮,蜂鸣器每 2 s 响一次。同时,该机发射的信号将显示在荧光屏上。收回探针,可终止试验。注意:因为附近船只可能收到这一信号,所以此项试验,只能做数秒钟。

5. SF4251 SART 的电池更换

SF4251 SART 的电池更换每 5 年一次,方法如下:

(1)用 2 mm 的十字头螺丝刀,卸下底板的 3 个螺钉,移开底板、绳索和支杆;

(2)卸下应答器和电池盒间法兰上的 6 个螺钉,不要去移动应答器顶部的天线罩;

(3)用新电池所附的工具拉开连接插头,丢弃旧的“O”形密封圈;旧电池可退给经销商;

(4)将新“O”形密封圈涂油,并放置在漆封环上,装入新电池,连接电源线,装复机器,紧固螺钉;装复底板,支杆和系统,并拧紧 3 个螺钉。

二、法国产 RESCUER 雷达应答器的操作使用程序

RESCUER 雷达应答器是法国的 SERPE-I. E. S. M 公司产品。该产品外壳呈橘黄色,重量为 940 g。RESCUER SART 外形和存放的容器如图 8-6 所示。该机电池容量:能在“STAND-BY”状态下,工作 100 h 后,还能在发射状态下,连续工作 8 h,每 4 年更换 1 次电池。

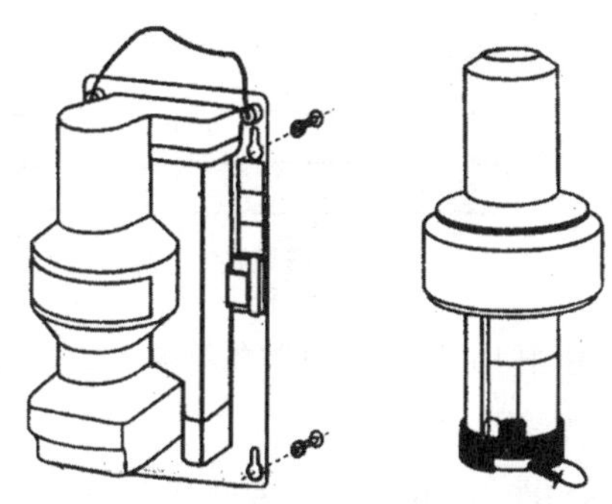

图 8-6　RESCUER SART 外形和存放的容器

1. RESCUER SART 的操作使用

将该机盛在容器中,放置在驾驶台两侧的墙壁上。在船舶遇险时,按下述方法启动和放置该雷达应答器。

(1)从容器中取出 RESCUER SART

首先从墙壁上拿下盛有 RESCUER SART 的容器,移开中间塑料托板,取出 SART。

(2)启动 RESCUER SART

该机的底部有一个黑色圆环作为工作开关用。平时,工作开关被锁定在[OFF]位,不工作;标有 TEST 标志,开关在此处为测试;标有[ON]标志,开关在此处为工作位置。遇险时,拔出工作开关的锁定插锁,工作开关自动旋转至[ON]的位置 SART 被启动。这时,该机的天线底部黑色圆环附近有一红色指示灯将亮,指示本机已处于预备状态,准备响应航海雷达信号。

(3)按下列几种情况,放置已启动的 RESCUER 搜救雷达应答器:

①如果船舶遇险而不弃船,应将开启的 SART 放在一个开阔地带,并适当固定;

②如果船舶遇险后弃船,落水人员携带开启的 SART 时,应将系绳伸展,以防止人身阻挡信号的接收和发射;

③如果船舶遇险后弃船,在救生艇筏上使用开启的 SART 时,一般事先在救生艇筏

的天窗附近由厂方固定一个橡皮座,就可方便地将该 SART 安置在救生艇筏的天窗附近。

(4)下面提供三种固定 RESCUER SART 的方式,如图 8-7 所示。

①将 RESCUER SART 旋紧在救生艇筏的橡皮座上;

②将 RESCUER SART 用系带系在救生艇筏上;

③在救生艇筏上安装一个支撑杆,将 RESCUER SART 安装在杆顶。

(5)开启的 RESCUER SART,一旦收到 9 GHz 频段的航海雷达信号,立即由预备状态转到发射状态,发射 12 次响应信号。同时,该机顶部的 8 个红色指示灯闪亮,蜂鸣器开始蜂鸣。注意指示灯和蜂鸣器的变化,判断是否有救助船驶来。

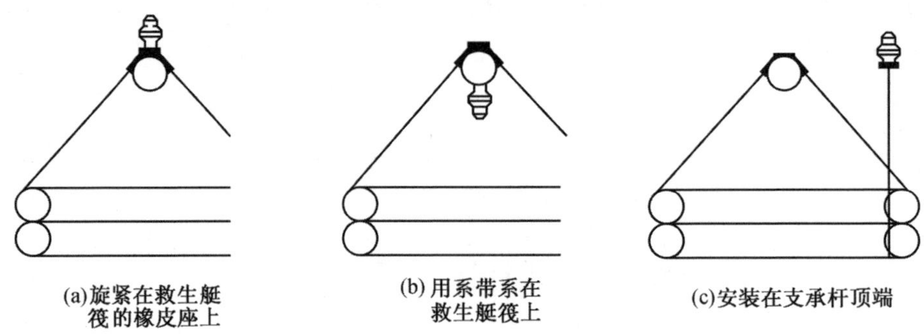

图 8-7 RESCUER SART 在救生艇筏上的固定方式

2. RESCUER SART 测试方法

每 6 个月对 RESCUER SART 按如下所述方法进行测试。

方法一:使用 RESCUER SART 的测试开关进行

(1)从容器中取出 RESCUER SART,检查有无损坏的痕迹。

(2)将该机底部的黑色圆环工作开关转到[TEST]位,并保持数秒钟。该机顶部的 8 个红色指示灯闪亮,蜂鸣器响,指示该机工作正常。RESCUER SART 和 SAILOR SART 实物图如图 8-8 所示。

(3)释放工作方式开关,此开关自动转到[OFF]位,如果工作方式开关在[TEST]位,保持 10 s 以上,自测试将自动停止。

(4)将 RESCUER SART 装回容器。

注意:试验应尽可能短,以避免被其他船舶作为真实信号接收和处理。

方法二:结合雷达进行测试

(1)打开雷达。

(2)RESCUER SART 的操作同上。

(3)当该机收到 9 GHz 雷达信号触发时,顶部的 8 个红色指示灯闪亮,蜂鸣器响,指示该机工作正常。

注意:这种试验也应尽可能短,以避免被其他船舶作为真实信号接收和处理。

方法三:用 2 个 RESCUER SART 相互测试

(1)将一个 RESCUER SART 开关设置在[ON]位。

图 8-8 RESCUER SART 和 SAILOR SART 实物图

(2)将另一个 RESCUER SART 底部的黑色圆环工作开关转到[TEST]位置,这时处于预备状态的 SART 将响应它的发射试验信号,预备状态的 SART 转入发射状态,该机顶部的 8 个红色指示灯闪亮,蜂鸣器响,指示该机工作正常;同理,也可检测另一个 SART 的工作情况。

(3)试验结束,释放工作开关到[OFF]位,将 RESCUER SART 装回容器。

任务七 了解 AIS-SART 的功能及寻位原理

一、自动识别搜救发射器的功能

自动识别搜救发射器(Automatic Identification System-Search And Rescue Transmitter,AIS-SART),工作在甚高频段。该设备的功能是船舶遇险时用于发射船舶识别和位置等信息,附近搜救单位的 AIS 接收机能够收到此信息,以促进对遇险船舶的搜救。

二、自动识别搜救发射器的组成

AIS-SART 由 7 个部分组成,分别是监视指示器、电池、启动装置、控制单元、AIS 发射机、定位系统、授时同步装置。其中,启动装置、控制单元、AIS 发射机组成系统的运作内核;定位系统、授时同步装置共同组成控制单元的主要功能区;而监视指示器是系统的显示终端,电池是系统的可移动部件。

三、自动识别搜救发射器的寻位原理

AIS-SART 作为寻位设备可以替代 Radar-SART。船舶遇险时,启动 AIS-SART 后,设备将发射与 AIS 技术相兼容的 MMSI 和位置信息。所发射的信息,能被附近的 AIS 设备接收、识别和显示,并能让接收方清楚分辨出是 AIS-SART 装置发出的信息,以促进对遇险船舶的搜救。

四、自动识别搜救发射器的其他性能要求

(1)从 20 m 高处落入水中不致损坏;
(2)能在水深 10 m 处至少保持 5 min 水密;
(3)在规定的浸没状况下受到 45 ℃热冲击时,仍能保持水密;
(4)如不是救生艇筏的整体组成部分,应能漂浮(在操作位置时非必需);
(5)如能漂浮,应配有适合用作系绳的漂浮短索(不短于 10 m);
(6)能抗海水及油的浸蚀;
(7)能经受长期日光照射,性能不下降;
(8)外部结构平滑,表面颜色应为黄色或者橘黄色;
(9)有指示设备正常操作的声光指示功能或装置;
(10)能人工启动与关闭;也可具有自动启动功能或装置;
(11)有测试功能,并提供测试信息,以确定设备所有功能正常;
(12)有足够的电池容量,在-20~+55 ℃的温度范围内工作 96 h;
(13)能在-20~+55 ℃的环境温度中工作,在-30~+70 ℃温度范围内存放;
(14)安装使用时,AIS-SART 天线应位于海面至少 1 m,应能在水上 5 n mile 的范围内探测到 AIS-SART,设备体表面和用户手册中应有安装指示图解;
(15)工作频率:AIS1——161.975 MHz;AIS2——162.025 MHz;
(16)等效全向辐射功率(EIRP)(等效输出功率):不小于 1 W;
(17)天线:集成垂直状部件;
(18)电源类型:可替换锂电池;
(19)储藏年限:6 年。

思考与练习

1. 简述 Radar-SART 的作用、组成及工作原理。
2. 对 Radar-SART 的电池容量有什么要求?
3. 介绍 SART 的作用距离,受哪些因素影响?
4. 如何存放、使用 SART?

5. 使用雷达探测 SART 信号应注意哪些问题?
6. SART 的检查内容和测试方法有哪些?
7. SART 的维护保养注意事项是什么?
8. 如何正确保存、安装、测试和操作 SART?
9. 简述 AIS-SART 的功能。
10. 简述 AIS-SART 的寻位原理。

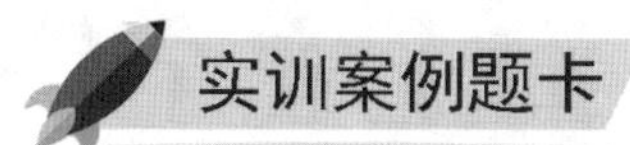

实训案例题卡

SART 实训案例题卡(1)
1. 找出 EPIRB 的控制开关,并说明开关的功能。
2. 完成 EPIRB 自测试。
3. 说明 EPIRB 自动启动方法。

SART 实训案例题卡(2)
1. 找出 EPIRB 的控制开关,并说明开关的功能。
2. 完成 EPIRB 自测试。
3. 说明 EPIRB 自动启动方法。

项目九 海上安全信息播发系统

任务一　了解海上安全信息基本概念

一、海上安全信息播发系统简介

海上安全信息播发系统是 GMDSS 的分系统之一。为保证船舶的航行安全,依据国际海事组织(IMO) 修订的 A. 705(17)决议案,全球建立了协调的海上安全信息(Maritime Safety Information,MSI)播发业务,如图 9-1 所示。

全球航行警告业务(World Wide Navigational Warning Service,WWNWS)由国际海事组织(IMO)和国际海道测量组织(International Hydrographic Organization,IHO)协调安排播发;气象预报和气象警告由世界气象组织(World Meteorological Organization,WMO)安排播发。国家或者地区的 MSI 信息提供部门一般是:提供航行警告和电子海图更正信息的国家航道部门;提供气象警告和气象预报的国家气象部门;提供岸到船遇险报警和其他紧急信息的搜救机构(RCC 或者 SAR);提供北大西洋冰况报告的国际冰况巡查机构等。

GMDSS 的海上安全信息业务是一个国际和国家协调播发系统。早在成立 GMDSS 之前,国际海事组织(IMO)便将全世界所有海域划分了 16 个航行警告区(NAVAREA),目前为 21 个,每个航行警告区由一个协调国负责收集和向船舶播发有关航行安全所必需的信息,船舶自动监听接收、显示并打印。我国处于第 11 航行警告区(NAVAREA Ⅺ),协调国是日本。

GMDSS 实施后将 NAVAREA 业务作为 WWNWS 的一部分,会同沿岸航行警告等,由 NAVTEX 系统和卫星 EGC 业务用英语播发,船舶配备 NAVTEX 接收机和安全网增强群呼接收机(由 Inmarsat C 船站代替)接收打印。具体规定见海安会通函(MSC. 1/Circ. 1288)和决议案 A. 705(17)。随着极地地区特别是北极航线的开通,国际海事组织(IMO)在北极地区又增加了 5 个航行警告区。目前,NAVAREA 已有 21 个。

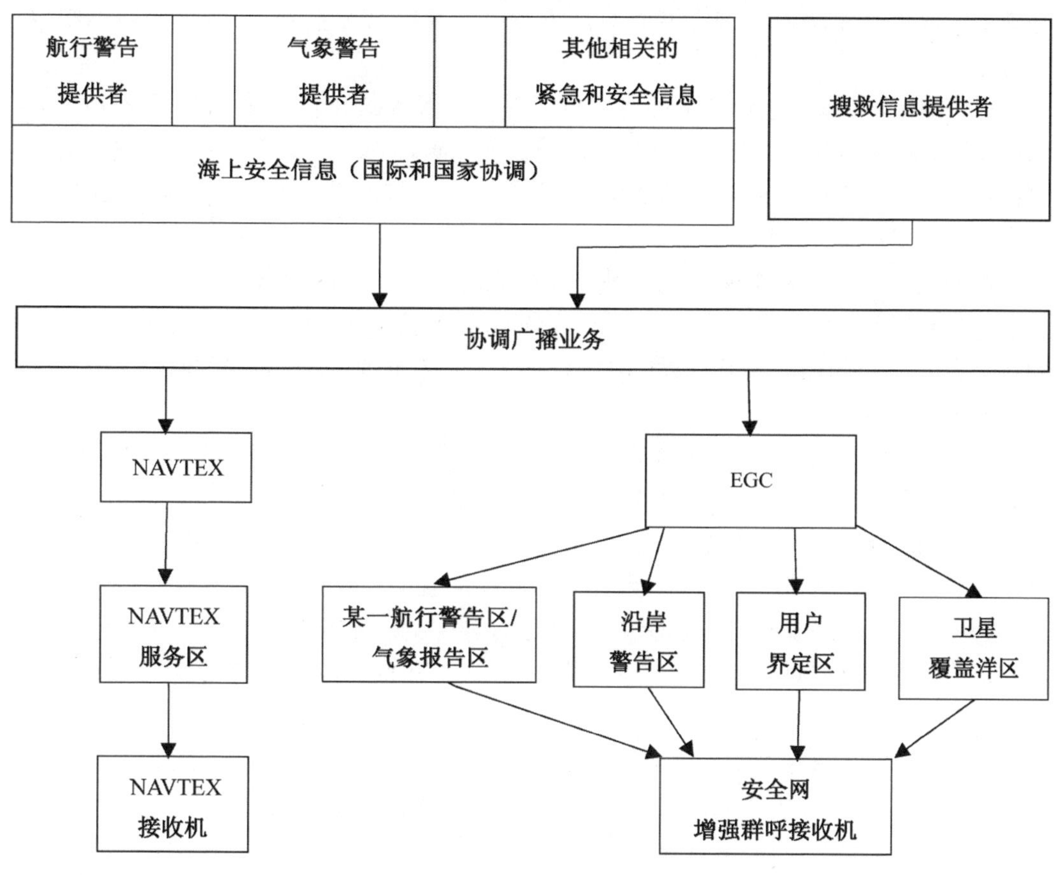

图 9-1 GMDSS 海上安全信息播发示意图

二、全球航行警告业务及信息种类

全球航行警告业务包括：NAVAREA 航行警告业务、分区航行警告业务、沿岸航行警告业务和本地航行警告业务四类，但经由 WWNWS 指导和协调的仅涉及 NAVAREA 航行警告、分区航行警告、沿岸航行警告三类。

NAVAREA 航行警告是有关于远洋航行安全的信息，包括新的危及航行安全信息、重要助航设施故障以及需要改变航行线路的信息。为便于协调，全球航行警告业务把全球划分为 21 个航行警告区，称之为 NAVAREA 区。随着北极航道的开通，国际海事组织（IMO）在北极地区也增加了航行警告区及协调国。

分区航行警告（Sub-Area warnings）业务是专门针对某地理海域播发的航行警告，只影响该海域船舶的航行安全，所涉及的信息种类和上述 NAVAREA 警告类似。

沿岸航行警告（Coastal warnings）业务是指岸到 250 n mile 沿海水域内的航道浮标变化等涉及安全航行的信息，这类航行警告所涉及的信息种类和上述 NAVAREA 警告类似。一般通过 NAVTEX 系统播发；如果该区域不提供 NAVTEX 业务，应通过国际安全网（SafetyNET）系统播发，SafetyNET 系统则播发除 A4 海区之外的全球所有水域的海上安全信息。比如,澳大利亚沿岸海域就没有设置 NAVTEX 播发台,而由 SafetyNET 系统覆盖。

另外,如果某海岸电台负责的海域范围 NAVTEX 系统不能完全覆盖,除经由 SafetyNET 系统播发 MSI 外,还会采用 HF 无线电传(Radio Telex)方式发送该区域的 MSI。例如我国广州海岸电台和上海海岸电台就是采用了这样的方式提供所负责区域的海上安全信息播发服务。

本地航行警告(Local Warnings)业务是指内地水域,港内范围有关涉及航行安全的信息,这类航行警告的播发通常不经由 NAVTEX 系统和 SafetyNET 系统播发,通常在 VHF 波段播发。当船舶航行在近岸或者江河中或者在锚地,应注意接收附近 VHF 海岸电台播发的 MSI。

此外,临时海上安全信息的播发,GMDSS 安排先用 DSC 呼叫预约播发方式和频率后,再用约定的无线电话或者 NBDP 的方式播发和接收。

有关航行警告涉及的信息种类有:

(1)影响主要航路的灯塔、雾号、浮标和其他助航工具故障信息。

(2)在主要航路或航路附近存在危险沉船,是否做了标志等。

(3)新建的主要助航设施,或者现有助航设施有重大改变可能影响船舶航行安全时。

(4)在拥挤水域有大型笨重拖带等。

(5)漂流危险物,包括遗弃船、浮冰、水雷、漂浮集装箱等。

(6)搜救作业区、防污染作业区等。

(7)危及航行安全的新礁石、浅滩、船舶残骸,以及新建航路改变或暂停等信息。

(8)在航路上或在航路附近,电缆、管道铺设,大型水下物体拖带,无人操纵潜水装置,水下作业等。

(9)在航路上或航路附近,科学研究和科学仪器,海上结构物体的建立等。

(10)无线电导航业务、岸基海上安全信息无线电卫星业务出现重大故障等。

(11)海军演习、导弹发射、航天发射、原子试验、军火倾倒区等应提前 5 天播发。

(12)海啸和其他自然现象,例如,海平面的不正常改变等。

(13)世界卫生组织(World Health Organization,WHO)的健康公告信息等。

(14)针对船舶的海盗和持械抢劫,以及有关的其他安全要求。

航行警告播发后未经原播发台取消就一直保持有效,有效期间播发台应定期播发,但是如果用其他正式方法做了有效安排,比如发布航海通告等,6 周后就可停止播发。根据规定,岸上有关部门在收到航行警告后应尽快播发。对于经由“SafetyNET”播发的 MSI 在接收到的 30 min 内播发,或在下个预定时间播发。NAVAREA 警告每天至少播发 2 次;在跨 6 个时区时,每天播发多于 2 次。当用 Inmarsat SafetyNET 替代 NAVTEX 播发 MSI 时,播发次数要多于 NAVAREA 业务播发次数。

海上气象信息主要是指对船舶提供天气预报、气象警告的气象信息,播发方式与全球航行警告业务基本相同,气象服务区称之为 METAREA,NAVAREA 区同时是

METAREA 区。在一个区域内分气象信息发布国和提供国,例如在第 11 气象服务区(METAREA XI),中国负责本区域印度洋(IOR)区域的气象信息的发送,信息提供国或地区是中国,日本负责本区域太平洋(POR)区域的气象信息的发送,信息提供国或地区是日本、中国和澳大利亚。

海洋学和海洋气象学联合技术委员会(The Joint WMO/IOC Technical Commission for Oceanography and Marine Meteorology, JCOMM),是一个由海洋学和海洋气象学领域的技术专家组成的政府间机构。该委员会为了 GMDSS 海上安全信息的播发建立了一个网站(http://weather. gmdss. org),网站搜集了全球 21 个 METAREA 区的海上安全信息,在该网站上,可以非常方便地查到各区域的气象信息。但是该网站也声明,这些信息仅供参考。

任务二 掌握 NAVTEX 系统业务知识

一、NAVTEX 系统简介

NAVTEX 是英文“Navigation Telex”的组合词,是采用无线电传技术,即 NBDP 的 CFEC 技术向船舶播发 MSI 的国际协调系统,属于 GMDSS 系统,负责向 A1、A2 海区播发 MSI,由于主要覆盖沿岸海域,又称为沿岸航行警告业务。

GMDSS 实施早期,国际海事组织(IMO)将全球划分为 16 个 NAVAREA 区,每个 NAVAREA 建设一个 NAVTEX 台链。但 2007 年 2 月 19—23 日在伦敦召开的第 11 届通信搜救分委会会议上,决定在北冰洋地区新增 5 个 NAVAREA 区。

如图 9-2 所示,航道部门、搜救机构和气象部门把与船舶航行安全有关的 MSI 提供到 NAVTEX 协调者,经由所在地的 NAVTEX 播发台播发,船舶使用 NAVTEX 接收机根据需要自动选择接收并打印。

二、NAVTEX 系统的播发频率

NAVTEX 系统的播发频率是 518 kHz、490 kHz 和 4 209. 5 kHz,其中 518 kHz 是国际 NAVTEX 频率,在该频率上使用英语播发 MSI;490 kHz 用于除英语外的第二语言播发 MSI;4 209. 5 kHz 用于向更远水域播发英文 MSI。作为沿岸航行警告播发系统,NAVTEX 主要覆盖 A1 和 A2 海区。我国沿岸水域因电磁环境的影响,在 486 kHz 上使用中文播发海上安全信息。

三、NAVTEX 系统工作机制

NAVTEX 系统采用分区与分时工作机制。NAVTEX 使用国际海事组织(IMO)划分的 21 个航行警告区,每个区设若干个 NAVTEX 播发台,最多可设 24 个。每个台指配一

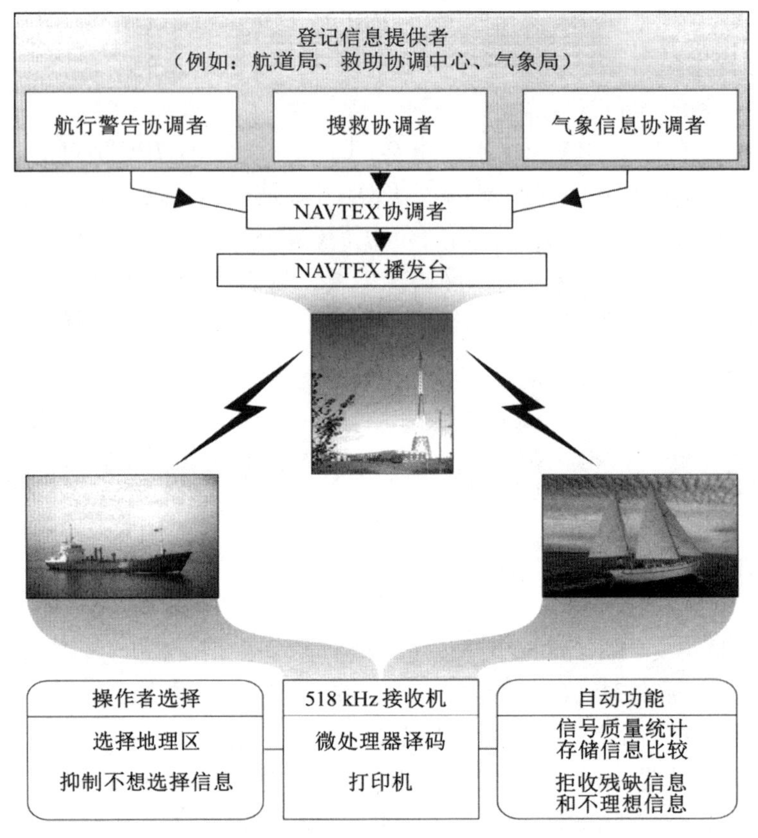

图 9-2　NAVTEX 概念图

个 A~Z 中字母作为 NAVTEX 的标识,为了避免干扰,按相应顺序指配 NAVTEX 播发台字母。NAVTEX 播发台识别、覆盖区等信息可在《无线电信号表》第三卷(283)或者第五卷(285)中查找。

我国海域位于世界航行警告第Ⅺ区(第 11 区)。我国 NAVTEX 播发台有香港[L]、三亚[M]、广州[N]、福州[O]、上海[Q]、大连[R]、基隆(P)等。广州台负责我国台湾地区以南中国海域的安全信息播发;上海台负责我国台湾地区以北中国海域;大连台负责渤海、黄海海域。中国 NAVTEX 发射台情况如表 9-1 所示。

为了避免同区间 NAVTEX 台的相互干扰,在同一航行警告区 NAVTEX 播发台分时工作,即每个 NAVTEX 台每次播发 10 min,A 台从 00 点的 00 分到 10 分播发;B 台从 00 点的 10 分到 20 分播发,依次而推,24 个台需要 4 h,一天 24 h,每个台有 6 次播发机会。24 个播发台,分 4 组,每组 6 个台需要 1 h 播发时间,如图 9-3 所示。为了避免相邻区 NAVTEX 台的相互干扰,国际海事组织(IMO)建议按照相应顺序分配 NAVTEX 台识别,相邻区间的播发台字母首尾相连。

表 9-1　中国 NAVETEX 发射台一览表

台名	台址	覆盖范围	台识别(B_1)	发射时间(UTC)	语言
大连	38°50′N 121°31′E	250 n mile	R	0250 0650 1050 1450 2250	英语
上海	31°06′N 121°32′E	250 n mile	Q	0240 0640 1040 1440 2240	英语
福州	26°01′N 119°18′E	250 n mile	O	0220 0620 1020 1420 2220	英语
广州	23°08′N 113°23′E	250 n mile	N	0210 0610 1010 1410 2210	英语
三亚	18°14′N 109°30′E	250 n mile	M	0200 0600 1000 1400 2200	英语
香港	22°13′N 114°15′E	250 n mile	L	0150 0550 1350 1750 2150	英语
基隆	25°08′N 121°45′E	250 n mile	P	0630 1430 2230	英语

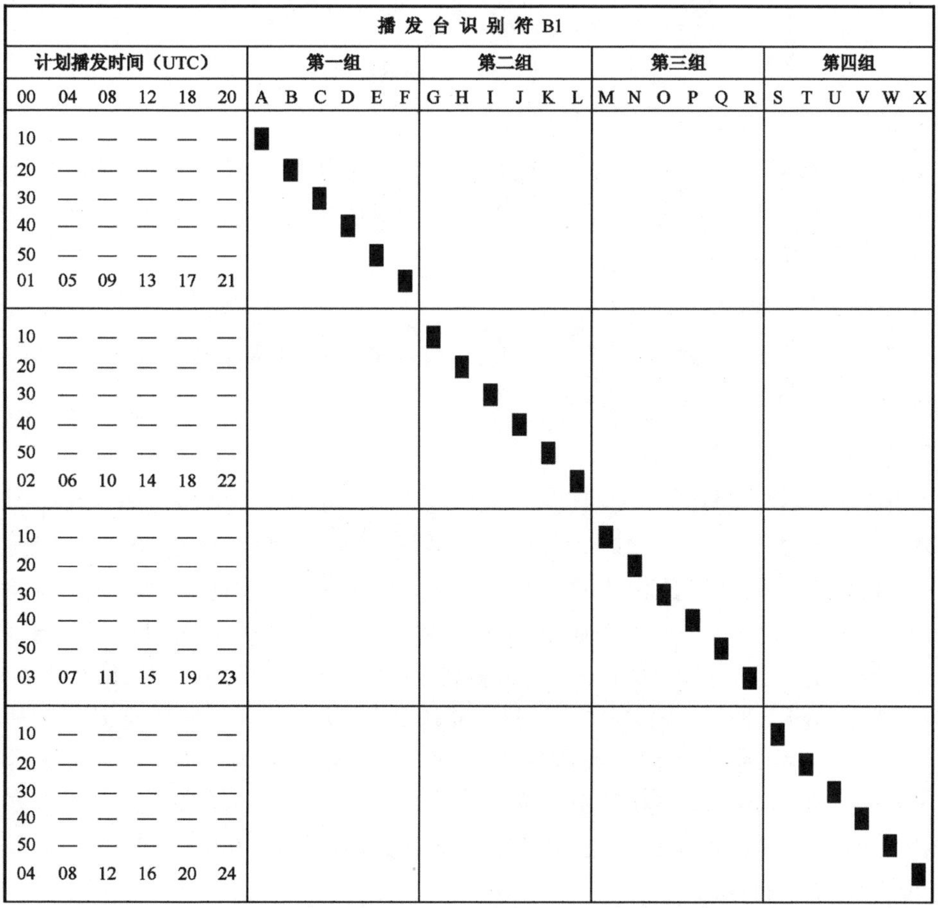

播发台识别符 B1																													
计划播发时间（UTC）						第一组						第二组						第三组						第四组					
00	04	08	12	18	20	A	B	C	D	E	F	G	H	I	J	K	L	M	N	O	P	Q	R	S	T	U	V	W	X
10	—	—	—	—	—	■																							
20	—	—	—	—	—		■																						
30	—	—	—	—	—			■																					
40	—	—	—	—	—				■																				
50	—	—	—	—	—					■																			
01	05	09	13	17	21						■																		
10	—	—	—	—	—							■																	
20	—	—	—	—	—								■																
30	—	—	—	—	—									■															
40	—	—	—	—	—										■														
50	—	—	—	—	—											■													
02	06	10	14	18	22												■												
10	—	—	—	—	—													■											
20	—	—	—	—	—														■										
30	—	—	—	—	—															■									
40	—	—	—	—	—																■								
50	—	—	—	—	—																	■							
03	07	11	15	19	23																		■						
10	—	—	—	—	—																			■					
20	—	—	—	—	—																				■				
30	—	—	—	—	—																					■			
40	—	—	—	—	—																						■		
50	—	—	—	—	—																							■	
04	08	12	16	20	24																								■

图 9-3　识别符 B_1 码和播发时间的关系图

四、NAVTEX 系统报文格式

NAVTEX 系统报文格式如图 9-4 所示。

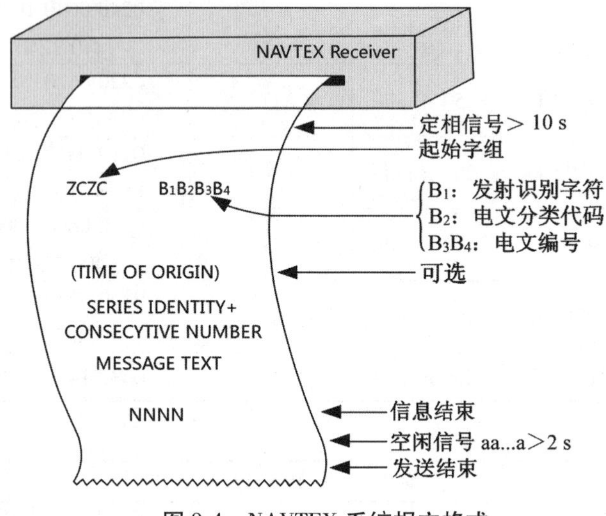

图 9-4　NAVTEX 系统报文格式

1. 相位信号

NAVTEX 播发台先发射 10 s 以上的定相信号，包括发送模式、一个回车换行信号和一个上档键信号。定相信号的作用使 NAVTEX 接收机的起始与发射同步。2 份电文间插入 5 s 的相位同步信号。

2. 起始字组(ZCZC)

ZCZC 是 NAVTEX 播发台的起始字组，主要用于 NAVTEX 接收机的 CPU 识别处理技术编码 $B_1B_2B_3B_4$ 等。

3. 技术编码($B_1B_2B_3B_4$)

$B_1B_2B_3B_4$ 是 NAVTEX 系统的技术编码，其中：B_1 是发射台的识别字符(字母 A～Z)；B_2 是电文分类代码(字母 A～Z)，相应字母所代表的信息种类解释如表 9-2 所示。A——航行警告；B——气象警告；C——冰况报告；D——搜救通告；E——气象预报；F——引航业务信息；G——AIS 业务；H——罗兰信息；I——空闲；J——卫导信息；K——其他电子助航仪器信息；L——航行警告，作为字母 A 的附加字母，即当某台航行警告编号超过 99 号时，B_2 码采用“L”，其后面的 B_3B_4 从 01 号起编；M 至 U——保留待定；V 至 Y——特别业务，由 NAVTEX 专家小组做试验用；Z——当前无信息。B_3B_4——电文编号，01～99，00 号用于特别重要的电文，如转发遇险信息，这类电文必须强制接收并打印，NAVTEX 接收机不能拒收。信息接收时，B_1 和 B_2 丢失或电文误码率超过 30%，将不予打印。

4. 信息发布的时间

××小时××分钟××日××月××××年。

5. NAVTEX 电文

MSI 的具体内容。

6. 结束序列(NNNN)

NNNN 为报文结束字符串,表示电文结束。

表 9-2　NAVTEX 信息种类中英文解释

B_2	中英文解释
A	Navigational warnings 航行警告,不可拒收
B	Meteorological warnings 气象警告,不可拒收
C	Ice reports 冰况报告
D	Search and rescue information and pirate attack warnings 搜救通告,搜救信息和海盗袭击警告,海啸等异常自然现象警告,不可拒收
E	Meteorological forecasts 气象预报
F	Pilot service messages 引航业务信息
G	AIS service AIS 业务
H	Loran messages 罗兰信息
I	Spare 空闲,备用
J	SATNAV messages 卫导信息
K	Other electronic NAVAID messages 其他电子助航仪器信息
B_2	中英文解释
L	Navigational warnings—Additional to letter A 航行警告,对代码 A 的补充,用来表示编号 100 及其以后的航警电文。不可拒收
	M、N、O、P、Q、R、S、T、U 保留待定,目前没有被应用
V	Special services—allocation by NAVTEX panel 特别业务,由 NAVTEX 专家组分配
W	Special services—allocation by NAVTEX panel 特别业务,由 NAVTEX 专家组分配
X	Special services—allocation by NAVTEX panel 特别业务,由 NAVTEX 专家组分配
Y	Special services—allocation by NAVTEX panel 特别业务,由 NAVTEX 专家组分配
Z	No message on hand 当前无信息

五、NAVTEX 报文的优先等级

NAVTEX 电文分“Vital”“Important”“Routine”三个优先等级。

1. Vital

极其重要的警告,比如转发遇险信息等,播发台收到后立即监听工作频率,如果频率空闲立即广播;如频率未空闲,联系正在播发台中断发射,然后待频率空闲后立即广播。

2. Important

重要警告,当 518 kHz 频率未被占用时可立刻播发,或在其后可用时间内广播。

3. Routine

常规警告,除“Vital”和“Important”优先等级外的 MSI 信息,在该台规定时间内广播。

六、NAVTEX 覆盖和技术要求

1. NAVTEX 播发功率要求

为避免相互干扰,NAVTEX 台的覆盖范围为 400 n mile。根据中波段电波传输特点限制发射功率,白天最大发射功率为 500 W,晚上降至 150~200 W。各台相互协调,避免电文的重复发射和漏发,严格遵守分区、分时播发规定等。

2. NAVTEX 采用的相关技术

NAVTEX 系统采用 NBDP 通信技术,用 CFEC 方式工作,即编码采用七单元恒比码(4B/3Y 码),检纠错采用二重时间分集技术播发,收台纠错的方式(即 FEC)。编码经由 FSK(数-模)转换后,再用 FIB 方式调制 518 kHz 后发射;调制速率是 100 波特,FSK 转换范围是 1 700±85 Hz。

3. NAVTEX 其他规定和要求

(1)误码率规定

对已接收到的电文内容的误码率低于 4%的技术编码 $B_1B_2B_3B_4$ 进行存储,保存 72 h,这样当接收机再收到与原来技术编码相同的电文时,将不再打印;对于误码率高于 4%但低于 30%的电文,只打印电文的内容,不保存其技术编码,这样发射台重复发射该电文时接收并打印;对于误码率高于 30%的电文或 B_1B_2 丢失的电文,既不打印电文内容,也不存储技术编码;当需要重新接收已经接收的电文时,需要删除机内技术编码;但对于技术编码 B_3B_4 是 00 编号的电文,不管是否接收过,均强制接收打印。

(2)广播次数与顺序

各台在规定的广播时间用英语播发的 NAVTEX MSI,广播时间的间隔应不超过

8 h。在广播时间内,电文的播发次序与电文收到的次序相反,即后收到的先播发。销号电文只应播发一遍,已被注销的电文在广播中应不再出现。航行警告只要处于有效期,在规定的广播时间内应一直予以重复播发。气象预报按规定一般每天播发 2 次。

(3)重要信息播发规定

如果岸上搜救部门认为有必要在 NAVTEX 系统转发收到的遇险信息,应将 B_2 设为 D,B_3B_4 设为 00,立即在 518 kHz 上播发。

(4)停靠港口和航行期间的使用 NAVTEX 台的要求

船舶应根据需要,查找 NAVTEX 台,设定接收台和信息种类。如果船舶停靠港口,在开航前至少 8 h 开机值守。航行期间,注意根据航区变化和对信息种类要求,重新设定接收台和信息种类。

(5)NAVTEX 接收机对播发台和信息种类有选择功能。但是,对于航行警告、气象警告和搜救信息,不可拒收。

(6)NAVTEX 接收机可以显示收到信息的技术编码,也可以存储、打印和删除技术编码;技术编码应能保存 72 h,容量 128 个,超过此容量则清除最早的。

七、NAVTEX 接收机

1. NAVTEX 接收机的组成

目前,国内外远洋船舶上安装使用的主要是工作在 518 kHz 频率上的 NAVTEX 接收机。新型的 NAVTEX 接收机实物图如图 9-5 所示,主要由天线、接收单元、信息处理单元和打印机部分组成,如图 9-6 所示。现在很多接收机开始采用有源天线,即天线本身附有信号放大器。信号在向接收机传送之前就进行了宽频带放大,然后将信号送到接收机进行滤波、放大、解调、显示等处理。

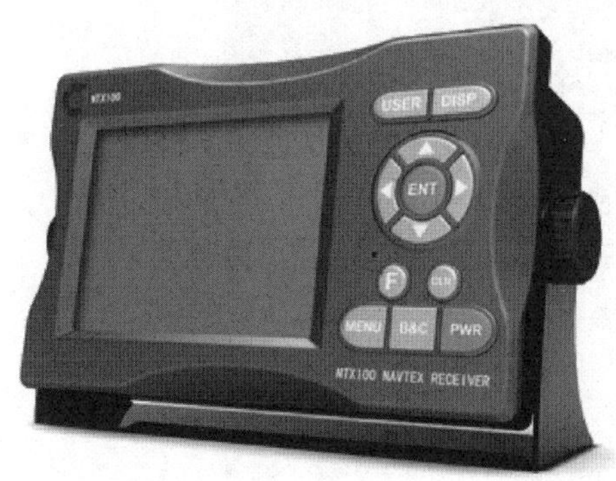

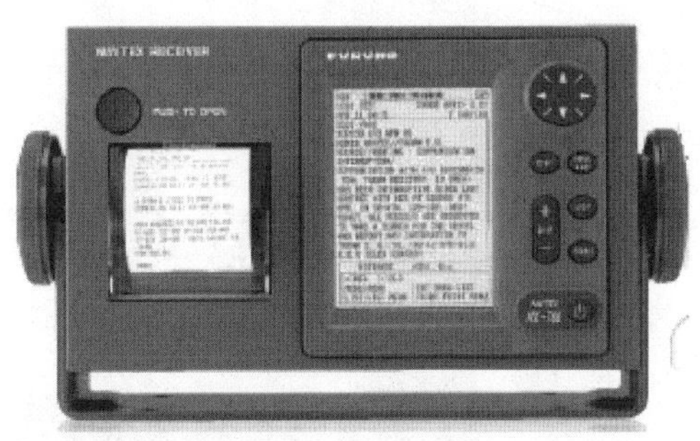

图 9-5　新型的 NAVTEX 接收机实物图

另外,NAVTEX 接收机中的信息处理单元除对所接收的信号进行处理外,还具有对整机各组成部分进行自检测的功能。

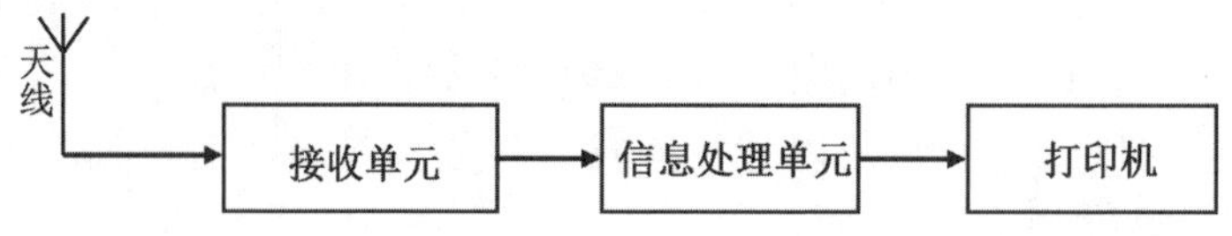

图 9-6　NAVTEX 接收机组成框图

2. NAVTEX 接收机的技术特性

NAVTEX 接收机应具有如下技术特性：

(1)单信道接收机应能在 518 kHz 接收;双信道接收机除在 518 kHz 接收外,也可在 490 kHz 或 4 209. 5 kHz 上接收。

(2)可由操作员自主选择发射台及报文种类。

(3)能计算误码率,只有在误码率小于 4% 时方可判定为有效接收。

(4)能存储 72 h 内已正确接收的报文的技术编码,且在断电 6 h 内不丢失。

(5)具有自检测功能。

八、使用 NAVTEX 接收 MSI

如图 9-7 所示,以 NCR-300 型 NAVTEX 接收机为例介绍 NAVTEX 接收机的操作。

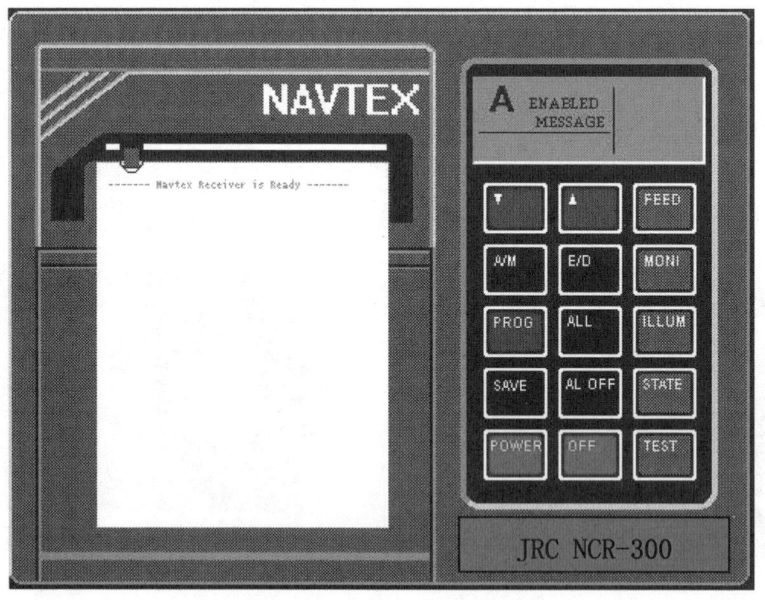

图 9-7　NCR-300 型 NAVTEX 接收机的操作面板

1. NCR-300 型 NAVTEX 接收机面板键钮功能

[POWER]:电源键,按此键数秒,开启接收机。

[OFF]:按住[OFF]键,同时按[POWER]键,可关断电源。

[FEED]:每按一次,走一行纸。

[MONI]:接通或关断扬声器。

[ILLUM]:控制[LCD]和指示灯亮度。

[TEST]:自检测。

[STATE]:打印和显示内部各种编程状态和存储的技术编码。

[△]和[▽]:顺序或者反顺序查找台的识别或者信息识别。

[PROG]:按住此键的同时,再按[A/M][E/D][ALL][AL OFF][SAVE]做相应的选择。注意:下面操作介绍中,两钮间的"+"号表示"同时按"的意思。

[PROG]+[A/M]:选择 NAVTEX 台或者信息种类设置。显示"AREA"时,可选择 NAVTEX 播发台;显示"MESSAGE"时,可选择 NAVTEX 信息种类。

[PROG]+[E/D]:可选择"ENABLED"/"DISABLED";当 LCD 上显示"ENABLED"字样时,表示选择的播发台或者信息种类可用(不拒收)。当 LCD 上显示"DISABLED"字样时,表示播发台或者信息种类不可用(拒收)。

[PROG]+[ALL]:取消全部的拒收设置,即选择了所有的发射台和信息种类。

[PROG]+[AL OFF]:开启或者关闭接收到 MSI 时的音频报警。

[PROG]+[SAVE]:停止打印电文,开启临时存储功能,将电文临时存在存储器中。再操作一次,可以继续打印。如果关掉了电源,则存储丢失。这项功能可以用于正在接收电文时,更换打印纸。

2. 用 NAVTEX 接收机接收 MSI

(1)根据航行区域查找所在区域的 NAVTEX 接收机

首先从《无线电信号表》第三卷(283),或者第五卷(285)中,查找 NAVTEX 播发台。

(2)在 NAVTEX 接收机上做相应设置

①选择 NAVTEX MSI 播发台

同时按[PROG]和[A/M],LCD 上显示"AREA"字样时,然后按[△] 或者[▽]键,当 LCD 显示查找到的 NAVTEX 播发台字母出现时,同时按[PROG] 和[E/D],让 LCD 上显示出"ENABLED"字样,则选择了该台。当不需要的发射台的识别字母出现时,同时按住[PROG]和[E/D]键,让 LCD 上显示"DISABLED"字样,则拒收此台的信息。

②选择 MSI 信息种类

选择 NAVTEX 播发台后,再同时按[PROG]和[A/M]键,LCD 上显示"MESSAGE"字样时,即可设置信息种类。按[△]或者[▽]键找到所需要的信息种类,再同时按[PROG]和[E/D]键,使 LCD 上显示"ENABLED"字样,表示可接收该类信息。不需要接收的信息种类,设置为"DISABLED"。

信息种类 A、B、D、L 属强制接收,不能拒收。

将发射台和信息种类选择好以后,机器将自动接收打印电文。

(3)自动检测

按[TEST]键,将开始自检程序。设备将自动检测 518 kHz 接收机、CPU 和打印机,并显示和打印出一段测试电文。当测试结束时,电文中会提醒按[AL OFF]键,否则,机器会一直进行自检。当检测出故障时,显示打印出故障的部位代码,以方便维修。

(4)音频报警方式的选择

按住[PROG]键的同时,再按一下[AL OFF]键,当屏幕上显示"ALARM DIS"字样时,表示在接收到 A、B、D、L 类电文时,禁止音频报警。

再用同样方法操作一次,LCD 上该字样消失,则接收到紧急电文时,就会有音频报警。报警的同时,在 LCD 上显示"ALARM MSG"字样,提醒操作者,注意接收紧急信息;按[AL OFF]键可停止音频报警。

任务三　掌握安全网业务知识

一、Inmarsat 安全网(SafetyNET)业务简介

Inmarsat 采用增强群呼(Enhanced Group Call,EGC)技术经由 Inmarsat C 系统向卫星覆盖区内的船舶播发 MSI。船舶用 EGC 接收机或者使用具有 EGC 功能的 Inmarsat C 船站接收。EGC 业务是一个协调网络,是全球航行警告业务的一部分。国家航道部门、RCC、气象部门以及有关机构是 EGC 业务的信息提供者,他们把需要播发的 MSI 以标准格式提供给相关协调者,相关协调者将接收到的 MSI 核对无误并校订后,传送到相关 Inmarsat C 系统地面站(Land Earth Station,LES)。LES 再经由站间信令链路(Inter-station Signalling Link,ISL)将信息传送到本洋区 Inmarsat C 系统网络协调站(Network Coast Station,NCS)。NCS 在规定时间用 EGC 技术在本洋区 Inmarsat C 系统的公共信令信道上播发全洋区的 MSI。该洋区航行的船舶除非设置拒收某类 MSI,或者先前已经接收了相关信息,否则 EGC 接收机或者 Inmarsat C 船站都能接收本洋区的全部 MSI。收到遇险、紧急优先等级电文自动打印;安全优先等级电文可以存储和打印。Inmarsat EGC 业务概念图如图 9-8 所示。

Inmarsat 系统卫星覆盖分太平洋卫星覆盖区(POR)、印度洋卫星覆盖区(IOR)、大西洋东卫星覆盖区(AOR-E)和大西洋西卫星覆盖区(AOR-W)。由于 Inmarsat 系统卫星覆盖南北纬 76°以下广大地区,NAVTEX 系统不能覆盖的公海海域的 MSI 都安排 EGC 业务来覆盖。为保证海上船舶的安全,EGC 业务属于强制接收业务。南北纬 76°以上两极地区建立 NAVTEX 播发台,目前在北极航道沿岸建立了若干 NAVTEX 播发台。

EGC 业务播发时间按 NAVAREA 区协调安排播发,航行警告由 NAVAREA 区协调

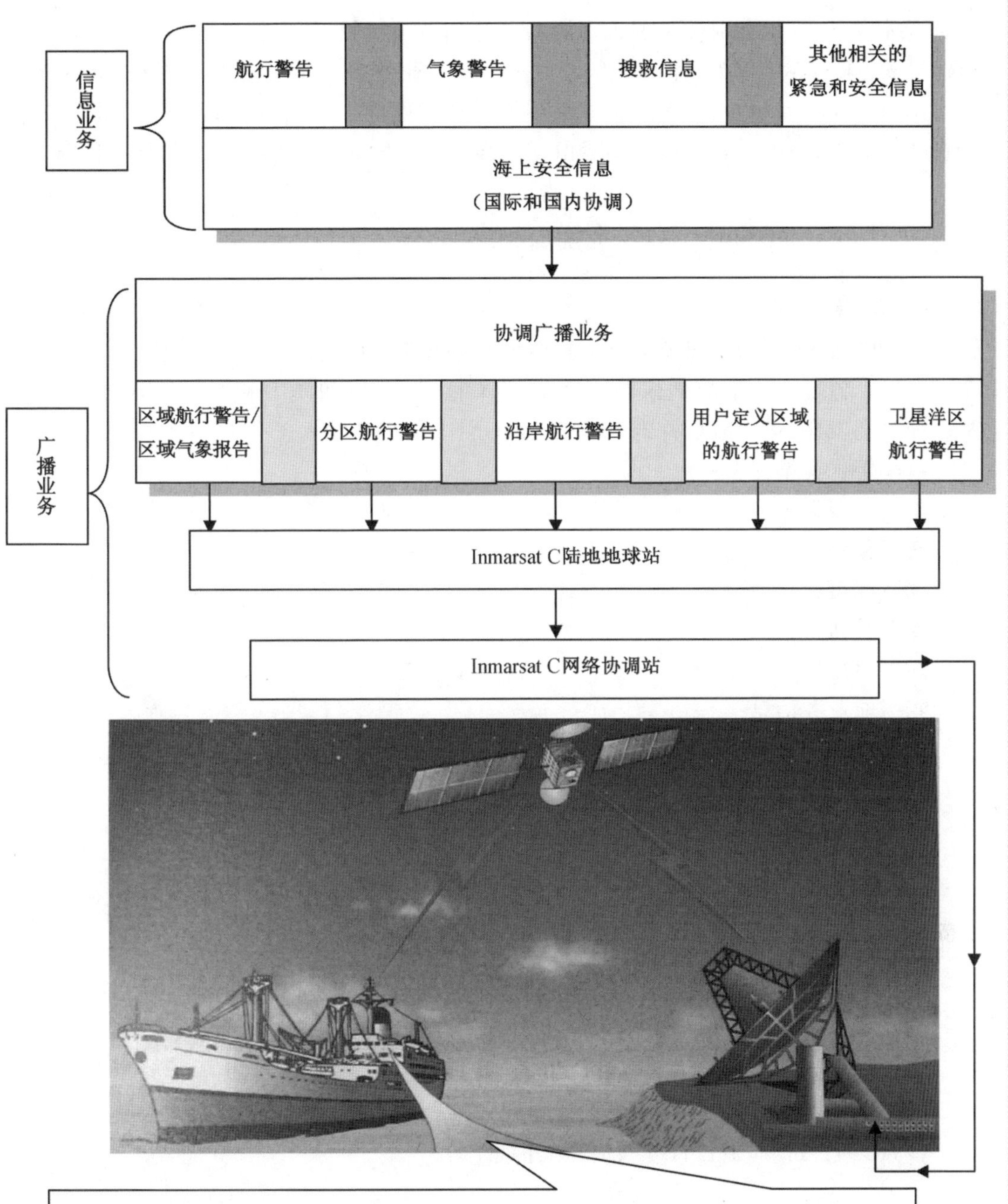

EGC接收机功能：

自动功能：（1）位置比较；（2）识别附加区，包括：NAVAREA 区和 METAREA 区、用户定义区、固定区域；（3）对已经接收打印的信息不打印功能。

任选功能：（1）选择附加 NAVAREA 区和 METAREA 区；（2）沿岸航行警告的 B_1B_2 码的选择；（3）将 C 站设置成仅 EGC 接收功能；（4）固定位置设置；（5）EGC 存储路由设置；（6）安全优先等级电文打印设置。

图 9-8　Inmarsat EGC 业务概念图

国负责播发;气象信息由颁布国负责播发,相关播发时间和气象报告区域图可在《无线电信号表》第三卷(283)和第五卷(285)中的 EGC 业务中查找。例如 NAVAREA Ⅺ区,日本山口(Yamaguchi)地面站经由太平洋卫星和印度洋卫星播发 NAVAREA Ⅺ区航行警告和气象信息;中国北京地面站经由印度洋卫星播发 METAREA Ⅺ区的气象信息。

二、Inmarsat SafetyNET 信息种类

(1)沿岸航行警告

沿岸航行警告(Coastal Warnings)除经由 NAVTEX 系统播发外,还经由 Inmarsat 安全网播发。但是有些沿海地区建立 NAVTEX 播发台,比如澳大利亚沿岸水域就没有 NAVTEX 播发台,沿岸航行警告只经由 SafetyNET 网络播发。

沿岸警告类型如下:

①航行警告;

②气象警告;

③冰况报告;

④搜救通告;

⑤气象预报;

⑥引航业务信息;

⑦罗兰信息;

⑧卫星信息;

⑨其他电子助航仪器信息;

⑩附加导航警告。

(2)向指定 NAVAREA/METAREA 区内船舶播发的航行警告、气象警告和气象预报。

(3)向指定圆区或者矩形区内船舶播发的搜救通告。

(4)向指定圆区内船舶播发的紧急信息、气象警告和航行警告。

(5)向指定圆区内船舶播发的岸到船遇险报警。

(6)向指定矩形区内船舶播发紧急信息和航行警告。

(7)海啸警告、海盗警告等其他相关信息。

三、Inmarsat EGC 信息优先等级

Inmarsat SafetyNET 信息优先等级有 3 类,分别为:

(1)遇险等级(Priority 3):DISTRESS 或 MAYDAY。

(2)紧急等级(Priority 2):URGENT 或 PAN PAN。

(3)安全等级(Priority 1):SAFETY 或者 SECURITE。

在 Inmarsat SafetyNET 信息的报头,一般有一个标明优先等级的关键字。

四、Inmarsat EGC 信息的播发形式

为了避免海上安全信息不必要的重复发送,海上安全信息在播发时国际海事组织做出计划广播(Scheduled Broadcast)和非计划广播(Unscheduled Broadcast)两种形式。

1. 计划广播

在卫星覆盖重叠区内的 NAVAREA 或者 METAREA,指定某一洋区的卫星定时播发航行警告和气象信息等海上安全信息,具体播发计划可以查阅英版《无线电信号表》第三卷。播发过的安全信息在有效期内,在规定的时间内都会重复播发。

2. 非计划广播

在卫星覆盖重叠区内的 NAVAREA 或者 METAREA,在非计划时间内,播发大风警报、遇险信息转发以及搜救协调信息时,系统会通过所有洋区卫星进行广播。

在这里需要提醒船舶无线电操作员注意的是,要及时关注 Inmarsat C 船站的船位更新情况,一般来说,Inmarsat C 船站的船位由 GPS 及时更新,但是如果由于某些原因 GPS 设备出现故障,Inmarsat C 船站的位置无效,其结果是 Inmarsat C 船站将接收卫星广播的所有信息,导致接收了大量的无用的信息,干扰了对于有用信息的阅读。

五、几类增强群呼(EGC)接收设备的介绍

EGC 技术是 Inmarsat C 系统的广播技术,因此 C 船站具有 EGC 接收功能。根据 C 船站的 EGC 功能,还将 C 船站按如下描述进行分类。图 9-9 为 0 类 C 船站和 1 类 C 船站的示意图。

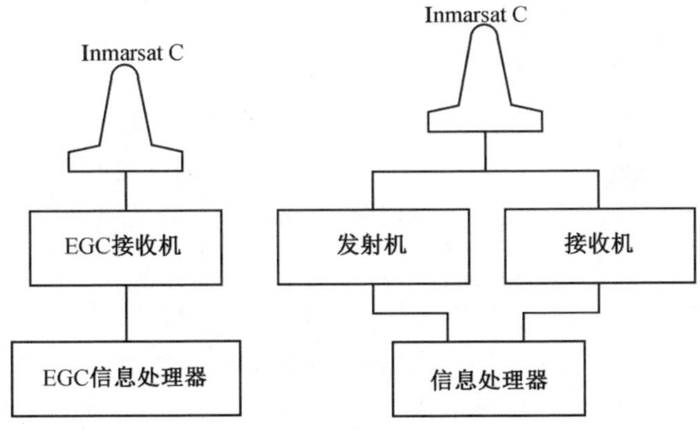

图 9-9　0 类 C 船站和 1 类 C 船站的示意图

1.0 类 C 船站

所谓的 0 类 C 船站是指单独的 EGC 接收机,目前没有专门用于接收海上安全信息的单独的 EGC 接收机。

2.1 类 C 船站

1 类 C 船站就是一个标准的船站,不具有 EGC 接收能力,如图 9-9 所示。现在厂家基本不生产此类 C 船站。

3.2 类 C 船站

2 类 C 船站具有标准的 C 船站功能,也能接收 EGC 信息,但是两者不能同时工作,即只有在船站空闲的状态下才能接收 EGC 信息,此类 C 船站的组成如图 9-10 所示。

目前几乎所有的 C 船站都是 2 类 C 船站,2 类 C 船站提供两种工作模式,可以在设备上进行设置,即 C 船站+EGC 功能模式和仅 EGC 接收模式(EGC only)。

(1)C 船站+EGC 功能模式

这种模式设备既可以正常收发 Inmarsat C 电文,也可以接收 EGC 信息。但是在 C 船站收发电文时,不能接收 EGC 信息,这是因为船站在收发电文时,接收机调谐在与之工作的岸站的 TDM 信道上,在此期间,无法接收在 NCS 公共 TDM 信道上播发的 EGC 信息,但是船站收发电文的时间一般比较短,同时许多 SafetyNET 的信息都会重发,所以一般不会影响重要信息的接收。

(2)仅 EGC 接收模式(EGC only)

这种模式下,与 C 船站处于"LOGOUT"的状态相同,不能进行常规电文的收发,只能接收 EGC 信息,但是可以发送遇险报警信息。

4.3 类 C 船站

3 类 C 船站如图 9-10 右图所示,实际上是 0 类 C 船站和 1 类 C 船站组合在一起,EGC 具有独立的接收通道。该类 C 船站具有标准 C 船站的功能,也具有接收 EGC 信息的功能,收发信息和接收 EGC 信息可同时进行,目前这种机型很少。

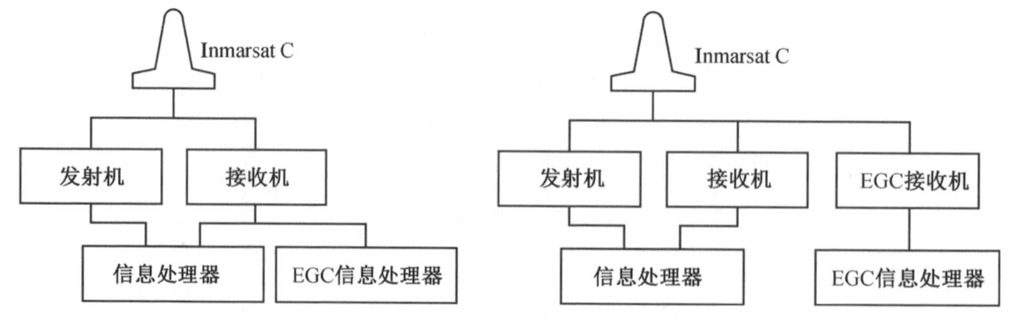

图 9-10　2 类 C 船站和 3 类 C 船站示意图

六、EGC 接收设备的功能

(1)能连续接收 NCS 公共 TDM 信道的信息,并根据 EGC 信息协议处理信息。

(2)能自动识别出指向固定用户和特定地理区域的信息,且特定的地理区域可以由操作员选择或航行设备自动输入。

(3)EGC 信息的接收或拒收可以由操作员控制,但是航行警告、气象警告、搜救信息以及指向特定地理区域的遇险报警不能设置拒收。

(4)当设备收到遇险或紧急级别的安全信息时,应该发出特定的音频报警声音或视觉提示。

(5)当船位没有及时更新、打印机故障、接收机故障等,应当发出报警。

(6)对于船队业务要求的 EGC 接收设备,还应能自动识别指向某一特定 EGC 接收机的唯一地址电文,能自动识别指向由操作员选定的用户组的电文,能自动响应用户组识别码及不断更新的用户组识别码,并按命令可增加或删除组呼的用户码。

任务四　掌握增强群呼接收机的管理和使用方法

一、接收 Inmarsat 安全网信息的方法

(1)为了避免 MSI 信息的重复播发与接收,国际海事组织(IMO)授权相关国际机构做了如下安排:

①对于由多个洋区卫星覆盖的 NAVAREA/METAREA 区的航行警告和气象信息等,指定经由单一卫星在规定的时间表播发。

②对于由多个洋区卫星覆盖的 NAVAREA/METAREA 区的大风警告、遇险报警转发等,需经由能覆盖相关区域的全部卫星随时播发。

③考虑一些具有 EGC 功能的 C 船站有时这些设备可能转换到其他信道上进行商业通信,不能保持对 MSI 播发信道不间断地监听,MSI 提供者会对一些信息进行重播。随时重播的信息比如遇险报警和大风警告在初次播发后 6 min 重播;航行警告和其他长期的 MSI 在其有效期内按规定的时间表重播。

(2)船舶可选择接收相关的 MSI 业务信息

虽然 EGC 接收机能够接收和打印整个洋区的全部安全网信息,但是接收到的一些 MSI 可能对本船舶无用,比如一些 MSI 信息不影响本船计划航线,或者某些 MSI 信息种类本船不需要,为此船舶可对 EGC 接收机进行设置,只接收本船需要的基本信息,拒收不需要的信息。

(3)避免重复接收和打印功能

EGC 接收机对正确接收打印的 MSI,将保存每个电文的编号,避免再次接收打印。

(4)定期更新船位

为了及时正确地接收到所需要的 MSI,船舶的 EGC 接收机(一般是具有 EGC 功能的 Inmarsat C 船站)必须定期自动或者手动更新船位。这是因为如果船位超过 12 h 没有更新,EGC 接收机将接收全部洋区的 MSI;另一个重要的理由是,定期更新船位将确保船舶发送遇险报警时能提供准确的位置信息。

自动更新船位一般是外接一个 GPS 信号,或者是内装一个 GPS 信号。如果设备不能支持互连 GPS 信号,可联系设备制造商升级。

如果需要人工更新船位,国际海事组织(IMO)要求每 4 h 更新一次。国际海事组织(IMO)建议尽可能采用自动更新船位方式。

为了减少 EGC 接收机收到遇险或紧急优先等级的音/光(指蜂鸣/指示灯闪烁)报警,一种方法是接收到报警立即响应,即按相应键钮;另一种方法是保持船位更新,确保拒收不必要区域和不需要信息种类的 MSI。

二、EGC 接收机的管理和使用方法

(1)确保与 EGC 接收机相连的全部设备工作正常,并安装有打印机及色带。

(2)确保终端没有存储不需要的电文,为新电文预留了足够的存储空间。

(3)如果打印机有小字体任选功能,可选择此功能,以减少打印纸的使用。

(4)确保接收机的位置已经定期更新,以便能接收整个航线上适合本船的 MSI。

(5)为了接收到船舶需要的 MSI,结合船舶的计划航线,选择 NAVAREA 和 METAREA 区,以及沿岸航行警告,选择接收的 MSI 信息种类,拒收不必要的信息种类。

(6)船舶停靠港口时保持 EGC 接收机正常工作,确保开航前接收到全部必要的信息。

(7)确保船舶 C 船站按照 MSI 播发时间表监听适用的卫星洋区。

注意:如果船舶想专门接收某洋区的 MSI 信息,在 C 船站上把该洋区设置成首选洋区。

(8)在整个航线上,要把接收到的全部 MSI 信息的标识记录在电台日志中;打印保存全部的遇险通信内容。

(9)如果已经正确接收的 MSI 丢失,想继续接收重播的 MSI,需要关闭 EGC 接收机或者是 C 船站,再打开设置接收。这样,能够把机内存储的 MSI 电文标识(IDs)清除,这些信息重播时,接收机将不会拒收,并能存储和打印。

三、正确操作设置 C 船站接收 MSI 信息

以 SAILOR C 船站和古野 C 船站介绍接收 MSI 信息的方法:

1. SAILOR C 船站接收 MSI 信息方法

(1)开机并入网登记后界面如图 9-11 所示。

(2)基本操作:按 ESC 键将光标移到主菜单上,用[→]或[←]键移动光标,选择操作项后，按键盘的[Enter]键进入各分菜单。

[Options]→[Configuration]→[EGC],进入 EGC 界面,如图 9-12 所示。

光标所在位置,用空格键选择。[ ]中的[X]表示选择该项,如[ ]中空缺,表示不选择该项。SafetyNET 业务强制接收。如果[EGC only]项选择为 X,移动站处于只收 EGC 信息方式,此时不能发送信息。[Additional NAVAREA]项中可选择输入所在 NAVAREA 航行警告区。[Coastal Warning Areas]项中，输入 NAVTEX 电台识别字母，NAVTEX 台资料在《无线电信号表》第三卷(283)或者第五卷(285)中查阅。设置预接收的信息种类后,光标移到[OK]项，按[Enter]键存储设置。

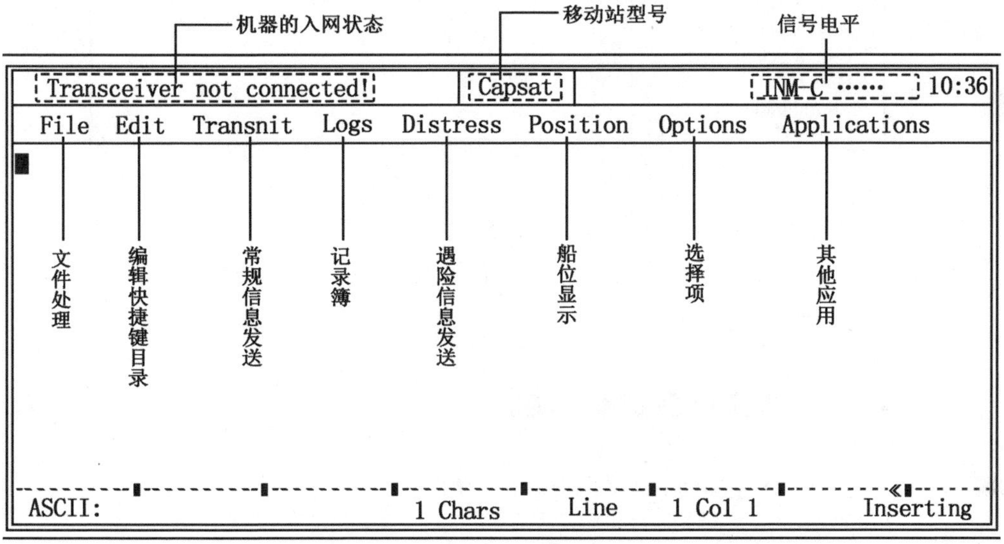

机器的入网状态
移动站型号
信号电平
Transceiver not connected!
Capsat
INM-C
10:36
File Edit Transnit Logs Distress Position Options Applications
文件处理
编辑快捷键目录
常规信息发送
记录簿
遇险信息发送
船位显示
选择项
其他应用
ASCII: 1 Chars Line 1 Col 1 Inserting

图 9-11　开机并入网登记后界面

Pacific
Capsat
INM-C 11111 10:48
File Edit Transmit Logs Distress Position Options Applications
Se Configuration
<Space>
EGC
EGC only
[ ]Additional NAVAREA
Coastal Warning Areas [ ]
[ ]System messages
[X]SafetyNET
[X]Wav. Warnings
[X]Met. Warnings
[X]Ice Report
[X]SAR
[X]Met. Forecasts
[ ] Pilot service
[ ] DECCA
[ ] LORAN
[ ]SRTWAV
[X]Other navaid
[X]Aid. Wav Varn.
< Fixed Position >
< OK >
ASCII: 1 Chars Line 1 Col 1 Inserting

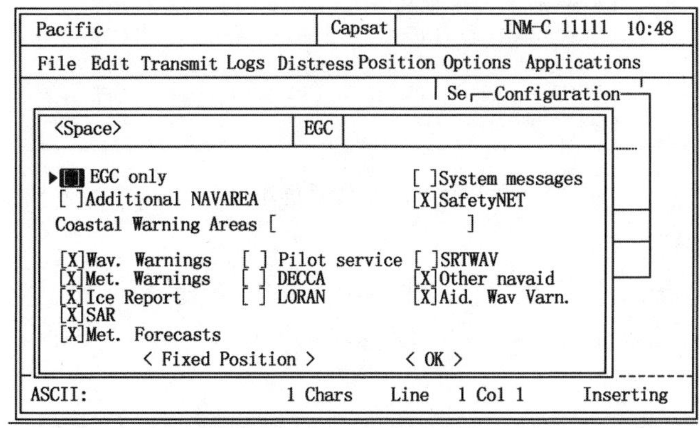

图 9-12　EGC 界面

2. 用 FURUNO C 船站接收 MSI 信息

该机开机入网登记后,不需要编程就可直接接收 EGC 信息和 NAVAREA 航行警告进入 EGC 屏幕后可选择接收 MSI 的附加区、NAVTEX 台和沿岸航行警告等,方法如下:

(1)按[F8]键打开[Setup]菜单,再按数字键[5](或者用键盘上的下箭头键)进入[EGC Setup]界面,如图 9-13 所示。

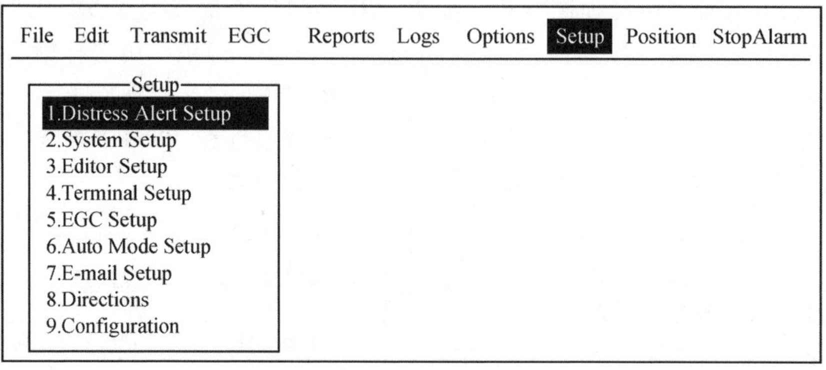

图 9-13 [EGC Setup]界面

(2)[EGC Setup](EGC 设置菜单)相关设置

如图 9-14 所示,界面显示内容设置方法介绍如下:

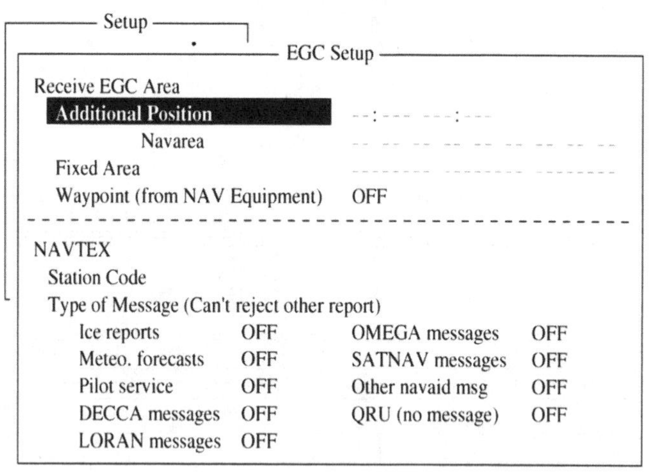

图 9-14 EGC 设置屏幕显示

①EGC 区域设置

[Additional Position]:可输入想接收海域的 L/L 位置,光标移至此项,按[ENTER]键可打开附加位置输入窗口,输入经纬度:××0×××N(或者 S)×××0×××E(或者 W),按[ENTER]确认输入。

[NAVAREA]:航行警告区设置。用[△][▽]键移光标到此项,按[ENTER]键打开"NAVAREA"输入窗口,输入预接收的 NAVAREA 区号(01~16),比如船舶在西北太

平洋，输入“11”后按[ENTER]键。

[Fixed Area]：用于海图更正业务，最大输入3，但是此项业务现未开放，不用输入数据。

[Waypoint(from NAV Equipment)]：在窗口中选择“ON”，可接收包含转向点(从导航仪设置的转向点)区域的EGC广播信息。

②NAVTEX信息的设置

[Station Code]：用[△][▽]键移光标到此项，按[ENTER]键，并在打开的窗口中输入某一NAVTEX台识别大写字母。

[Type of Message(Can't reject other report)]：设置预接收的NAVTEX信息种类，设置为[ON]，拒收设置为[OFF]。航行警告、气象警告、搜救信息强制接收，不在设置菜单中。

③更新设置

在上述设置完成后，按[ESC]键，打开更新窗口，选择[YES]键，按[ENTER]键更新设置。再按[ESC]键返回STANDBY显示。

注意：每个NAVAREA区域SafetyNET业务的播发地面站、播发时间以及气象报告区域图在英版《无线电信号表》第三卷(283)和第五卷(285)中查找。

任务五 了解海上安全信息电文结构

一、气象报告格式及相关知识

气象报告通常由气象警告、气象大势和气象预报三部分组成。气象和海浪公告每天至少播发2次。

1. 气象警告(Warning)

预报区风力达大风以上等级则发布气象警告，否则该部分为“No Warning”(无警告)。

(1)气象警告类型有：

①大风警告(Gale Warning)，蒲福风力8到9级；

②风暴警告(Storm Warning)，蒲福风力10级以上；

③热带气旋(Tropical Cyclone)，蒲福风力12级以上。在北大西洋和东北太平洋的热带气旋称为飓风(Hurricane)；在西太平洋的热带气旋称为台风(Typhoon)；在印度洋和其他地区称为气旋(Cyclone)。

另外，当蒲福风力接近大风，为7级时，是否发布警告由播发台选择决定。

(2)播发气象警告内容及顺序为：

①警告类型；

②日期和 UTC 时间;

③中心气压(hectopascals,百帕斯卡,HPa)及位置;

④移动方向和速度;

⑤影响范围以及影响范围的风速、风向、海浪和涌向;

⑥气旋今后位置预报等。

(3)几个警告同时影响某海域,按照威胁程度依次播发。

(4)在非预定时间播发时,播发台收到警告后立即播发,6 min 后再重播。如果警告在规定时间内播发,就不必 6 min 后重播。

(5)其他警告包括能见度不良、极端海况(狂涌等)、冰层堆积等。

2. 气象大势(Synopsis)

气象大势主要描述表面气象图的特征,包括高压、低压,特别是重要的气压中心毫巴、移动方向、移动速度、影响区域、未来位置预报;重要的海浪和海涌状况;冷锋、暖锋分布及移动趋势;漂浮冰况等。

3. 气象预报(Forecast)

(1)气象预报有效时间(UTC):从发布开始的有效时间,或者是开始和结束时间。

(2)预报分区名称,该分区内的风速、风向、海浪、视程(小于 5 n mile)、冰况,以及超过 24 h 的冻雨、降雪量、降雨量展望等情况。

(3)关于能见度(Visibility)描述规定:

①很差(Very Poor):小于 0.5 n mile。

②差(Poor):0.5~2 n mile。

③中等(Moderate):2~5 n mile。

④好(Good):5 n mile 以上。

二、气象报告常用缩语

气象报告常用缩语如表 9-3 所示。

表 9-3 气象报告常用缩语

术语全拼	缩写	中文解释	术语全拼	缩写	中文解释
North or Northerly	N	北或偏北	Moving /Move	MOV or MVG	正移动
Northeast or Northeasterly	NE	东北或偏东北	Veering	VEER	正转向
East or Easterly	E	东或偏东	Backing	BACK	随后
Southeast or Southeasterly	SE	东南或偏东南	Slowly	SLWY	缓慢地
South or Southerly	S	南或偏南	Quickly	QCKY	快速地
Southwest or Southwesterly	SW	西南或偏西南	Rapidly	RPDY	迅速地

续表

West or Westerly	W	西或偏西	Knots	KT	节
Northwest or Northwesterly	NW	西北或偏西北	Kilometer/h	KMH	千米/小时
Decreasing	DECR	减小	Metres	M	米
Increasing	INCR	增加	From	FM	从……来
Variable	VRB	可变化	Hecto Pascal	HPA	毫巴
Becoming	BECMG	正改变为	Meteorological	MET	气象的
Locally Moderate	MOD	局部中浪	Further Outlooks	TEND	趋向
Occasionally	OCNL	偶尔	Visibility	VIS	能见度,视程
Scattered	SCT	稀疏的	Slight	SLGT or SLT	轻浪
Temporarily/Temporary	TEMPO	临时地	Quadrant	QUAD	象限
Isolated	ISOL	单独的	Possible	POSS	可能的
Frequent/Frequency	FREQ	频繁的	Probability/Probable	PROB	很可能
Showers	SHWRS or SH	阵雨	Significant	SIG	重要的
Cold Front	C-FRONT or CFNT	冷锋	No Change	NC	无改变
Warm Front	W-FRONT or WFNT	暖锋	No Significant Change	NOSIG	无重要改变
Occlusion Front	O-FRONT or OFNT	锢囚锋	Following	FLW	跟随
Weakening	WKN	正减落为	Next	NXT	其次,下一个
Building	BLDN	正建立,增加	Heavy	HVY	大量地
Filling	FLN	遍及	Severe	SEV or SVR	严重的
Deepening	DPN	正加深	Strong	STRG	强劲地
Intensifiying/Intensify	INTSF	正加强	Expected	EXP	预期
Improving/Improve	IMPR	改善	Latitude	LAT	纬度
Stationary	STNR	静止的	Longitude	LONG	经度
Quasi-Stationary	QSTNR	似乎静止			

三、航行警告格式及要素

航行警告电文分为三部分:报头、警告内容和附加说明,如表 9-4 所示。

表 9-4　航行警告电文格式与内容表

部分	参考号	电文内容
报头	1	电文序列号
	2	航行警告区
	3	警告涉及位置
	4	涉及海图号
警告内容	5	关键词
	6	所在经纬度
	7	标志详细描述
附加说明	8	有效期或者航行警告取消说明

对于航行警告的最少信息要求是通告航海者存在什么危险、位置在哪里,除此之外还应包括其他有助于识别和确认危及安全航行的信息。如果有关航行安全事件的时间、日期和持续时间是知道的,也应在航行警告中标明。

任务六　了解海上气象传真业务

一、了解海上气象传真播发/接收技术

海上的气象传真系统是将陆地气象观测台观测到的各种气象资料图片,由海岸气象传真播发台在固定的频率上,定时向远洋船舶播发。航行在各海区的船舶可以使用气象传真接收机有选择地接收海岸电台播发的气象传真图,及时掌握船舶所在海区的气象情况,以保证船舶航行安全。

海上气象传真播发台将待发的气象传真图,通过气象传真发送机将图像信号转换为电信号,送入单边带发射机,单边带发射机将此电信号调制到载波上以下边带(LSB)播发。船舶用气象传真接收机接收气象传真播发台播发的气象传真信号,并处理打印出气象传真图。

具体技术实现过程是:气象传真播发台将气象图放在转鼓上,图像传感器沿着导杆从左向右慢慢移动,当完成对原稿件的一行扫描之后,传感器自动返回导杆的左端。在导杆左右移动的同时,转鼓进行旋转将原稿件上移一个微小的距离(一行),传感器继续扫描原稿件的第二行。随着转鼓的转动和图像传感器的移动,图像被分解成很多行微小的黑白点信号。海上气象传真图扫描线密度(合作系数)有 288 或者和 576;图像上的黑信号转换成 1 500 Hz,白信号转换成 2 300 Hz;转鼓转速(SPEED)有四种选择,每分钟 60、90、120 或 240 转。气象传真播发台在《无线电信号表》第三卷(283)中将载

明其所使用的合作系数和转速。

把气象传真图像转变的电信号送到单边带发射机，把图像电信号调制到发射载波上，用下边带（LSB）高频信号发送，工作种类为 F3C。

船舶一般使用气象传真接收机接收气象传真信号，解调，还原为 1 500 Hz（黑信号）、2 300 Hz（白信号），将这两种信号转换为不同的电压送到传真机打印头，转鼓上的传真纸为热敏纸，遇到高电平变黑点，低电平为白点（热敏纸不变化）。转鼓按照一定的速度旋转，转速与气象传真播发台相同。同时，热敏打印头装置在导杆上按照一定的速度左右移动，扫描密度与气象传真播发台相同。打印头从左向右逐点打印，到达右端点，实现自动换行。打印头周而复始地工作，直至一张原稿接收完毕。

为了使收、发双方同步，气象传真播发台一般会在发送气象传真图之前先传送遥控信号。遥控信号包括相位信号、开始信号（开始信号同时标明扫描线密度）和结束信号。相位信号是原稿件边缝上一宽度为 8 mm 的黑白相间连续信号；开始信号是原稿件边缝上一列黑点，当其频率为 675 Hz 时，表示气象传真发射机的扫描密度是 288；当其频率为 300 Hz 时，表示气象传真发射机的扫描密度是 576。当气象传真接收机收到此遥控信号时，便启动打印机打印传真图，同时自动设置扫描密度，使之与发射方同步。结束信号是原稿件左边缝上一列黑点，其频率为 450 Hz。当气象传真接收机接收到此信号时，便得知发方已经发完一幅气象传真图，打印单元停止打印。

相位信号指明气象传真发射机扫描信号的起始位置（即相位）。如果打印头的起始位置与发方起始位置同步，则复制出的相位信号印于传真纸的右侧，否则，相位信号将位于图的中间某位置使接收到的传真图分成两半，这是相位不同步造成的，可人工微调相位解决。

如果收发双方的转速不同（不同步），接收方也不能收到与发方完全相同的气象传真图，接收的图像会产生重复畸变。因此，在接收海岸电台发布的气象传真之前，应正确设置气象传真接收机的转速。目前，多数海岸电台使用的转速为 120 r/min。

除了转速和起始相位要求收发同步以外，传真接收机应正确设置线扫描密度（IOC，INDEX OF COOPERATION 译为合作系数）。如果接收方设置的 IOC 不对，接收到的图像会压缩或者拉长。目前，多数海岸电台均使用 IOC 为 576 发送气象传真图，以提高图像的清晰度。

海上气象传真接收机不是 GMDSS 必备设备，但是这项业务广受使用者喜欢，对船舶航行安全发挥着重要作用。

二、接收气象传真方法

1. 查找气象传真播发台

查英版《无线电信号表》第三卷,从后面索引(Index of Radio Stations)找出播发气象传真的播发台(有"Radio-Facsimile"标识)有关资料:气象传真台的发射频率、气象传真图种类、区域和发布的时间,以及转速、扫描密度等信息。需要说明的是播发时间栏中有括号的时间是气象观测时间,括号外的时间是播发时间。

2. 设置气象传真机接收气象传真图

将《无线电信号表》第三卷查到的气象传真播发台的发射频率、转速、扫描密度等信息在气象传真机上设置,具体操作方法根据气象传真机操作说明书进行。

三、船用气象传真接收机技术性能

图 9-15 为日本 FURUNO 公司出品的 FAX-408 船用气象传真接收机。

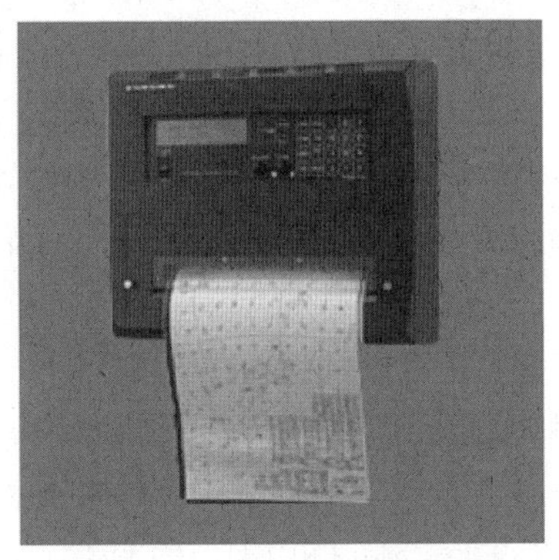

图 9-15　FAX-408 船用气象传真接收机

FAX-408 型采用热感应打印,安静无噪声,打印纸为 80 mm 宽的热感应纸,9 级灰度,所得传真图像轮廓清晰,2~25 MHz 频率范围为预设接收频率范围。内置定时器,每星期可编入 16 个程序,实现全自动操作,接收机还可以根据信号接收的强度自动选择接收频道,以达到最佳效果。另外,在接收频率范围上,除 2~25 MHz 频率范围内 150 个预设接收频道,用户还可以自己设置并存储 164 个接收频道。

设备的技术性能如下:

(1)频率范围:2~25 MHz(以 100 Hz 为间隔)。

(2)频道数:FAX-408 具有 150 个预设频道。

(3)接收模式:F3C。

(4)灵敏度:在 20 dB SINAD 情况下小于 2 μV。

(5)调谐监控器:3 个 LCD 灯显示接收频率是否合适或应该调高或调低。

(6)记录系统:感温打印。
(7)扫描速度:60、90 或 120 r/min。
(8)I. O. C. :576 或 288。
(9)外部输入信号:600 Ω 时等级为 0 dBm。
(10)适应的环境温度:-10~+50 ℃。
(11)电源:使用直流 12~24 V、2. 3~1. 15 A 电源。

思考与练习

1. 何为 WWNWS 业务?
2. NAVAREA 是如何分区的?
3. 沿岸航行警告如何安排播发?
4. MSI 主要是由哪些机构提供的? 主要经由哪些系统播发?
5. NAVTEX 系统是如何分区分时工作的? 这样安排的目的是什么?
6. 介绍 NAVTEX 报文技术编码。
7. 介绍 NAVTEX 的报文格式。其优先等级如何划分? 怎样安排播发?
8. 为什么要定期更新 Inmarsat C 船站的船位?
9. 简述 EGC 接收机的管理。
10. 气象报告由哪几部分组成?
11. 航行警告的格式及要素是什么?

实训案例题卡

NAVTEX 与气象传真机实训案例题卡(1)
1. 解释 NAVTEX 设备面板各功能键的作用。
2. 完成 NAVTEX 设备的自检测。
3. 介绍使用气象传真接收机接收某气象传真播发台的气象大势分析图的方法。

NAVTEX 与气象传真机实训案例题卡(2)
1. 某 NAVTEX 报文的技术编码是 RDOO,解释此技术编码的含义。
2. 某船正航行于南非好望角附近,设置 NAVTEX 接收机,接收 N/W、WX。
3. 解释气象传真机面板各功能键和旋钮的作用。

NAVTEX 与气象传真机实训案例题卡(3)
1. 某船航行于渤海海域,正确设置 NAVTEX 接收机,接收 N/W 和 WX 信息。
2. 调看 NAVTEX 接收机接收到的航行警告和气象报告。
3. 介绍气象传真接收机定时接收气象传真的方法。

项目十

遇险、紧急、安全通信

任务一　掌握遇险通信、紧急通信和安全通信的定义和相关规定

一、遇险通信、紧急通信和安全通信的定义

1. 遇险通信的定义

遇险通信包括遇险报警和遇险通信两个环节。当船舶生命和财产受到重大紧迫危险的威胁,需要附近船舶或者陆上救助机构立即援助时,可发送遇险报警和遇险呼叫,并就救援行动开展遇险通信。

船舶遇险需要报警有两个条件,即船舶遇险,且急需救助。而船舶发生险情,本船可以自救,就不需要报警。有时发生险情,一时无法判断能否靠本船的力量控制险情,遇到这种情况,船长一方面安排组织自救,另一方面做好报警的准备,发出遇险报警应是优先的选择;如果遇险报警发出之后,已准确判明险情能够控制不需要他方援助,船舶应尽快发出遇险险情已在本船控制下,不需要其他船采取行动,或者暂缓采取行动的通告。

遇险通信包括遇险转发和遇险收妥。

2. 紧急通信的定义

紧急通信是指某移动单位或人员就有关人命安全等紧急情况而进行的通信,比如船员突发严重疾病、人员落水、气象突变、紧急台风警告和紧急航行警告等。紧急呼叫和紧急通信一般要求附近船舶或陆上有关部门采取必要的紧急措施,或为遇到紧急情况的船舶或者人员提供有关援助。紧急通信的优先等级低于遇险通信,高于安全通信及低优先等级的其他通信。紧急呼叫和紧急通信应由船舶负责人或者海岸电台和海岸地球站负责人批准后,才能发送。

3. 安全通信的定义

安全通信是指有关航行安全的通信,比如海岸电台或海岸地球站播发的航行警告、气象警告、气象预报等有关航行安全的信息属于安全通信;船舶在航行中发现危及船舶航行安全的情况,或者本船主机发生故障,正漂流修理,需告知其他船舶注意,这类通信也属于安全通信。安全通信的优先等级低于遇险通信和紧急通信,高于常规通信。

二、遇险通信的相关规定

(1)遇险报警或者遇险呼叫以及随后的信息要在船长或者其负责人授权同意后发射。船长对遇险紧急通信负有全面责任。可能的情况下,船长亲自处理或者授权专人代其处理遇险通信事宜。船长因故不能处理遇险通信业务,又未指定代理人时,由大副代替船长指挥遇险、紧急通信。船舶驾驶员有义务提请船长及时采取有效通信手段和方法,确保在紧急时刻能迅速准确地发出遇险及救助信息。船体恶性倾覆,处于紧急弃船状态,船长或其授权代理人又不在通信指挥现场时,在这种极端情况下,船舶甲板部高级船员有权据情迅速发出遇险求救信息。

(2)无线电话遇险信号为“MAYDAY”,用法语发音“m' aider”。遇险通信应冠以“MAYDAY”信号。遇险通信有绝对优先权,其次为紧急、安全和常规通信。在 MF、HF 和 VHF 频段遇险安全频率上接收到遇险报警或者呼叫的所有船舶应立即停止任何可能干扰遇险通信的发射,并准备随后的遇险通信。除遇险呼叫外,紧急呼叫也比其他通信享有优先权。

(3)遇险报警应该提供遇险船的识别和位置,如果可能还要包括遇险性质、需要的救助方式、航向、航速、遇险时间,以及便于救助的其他信息。

(4)DSC 遇险呼叫应该在 MF、HF 和 VHF 频段遇险和安全频率上发射。遇险通信可使用 MF/HF 无线电设备、VHF 无线电设备和卫星通信设备。

(5)船长及驾驶台高级船员要熟悉和掌握遇险、紧急通信方面的知识。指定一胜任船员负责遇险通信设备的操作和使用。遇险时,具体负责遇险通信的操作人员,要在有关的遇险安全通信频率上值守,并做好一切遇险通信的准备工作。

(6)使用 DSC 进行的遇险报警或者遇险转发,其技术结构和内容用 ITU-R M. 493 和 ITU-R M. 541 的最新版本。为尽快得到援救,船舶可根据遇险具体情况选择最快最有效的遇险报警手段。

(7)每个国家的管理部门应确保 GMDSS 船舶识别的分配和登记。可用信息要在 24 h 内向 RCC 注册登记,以每周 7 天计。管理部门应立即把增加、删除和改变情况通知相关机构。

(8)船载 GMDSS 设备发射遇险报警应包含船舶的经、纬度,该设备没有内装电子定位系统接收机时,应外接到一个独立的导航接收机,自动提供船位。

(9)遇险通信中每个单词的发音清晰,语速缓慢、清楚,以便于对方记录。需要时,字母和数字发音用码语拼读法拼读;缩写和信号依据建议案 ITU-R M. 1172 最新版本使用。

(10)遇险船舶和接收到遇险呼叫的船舶应对通信全过程做详细记录,遇险通信结束后,应将遇险通信的全过程,尽快上报主管机关。

遇险与安全频率如表 10-1 所示。

表 10-1 遇险与安全频率表

波段	DSC	无线电话
VHF	CH70	CH16
MF	2 187.5 kHz	2 182 kHz
HF4	4 207.5 kHz	4 125 kHz
HF6	6 312 kHz	6 215 kHz
HF8	8 414.5 kHz	8 291 kHz
HF12	12 577 kHz	12 290 kHz
HF16	16 804.5 kHz	16 420 kHz

三、遇险船船长 GMDSS 操作指南及相关规定

GMDSS 设备安装后,要对相关人员进行必要的操作指导,特别指明设备的重要操作程序,操作说明应该尽可能地清楚明确,易于理解。

遇险报警设备的报警按钮设计上除非专门按下,否则不会轻易启动遇险报警。相关人员要非常精通 GMDSS 相关知识,防止误发遇险报警。为了降低误报警,GMDSS 设备的常规测试应该在负责通信的人员监督下进行。

为了发挥 GMDSS 的最大优势,船长应该确保发射遇险报警的船员在船接受相关设备操作使用指导,这样的指导由负责通信的人员定期对所有相关人员进行。

遇险船船长 GMDSS 操作指南图可作为遇险信息路由标准程序的主要部分,可张贴在无线电设备的控制位置,直观可用,如图 10-1 所示。用红、橙和黄三种颜色表示了操作 GMDSS 设备应注意遇险报警的等级程度及使用设备的参考指南。

在实际工作中,往往遇到的问题相对复杂,指挥者和操作设备的船员应具有良好的应急处理能力,要对事件快速判断,临阵不慌,保持头脑清醒,不仅要考虑船舶通信设备的配备情况和所处的海区,同时面对多种的 GMDSS 设备,要保证设备操作的有效性和准确性。

注意:遇险转发和遇险收妥与遇险报警有同样的优先权,需要在船长的授权下才能发送。船舶在 MF 和 VHF 波段上接收到一个 DSC 报警,不应发射 DSC 遇险转发;在 HF 波段上接收到一个 DSC 报警,最小 5 min 的延迟后,需人工仅向海岸电台发射 DSC 遇险转发。

使用 GMDSS 设备进行常规无线电通信是 GMDSS 功能之一,经常使用 GMDSS 设备(包括在 VHF、MF 和 HF 上的 DSC 呼叫,以及 Inmarsat C 船站和 F77 船站,以及增配的

VHF 和远程通信设施)有助于操作人员胜任工作,保证设备可用。如果使用其他无线电通信系统完成大部分船舶商业通信,就应定期使用 GMDSS 设备发送选择的通信,或者定期测试,以保证操作人员胜任工作,同时保证设备可用,降低误报警事件的发生。

限制 MF/HF DSC 遇险和安全频率 DSC 测试呼叫的数量,规定与海岸电台在 DSC 遇险和安全频率上的实际测试限制在每周一次(见 COM/Circ. 106)。

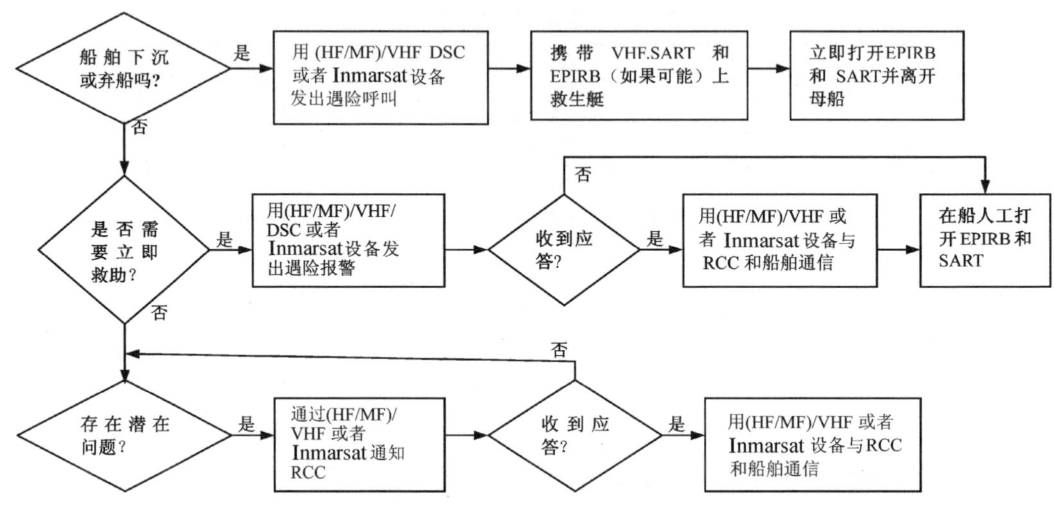

1. 如果 EPIRB 不能携带到救生艇筏上,将在母船上能自由浮起,并自动启动。
2. 必要时,船舶可用任何适当方式向其他船报警。
3. 无遇险情况,要预防任何设备的误报警。

遇险与安全频率表

波段	DSC	无线电话
VHF	CH70	CH16
MF	2 187.5 kHz	2 182 kHz
HF4	4 207.5 kHz	4 125 kHz
HF6	6 312 kHz	6 215 kHz
HF8	8 414.5 kHz	8 291 kHz
HF12	12 577 kHz	12 290 kHz
HF16	16 804.5 kHz	16 420 kHz

图 10-1　遇险船船长 GMDSS 操作指南图

任务二　掌握各类遇险通信的格式及规定

水上无线电话遇险通信的格式包括无线电话遇险呼叫格式、无线电话遇险通信格式、无线电话遇险收妥格式、无线电话遇险转发格式、强制静默信号与格式、遇险解除信号与格式。

遇险通信还包括指定遇险现场指挥的通信、遇险现场通信、定位和导引信号、弃船执行的通信步骤等。

对于各类遇险通信格式及规定做如下介绍。

一、无线电话遇险呼叫与遇险通信格式及使用规定

遇险船舶使用 VHF 无线电设备、MF/HF 无线电设备等设备首次用无线电话方式发送遇险报告时，应首先进行遇险呼叫，然后进行遇险通信。

1. 无线电话遇险呼叫格式

——遇险信号“MAYDAY”，三次；

——“This is”，一次；

——遇险船名，三次；

——呼号或者其他识别；

——MMSI（如果已经用 DSC 发送了初始报警）。

2. 无线电话遇险通信格式

跟随遇险呼叫后的遇险信息发送形式

——遇险信号“MAYDAY”；

——遇险船名；

——呼号或者其他识别；

——MMSI（如果已经用 DSC 发送了初始报警）；

——遇险位置，如经纬度；如果经、纬度不知道或者其地点不对，可以使用一个有关的地理位置；

——遇险性质；

——需要救助的种类；

——其他有用的信息。

3. 无线电话遇险呼叫与遇险通信格式使用规定

（1）船舶遇险在使用无线电话进行遇险呼叫及遇险通信时，根据船舶遇险的实际情况应首先启动 VHF DSC、MF/HF DSC、Inmarsat C 船站和 F77 站或者 EPIRB 发出遇险报警。这样 RCC 或者附近的船舶收到遇险报警信息后能产生声光报警信号。

（2）遇险船舶根据遇险情况可在 VHF CH16（156.8 MHz）上直接发送遇险呼叫和遇险报告，以与附近船舶直接开启遇险通信。

（3）无线电话遇险信号由“MAYDAY”组成，用法语发音“m’aider”。

二、无线电话遇险报警收妥格式及使用规定

1. 无线电话遇险收妥确认格式

——遇险信号“MAYDAY”；

——遇险船船名、呼号（或者 MMSI，或者其他识别）；

——"This is";

——收妥台名、呼号(或者 MMSI,或者其他识别);

——"RECIVED";

——遇险信号"MAYDAY"。

3. 无线电话遇险报警收妥规定

(1)海岸电台和海岸地球站接收到船舶的遇险报警和呼叫后,要尽快地将信息传递给 RCC。由海岸电台或者 RCC 尽快地给予收妥确认。RCC 的收妥确认可以经由海岸电台,或者与之相连的海岸地球站。

(2)接收到遇险报警或者遇险呼叫的船舶或者船舶地球站应尽快将遇险报警的信息通知船长或者其负责人,由船长或者其负责人决定是收妥确认,还是转发。如果船舶所在海域能与一个或者数个海岸电台可靠通信,船舶就应推迟收妥确认,以便首先由海岸电台收妥确认。

(3)当海岸电台使用 DSC 进行遇险收妥确认时,应在接收到遇险报警的 DSC 遇险呼叫频率上以向所有船播发的方式发送遇险收妥确认。遇险收妥确认呼叫应包括遇险船识别、报警被收妥的标志等。

(4)DSC 遇险收妥确认应发送到所有台,通常仅由海岸电台发射,并具有自动停止 DSC 遇险重复呼叫的功能,然后视情采用无线电话在接收报警同波段的相关遇险和安全频率上发送遇险收妥,进一步确认救助事项。

(5)遇险报警的收妥确认要以适合的方式和适当的间隔时间发送,以便于接收。经由卫星的收妥可立即发送。

(6)船舶在 VHF CH16 信道上接收到一个无线电话遇险呼叫,在 5 min 内没有海岸电台或者其他船舶收妥确认此遇险呼叫,那么该船舶就应对接收到的遇险呼叫进行收妥确认,并用可能的方式向适当的海岸电台或者海岸地球站转发该遇险呼叫。

(7)如果船台在航行区域接收到遇险报警或者遇险呼叫,此报警或者呼叫海岸电台不可能收到,又确定此报警或者呼叫是真实无疑的,且本船在遇险船舶附近,就尽快收妥确认此遇险呼叫,并经由海岸电台或者海岸地球站通知 RCC。

(8)在遇险报警频段的无线电话遇险和安全通信频率上收妥遇险报警还要考虑海岸电台发布的指示;在 VHF 或者 MF 频段用无线电话收妥确认接收到的遇险报警不成功时,可考虑使用 DSC 方式在合适频率上收妥确认此遇险报警。

(9)除非一个海岸电台或者 RCC 指示对遇险报警收妥确认;否则船舶仅在下列情况下才可进行 DSC 遇险收妥:

①海岸电台没有用 DSC 收妥确认;

②没有听到遇险船用无线电话或者是 NBDP 发出和接收通信;

③至少 5 min 过去了,DSC 遇险报警仍在重复。

(10)接收到岸到船转发的遇险报警或者遇险呼叫的船台应设法直接与遇险船和 RCC 建立联系,回答救助方面的问题。

三、无线电话遇险转发格式及使用规定

无线电话遇险转发含遇险转发呼叫与遇险转发两个环节，格式及使用规定如下：

1. 无线电话遇险转发格式

——遇险信号“MAYDAY RELAY”，三次；

——“ALL STATIONS”或者海岸电台名，三次；

——“DE”，一次；

——转发台名；

——转发台呼号或者其他识别；

——转发台的 MMSI（如果已经用 DSC 发送了初始报警）；

——尽可能地重复原始报警电文中的信息。

2. 无线电话遇险转发规定

(1)收到遇险信息的船舶经船长授权后，如果能可靠地用无线电话建立船到岸通信时，就可用无线电话方式向一个相关海岸电台或者 RCC 转发遇险船信息。

(2)接收到遇险报警（或者遇险呼叫）和遇险信息的台或者 RCC 应视情经由卫星系统或者地面通信系统进行岸到船方向的遇险转发，可以发到所有船，或者发到选择的船队，或者发到一个专门的船舶。

(3)转发遇险报警和遇险呼叫应包含遇险船的识别、位置和其他有助于救助的信息。

(4)当船舶发现或者得知一条船遇险而又没有发射遇险报警，就应以遇险转发的形式代其遇险报警。下列两种情况应该做遇险转发呼叫：一是接收到遇险报警或者遇险呼叫，海岸电台或者附近船舶 5 min 内没有收妥此遇险报警；二是知悉一条船遇险，又不能参与遇险通信，非遇险船船长认为有必要进一步的救助。

(5)遇险转发应根据情况选择适当形式发送，可用无线电电话，或者用 DSC 遇险转发呼叫，或者用船舶地球站发遇险优先等级电文。转发遇险报警台要标明非本船遇险。

(6)在 VHF 或者 MF 遇险频率上接收到一个 DSC 遇险报警的船舶不得将此呼叫在 VHF 或者 MF 上用 DSC 向所有船转发。

(7)船舶在 HF 频段接收到一个遇险报警，且本船距离事故地点又相当远，为了避免错误，收到遇险报警的船舶就不要对此进行收妥确认，但是应在相关频率上收听；如果海岸电台 5 min 内没有收妥确认此遇险报警，就应向相关海岸电台或者海岸地球站转发遇险报警或者遇险呼叫。

四、无线电话强制静默信号与格式及使用规定

1. 无线电话强制静默信号

无线电话强制静默信号为“SEELONCE MAYDAY”，法语发音“silence, m’aider”。

2. 无线电话强制静默格式

——“MAYDAY”;

——“干扰信号台名/呼号(当干扰台名/呼号未知时用 ALL STATIONS)”,三次;

——“This is”,一次;

——发送通告的台名/呼号或者其他识别,三次;

——通告遇险通信正在进行等信息;

——“SEELONCE MAYDAY”,可重复数次。

3. 无线电话强制静默信号使用规定

协调遇险通信的 RCC、协调搜救作业的单位或者是参与遇险通信的海岸电台可以强制干扰遇险通信的电台静默。根据具体情况,这一指令可以发送到所有台或者是单一台。

五、无线电话遇险解除信号与通告格式及规定

1. 无线电话遇险解除信号

无线电话遇险解除信号“SEELONCE FEENEE”,法语发音“silence fini”。

2. 无线电话遇险解除通告格式

——遇险信号“MAYDAY”;

——“ALL STATIONS”,三次;

——“This is”,一次;

——发送通告的台名,三次;

——发送通告台的呼号或者其他识别;

——通告交发时间;

——遇险船的 MMSI(假若初始报警用 DSC 发出)、船名、呼号;

——“SEELONCE FEENEE”。

3. 无线电话遇险解除信号使用规定

当遇险通信在其使用的频率上停止时,控制搜救作业的台就应在现场指挥官授意下,发布结束遇险通信的通告。

六、遇险通信的一般规定

(1)遇险通信由有关于遇险船需要立即救助的全部信息组成,包括搜救通信和现场通信。遇险通信应尽可能地在遇险和安全频率上进行。

(2)用无线电话进行遇险通信,呼叫前加遇险信号“MAYDAY”。

(3)负责控制搜救作业的 RCC 应对遇险通信进行协调,或者是指定另一台负责遇险通信的协调。

(4)协调遇险通信的 RCC、协调搜救作业的单位或者是参与遇险通信的海岸电台可以强制干扰遇险通信的电台静默。根据具体情况,这一指令可以发送到所有台或者是单一台。无线电话静默信号为“SEELONCE MAYDAY”,法语发音“silence, m'aider”。

(5)一直到遇险通信结束前,所有台(指知道遇险通信但没有参与的台,不在遇险中的台)禁止在遇险通信正在进行的频率上发射。但当遇险通信已经建立并正常进行,在不干扰遇险通信的情况下,其移动业务台就可以进行通信。

七、指定遇险现场指挥

各救助单位在到达搜救区域前,由 RCC 或者救助单位相互协商指定一个救助单位为现场指挥或者海面搜寻协调船。未指定现场指挥时,第一到达遇险现场的救助单位自动承担现场指挥的职责。现场指挥或者海面搜寻协调船负责:搜寻目标位置;搜寻区域和搜寻单位的间距安排;搜寻方式的确定;指定施救单位;通信协调,以及定时向负责协调救助的 RCC 报告搜救情况,尤其是报告幸存者的详情,包括幸存者数目、姓名、单位、目的地以及需要的额外救助等情况。

八、遇险现场通信

遇险现场通信(On-scene Communication)系指遇险船舶和救助船舶间,以及船舶和协调搜救作业单位间的通信。

现场通信的控制是协调搜救作业单位的责任。现场通信应使用单工通信,这样所有现场移动台都可以分享遇险船舶的相关信息。

现场通信无线电话首选频率是 156.8 MHz(VHF CH16)和 2 182 kHz。2 174.5 kHz 也可以用船到船现场通信,应使用 NBDP 的 FEC 模式。

除 156.8 MHz(VHF CH16)和 2 182 kHz 频率外,3 023 kHz、4 125 kHz、5 680 kHz、123.1 MHz 和 156.3 MHz(VHF CH06)可以用于船舶到搜救飞机间的现场通信。

遇险现场通信频率的选择或者指定是协调搜救作业单位的责任。通常,一旦指定现场通信频率,所有参与现场通信的船舶就应保持在选择的频率上连续值守(人工守听无线电话频率)。

九、定位和导引信号

定位信号是帮助搜寻遇险船或者确定救生艇筏位置的无线电信号。这些信号包括搜救单位发射的信号,也包括遇险船舶、救生艇筏、自浮式 EPIRB、卫星 EPIRB 和 SART 发射的那些帮助搜救的信号。

导引信号又称归航信号,系指由遇险船舶,或者由救生艇筏发射的那些定位信号,能用于测定发射台的方位,从而导引搜救飞机尽快地搜寻到遇险船舶或者救生艇筏。

定位信号在下列频带发射:117.975～136 MHz;156～174 MHz;406～406.1 MHz;9 200～9 500 MHz。

任务三　掌握紧急、安全和医疗呼叫与通信格式及相关规定

一、紧急和安全通信的相关规定

(1)紧急呼叫和紧急通信通常在国际规定的海上遇险和安全频率上进行,不能干扰遇险通信。

(2)安全呼叫和安全通信可以在国际规定的海上遇险和安全频率上进行,但不能干扰遇险通信和紧急通信。在 VHF CH16 信道可进行简短的安全通信,长时间的安全信息播发应在 VHF CH16 播发引语后转到其他信道上。

(3)在海上移动业务中,紧急、安全通信通常发送到所有台,有时要发送到特定台,一般先用 DSC 方式,在 DSC 遇险和安全呼叫频率上发送一个呼叫;播发类型可以是所有船呼叫,或者是海区呼叫,或者是群呼,或者是单对某一台呼叫;优先等级选择“URGENCY”或者“SAFETY”,并约定后续工作方式和工作频率。后续工作方式可约定无线电话方式;后续通信频率尽可能与呼叫频率同波段,可酌情使用无线电话遇险和安全频率,也可在其他适合的频率上进行后续紧急通信或者安全通信。

(4)紧急信号是“PAN PAN”,法语发音“PANNE”。紧急通信时要冠以紧急信号。

(5)安全信号“SECURITE”,法语发音“SAY-CURE-TAY”。安全通信时要冠以安全信号。

(6)紧急和安全通信包括:

①航行警告、气象警告和紧急信息;

②船到船航行安全通信;

③船舶报告通信;

④支持搜救作业的通信;

⑤其他紧急和安全信息;

⑥有关船舶的航行、移动和需求的通信,以及发给官方气象台的气象观测电文。

(7)安全呼叫和安全信号标明呼叫台有重要航行警告和气象警告发送。当船舶发现危险浮冰、危险船残骸以及其他危及船舶安全航行信息时,应尽快向附近其他船播发,并经由海岸电台或者相关的海岸地球站通告相关当局,发送前应先进行安全呼叫。

比如:船台在发送旋风存在信息时,应以最小的延迟向附近船舶播发,并经由海岸电台或者相关的海岸地球站通告相关当局。

(8)海岸电台的紧急呼叫还可以发送到一个船队,或者是规定海域的船舶。

(9)在海上移动业务中,下列两种情况的紧急信息可以在一个工作频率上发送:

①长电文或者是一个医疗呼叫;

②在通信繁忙区重发紧急信息时。

(10)在海事卫星移动业务中,发送紧急和安全信息不需要做单独的呼叫。但是如果有网络优先进入设置,就应使用优先进入等级发送信息。

(11)紧急呼叫和紧急信号标明呼叫台有相关于船舶安全或者人员安全非常紧急的信息发送。

(12)有关于医疗指导的通信可用紧急信号引导,需要医疗指导的船舶可以从海岸电台表和特殊业务电台表中所列的相关陆地台获得相关帮助。

(13)帮助搜救作业的紧急通信不用紧急信号引导。

(14)接收到一个"All Ships"DSC 紧急、安全呼叫的台,或者用其他方式传送到所有台的安全呼叫,收到的船台不用对此呼叫收妥确认。

(15)接收到紧急、安全呼叫的台,应在告知发送信息的频率或者信道上收听,直到确认信息与本台无关为止,不能做干扰紧急、安全信息的发射。

(16)如果紧急信息既不传送到某海岸电台或者船台,也不是向所有台播发,而该海岸电台或者船台要使用非发送紧急信号或者是随后信息的频率通信,又不干扰紧急通信,就可以在其通信频率上继续工作。

二、无线电话紧急呼叫格式

——PAN PAN,PAN PAN,PAN PAN;

——ALL STATIONS,ALL STATIONS,ALL STATIONS(或被呼叫电台名重复三次);

——THIS IS;

——发送紧急信息台名(三次);

——船名/呼号,或者其他识别;

——MMSI(假若用 DSC 发送了初始呼叫);

——如果使用另一工作信道或频率发送信息,告知使用信道或者频率详情。

举例如下:

PAN PAN,PAN PAN,PAN PAN;

ALL STATIONS,ALL STATIONS,ALL STATIONS;

THIS IS;

M/V YUQIANG, YUQIANG, YUQIANG;

MY CALL SIGN IS BOQQ,BRAVO OSCAR QUEBEC QUEBEC;

OUR SHIP ONE SAILOR OVERBOARD POSN 24N130E AT 070100UTC. PLS ALL SHIPS IN VICINITY TAKE A SHARP LOOKOUT AND IF ANY INFORMATION PLS TELL ME.

CAPTAIN OF YUQIANG 0200GMT/7TH FEBRUARY 2019.

三、无线电话取消紧急信号格式

当紧急通告或者紧急呼叫及紧急信息发送到所有台,且不需要采取进一步的行动时,就应由发射台发送取消紧急信号通告。

用无线电话发送取消紧急信号格式:

——PAN PAN,PAN PAN,PAN PAN;

——ALL STATIONS,ALL STATIONS,ALL STATIONS;

——This is(如言语困难时,用 DE,读作 DELTA ECHO);

——发送紧急信息台/呼号或者 MMSI(假若用 DSC 发送了初始呼叫),三次;

——Please cancel urgency message of time in UTC.

四、医疗运输通信及格式

术语“医疗运输”(在 1949 年《日内瓦公约》和附加协议中进行了定义)系指那些参与救助受伤、生病和遇难船只的船舶、艇筏或者飞机,无论是陆上运输,还是水上运输或者空中运输;不管是军事的,还是民用的;不管是永久的,还是临时的,指定专门用于医疗运输及在胜任当局控制下的;属于军事冲突方,或者中立国和没有参加军事冲突的其他国的。

为了达到通告和识别受上述公约保护医疗运输的目的,可使用上述部分条款,用无线电传进行医疗运输通信,在紧急信号“PAN PAN”后再加单词“MEDICAL”;用无线电话进行医疗运输通信,在紧急信号“PAN PAN”后再加单词“MAY-DEE-CAL”,按法语发音“medical”。

当使用 DSC 发射医疗运输呼叫时,在 VHF 频段可发送到所有台;在 MF 和 HF 频段应发到一个指定的海域,并指明是“Medical Transport”,在一个或者多个遇险和安全通信频率上发送 DSC 呼叫后,尽快转到工作频率上通信。

医疗运输通常要传输下列信息:呼号或者其他识别、位置、车辆的数量和类型、经由路线、离开和到达预计时间和路线,以及其他信息,比如飞机高度、监听频率、使用语言、第二监视雷达等。

用无线电通信播发和识别医疗运输是选择项,但是如果使用,应遵守上述规则。

五、海上无线电医疗指导业务

海上无线电医疗指导通信是指在船舶上的旅客或船员患重病或受伤,用无线电设备向陆上医疗机构询问急救和医治方法的通信,这类通信属于紧急优先级的通信。对于急迫的无线电医疗指导通信,建议船舶按紧急通信格式进行,通信时冠以紧急信号“PAN PAN”。

海岸电台和卫星地面站一般都提供无线电医疗指导业务。海岸电台通常提供 MF、HF 和 VHF 无线电医疗指导业务，相关情况可向海岸电台咨询或者在海岸电台表(281)中查询。Inmarsat 系统提供的医疗指导业务代码为 32。无线电医疗指导通信一般是免费的。

船舶也可以直接向陆上医疗专家进行医疗咨询，接受医疗指导。

请求医疗指导的电文应简明扼要，电文内容应包括患者的主要基本情况，包括：患者性别；年龄；病症，包括外部病症和患者可感觉到的任何病症；伤员发生事故的日期或患者发病开始日期；患者的体温、脉搏和身体一般情况；其他有助于医生做出诊断的任何信息。

当陆上要求船舶提供船名和船位，或者要求船舶提供船上医疗箱(Medical Chest)详细情况时，应如实回答。医疗咨询和指导通常使用英语。若存在言语困难，建议使用国际信号规则(International Code of Signals)的医疗部分(Medical Section)进行医疗指导通信。

无线电请求医疗指导电文，需经船长或船舶负责人签署后发送。

船舶应根据通信条件和设备情况选择一种合适的通信路由和方式，包括：

(1)船舶使用 Inmarsat 设备进行医疗咨询时，可直接联系医疗专家咨询，或者叫通地面站后键入医疗指导业务代码为“32”，向陆上医疗专家进行医疗咨询，接受医疗指导。

主要步骤：Inmarsat 船站→卫星→LES→医疗专家(电话、电传、E-mail 或者其他)。

(2)根据电波传播距离，选择 MF/HF 设备或者 VHF 设备呼叫海岸电台用无线电话向陆上医疗专家咨询，接收指导。

六、海上医疗援助通信业务

医疗援助通信是指船舶上的旅客或船员患重病或受重伤，请求岸上有关当局派出直升机或快艇将患者或伤员转移到陆上抢救治疗而进行的通信，这类通信也属于紧急优先级的通信。

对于急迫的医疗救助通信，建议船舶按紧急通信格式进行，通信时冠以紧急信号“PAN PAN”。

沿海国大多提供医疗救助业务，与此相关的通信称为医疗救助通信。

有关医疗救助的通信与“七、海上无线电医疗指导业务”所描述的通信相似，不过当经由 Inmarsat 系统请求医疗救助时，在叫通海岸电台后，应键入代码“38”(Medical Assistance)。

在港内可用 VHF 设备在 CH16 信道上直接呼叫 VHF 岸台请求救助。

当请求附近船舶提供救助时，也可用 VHF 设备在 CH16 信道上直接呼叫附近的船舶，请求医疗救助；或者使用 VHF DSC、MF DSC 发出紧急呼叫，然后在 VHF CH16 或者 MF 2 182 kHz 上用无线电话联系附近船舶进行救助。

七、医疗指导和医疗援助电文建议格式及内容要求

申请医疗指导或者医疗援助电文的格式及内容要求。

(1)通过 Inmarsat 移动站发送的电文,应采取以下标准格式:

①"MEDICO"字样;

②船名;

③船舶识别码(IMN)和呼号;

④船舶实际位置;

⑤患者的伤势或病情;

⑥症状;

⑦其他有关的信息。

(2)通过地面系统传送的电文,其格式各国要求不一,但一般应符合以下格式:

——PAN PAN,This is,船名。

——医疗业务与机构标志,岸台名称。

——有关患者的各种情况(同电传)。

——OVER。

(3)申请医疗援助电文的格式及内容要求

申请医疗援助电文的格式与申请医疗指导电文的格式一致。但须补充以下项目:航向、航速、气象、海面情况、能见度、风向、风速、气压是否突变、下一停靠港、预计抵港的日期时间、申请何种援助及其他细节。医疗援助申请电文示例:

MEDICO SHANGHAI RADIO/XSG

M/V SHANGHAI EXPRESS/J8DN3 0220UTC ONE MILE NORTHEAST OF ENTRANCE BUOY OF BANE HARBOUR A SAILOR FALLED INTO HOLD FROM DECK SERIOUSLY WOUNDED AT HEAD REQUIRE HELICOPTER TO TAKE HIM TO HOSPITAL STOP IF MEDICAL ASSISTANCE YOUR PORT AVAILABLE.

MASTER M/V SHANGHAI EXPRESS.

八、国际海上无线电医疗帮助业务介绍

以意大利提供的国际无线电医疗指导和救助业务为例。

1. 机构名称

负责意大利海上无线电医疗帮助业务(Maritime Telemedical Assistance Service, TMAS)机构名称:意大利罗马国际无线电医疗指导中心[Centro Internazionale Radio Medico(CIRM), Rome, Italy;网站:www. cirm. it]。

2. 通信路由

可经由如下机构把相关信息传到该中心:

(1)国家 MRCC 或者其他救助组织。

(2)意大利海上无线电台(申请连接 CIRM)。

(3)通过美国海岸警卫队电台,电文传送地址:DH MEDICO CIRM ROMA。

(4)通过电传方式申请,标明“MEDRAD”或者“DH MEDICO”,会被优先传送。

(5)CIRM 联系电话:+39 06 54223045;

FAX:+39 06 5923333;

Mobile:+39 348 3984229;

TELEX:+612068 CIRM I;

E-MAIL:telesoccorso@ cirm. it。

(6)A2 海区可用 DSC 呼叫 Rome MRCC 或者 JRCC,MMSI:002470010。

(7)经由海上无线电电台:DSC A1 A2 海区,MMSI:002470001,VHF/MF RT 网,HF RT,Radiotelex。

3. 通信语言

英语、意大利语和法语。

4. 通信程序

国际无线电医疗中心(CIRM)为任何国家的船上病人提供全球 24 h 免费无线电医疗帮助业务,还尽可能地为船上病人提供协调帮助,主要是和国家海上搜救协调中心(MRCC)合作,如有需要,也可以和其他救助组织合作,比如美国海岸警卫队。当船舶申请无线电医疗帮助时,船舶应提供下列信息:

(1)提供船舶资料

①船名、MMSI、呼号(Vessels Name and MMSI/International Callsign)。

②船位、离开港和抵达目的地的 ETA (Position, port of departure and ETA at destination)。

③船舶医疗箱等(Medicine chest available on board)。

(2)提供病人信息

①出生日期、国籍和职务(Date of birth, nationality and rank)。

②体温、血压、脉搏、呼吸频率(Temperature, blood pressure, pulse and respiratory rates)。

③病人体征、痛点位置、相关症状(Patient symptoms, location of pain, associated symptoms)。

④其他医疗问题、用药、过敏史、慢性病、治疗等(Other medical problems, with special reference to drug or other allergies, chronic illness and their treatment)。

⑤事故情况,包括事故在哪里发生、怎么发生的,以及如何对病人进行治疗的。

(In case of accident, where and how the accident took place. Therapy already administered to the patient)。

5. 注意问题

在咨询 CIRM 前,如果可能不要对病人进行用药等;CIRM 将一直跟踪指导,直至病人康复或者上陆,或者是住进医院。

九、安全呼叫与安全通信格式

1. 无线电话安全呼叫与安全通信格式

——SECURITE,SECURITE,SECURITE;

——ALL STATIONS,ALL STATIONS,ALL STATIONS(或被呼叫电台名重复三次);

——THIS IS;

——发送安全信息台名/呼号或者其他识别(三次);

——MMSI(假若用 DSC 发送了初始呼叫);

——如果使用另一工作信道发送信息,告知使用信道详情。

举例如下:

SECURITE,SECURITE,SECURITE

ALL STATIONS,ALL STATIONS,ALL STATIONS;

THIS IS;

M/V YUQIANG, YUQIANG, YUQIANG;

MY CALL SIGN IS BOQQ,BRAVO OSCAR QUEBEC QUEBEC;

OUR SHIP MAIN ENGINE OUT OF ORDER AND NOW ADRIFTING POSN 24N130E AT 070100UTC PLEASE ALL SHIPS PAY ATTENTION AND KEEP CLEAR FROM ME.

CAPTAIN OF YUQIANG 0200UTC/7TH FEBRUARY 2019.

2. 船舶间航行安全通信

大多情况下,船舶间航行安全通信是指与船舶安全移动有关的 VHF 无线电话通信。VHF CH13(156.650 MHz)为船舶间航行安全通信信道。

当船舶航行在近岸或者江河中或者在锚地,附近 VHF 海岸电台也可能在 VHF 某个频道播发海上安全信息。方法是在 VHF CH16 信道上播发引语,然后转到约定的信道上播发安全信息。

任务四 掌握 VHF 遇险通信及防止与取消误报警规定和程序

一、VHF DSC 遇险报警的相关规定

(1)VHF 遇险报警可用 DSC 方式在 VHF CH70 信道上发送,A1 海区船舶如配备 VHF CH70 EPIRB 也可由其发出遇险报警。没有安装 DSC 呼叫程序的船台可在 VHF CH16(156.8 MHz)上用无线电话发送遇险呼叫和遇险信息,遇险呼叫格式和遇险通信

格式见本项目任务二“一”所述。

(2)船到船的遇险报警可使用 VHF DSC,这样附近的船舶可立即收到,几乎可以没有延迟地实施救助。

(3)遇险现场通信在 VHF CH16 上进行,当搜救飞机参与救助时也可据情使用 VHF 在 CH06 上通信。

(4)在 VHF 或者 MF 遇险频率上接收到一个 DSC 遇险报警的船舶不得将此呼叫在 VHF 或者 MF 上用 DSC 向所有船转发。

(5)VHF DSC 遇险报警可编发,也可直接按遇险报警钮自动生成电文发出。在 VHF 频段只有单频报警方式,遇险报警电文包括遇险船的 MMSI、遇险位置、遇险的性质等。单一报警电文发射需要 0.6 s,每次报警电文发 5 遍,间隔 3.5~4.5 min,自动重复,直至接收到一个 DSC 收妥为止。

(6)接收到 VHF 遇险报警或者遇险呼叫应尽快报告船长,根据船长指示采取行动。在 A1 海区遇险报警由海岸电台收妥,附近船台转 VHF CH16 监听,并提供帮助。在其他海区(A2、A3 和 A4 海区),附近船舶直接发 DSC 遇险收妥,或者与 RCC 或海岸电台协商后发 DSC 遇险收妥,终止遇险船的 DSC 遇险呼叫,转入 VHF CH16 上进行遇险通信,其他附近船舶也转到 VHF CH16 收听,并提供可能救助。

二、VHF 遇险报警和遇险通信程序

船舶 VHF DSC 报警,附近大约 30~50 n mile 的船舶可立即收到,并迅速地对遇险船实施救助。因此,当船舶遇险需要附近的船舶立即前来救助时,在 VHF CH70 上发送 DSC 遇险报警是首选方式。

DSC 遇险报警内容如下:

点阵	定相序列	格式符 DISTRESS	遇险船识别	遇险性质	遇险位置	遇险时间	序列结束	差错校验符

遇险性质(Nature of Distress):由操作人员从遇险性质列表中选择,共 12 种遇险性质,包括海盗(Piracy)和人员落水(Man Overboard)。虽然这两类性质包括在 DSC 遇险报警的遇险性质中,但随后的无线电话通信中,仍要求用紧急通信程序,通信前加紧急信号“PAN PAN”。

遇险位置(Position of Vessel in Distress):自动更新;但是老设备由人工输入船位;假若位置不知道或者 4 h 没有更新,用 10 个“9”字替代,部分设备不显示“9”字,翻译成相应文字。按照最新建议案,遇险报警后立即跟随一个 1.8 s 的附加信号,称为扩展序列(Expansion Sequence),作用是提高遇险船位的分辨率。老的设备不兼容这个扩展序列,但不影响遇险报警的接收和显示。

遇险时间:UTC 时间表示有效遇险位置的时间;和设备内部时间不一致,设备内部时间一般显示区时;如果 UTC 时间不正确,可能影响搜救。无效时间,用 4 个“8”字代替,部分设备不显示“8”字,翻译成相应文字。

在启动遇险报警 3 s 内(准确讲是 2 s 内)可以停止遇险报警返回正常状态,但这实际上是难以做到的。

启动 DSC 遇险呼叫后,每次将以上序列发送 5 遍,间隔约 4 min,等待接收 DSC 遇险收妥。如果接收不到 DSC 遇险收妥,再重复 DSC 遇险呼叫,如图 10-2 所示。

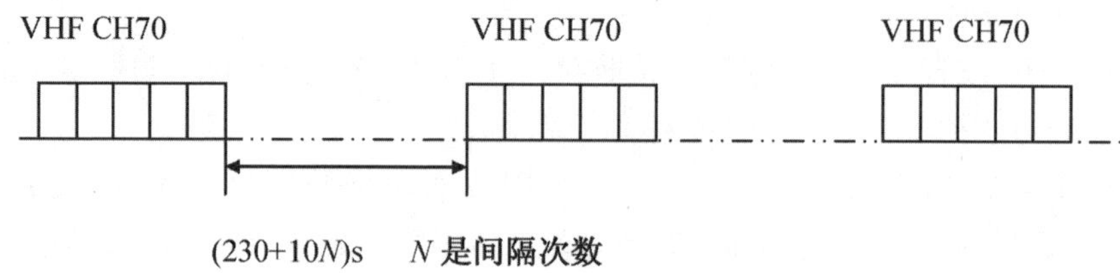

图 10-2　VHF DSC 遇险呼叫

在 A1 海区,遇险船用 VHF DSC 可实现船到岸遇险报警,该海区的海岸电台收到后,应尽快发送 VHF DSC 遇险收妥。如果船舶不是在 A1 海区接收到一个 VHF DSC 遇险报警,确认本船在遇险船附近,经船长同意并与 RCC 或者海岸电台协商后,可发送 DSC 遇险收妥,以终止遇险船 DSC 报警,转到 VHF CH16 进行遇险通信,便于提供可能的救助,其他附近船舶也要转到 VHF CH16 信道收听,如需要提供救助。DSC 遇险收妥呼叫内容如下:

点阵	定相序列	ALL SHIP	优先级别 DISTRESS	自识别码	DISTRESS ACK	遇险船识别	遇险性质	遇险位置	遇险时间	序列结束	差错校验符

海上 VHF CH16(156.8 MHz)和 CH06 频道(156.3 MHz)可用于船舶与航空器之间进行协调搜救作业的通信,也可用于为安全目的而进行的航空器与船舶之间的通信。在航空甚高频 VHF 无线电话业务中,使用紧急通信频率 121.5 MHz;123.1 MHz 是航空紧急频率的辅助频率,2 个频率均使用 A3E 类型发射。

如果遇险船自己没有发出 DSC 遇险报警,另一附近船船长认为需要进一步救助,就发送遇险转发呼叫。如果在 VHF CH70 上发射,选择所有船格式,随后在 VHF CH16 上准备通信。

DSC 遇险收妥后,转到随后通信方式和频率上后,首先用无线电话按本项目任务二"二"所述格式对遇险报警予以收妥确认,以进一步确认遇险船的救助需求。

如果遇险船舶认为有必要,可用无线电话在 VHF CH16 上再发射遇险呼叫和遇险报告,在 VHF CH16(156.8 MHz)按本项目任务二"二"所述格式进行遇险呼叫和遇险通信。在 A1 海区遇险船不能报警,附近船舶可按本项目任务二"三"所述格式进行遇险转发或者用 VHF DSC 遇险转发代其报警。

参与遇险通信的电台可以强制干扰遇险通信的电台静默。根据具体情况,这一指令可以发送到所有台或者是单一台。无线电话静默信号为"SEELONCE MAYDAY",法语发音"silence, maider"。

一直到遇险通信结束前,所有台(指知道遇险通信但没有参与的台,非遇险船台)

禁止在遇险通信正在进行的信道上发射。但当遇险通信已经建立并正常进行，在不干扰遇险通信的情况下，其移动业务台就可以进行它的通信。

遇险现场通信（On-scene Communication）首选频率是156.8 MHz（VHF CH16）。除156.8 MHz（VHF CH16）外，156.3 MHz（VHF CH06）可以用于船舶到搜救飞机间的现场通信。

遇险现场通信频率的选择或者指定由协调搜救作业单位负责。通常，一旦指定现场通信频率（或者信道），所有参与现场通信的船舶就应保持在选择的频率（或者信道）上连续值守。

当遇险船舶弃船到救生艇筏后，应用便携式VHF在CH16信道上与前来救助的船舶或者飞机联系。

当遇险通信在其使用的信道上停止时，控制搜救作业的台就应在这些信道上按本项目任务二"五"所述格式发布结束遇险通信的通告。

三、掌握防止VHF DSC误报警及误报警取消程序和规定

1. 防止VHF DSC误遇险报警

（1）VHF DSC易产生误遇险报警，要注意防止误启动。

（2）确保全部持有GMDSS证书并负责发射VHF DSC遇险报警的人员受到相关指导，并完全胜任设备的操作使用。

（3）启动VHF DSC遇险报警须经船长授权。

（4）确保GMDSS设备的测试或者训练中不会产生误报警。

（5）收到未经证实的VHF DSC遇险报警不得随意转发。

2. VHF无线电话误遇险报警取消格式

发射了误遇险报警或者呼叫的台应在VHF CH16上发布取消误报警通告，格式如下：

——"ALL STATIONS"，三次；

——"This is"，一次；

——船名，三次；

——呼号或者其他识别；

——MMSI（假若初始报警用DSC发出）；

——"Please cancel my distress alert of time in UTC"；

——在发送误报警同频段的相关遇险和安全频率上监听并回答相关问题。

3. 及时停止VHF DSC的误报警

一旦VHF设备操作失误，发生了误报警，应及时予以消除。VHF设备不同，消除误报警的方法可能不同，根据设备操作说明书进行。

首先是停止VHF DSC的报警；然后按上述格式在VHF CH16播发取消误报警的通

告,并通知所在海域 RCC。

任务五　掌握 VHF 紧急、安全呼叫与通信程序

VHF 紧急、安全呼叫与通信程序按照本项目任务三所描述的规定和程序进行。具体的再补充如下:

一、VHF 紧急呼叫、紧急通信规定和程序

(1)如果船舶发生紧迫事件或者有关于船舶航行及安全的重要信息需要立即播发,需要岸上或者附近船舶提供帮助或者采取行动,在船长或者负责人授权下,可在 VHF CH70 上发送 DSC 紧急呼叫,然后转到 VHF CH16 上进行紧急通信;也可直接在 VHF CH16 用 RT 方式直接发送紧急呼叫和紧急信息。

(2)声明医疗运输的通告也可用 DSC 呼叫完成,优先等级为"Urgency(紧急)",无线指令为"Medical Transport(医疗运输)";VHF DSC 呼叫格式为"All Ships(所有船)";在 VHF CH70 上发射;也可直接在 VHF CH16 用 RT 方式直接发送。

(3)紧急呼叫和紧急通信可在遇险和安全频率上进行,但不能干扰遇险通信,也可在其他适当的频率上进行后续紧急通信。

(4)如果船舶在 A1 海区向海岸电台发送一个 VHF DSC 紧急呼叫,应该等待海岸电台发回 DSC 收妥确认,再转 VHF CH16 或者其他信道进行紧急通信,也可在 VHF 16 信道上直接呼叫海岸电台并发送紧急信息。

(5)对于紧急呼叫和紧急通信,当紧急情况解除时,视情发布注销紧急通信的通告。

二、VHF 安全呼叫、安全通信规定和程序

(1)如果船舶或者海岸电台有关于船舶航行安全的临时信息播发,需要附近船舶注意,可通过 VHF CH70 发送 DSC 安全呼叫,然后转到约定的信道(VHF CH13 或者 CH06 等)发送安全信息。也可直接在 VHF CH16 用无线电话方式直接发送简短的安全信息,或者在 VHF CH16 用无线电话方式播发引语后转到其他 VHF 信道上播发。

(2)不允许在 VHF CH70 发送测试性呼叫。在 VHF CH70 上一个 VHF 设备呼叫另一 VHF 设备也能确认 VHF DSC 设备的正常工作。

任务六 掌握 MF/HF 遇险报警、遇险通信、防止与取消误报警程序和规定

一、中/高频设备遇险报警方式

(1)按遇险报警的波段划分有 MF DSC 遇险报警和 HF DSC 遇险报警。

(2)按遇险报警的启动方式划分有快速 DSC 遇险报警和编发 DSC 遇险报警。

(3)按遇险报警的频率数划分有单频 DSC 遇险报警和多频 DSC 遇险报警。

(4)按 DSC 报警的方向划分有船到船、船到岸和岸到船遇险报警。

二、中/高频 DSC 遇险报警程序

(1)MF DSC 遇险报警在 2 187.5 kHz 上进行,传播距离大约 200 n mile,晚上传播还远一些。MF DSC 遇险报警也是 A3 和 A4 海区船到船遇险报警的选择之一。A2 海区在 2 187.5 kHz 上可实现船到岸 DSC 遇险报警,并能接收岸到船的 DSC 遇险转发。

(2)HF DSC 实现远距离遇险报警,可以在 8 414.5 kHz、4 207.5 kHz、6 312 kHz、12 577 kHz 和 16 804.5 kHz 上进行多频呼叫(多频呼叫可在 MF/HF 上进行,因此含 2 187.5 kHz),也可在上述 6 个频率的任一频率上以单频方式报警。如果遇险船位置在纬度 70°以上区域,或者无遇险船位,接收到报警,就启动报警声。如果遇险船位置在纬度 70°以下区域,对远于本船 500 n mile 遇险船的报警,报警声不启动。HF DSC 遇险报警主要考虑用于船到岸方向,船舶可能也接收到这个报警,因离遇险船可能很远而不用采取行动。

(3)DSC 遇险呼叫序列可以人工编辑后发出。在遇险事件比较紧急,没有时间编辑 DSC 遇险呼叫电文时,可以启动面板上的遇险报警快捷键,自动生成 DSC 遇险呼叫序列,经 MF/HF 无线电设备以 F1B 方式发出。

(4)MF/HF DSC 有单频遇险报警和多频遇险报警两种方式。图 10-3 所示是在 2 187.5 kHz 上进行的单频遇险报警案例;图 10-4 所示是 DSC 多频遇险报警案例。

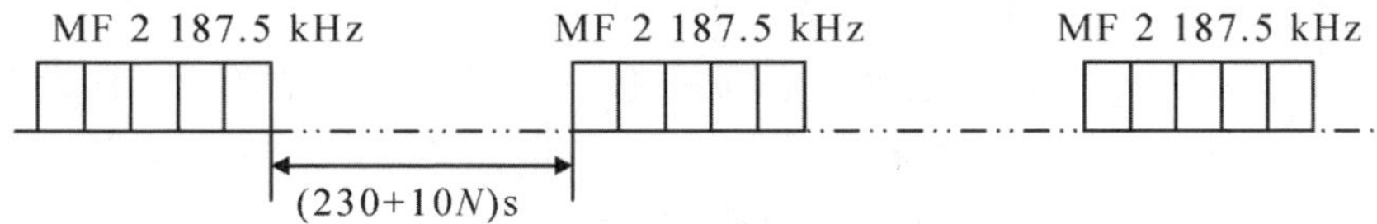

图 10-3 单频遇险报警案例

图中 N 是间隔次数,每次报警连续发射 5 遍 DSC 报警电文,间隔大约 3.5~4.5 min,等待接收 DSC 遇险收妥。如果接收不到 DSC 遇险收妥,再继续重复 DSC 遇险报警,在 MF 或者 HF 上单频报警的人工重复间隔 3 min。DSC 多频方式遇险报警时,在

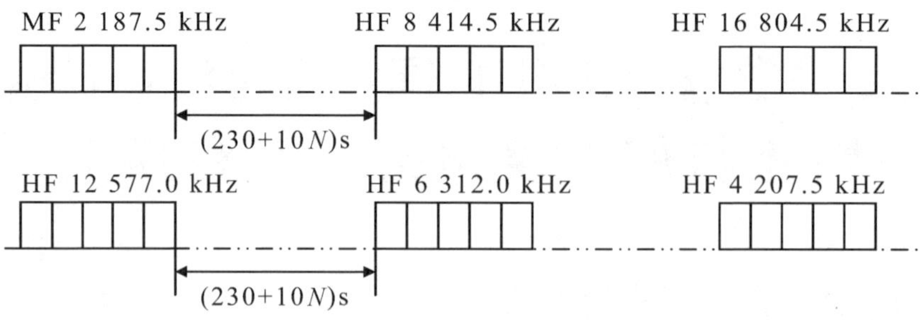

图 10-4　DSC 多频遇险报警案例

间隔时间内接收不到 DSC 遇险收妥,就转到另一 DSC 遇险报警频率上继续重复 DSC 遇险呼叫序列,直到收到 DSC 遇险收妥确认为止。

海岸电台在接收到一个 MF/HF DSC 遇险报警后的 1~2.75 min 内必须在接收到报警的频率上发出 DSC 遇险收妥确认。

三、中/高频 DSC 遇险报警的内容

按照最新建议案 M493-12,DSC 遇险呼叫内容如下:

点阵	定相序列	格式符 DISTRESS	遇险船识别	遇险性质	遇险位置	遇险时间	后续通信方式	序列结束	差错校验符

(1)点阵、定相序列、序列结束符和差错校验符见项目三任务五所述内容。

(2)遇险性质(Nature of Distress):由操作人员从遇险性质列表中选择,共 12 种遇险性质,包括海盗(Piracy)和人员落水(Man Overboard)。虽然这两类性质包括在 DSC 遇险报警的遇险性质中,但随后的无线电话通信中,仍要求用紧急通信程序,通信前加紧急信号“PAN PAN”。

(3)遇险位置(Position of Vessel in Distress):位置自动更新;但是老设备人工输入船位;假若位置不知道或者 4 h 没有更新,用 10 个“9”字替代,部分设备不显示“9”字,翻译成相应文字。

(4)遇险时间:UTC 时间表示有效遇险位置的时间;和设备内部时间不一致,设备内部时间一般显示区时;如果 UTC 时间不正确,可能影响搜救。无效时间,用 4 个“8”字代替,部分设备不显示“8”字,翻译成相应文字。

(5)随后通信方式是 RT(J3E)或者 NBDP(F1B-FEC)。

(6)按照最新建议案,遇险报警后立即跟随一个 1.8 s 的附加信号,称为扩展序列(Expansion Sequence),作用是提高遇险船位的分辨率。老的设备不兼容这个扩展序列,但不影响遇险报警的接收和显示。MF/HF DSC 一次单一发射 7.2 s,重发 5 次,再加 1.8 s 的扩展序列,共计用 38 s。

(7)一个 DSC 遇险报警在 1 min 内发出,在启动遇险报警 3 s 内(准确讲是 2 s 内)可以停止遇险报警返回正常状态,但这实际上是难以做到的。

(8)当船舶发生相当紧迫的遇险,急需附近船舶和岸上救助力量救助,可同时考虑

VHF DSC CH70 遇险报警，MF DSC 2 187.5 kHz 遇险报警、HF DSC 遇险报警和 Inmarsat 船站，甚至人工启动卫星 EPIRB 报警，其中 VHF DSC 和 MF DSC 的遇险报警主要是向附近船舶报警，HF DSC 和 Inmarsat 船站的遇险报警主要是向 RCC 报警。

四、中/高频 DSC 遇险收妥

1. 一般规定

除遵守本项目任务二“二”所述各条的规定外，中/高频 DSC 遇险收妥还应遵守如下规定：

(1) 接收到 DSC 遇险报警的船舶和 RCC 应立即向船长或者负责人员报告，按照船长或者负责人的指示和授权正确处理。

(2) DSC 遇险收妥须人工启动，一般由海岸电台在接收到的 DSC 遇险报警的频率上发送。海岸电台应设置在与 DSC 报警频率同频段的无线电话遇险频率上值守。

(3) 海岸电台在 MF/HF 上接收到一个 DSC 遇险报警，应延迟 1 min，最大延迟不超过 2.75 min 发送一个 DSC 遇险收妥。

(4) DSC 遇险收妥应包括发送收妥船的 MMSI，并发送到所有船，以便让所有船了解搜救进程。

(5) 当一船舶接收到另一船舶的 DSC 遇险报警，应设置在相关的无线电话遇险和安全频率上收听，如果需要收妥，按无线电话收妥格式进行收妥。

如果船舶在 VHF、MF 连续地接收到 DSC 遇险报警，仅可与 RCC 或者海岸电台协商后，发送 DSC 遇险收妥；或者根据情况直接发送 DSC 遇险收妥，终止 DSC 的遇险报警。

(6) 当 DSC 遇险报警船接收到一个 DSC 遇险收妥时，就自动停止 DSC 遇险报警的重复。

2. MF/HF DSC 遇险报警的接收处理

依据以上规定，接收到 MF/HF DSC 遇险报警应采取如下行动：

(1) 如果遇险船舶在 A2 海区发送 MF DSC 遇险报警，该海区的海岸电台应在 2 187.5 kHz 上发送 DSC 遇险收妥；如果该海区海岸电台没有发送 DSC 遇险收妥，遇险船的 DSC 遇险报警仍在发送，收到船与该海区的 RCC 或者海岸电台协商后，在船长授权下在 2 187.5 kHz 上对所有船发送 DSC 遇险收妥，以终止遇险船 DSC 遇险报警，转到 MF 2 182 kHz 上进行遇险通信，附近其他船舶也应转到 2 182 kHz 上守听，以便提供帮助。

(2) 如果遇险船舶在 A3 和 A4 海区发送 MF DSC 遇险报警，海岸电台不可能接收到这个报警，附近接收到遇险报警的船舶就按上述方法处理。

(3) 如果遇险船舶在 HF 上发送 DSC 遇险报警，这一遇险报警很可能被海岸电台接收到，由接收到的海岸电台在接收到报警的频率上发送 DSC 遇险收妥。附近船舶转到 DSC 报警同波段的无线电话或者无线电传（根据遇险报警电文标明的随后通信方式选择)遇险和安全频率上收听,如果需要就和遇险船、救助船或者海岸电台进行通信,提供必要的帮助。如果遇险船的 DSC 遇险报警仍在发送,海岸电台没有收妥,在确认遇险报警是真实的,且本船又不在遇险船附近,这种情况下,5 min 后可用 DSC 转发此报警,也可向海岸电台或者 RCC 转发直接转发。

(4)注意:DSC 遇险收妥有终止遇险船报警,并转入遇险通信的功能。转入通信频率后,应先用无线电话或者无线电传收妥格式进行收妥确认。随后的遇险报警的收妥确认对有效的救助是有必要的。

3. DSC 遇险收妥呼叫内容

点阵	定相序列	ALL SHIP	优先级别 DISTRESS	自识别码	DISTRESS ACK	遇险船识别	遇险性质	遇险位置	遇险时间	后续通信方式	序列结束	差错校验符

DSC 遇险收妥总是选择所有船,以让遇险船舶及附近其他船舶知道搜救进程。

五、中/高频 DSC 遇险转发

DSC 遇险转发多用于岸到船方向,一般是 RCC 接收到一个遇险报警,必要时,采用 DSC 遇险转发的方式向附近船舶转发,或者是转发到一个适合的 RCC 或者海岸电台。

1. 一般规定

DSC 遇险转发除应遵守本项目任务二“三”所述内容外,还应遵守如下规定:

(1)DSC 遇险转发须由船长或者负责人授权下才能发送。

(2)当船舶做 DSC 遇险转发要非常慎重,只有绝对必要时才可进行。为防止误报警,新 DSC 设备不再有自动遇险转发程序,只能人工转发。

(3)遇险船没有成功实现船到岸报警,比如海岸电台 5 min 内没有收妥此遇险报警,或者一船舶发现或者得知一条船遇险而又没有发射遇险报警,本船不在遇险船附近,不能提供救助,就应转发报警,或者以遇险转发的形式代其遇险报警;另外,非遇险船舶的负责人或者陆地电台的负责人认为需要进一步援助时,也可转发遇险报警。

(4)在 MF 遇险频率上接收到一个 DSC 遇险报警的船舶不得将此呼叫用 DSC 转发。如转发确有必要,可用其他通信方式转发。

(5)船舶在 HF 上接收到 DSC 遇险报警,不必发 DSC 收妥,应转到相应的 RT 或者 NBDP 遇险和安全频率上收听。如果 5 min 内没有海岸电台收妥,遇险船也没有和海岸电台遇险通信,可使用任何手段向海岸电台转发遇险报警,包括使用 DSC 遇险转发的形式。

2. DSC 遇险转发呼叫内容

DSC 遇险转发呼叫内容如下:

点阵	定相序列	单台呼叫格式	岸台 MMSI	优先级别 DISTRESS	自识别码	DISTRESS RELAY	遇险船识别	遇险性质	遇险位置	遇险时间	后续通信方式	序列结束符	差错校验符

3. 发送 DSC 遇险转发呼叫

船舶在 MF 上接收到 DSC 遇险报警,不允许发送 DSC 遇险转发。如果海岸电台没有在 2 182 kHz 上守听,就给海岸电台发送一个单台 DSC 遇险转发呼叫,再与海岸电台在 2 182 kHz 联系。

如果遇险船自己没有发出 DSC 遇险报警,另一附近船船长认为需要进一步救助,就发送遇险转发呼叫。如果在 MF 2 187. 5 kHz 上发射,选择海区呼叫格式。随后在 2 182 kHz 上准备通信。

4. 接收到海岸电台 DSC 遇险转发的收妥

船舶接收到海岸电台的 DSC 遇险转发,不用 DSC 收妥,而是在接收到报警转发同频段的无线电话遇险和安全频率上收妥,其格式如下:

——“MAYDAY RELAY”,三次;

——海岸电台名,或者 MMSI,或者其他识别,三次;

——“This is”,一次;

——收妥船名,或者呼号,或者其他识别三次;

——“RECEIVED MAYDAY RELAY”。

5. 接收到船台 DSC 遇险转发的收妥

接收到另一船舶发送的 DSC 遇险转发,按照遇险报警收妥程序处理。

六、中/高频遇险通信

DSC 遇险报警被收妥后,遇险船、救助船、搜救飞机和涉及的海岸电台应遵循同频段原则,转到与 DSC 报警频率在同一频段的无线电话遇险频率上进行随后的遇险通信。如果遇险报警电文标明随后通信方式是无线电传,通信各方应转到同频段的无线电传遇险专用频率上进行随后遇险通信。遇险现场通信多在 VHF CH16 或者 MF 2 182 kHz 上进行。

DSC 遇险收妥后,随后转到相应通信方式和频率上,用无线电话进行遇险报警收妥确认,以进一步确认遇险船的救助需求,无线电话遇险收妥确认格式见本项目任务二“二”所述。

每次遇险通信前都要加遇险信号“MAYDAY”。为便于救助,前去救助的船舶应在船长同意后向遇险船舶通知本船名称、位置、速度和预计到达时间等。

遇险船舶与救助船舶、飞机之间和搜寻船舶、飞机与遇险现场指挥者之间的遇险现场通信可使用无线电话或者无线电传,或者两者兼用,并由遇险现场指挥者负责指挥和控制。

图 10-5 是船舶接收到一个 VHF/MF DSC 遇险报警操作指南图。

图 10-6 是船舶接收到一个 HF DSC 遇险报警操作指南图。

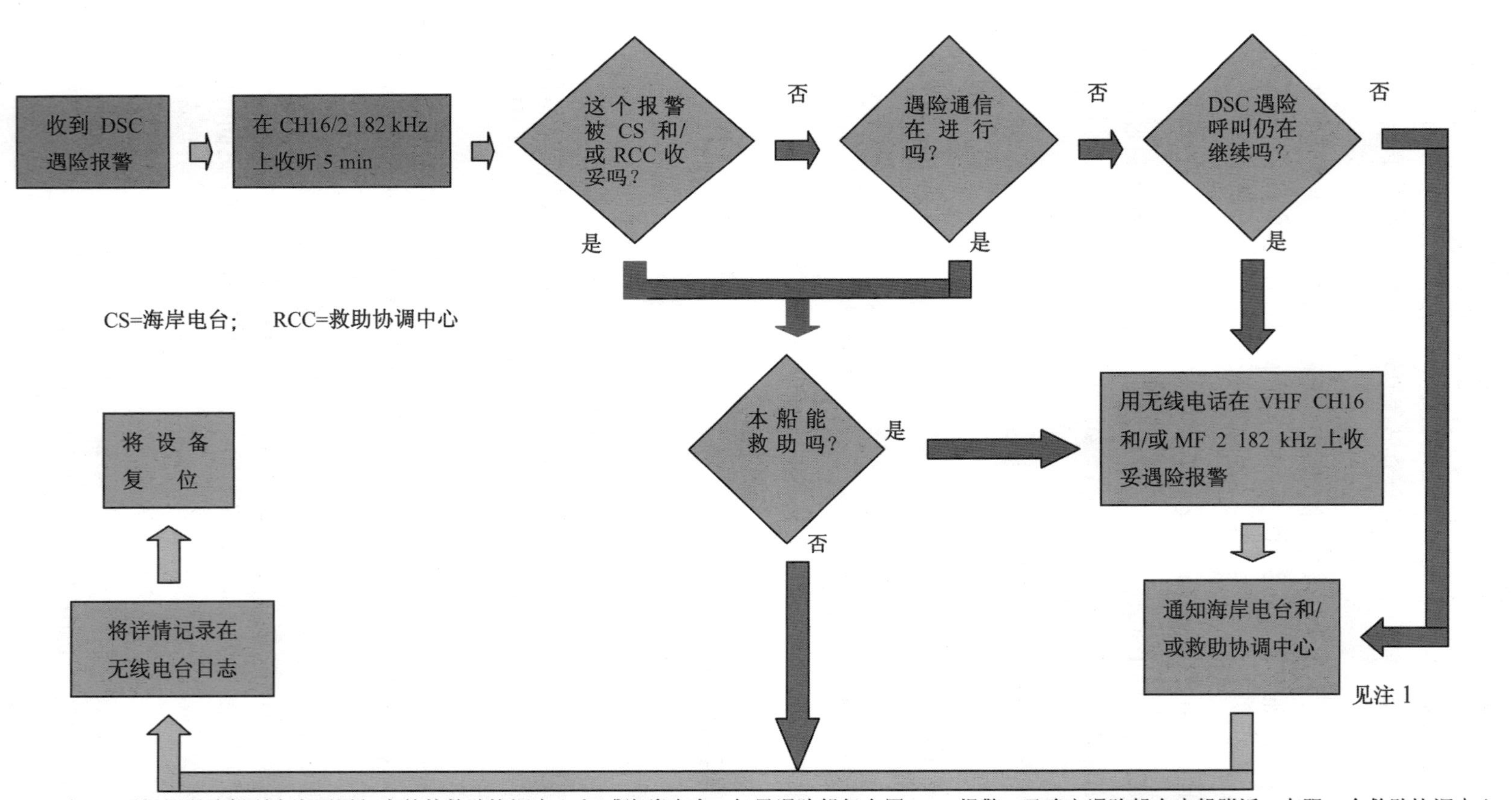

注 1：要根据遇险船所在海区通知有关的救助协调中心和/或海岸电台。如果遇险船仍在用 DSC 报警，又确定遇险船在本船附近，在跟一个救助协调中心或者海岸电台协商后，可以发出 DSC 遇险收妥，以终止这个遇险呼叫。

注 2：在任何情况下都不允许在 VHF/ MF 信道上向所有船转发 DSC 遇险报警。如果没有在 MF 2 182 kHz 和 VHF CH16 守听，就向海岸电台发一个单台DSC 遇险转发呼叫，并与其联系。

图10-5　船舶接收到一个 VHF/MF DSC 遇险报警操作指南图

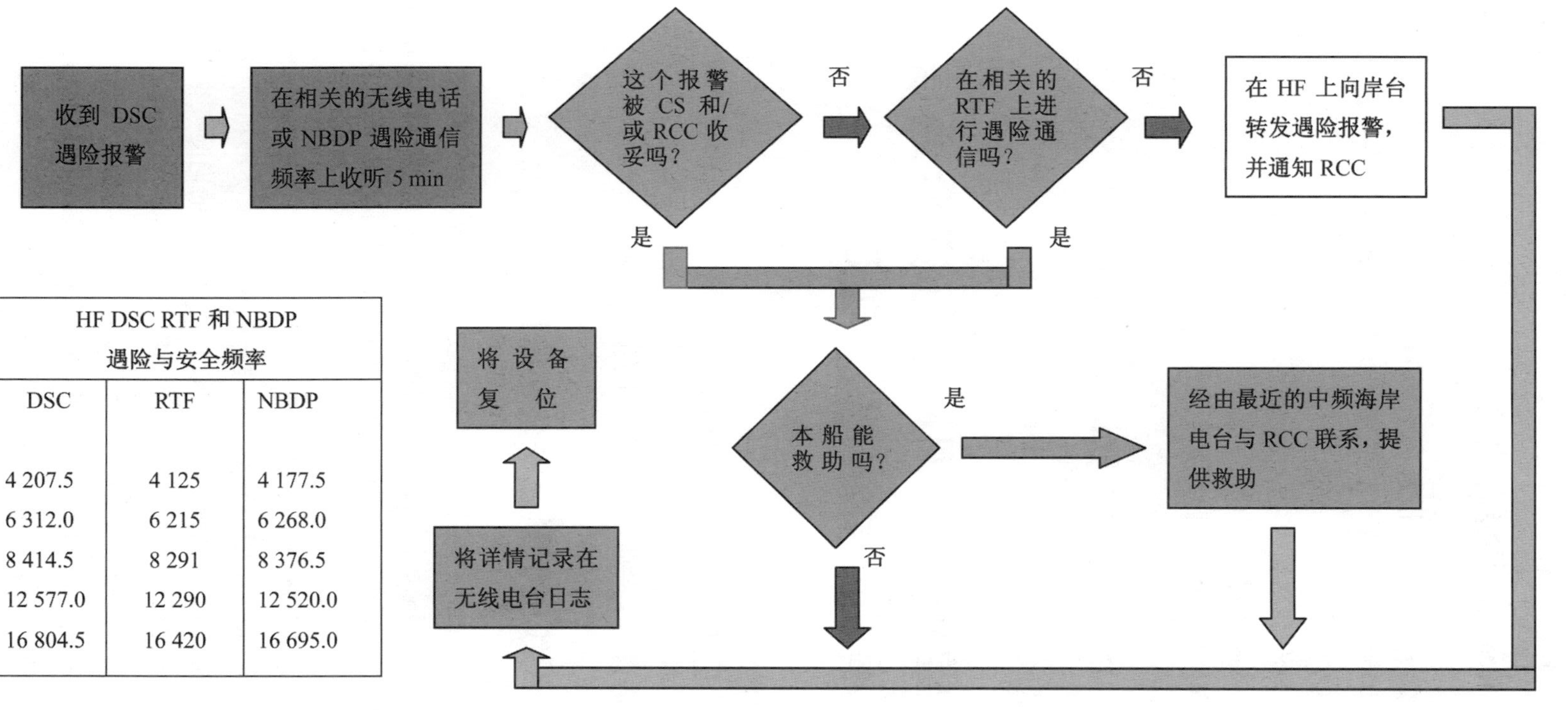

HF DSC RTF 和 NBDP 遇险与安全频率		
DSC	RTF	NBDP
4 207.5	4 125	4 177.5
6 312.0	6 215	6 268.0
8 414.5	8 291	8 376.5
12 577.0	12 290	12 520.0
16 804.5	16 420	16 695.0

CS=海岸电台；RCC=救助协调中心；RTF=无线电话

注 1：如果不在遇险船或者遇险人员附近，其他船舶或者艇筏处于更好的救助位置，应避免干扰救助通信，详情应记录在无线电日志中。

注 2：船舶应该与控制遇险通信台建立联系，以提供所需的救助。

注 3：遇险转发呼叫应人工启动。

图10-6 船舶接收到一个 HF DSC遇险报警操作指南图

七、防止 MF/HF DSC 误报警方法

(1)MF/HF 设备易产生 DSC 误遇险报警,要注意防止误启动。

(2)确保全部持有 GMDSS 证书并负责发射 MF/HF DSC 遇险报警的人员受到相关指导,并完全胜任设备的操作使用。

(3)启动 MF 或者 HF DSC 遇险报警须经船长授权。

(4)确保 GMDSS 设备的测试或者训练中不会产生误报警。

(5)收到未经证实的 MF/HF DSC 遇险报警不得随意转发。

八、掌握 MF/HF DSC 误报警的取消程序和规定

MF/HF DSC 误报警的取消程序和规定见本项目任务十。

任务七　掌握 MF/HF 紧急安全通信频率、通信程序及规定

一、MF/HF DSC、无线电话紧急安全通信频率

MF/HF DSC、无线电话紧急安全通信频率如图 10-6 中的频率表所示。

二、MF/HF DSC、无线电话紧急安全通信程序

(1)如果船舶发生紧迫事件或者有关于船舶航行安全的重要信息需要立即播发,需要岸上或者船舶提供帮助或者采取行动,可发送 DSC 紧急呼叫。船舶或者海岸电台有关于船舶航行安全的临时信息播发,需要相关船舶接收并注意航行安全,可发送 DSC 安全呼叫。

(2)DSC 紧急、安全呼叫有岸到船、船到船和船到岸方向,须在 DSC 遇险和安全频率上发射(通常在 MF 2 187.5 kHz 上发射),呼叫中要标明随后通信类型和频率。随后通信方式可以是无线电话(RT);随后通信频率一般使用无线电话的遇险安全频率,通常在 RT MF 2 182 kHz,或者在其他 HF RT 遇险安全频率上进行,应根据具体情况选择通信方式和通信频率,但不能干扰遇险通信。

(3)DSC 紧急或者安全呼叫后,发射台转到呼叫中标明的通信方式和通信频率上播发紧急或者安全信息,接收台应调整好设备在告知发送信息的频率或者信道上守听,直到确认信息与本台无关为止。紧急或安全信息应报送船长或者负责人。如果 DSC

紧急或者安全呼叫对所有船或者海区，接收台不需要收妥。

（4）随后的无线电话紧急呼叫格式和信息发送格式按照本项目任务三“二”“2”给出的格式进行。

（5）紧急信号为“PAN PAN”，按法语读“Panne”。无线电传紧急信号为“PAN-PAN”。发送紧急信息前应冠以紧急信号“PAN PAN”。安全信号为“SECURITE”，按法语发音“SAY-CURE-TAY”。

（6）当紧急通告或者紧急呼叫及紧急信息发送到所有台，且不需要采取进一步的行动时，就应由发射台发送取消紧急信号通告。无线电话取消紧急信号格式按照本项目任务三“五”进行。如有必要，安全信息也要标明有效时限。

三、MF/HF DSC、无线电话紧急通信相关规定

除依据本项目任务一“一”和本项目任务二“二”有关于紧急通信的规定和通信格式等要求外，MF/HF DSC、无线电话和无线电传紧急呼叫与通信还要遵守如下规定：

（1）声明医疗运输的通告也用 DSC 呼叫完成，优先等级为“Urgency（紧急）”，无线指令为“Medical Transport（医疗运输）”。MF/HF DSC 呼叫格式为“Geographic Area（海区）”，须在 DSC 遇险和安全频率上发射。

（2）紧急呼叫和紧急通信应由船舶负责人或者海岸电台或者海岸地球站负责人批准后，才能发送。

（3）如果向海岸电台发送一个 DSC 紧急呼叫，应该等待海岸电台发回 DSC 收妥确认；如果海岸电台在几分钟内没有发回 DSC 收妥确认，应该在另一个合适的频率上重发紧急呼叫。

（4）发射 DSC 紧急呼叫的频率和随后进行紧急通信的频率，应根据所在海区，通信的季节和时间，选择合适的频率。

（5）对于紧急呼叫和紧急通信，当紧急情况解除时，也应先用数字选择性呼叫（DSC）方式在一个或者多个 DSC 遇险和安全呼叫频率上发送一个呼叫，发射类型可以是所有船呼叫或者海区呼叫或者群呼或者单对某一台呼叫，优先等级可选择紧急，并约定后续工作方式和工作频率，然后在约定的工作方式和工作频率上发布注销紧急通信的通告。

（6）当船舶有船员突发严重疾病，或者工伤，需要岸上提供医疗指导时，也可使用其他通信手段进行这类通信。

（7）海岸电台或者船台要使用非发送紧急信号或者是随后信息的频率通信，但不干扰紧急通信，就可以在其通信频率进行通信。

四、MF/HF DSC、无线电话安全通信相关规定

除依据本项目任务一“一”、本项目任务三“一”和本项目任务三“七”有关于安全通

信的规定和通信格式等要求外,MF/HF DSC、无线电话和通信呼叫和通信还要遵守如下规定:

(1)MF/HF DSC 测试呼叫,优先等级为"Safety(安全)",无线指令为"Test(测试)",可在 DSC 遇险和安全频率上发射(但是应尽量避免,规定每周 1 次)。该呼叫由接收台(一般是一个海岸电台)收妥,没有进一步的通信要求。

(2)遇险和安全通信频率上不能长时间进行安全通信。

五、用 MF/HF 设备完成无线电安全呼叫与通信步骤

当船舶有关于航行安全信息需要播发时,应用 DSC 方式在一个或者多个 DSC 遇险和安全呼叫频率上发送一个安全等级呼叫。DSC 呼叫格式为所有船呼叫,或者海区呼叫,或者是一个群呼,或者是对某一单台的呼叫;优先等级可选择"Safety",随后通信方式为"RT",标明后续通信频率或者信道。DSC 测试性呼叫也属于安全等级,举例如下:

某船(MMSI 码:412666000)在青岛港附近水域,与上海海岸电台进行 DSC 测试。

完成步骤:

(1)从无线电信号表 281(2)中,查得上海海岸电台的 DSC 值守频率,MMSI 为 004122100。

(2)在设备上操作完成,操作程序如下:

FORMAT: INDIVIDUAL	呼叫类型:单台呼叫
PARTY ID:004122100	被叫海岸电台识别
CATEGORY:SAFETY	优先等级:安全
SELF ID:412666000	本台识别码
TELECOM 1:TEST	遥指令:TEST
TELECOM 2:NO INFORMATION	无信息
WORK T/R:NONE/NONE	
EOS:RQ	序列结束符:请求收妥确认

CALL T/R (kHz):8 414. 5/8 414. 5DSC 呼叫/接收频率

(3)上海海岸电台收到测试呼叫后给予收妥确认。

船到岸间 DSC TEST 呼叫及收妥大约用 15 s 的时间。

任务八　掌握 C 船站遇险报警、遇险通信及防止与取消误报警程序

一、Inmarsat C 船到岸遇险报警程序

标准的 Inmarsat C 船站都满足 GMDSS 的要求，可采用卫星电传方式进行遇险报警。C 船站配有一个专用的遇险报警按钮，在紧急情况下，只需按一下该报警按钮即可启动遇险报警程序，向搜救协调中心发出遇险报警信息。

1. Inmarsat C 船站的遇险报警方式

C 船站具有两种遇险报警方式：一种是快速发射遇险报警，即打开保护盖，直接按面板上的红色遇险报警按钮（Distress）3～5 s，如图 10-7 所示，即能自动将遇险信息发射出去，包括移动站识别码，遇险船位和遇险时间信息。另一种是编发遇险报警，即在时间允许的条件下，人工设定遇险性质等信息发给搜救协调中心。

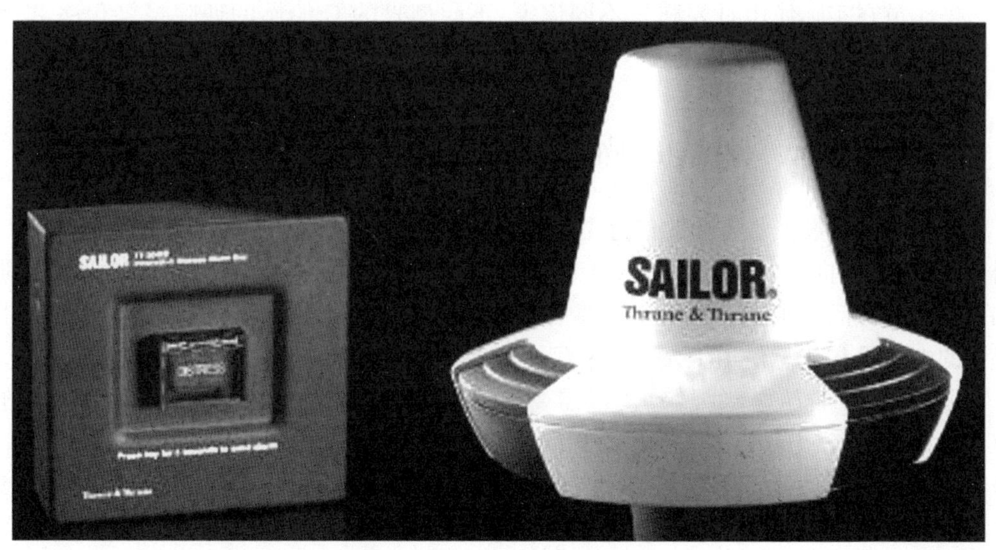

图 10-7　快速发射遇险报警

2. Inmarsat C 船站的遇险报警路由

船舶遇险时，可以通过 Inmarsat C 船站在信令信道上发送遇险报警。协约国的 Inmarsat C 系统 LES 一般都通过电信网或专网连接至本国的搜救协调中心。

遇险船舶启动报警后，报警电文经由卫星、地面站直接传至相连的 RCC。如果遇险报警没有选择地面站或是设置的地面站无效，该洋区的网络协调站自动接收遇险报警信息,并转发到与之相连的 RCC,再由该 RCC 将遇险报警信息转到遇险船舶所在搜救区内的 RCC,由此 RCC 开展协调搜救。

具体地讲,Inmarsat C 船站发送遇险报警的路径有两条。其中一条是经过卫星直接由地面站转到 RCC,地面站接收到遇险报警信号后,有声光提示操作人员,确保遇险报警迅速和可靠地转接。如果 C 船站遇险报警设置正常,遇险报警信息将经由入网登记的卫星、预先选定的地面站,直接发送到与该地面站相连的 RCC。如果没有设置遇险报警地面站,或者设置的遇险报警地面站不正确,或者没有入网登记等,则遇险报警信息将通过所在洋区的 NCS 传到与之相连的 RCC,再由该 RCC 将遇险报警信息转到遇险船舶所在的搜救协调区内的 RCC,由此 RCC 开展协调搜救。

即使 C 船站没有入网登记,也能发出遇险报警。

3. Inmarsat C 船站遇险报警内容

C 船站可通过编辑遇险报警内容,然后按下面板上的遇险报警按钮将报警信息发出。C 船站主要遇险报警内容包括:船站的识别(自动输入)、船位(人工或自动输入)、遇险性质(需要人工选择)、航向(人工或自动)、航速(人工或自动)、遇险时间(人工或自动)。如果发送遇险报警时,没有对遇险报警内容进行编辑,那么除遇险性质默认为不明(Unspecified)外,其他信息均是导航仪器等设备自动输入的数据。在时间允许的条件下,建议先设置遇险报警信息,再发射。

操作员在实际使用时要熟悉不同厂家、不同型号的 C 船站的遇险报警程序,以便能熟练地发出遇险报警,也不要误发遇险报警。

二、Inmarsat C 船站的遇险通信程序

C 船站遇险报警所包含的信息是特定和有限的,如在其他诸如 F 船站不能与 RCC 通信(因使用定向天线,遇险时可能因天线不能对准卫星而难以实现与 RCC 通信)时,如果向有关部门详细报告遇险及需要援助的情况,就需要发送遇险等级的电文,而遇险等级的电文是在信息信道上发送的。

另外,遇险船舶遇险报警后,还需要向 RCC 提供遇险概况、搜救情况,就需要向 RCC 发送遇险等级的电文。不论是遇险报警还是遇险优先电文发送,Inmarsat 均给予最高优先等级的信道使用权,LES 和 NCS 配备专门信令信道以处理各类遇险报警,以最小的时延将遇险呼叫发至 RCC。

三、Inmarsat C 系统岸到船遇险信息转发程序

RCC 收到船舶发来的遇险报警后,有必要向遇险船附近的船舶转发遇险报警时,RCC 可经由 Inmarsat C 安全网系统(SafetyNET)采用增强群呼(EGC)技术,选择全呼或者群呼或者区域呼或者单呼进行,实现岸到船遇险报警。

四、Inmarsat C 船站误报警的防止与取消程序

Inmarsat C 船站遇险操作十分简单快捷，但也极易造成误操作。因此，在使用时应了解遇险报警发射程序及按键的设置，避免误发射遇险报警。一旦误发了遇险报警，一定不要关机了事，而应向船舶负责人报告情况后，用卫星设备或者地面系统设备通知相关 RCC。这个 RCC 应是与接收误报警 LES 相连的 RCC；可编辑取消误报警电文，用遇险优先等级的方式，将此电文传送到相关的 RCC。

注意：船舶遇险时使用定向天线的 Inmarsat 设备可能因天线不能对准卫星，而不能和 RCC 或者救助当局联系；因 C 船站采用全向天线，就有可能误发遇险报警和遇险通信。

相关 Inmarsat C 船站的取消误报警相关规定还应参见本项目任务十所述。

FURUNO-C 船站遇险报警、遇险通信及取消误报警操作使用程序见项目五任务七“四”和“五”。

任务九　防止误遇险报警及误报警的处理

疏忽大意和不正确操作 GMDSS 设备造成的误报警给搜救中心造成重大负担，影响了对真实报警的搜救工作。经由 DSC、Inmarsat C 船站、406 MHz EPIRB 发生的误报警，以及随后在 2 187.5 kHz 发射的 DSC 遇险收妥、DSC 遇险转发等，导致大量的不必要的 DSC 遇险优先等级的呼叫，而大多数误遇险报警是由于人员的错误操作造成的。为此，国际海事组织（IMO）颁布了避免误报警指南和取消误遇险报警程序及指南图，旨在解决误报警的频繁发生。

另外，安装 GMDSS 设备后，对有关人员进行必要的操作指导，特别是重点关注容易产生误报警的设备和程序。建议将简明准确易于理解的操作方法张贴在设备旁。

一、国际海事组织（IMO）避免误报警指南

国际海事组织（IMO）决议案 A. 814（19）要求公司、船长、船员酌情做如下工作：

（1）确保全部持有 GMDSS 证书并负责发射遇险报警的人员受到相关指导，并完全胜任设备的操作使用工作，尤其是本船的无线电设备。

（2）确保负责遇险通信的人员对使用 GMDSS 设备发射遇险报警所有船员进行指导，讲解相关规定和知识。

（3）确保把如何使用 GMDSS 应急设备作为“弃船训练” 内容的一部分。

（4）确保 GMDSS 设备的试验一定要在负责遇险通信人员的监督下进行。

（5）确保 GMDSS 设备的测试或者训练中不会产生误报警。

(6)确保新启用的卫星 EPIRB 识别码要在当天的 24 h 内正确登记在数据库中,或者自动地提供到搜救当局(因为搜救人员在应答紧急事件中要用到 EPIRB 的识别码)。船长应证实 EPIRB 的信息已经登记在数据库中。及时的登记将有助于在搜救行动中识别遇险船舶,迅速获得其他有利于救助的信息。

(7)确保在船东、船名和船籍国等有关船舶的信息改变时,应立即更新 EPIRB、Inmarsat 和 DSC 设备的登记,或者将船舶的新数据重新编程输入到有关的 GMDSS 设备中。

(8)确保新船的 EPIRB 的安装位置在船舶的设计和建造的初级阶段就应得到考虑。

(9)确保卫星 EPIRB 由有技术资格的工程技术人员根据设备安装说明书进行了认真谨慎安装。有时因不适当的处理或者安装,会造成卫星 EPIRB 的损坏。应将卫星 EPIRB 安装在一个在船舶下沉时能自由浮起和自动启动的位置,并且又不会被偶然启动。在改变识别码或者更换电池时,要严格按照设备说明书的要求进行。注意 EPIRB 的系绳仅用于幸存者将 EPIRB 固定在救生艇筏上,或者落水者牵引 EPIRB 用,但是如果系绳系到船上,会影响 EPIRB 的自由浮起。

(10)确保在船舶遇险时如果能够立即得到救助,就不要启动 EPIRB。EPIRB 主要在遇险船不能用其他方式获得救助的情况下使用,以向搜救部门提供位置信息和发射导航信号。

(11)确保发生误报警后,船舶能用合理的手段与有关 RCC 进行通信,以取消该假遇险报警。

(12)确保在紧急情况下使用 EPIRB 后,如果可能,应恢复 EPIRB,解除报警。

(13)确保在 EPIRB 受损、报废、处理或者其他原因不再使用时,移去电池,或者送回制造商,或者粉碎,以确保卫星 EPIRB 不工作。注意:如果要将 EPIRB 送回制造商,应将 EPIRB 包装在金属箔筒内,以防止运输期间发射信号。

二、无线电话误遇险报警取消格式

(1)发射误遇险报警或者遇险呼叫的台应发布取消误报警通告。

(2)如果 DSC 设备有取消误报警功能,DSC 误报警就用 DSC 取消。取消程序应依据建议案 ITU-R M.493 的最新版本。

(3)取消误遇险呼叫应在发送报警同频段的遇险和安全频率上用无线电话方式进行,格式如下:

——"ALL STATIONS",三次;

——"This is",一次;

——船名,三次;

——呼号或者其他识别;

——MMSI(假若初始报警用 DSC 发出);

——"Please cancel my distress alert of time in UTC";

——在发送误报警同频段的相关遇险和安全频率上监听并回答相关问题。

(4)通知所在海域的 RCC 或者海岸电台。

三、取消误遇险报警程序及指南图

一旦设备操作失误,发生了误报警,应及时予以消除,消除误报警的方法要根据不同设备予以处理。

1. DSC 设备误报警的取消程序

经由 VHF 和 MF/HF 无线电设备发生 DSC 误报警,取消程序如下:

(1)根据设备操作程序停止 DSC 遇险报警;

(2)转到与发生 DSC 误报警同波段的无线电话的遇险安全通信频率上播发取消误报警的通告;

(3)在同波段的无线电话的遇险安全通信频率上守听,以便回答其他台的呼叫并做解释;

(4)视情通知所在海域的 RCC。

2. 紧急无线电示位标(EPIRB)误报警的防止与取消程序

(1)注意防止 EPIRB 发生误报警

EPIRB 发生误报警往往不容易被发现,易造成比较严重后果,因此对该设备的放置、维护保养、检查测试时要非常注意,防止误报警发生。

(2)EPIRB 的取消程序

EPIRB 系统能自动测定示位标的报警位置,误报警的信息要传送到船舶所在海域的 RCC。因此,发现误报警后,从《无线电信号表》第五卷(285)查得所在海域 RCC 联系方式,用 Inmarsat C 船站或 F 船站(或者其他设备)与所在海域的 RCC 联系,取消 406 MHz EPIRB 发出的报警信号。非遇险情况下,一旦 RCC 通知 EPIRB 已经启动,就应立即关闭 EPIRB。

3. Inmarsat C 船站误报警的取消程序

如果是经由 Inmarsat C 船站误发报警,可以编辑一份取消误报警的电文,用遇险优先等级电文的方式发送给接收到误报警的 RCC;也可以采用普通卫星电传方式给相关 RCC 发电文取消报警信号。

四、误报警处理指南图

误报警处理指南图,如图 10-8 所示。

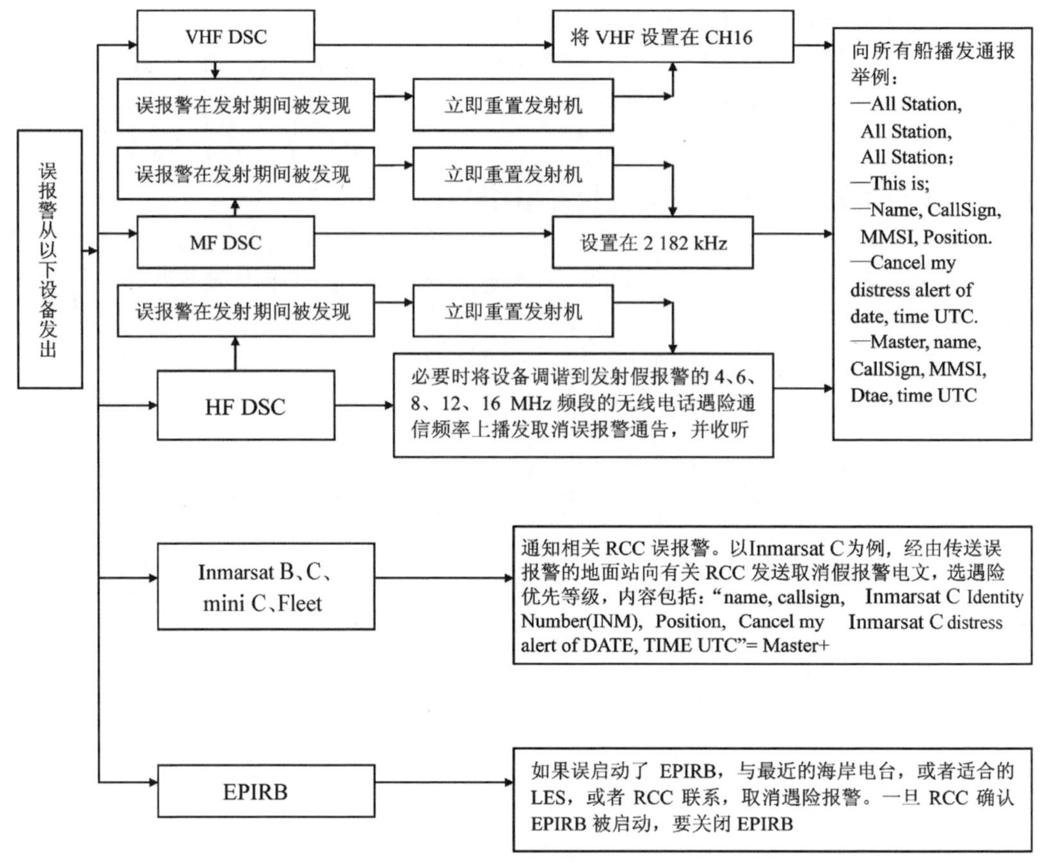

图 10-8 误报警处理指南图

五、国际海事组织(IMO)关于假遇险报警的界定

如果接收到的报警既没有船舶识别,也不要求立即救助,一般认为这是一个假遇险报警。

接收到假遇险报警的台应向 RCC 报告如下情况:

(1)是否故意发射;

(2)是否按照相关程序取消;

(3)不能确定是船舶值守的错误,还是搜救当局的呼叫产生的错误;

(4)假遇险报警是否还在重复;

(5)是否使用假的识别;

(6)接收到以上报告的相关部门应采取措施,确保失误不再发生。船舶收到上述报告和接收到一个取消误报警的报告,通常不用采取行动。

六、防止误报警注意事项

(1)当 Inmarsat C 船站发生误报警时,不应当立即关机;

(2)向 RCC 取消误报警,通常用 Inmarsat 系统设备;

(3)误报警发生后,船舶可使用任何频率和系统通知有关当局报告发射了假报警,请求取消;

(4)对发生了误报警的船舶和个人,如果向有关当局报告并取消,就不会受到处罚。但是,鉴于误报警造成了严重后果,又是重复犯错,将严格禁止他们的发射,政府将依法处理。

任务十　了解驾驶台遇险报警面板使用方法

一些船舶将 VHF DSC、MF/HF DSC、Inmarsat C 船站遇险报警遥控启动集中在驾驶台遇险报警面板上,以便船舶遇险时,船长或者遇险设备操作员紧急启动报警。这个面板平时用保护盖保护,只在船舶遇险时才能打开驾驶台遇险报警面板保护盖,按一个或者全部遇险报警启动按钮,发出报警。PSC 检查时,也要检查驾驶台遇险报警面板,注意保持面板与设备连接正常。

思考与练习

1. GMDSS 遇险报警定义是什么?
2. 简述遇险船船长 GMDSS 操作指南图所描述的内容。
3. 哪些 GMDSS 设备能发出遇险报警?
4. 能在 VHF CH16 进行遇险呼叫吗? 描述其呼叫格式和随后遇险信息发送形式。
5. 试介绍 DSC 遇险报警的单频呼叫或者多频呼叫。
6. 介绍非遇险船转发遇险报警或遇险呼叫两种情况及转发遇险呼叫格式。
7. 何种情况下船台或者船舶地球站收妥确认接收到的遇险报警? 介绍无线电话遇险收妥确认格式。
8. DSC 遇险呼叫后,应如何确定随后遇险通信频率? 遇险通信应包括哪些信息?
9. 如何指定遇险现场指挥? 遇险现场指挥的责任是什么?
10. 何谓遇险现场通信? 通常采用什么设备? 在什么信道或频率上进行?
11. 定位和导引信号是什么? 通常使用什么设备进行?
12. 试介绍无线电话和无线电传遇险通信结束通告格式。
13. 哪些设备易发生误遇险报警? 如何防止? 发生误遇险报警应如何取消?

14. 什么是紧急通信?介绍紧急通信格式。

15. 什么是安全通信?介绍安全通信格式。

项目十一

GMDSS设备电源和天线

任务一　掌握 GMDSS 设备电源的分类及要求

一、船用电源的分类与作用

船舶电源分为主电源、应急电源和备用电源。主电源由船舶的辅机提供,应急电源由船舶应急发电机提供,且两个电源可以进行切换。主电源的作用是对船上所有需要用电的设备与照明需求提供正常的供电;应急电源的作用是在船舶辅机出现故障不能提供船舶的正常供电时,由其向船上的应急设备、照明和通信设备供电。主电源、应急电源的管理主要由机舱的轮机员负责。备用电源一般是指蓄电池,为直流电源,应独立于船舶电力系统和船舶推进系统。备用电源的作用是在船舶应急电源不能工作的情况下,满足通信设备的用电需求,保证通信畅通。

二、船用电源之间的关系

1. 船用电源与 GMDSS 设备关系图

主电源、应急电源和备用电源的关系可用图 11-1 表示。

如图 11-1 所示,船舶主电源和应急电源自动切换由开关控制,主电源不能正常工作时,由应急电源供电。主电源和应急电源工作时,一方面正常向船舶的设备提供直流和交流供电,另一方面主电源或应急电源通过蓄电池的充电器向蓄电池(备用电源)充电,保证备用电源处于充足状态(图中的实线表示)。一旦主电源或应急电源不能工作时,通过备用电源提供通信设备的直流电源(图 11-1 中的虚线表示)。

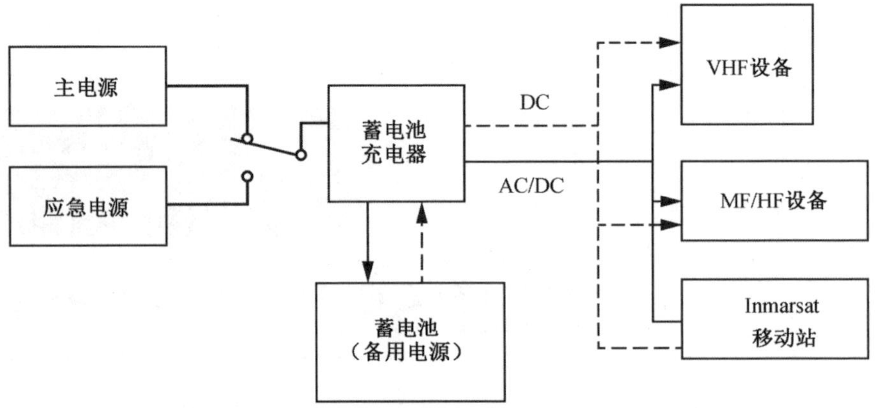

图 11-1　主电源、应急电源和备用电源的关系

2. 典型的船舶通信导航设备配电系统

典型的船舶通信导航设备配电系统如图 11-2 所示,所有通信导航设备主电源由电台通信设备总开关(配电板)和驾驶台导航设备配电板供电,而 GMDSS 设备直流 24 V 备用电源由 GMDSS 设备专用电瓶(电台蓄电池)供电,其他设备直流 24 V 备用电源由机舱通用设备应急电瓶供电。

另外,机舱低压配电板至驾驶台有一组直流 24 V 电源是将交流电源经过降压整流后变成的低压 24 V 直流电,一旦交流电失电,该直流电也同时失去,因此不能将 GMDSS 设备的直流供电接入此类电源。

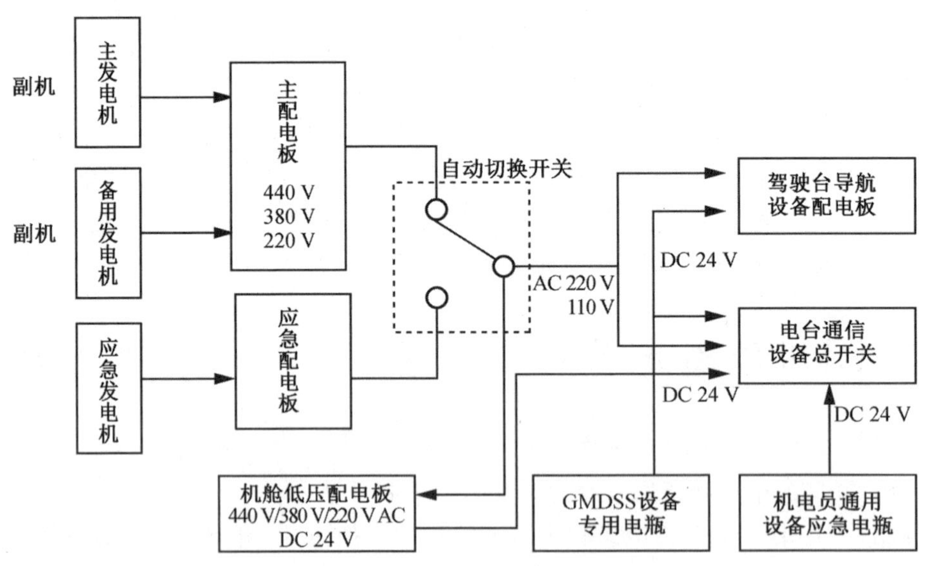

图 11-2　典型的船舶通信导航设备配电系统

对于从事通信导航设备管理和维护的人员,应当熟悉通信导航设备的供电情况,了解和掌握所使用设备电源的具体情况,掌握船舶配电箱的位置及每一设备供电开关在什么位置,最好进行清晰标注,交接班时,更要了解清楚每一设备的供电开关的位置,便

于在设备发生故障时,能准确判断电源供电情况,便于维护和保养。

三、GMDSS 系统对备用电源的要求与规定

船舶在海上,电源应全天候可用,应足以满足无线电设备工作的要求,并能向无线电设备供电的备用电源充电,以满足遇险和安全无线电通信的目的。具体要求如下:

(1)船舶应配备一个或多个备用电源,当船舶主电源和应急电源发生故障时,向无线电装置供电。这些备用电源应能提供给 VHF 无线电设备;在 A2 海区航行的船舶,备用电源还应提供给 MF 无线电设备;在 A3、A4 海区航行的船舶,备用电源还应能提供到 MF/HF 无线电设备或者 Inmarsat 移动站以及任何附加负载,其供电时间至少为:

①对于配备了应急电源的船舶,如果该应急电源完全符合有关要求,备用电源应能向上述无线电设备供电 1 h 以上。

②对于没有配备完全符合有关要求的应急电源的船舶,且备用电源或者电源不需要同时单独向 HF 和 MF 无线电设备供电,备用电源应能向上述设备供电 6 h 以上。

说明:以上 2 条是海安会议中的《SOLAS 公约》第Ⅳ/13.2.1 至 13.2.3 条修正案。

③遇险情况下,每台无线电设备所需备用电源的电负荷由下式确定:

备用电源电负荷=1/2 发送所耗电流+接收所耗电流+任何附加负荷所耗电流

(2)船舶在海上航行时,应始终备有足够的电源供无线电设备工作,且能为无线电设备的 1 个或多个备用电源组成部分的任何蓄电池进行充电。

(3)1 个或多个备用电源应独立于船舶推进动力及船舶电力系统。

(4)除 VHF 无线电设备外,1 个或多个备用电源,如可能,还应同时向其他无线电设备供电。

(5)1 个或多个备用电源可以向应急电力照明供电。

(6)当备用电源由 1 个或多个可充电的蓄电池组成时,应备有可对这些蓄电池自动充电的装置,该充电设备应能在 10 h 内通过充电使其达到最小容量要求。

(7)当船舶不出海时,应在不超过 12 个月的间隔期内,使用适当的办法检查蓄电池以及检查蓄电池的容量。检查蓄电池容量的一种方法是用通常的工作电流和时间(如 10 h)对蓄电池组彻底充电和放电。对充电的评定可以在任何时候进行,并在充放电记录本上写明放电电流、放电时间、放电试验结束时酸性蓄电池的比重或碱性蓄电池每单个电池的电压,以及当时的气温。检查的时间和地点也应在记录本上注明,以备主管当局验船师查阅。但是,当船舶在海上时,不应对蓄电池进行大量的放电。

(8)作为备用电源的蓄电池组的位置和安装应保证:

①最有效的使用;

②合理的寿命;

③安全可靠;

④不论充电与否,电池的温度应保持在出厂说明书规定的温度范围内;

⑤在任何气候条件下,充满电后的电池应能至少提供要求的最小工作小时数。

(9)如果需要,应将船舶的导航或其他设备的信息连续输入到相关无线电设备中,以确保适当的性能。在船舶主电源或应急电源发生故障时,应有继续提供此类信息的设备。

任务二　了解不同蓄电池特性,掌握充放电及维护方法

一、不同蓄电池特性

船舶的备用电源通常有三类,即免维护蓄电池、酸性蓄电池和碱性蓄电池。目前船舶多采用免维护蓄电池,较少采用酸性蓄电池和碱性蓄电池。

免维护蓄电池由于自身结构上的优势,电解液的消耗量非常小,在使用寿命内基本不需要补充蒸馏水。它还具有耐震、耐高温、体积小、自放电小的特点。使用寿命一般为普通蓄电池的2倍。市场上的免维护蓄电池也有两种:一种是在购买时一次性加电解液以后使用中不需要维护(添加补充液);另一种是电池本身出厂时就已经加好电解液并封死,用户根本就不能加补充液。

酸性蓄电池又叫铅酸蓄电池,使用稀硫酸作为电解液,价格便宜,维护成本也不高,因而广泛被船舶采用。

碱性蓄电池根据极板的活性物质材料的不同,分为铁镍碱性蓄电池、镉镍碱性蓄电池、银锌碱性蓄电池。但由于碱性蓄电池价格昂贵,因而不像酸性蓄电池应用广泛。

二、免维护蓄电池

免维护蓄电池如图11-3所示。

(一)免维护蓄电池的结构和使用注意事项

一般的免维护蓄电池是由正、负极板,隔离板,壳体,电解液和接线桩头等组成,其放电的化学反应是依靠正极板活性物质(二氧化铅和铅)和负极板活性物质(海绵状纯铅)在电解液(稀硫酸溶液)的作用下进行,其中极板的栅架,传统蓄电池用铅锑合金制造,免维护蓄电池用铅钙合金制造。前者用锑,后者用钙,这是两者的根本区别点。不同的材料就会产生不同的现象:传统蓄电池在使用过程中会发生减液现象,这是因为栅架上的锑会污染负极板上的海绵状纯铅,减弱了完全充电后蓄电池内的反电动势,造成水的过度分解,大量氧气和氢气分别从正负极板上逸出,使电解液减少。用钙代替锑,就可以改变完全充电后的蓄电池的反电动势,减少过充电流,液体气化速度降低,从而减少了电解液的损失。

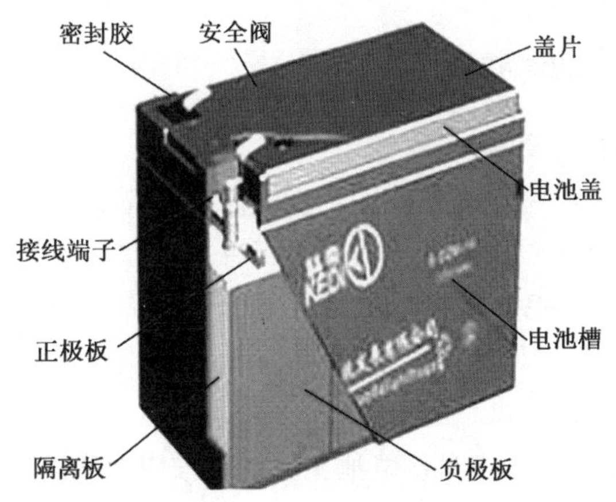

图 11-3 免维护蓄电池

由于免维护蓄电池采用铅钙合金栅架,充电时产生的水分解量少,水分蒸发量低,加上外壳采用密封结构,释放出来的硫酸气体也很少,所以它与传统蓄电池相比,具有不需添加任何液体,对接线桩头、电线腐蚀少,抗过充电能力强,启动电流大,电量储存时间长等优点。

免维护蓄电池因其在正常充电电压下,电解液仅产生少量的气体,极板有很强的抗过充电能力,而且具有内阻小、低温启动性能好、比常规蓄电池使用寿命长等特点,因而在整个使用期间不需添加蒸馏水,在充电系统正常的情况下,不需拆下进行补充充电。但在保养时应对其电解液的比重进行检查。

大多数免维护蓄电池在盖上设有一个孔形液体(温度补偿型)比重计,它会根据电解液比重的变化而改变颜色,可以指示蓄电池的存放电状态和电解液液位的高度。比重计的指示眼显示绿色,表明充电已足,蓄电池正常;指示眼绿点很少或为黑色,表明蓄电池需要充电;指示眼显示淡黄色,表明蓄电池内部有故障,需要修理或进行更换。

免维护蓄电池也可以进行补充充电,充电方式与普通蓄电池的充电方法基本一样。充电时每单格电压应限制在 2.3~2.4 V。注意使用常规充电方法充电会消耗较多的水,充电时充电电流应稍小些(5 A 以下)。不能进行快速充电,否则,蓄电池可能会发生爆炸,导致伤人。免维护蓄电池的比重计的指示眼显示淡黄色或红色,表明该蓄电池已接近报废,即使再充电,使用寿命也不长。此时的充电只能作为救急的权宜之计。

有条件时,对免维护蓄电池可用具有电流-电压特性的充电设备进行充电。该设备既可保证充足电,又可避免过充电而消耗较多的水。

一般这类免维护电池从出厂到使用可以存放 10 个月,其电压与电容保持不变,质量差的在出厂后的 3 个月左右电压和电容就会下降。在购买时选择距离生产日期有 3 个月的,当场就可以检查电池的电压和电容是否达到说明书上的要求,若电压和电容都有下降的情况,则说明它里面的材质不好,那么电池的质量肯定也不行,有可能是加水电池经过经销商充电后伪装而成的。

(二)免维护蓄电池保养方法

1. 免维护蓄电池保养要求

(1)检查蓄电池在车上是否固定好,外壳表面是否有磕碰伤;

(2)蓄电池电缆是否连接可靠,排气孔是否有灰尘;

(3)通过蓄电池上的电眼检查充电情况和质量状态,绿色表示合格,黑色表示亏电,白色表示电池损坏需要更换。

2. 免维护蓄电池补充充电

采用恒电限流充电方法,多只蓄电池充电必须采用串联连接;充电第一阶段,以蓄电池容量的1/10电流充电,其充电电流为6 A。充电至平均每个电池电压达到16 V后转为第二阶段充电;充电第二阶段,以蓄电池容量×0.045的电流充电。

如6-QW-60蓄电池,充电电流为60×0.045=2.7(A)。充电至平均每个电池电压达到16 V后再继续充3~5 h。

充电时电解液温度超过40 ℃时,应停止充电,减少电流或物理降温;当湿度达到45 ℃时必须停止充电;充电间保证良好通风,不许有明火和易燃物;充足电标准,电眼为绿色。

三、酸性蓄电池结构、充放电和维护保养

(一)酸性蓄电池的结构

酸性蓄电池主要由电池槽,正、负极板,隔离板和电解液组成,如图11-4所示。

1. 电池槽

电池槽又称容器,用来盛装腐蚀性很强的电解液和支撑正、负极板组,耐酸、耐热、耐振,绝缘性能好。电池槽有玻璃、硬橡胶、塑料等几种。

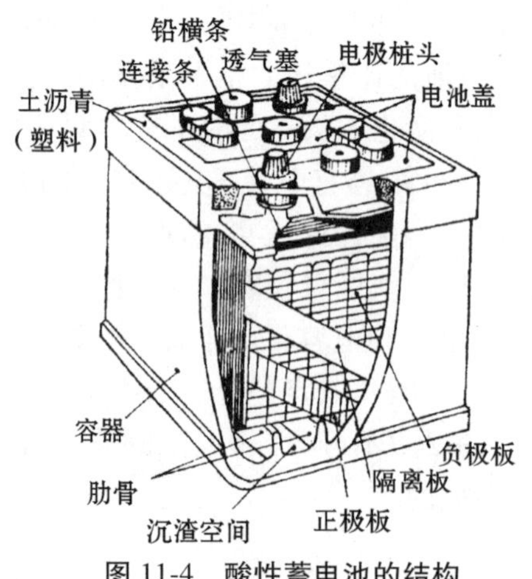

图11-4 酸性蓄电池的结构

2. 正、负极板

为增加电池容量，在蓄电池内部装有许多块极板，分为正极板和负极板。正极板上涂有过氧化物呈棕色，负极板上涂有银白色的海绵状铅。蓄电池的充放电是靠正、负极板上活性物质和电解液之间的电化学反应来实现的。

3. 隔离板

隔离板是一种耐酸多微孔板，它有如下作用：

(1) 将正极板和负极板隔离，防止正、负极板接触而造成电池内部短路。

(2) 在电流的作用下，通过电解液的传导，使电子在隔离板的微孔内往来畅通。

(3) 在电极间的空间盛有必要数量的电解液，以保证较高的导电性。隔离板有木隔离板、微孔橡胶隔离板、微孔塑料隔离板、玻璃丝隔离板等。隔离板的质量对蓄电池工作性能有很大的影响。首先，隔板的电阻值直接影响蓄电池放电时的容量。其次，隔离板的好坏直接影响蓄电池的使用寿命。

4. 其他组件

(1) 连接条由铅锑合金铸成。其主要用来连接相邻的两个正负极柱。使用铅锑合金主要是防止电解液腐蚀。

(2) 电池盖，使用硬橡胶盖或塑料盖。电池盖上有 3 个孔，中间一个孔叫注液孔，是通风排气和灌注电解液用的，这个孔上有螺纹，供旋注液盖之用。两旁的孔较小，供正负极柱伸出之用。

(3) 防护片，通常是把厚 1 mm 左右的硬橡胶或塑料薄片冲一些小孔制成，放在单体电池极板群的上端，用来保护极板和隔离板。

(二)酸性蓄电池的工作原理

酸性蓄电池是化学电源的一种，它能把电能变成化学能储存起来，当需要时再把化学能转变为电能。铅酸蓄电池是由二氧化铅的正极板与绒状纯铅的负极板浸入电解液里所构成的。由于电极和电解液间所起的化学变化，使两极之间产生电位差。如果用灯泡把外电路接通，灯泡便立即发亮。这种把化学能变为电能，而输出电流的现象，叫作蓄电池的放电。在放电过程中，使正、负极板的活性物质变成硫酸铅。

如果把放了电的蓄电池的两极与充电电源的两极分别连接，使充电电源输出电流沿蓄电池放电时电流方向相反的路线通过蓄电池，使蓄电池放电时变化了的活性物质还原，重新将电能储存起来，这种将电能变为化学能的现象叫作蓄电池的充电。铅酸蓄电池反应化学方程式如下：

$$PbO_2+2H_2SO_4+Pb \underset{充电}{\overset{放电}{\rightleftharpoons}} PbSO_4+2H_2O+PbSO_4$$

结合上式将充放电原理解释如下：

1. 放电过程中的电化学反应

(1)放电过程是化学能转变为电能的过程,电流的产生是由于有效物质铅的不断溶解,释放电子的结果。

(2)正极板有效物质从二氧化铅变成硫酸铅,负极板有效物质从绒状铅变成硫酸铅。

(3)电解液中硫酸分子不断减少,水分子相应增加,因此浓度逐渐下降。所以在实际工作中,电解液密度的高低是判断蓄电池放电程度的标志。

2. 充电过程中的电化学反应

(1)铅蓄电池在整个充电过程中,正极板上的有效物质逐渐恢复为原来的二氧化铅,负极板上的有效物质恢复为原来的绒状铅。

(2)有效物质的恢复是由于外电源作用的结果,所以这一过程也是电能变为化学能的过程。

(3)电解液中硫酸成分增加,水分减少,因此电解液的浓度逐渐增大,密度也就逐渐升高。所以铅蓄电池的充电终期可由电解液密度的高低来判断。

(4)电池到了充电终期,正负极板上的硫酸铅绝大部分变为二氧化铅和绒状铅。这时再继续充电,充电电流只能起分解水的作用,结果在正、负极板上均有气泡剧烈地冒出,正极板上冒出氧气,负极板上冒出氢气。在充电终期,必须注意充电电流不宜过大,否则产生气泡过于剧烈,易使极板活性物质脱落损坏。同时水分消耗也大,浪费蒸馏水和电力,所以充电后期应使充电电流适当减小。

三、酸性蓄电池电解液的配制及注意事项

供酸性蓄电池用的电解液可以从市场上购买,也可以自己配制。铅酸蓄电池一般用密度来表示电解液的浓度,电解液的密度数值就是 1 cm^3 的电解液的质量。浓硫酸的相对密度为 1.83,蓄电池所用的电解液相对密度在 1.25~1.30,常以 1.28 为准。

1. 配制过程

(1)准备工作

①准备耐酸、耐热,大小合适的容器 1 个,洗净后用蒸馏水洗一遍。

②穿戴好防护用具,如胶皮围腰、胶皮手套、胶鞋、护目镜等。

③准备好 5%的小苏打溶液,以备冲洗溅到皮肤和衣服上的硫酸。

④准备好密度计 1 支,以便测量电解液密度。

⑤玻璃棒 1 根。

(2)配制过程

将按比例准备好的蒸馏水放入容器中,再将浓硫酸慢慢细流注入水中,同时不断用玻璃棒搅动,如果温度上升过快,应暂停注入硫酸,待温度下降后再注入。然后用密度计测量密度,如果密度偏低,则可加入相对密度为 1.40 的硫酸溶液,若密度偏高,则掺

入蒸馏水调整。

(3)密度的测量

电解液的密度与温度有密切关系，当温度升高时，硫酸溶液因受热而膨胀，密度降低。测量密度时，以温度20 ℃为标准。

船用密度计通常为吸式密度计，使用时先捏紧橡皮圆球，并将密度计插入溶液中，松开橡皮球，电解液被吸入玻璃管内，管内的浮子上浮，从密度计浮子上可读取读数。

2. 配比的计算

船用蓄电池电解液的标准相对密度是1.28，由相对密度为1.83的浓硫酸和蒸馏水配制而成。蒸馏水与浓硫酸的体积比为2.75∶1，也就是在按体积计算时，取2.75单位纯净的蒸馏水与1个单位的浓硫酸混合配制。如果按重量之比来配制电解液，则蒸馏水与浓硫酸的重量之比为1.65∶1。根据配比可计算出配制电解液所需浓硫酸和蒸馏水的重量。

3. 配制时的注意事项

(1)由于硫酸极易溶于水，且在溶解过程中，会释放出大量的热。所以在制备电解液时，需要十分小心。一定要把硫酸慢慢地沿着容器壁倒入水中，同时不断搅拌。千万不能把水倒入硫酸中。因为硫酸密度比水大得多，如果把水倒入硫酸，水将浮在硫酸的液面上，水和硫酸作用产生的大量热量不能迅速散发出去，将使温度突然升得很高，形成局部剧烈沸腾，大量酸滴会从容器中喷溅出来，造成危险。

(2)配好的电解液不能立即倒入蓄电池中，必须待电解液的温度冷却至室温时才能注入蓄电池。

(3)要注意穿戴好防护用具。

四、酸性蓄电池的充放电

1. 充电前的准备工作

蓄电池充电前必须做好如下工作：

(1)检查充电室通风是否良好。蓄电池接近充电完毕时，会产生大量的氢气和氧气，适当比例的氢氧混合会成为爆炸性气体。产生的气泡会将硫酸溶液带到空气中形成对健康有害的酸雾。因此，充电时必须有良好的通风。

(2)用棉纱擦净蓄电池表面，并用刮刀除去电极上的氧化物。

(3)检查液面，如液面低落，应加入蒸馏水。

(4)捣通盖子上的通气孔。

(5)用粗软导线将蓄电池接入充电电路。

(6)接通电源，蓄电池充电。

2. 新酸性蓄电池的初充电

为新酸性蓄电池充电是一项很重要的工作,它直接影响蓄电池的使用寿命与容量,必须认真对待。

首先应对蓄电池检查,检查项目包括内部有无干裂,极板间是否清洁,连线是否正确,并将盖子上的透气孔薄膜撕去,然后注入配好的电解液,液面应高出极板约 20 mm,加满电解液后至少停留 4 h,以保证蓄电池的活性物质被电解液浸透,使化学变化进行得更彻底。

充电过程中充电电流一般控制在 8~10 A,每 2 h 检查一次液体比重、电压与温度的变化,并做好记录。如有个别电池温度下降,应检查内部是否短路。初充时,电流、电压和温度逐渐上升,然后趋于平稳。温度高于 45 ℃时,应适当减小充电电流,使温度保持在 35~45 ℃。充电约 50 h 后,正、负极板产生大量气泡,每个单电池电压为 2.60 V 左右,并在 1~2 h 内保持不变,说明充电完毕。再检查液体密度,若相对密度不等于 1.285 时,应用吸管将电解液吸去一部分,并加蒸馏水或相对密度为 1.40 的稀硫酸,然后再充电,以使水和电解液充分混合,直到电解液相对密度为 1.285 为止。

3. 酸性蓄电池的放电

酸性蓄电池的放电要注意以下几个问题:

(1)充电的电池要定期放电使用。

(2)不可将电池剧烈放电,连续放电时间不超过 24 h。

(3)放电后要尽快充电,不要超过 24 h。

(4)做好放电记录,发现不正常立即解决。

4. 铅酸蓄电池的均衡充电

均衡充电也叫过充电,铅酸蓄电池在运行中往往因长期充电不足,过放电或其他一些原因,使板极出现硫化现象,而使电解液、容量、电压等产生不均衡。为了防止这种现象产生,可对电池进行均衡充电,用以纠正蓄电池中的某一电池在使用中所发生的不均衡现象,使各个电池都达到均衡一致的良好状态。一般为定期进行,但遇到下列情况之一时,应及时进行均衡充电。

(1)极少充放的电池,每月进行 1 次。

(2)紧急放电的终止电压超过了规定的数值。

(3)放电电流过大。

(4)放电后未及时进行充电。

(5)电池长时间搁置等。

均衡充电方法:在经常充电完毕后,再延长充电时间,其充电电流、所需时间及测量间隔时间,如表 11-1 所示。

表 11-1　均衡充电电流

充电电流	所需时间	测量间隔时间
第二阶段经常充电电流	2 h	30 min
第二阶段经常充电电流的 1/3	4 h	1 h
第二阶段经常充电电流的 1/6	8 h	2 h

第二阶段充电，以蓄电池容量×0. 45 的电流充电，如 6-QW-60 蓄电池，充电电流为：60×0. 045＝2. 7A。

五、酸性蓄电池的日常维护

(1)建立蓄电池充放电记录本，认真记录各组电池的工作情况。

(2)电池使用中要保持各部分的表面清洁。

(3)注意盖子要拧紧，但盖子上的通气孔必须畅通。

(4)每周检查 1 次液体密度，若密度降至 1. 245，应立即充电，以防老化。

(5)若液面因蒸发而低落，只能加蒸馏水，不能加硫酸，液面应高出极板 10～15 mm。若电解液面降低较多，则必须加进电池中同样浓度的电解液。

(6)船用电池一般可每月进行 1 次全充全放操作。

(7)蓄电池安放间的室内温度不得超过 45 ℃。

(8)电池接线柱如发现白色硫化物时，可用棉纱蘸苏打溶液揩去，将各连接部分刮亮，涂上一薄层凡士林油。

(9)为了避免蓄电池发生短路，金属工具以及其他易导电的物件切不可放置在电池盖上。

(10)电池在寒冷地区使用时，不能使电池完全放电，以免电解液冻结，损坏电池。在寒冷地区使用的电池电解液浓度可适当增加。

四、碱性蓄电池

碱性蓄电池由于极板的活性物质材料的不同，分为铁镍碱性蓄电池、镉镍碱性蓄电池、银锌碱性蓄电池。但由于碱性蓄电池价格昂贵，因而不如酸性蓄电池应用广泛。下面仅介绍碱性蓄电池的安装要求、充放电和日常维护。

1. 安装要求

碱性蓄电池在充电过程中放出大量氢氧气体，需要通风装置，以防爆炸。碱性蓄电池允许与铅酸蓄电池装在同一室内，并且必须和可能产生火花的地方隔绝开。

2. 初充电

将新碱性蓄电池清洁后，按厂家说明书规定，注入已配制合格的电解液。为防止二氧化碳进入电解液内,须在每只蓄电池中加入数滴液状石蜡,使电解液表面形成保护层。然后让蓄电池静止 2 h 后,用电压表测量每只蓄电池的两极间是否产生电压。如无电压,可以再静止 10 h 再测。如仍无电压,则该蓄电池无效,不能使用。

在产生电压后,接着应检查电解液面高度是否在极板之上(液面一般高出极板 10~15 mm)。然后进行初次充电。对镉镍蓄电池,先用正常充电率充电 6 h,再用正常充电率一半的电流继续充电 6 h,接着用 8 h 放电率放电 4 h。这样的充电和放电循环要进行 3 次。这时如蓄电池的电压合格了,就可以投入使用。

对铁镍蓄电池,先用正常充电率充电 12 h,再用 8 h 放电率放电,这时如果两极电压仍在 1.0 V 以上,则用 12 h 充电率再进行 1 次充电,然后就可投入使用。如果这时的电压低于 10 V,则需再进行 1 次上述的充放电循环。在电压合格后方可投入使用。

3. 正常充电

铁镍蓄电池和镉镍蓄电池的正常充电电流为其本身额定容量的 25%。

铁镍蓄电池在正常充电时,两极电压从 1.6 V 开始逐渐升高,最后达到 1.8 V,整个充电过程中电压变化不大。在全部充电过程中都发生气泡,这些气体主要是在负极板上析出氢气。

铁镍蓄电池和镉镍蓄电池的正常充电方法是以正常充电率充电 7 h。在充电期间,必须注意蓄电池的温度。对于不加氢氧化锂的电解液,其温度不得超过 30 ℃。加入氢氧化锂的电解液,其温度允许高于 30 ℃,但不得超过 40 ℃。在温度过高时,应停止充电,待冷却后再进行充电。

在充电时一般不取下塞子,防止二氧化碳进入蓄电池内,使电解液失效。当蓄电池在充电过程中产生气体时,塞子会发出嘘嘘的声音,此时应检查塞子的橡胶套管的弹性必须良好,否则蓄电池的内部气体不能逸出,将会引起外壳膨胀。

碱性蓄电池的充电程度,正确判断方法是:观察两极间的电压。铁镍蓄电池电压上升至 1.8 V,镉镍蓄电池电压升至 1.75 V,如果经 1 h 后电压仍无显著变化,并且充入的电量已达放出电量的 140%时,即可认为充电已完成。

4. 过充电

由于碱性蓄电池放电时极板上活性物质不能全部参加化学反应,在长期使用时也会发生容量逐渐减退的现象。因此为了保持蓄电池的容量,每经过 10~12 次充放电循环后,应进行一次过充电。

过充电的方法是:以正常弃电电流充电 6 h 后,再以正常弃电电流值的一半继续充电 6 h。

5. 正常放电

铁镍蓄电池和镉镍蓄电池的正常放电是以 8 h 放电率进行的,但也有以 5 h 放电率进行的。影响碱性蓄电池放电程度的是活性物质细孔率、有效面积、导电程度以及盛放活性物质的钢盒与活性物质之间的接触程度等,与电解液的浓度和扩散速度等无关。所以,如果放电终止电压不受限制,则用各种不同的放电率放电,可得到几乎相同的容量。由于使用碱性蓄电池有一定的允许终止电压，所以使用中要避免过大过小的电流放电。放电过程中，可以根据蓄电池的端电压变化来确定其放电程度。

6. 碱性蓄电池的日常维护

(1) 蓄电池的外部与槽箱应保持清洁和干燥。将镀镍部分擦净之后，须涂以凡士林油，以防生锈。

(2) 发现蓄电池外部有生锈痕迹时，应用布蘸石蜡擦拭，切不可用金属工具或砂纸打磨。

(3) 经常检查橡胶垫，如发现损坏，应立即更换。

(4) 每次充放电前，应检查各极柱连接是否松动。

(5) 电解液面应保持高出极板 10～15 mm，如因蒸发而致电解液不足时，可添加纯水补充。液面应有适量的液状石蜡，以防止电解液和空气中的二氧化碳之间起化学反应。

(6) 在任何情况下，都禁止明火靠近充电的蓄电池。蓄电池在使用和保存中，不能使用金属器具将正、负极板或负极与外壳同时接触，防止短路。

(7) 当用固体氢氧化钾或氢氧化钠配制电解液时，为了避免碎片或溶液溅到眼睛、皮肤和衣服上，可在蓄电池室内准备含 3%硼酸的溶液，以备清洗之用。

任务三 了解船舶天线的维护保养

一、常见船舶天线简介

船舶天线分发射天线、接收天线以及收发共用天线三种。发射天线的作用是将发射机放大的高频信号转换成电磁波通过空间传递；接收天线的作用是感应预接收的电磁波，转换为高频电流（电动势），送到接收机线路进行放大。

船用天线种类很多，一艘远洋船舶往往配备有十几副天线，每副天线都有其特殊用途。船用天线从中波到微波几乎都有，用途各异，形状各异。通信天线大致分为地面通信设备天线、卫星通信设备天线以及导航设备天线。

1. VHF 设备天线

海上 VHF 工作在 156～174 MHz 波段，波长 λ 不到 2 m，天线多用鞭状天线，垂直方式安装，垂直极化波方式传播，信号均匀分布在中心点周围区域，但要架在较高的地方使用，如图 11-5 所示。

2. 鞭状天线

如图 11-5、图 11-6(b) 所示，鞭状天线是一种可弯曲的垂直杆状天线，为了增大接收性能，很多鞭状天线带有放大信号的功能，即有源天线，像这类天线不能用一般的天

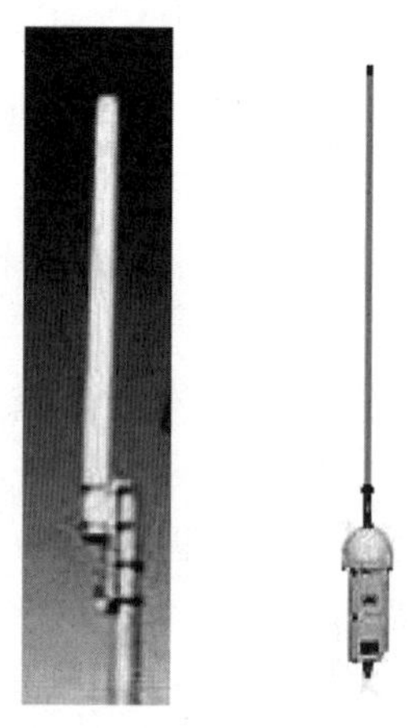

图 11-5　VHF 天线(鞭状天线)

线替代,只能使用设备专用厂家生产的天线,并且这类天线在安装时,也要严格按照设备厂家的要求进行。鞭状天线除用于上述 VHF 设备外,还常用于 NAVTEX 接收机、气象传真接收机、AIS 设备、EPIRB、SAILOR MF/HF 设备。鞭状天线主要用于接收机和导航系统中。由于天线长度一般小于工作波长,天线呈较大容性,通常经由天线耦合器再接入接收机。

有时为了增大鞭状天线的有效高度,可在鞭状天线的顶端加一些不大的辐状叶片或在鞭状天线的中端加电感等。VHF 的天线阻抗一般为 50 Ω。

3. 船用中/高频设备天线

船用中/高频设备主要工作在 1.6~27.5 MHz 波段,波长在 187.5~10.9 m。该海上波段的低端频率和高端频率跨度大,船上空间的限制不可能对每个波段都配置一副专用天线,因此船用单边带发射机通常只配一副主天线。我们知道,天线要能有效地辐射电磁波,其天线长度 L 与辐射的电磁波波长 λ 应相比拟,即 L/λ 应尽可能大。由于中波的波长较长,L/λ 就会很小,天线的辐射电阻 R 就会很小,引起天线辐射效率低,天线过压。因此,船用中/高频设备天线常为直立桅杆天线、“Γ”形天线和“T”形天线,如图 11-6(a)、图 11-8 所示。这样提高了天线的有效长度,提高了 L/λ 比值,增强了辐射效率,等效电容增大(中频天线呈较大容性),容抗减小,防止天线过压。天线安装时必须使用垂直下引线(垂直天线部分),至少离桅杆 5~6 m,水平天线之间间距不应小于 70 cm,以避免辐射电阻 R 的减小。发射主要靠“T”形或者“Γ”形天线的下引线,所以下引线应尽可能垂直。

4. 全向性天线

全向性天线能够接收所有方向来的无线电波,不需要伺服装置调整天线指向,Inmarsat C 船站使用的就是全向性天线(是螺旋状天线)。如图 11-9 所示的天线是 JRC、FURUNO、T&T 三家公司的 Inmarsat C 船站的天线外形图。

5. 抛物面天线

图 11-10 所示就是抛物面天线示意图。这种天线使用聚焦技术,在抛物面的焦点

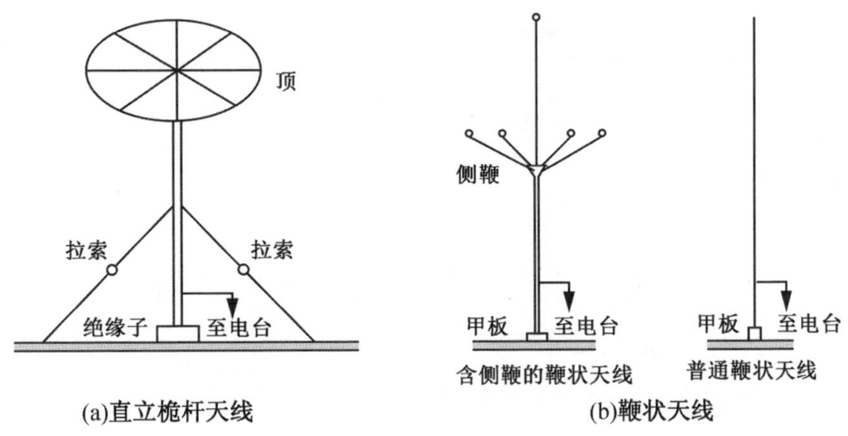

图 11-6　直立桅杆天线和鞭状天线

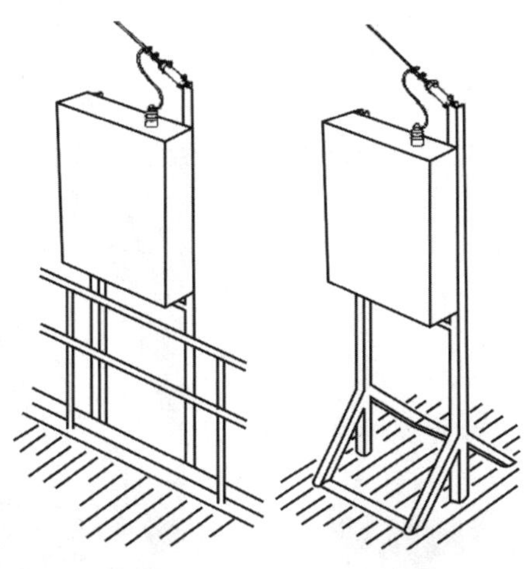

图 11-7　接入中/高频天线调谐单元示意图

处获得较高的发射和接收增益。如图 11-10 所示,从卫星发来的信号被碟形天线所接收并反射聚焦到主焦点,信号在主焦点被收集,由于信号能被集中,因而使通过主焦点馈送至船站电子单元的信号电平大大提高,也就是获得了高的天线增益。由于天线具有互易性,接收原理同样适用于有船站向卫星发送信号的情况。

Inmarsat M 船站都采用抛物面天线。这种天线方向性强,通信时要求天线时刻对准所使用的卫星,且天线与卫星之间不能有任何障碍物阻断,需要伺服机构保证天线在船舶运动的情况下时刻指向卫星。图 11-11 所示是 Inmarsat M 船站抛物面天线外观与内部结构图。

6. 阵列天线

Inmarsat F 船站使用阵列天线,图 11-12 所示是 NERA 公司的 F 船站标准阵列天线实例。该天线由四块波束阵列天线组成。用跟踪控制模块控制相移器的开关,从水平和垂直方向上调整阵列天线指向静止卫星,实现点波束通信。阵列天线也是定向天线的一种,通信时其阵列天线平面也需要指向卫星。

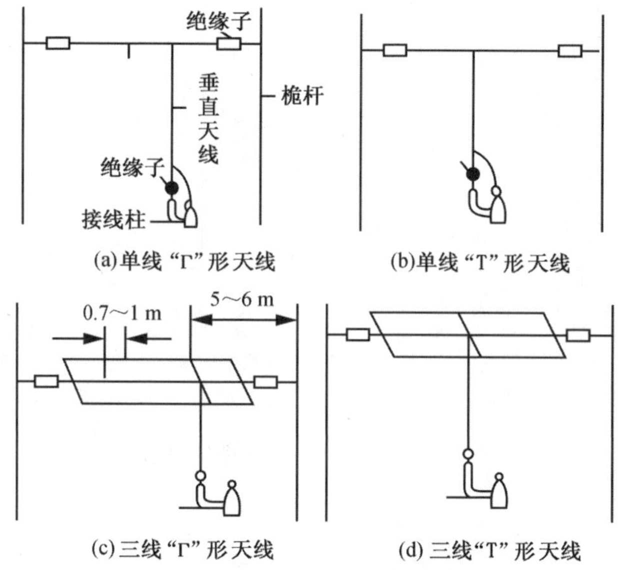

图 11-8　几种形式的中/高频设备天线

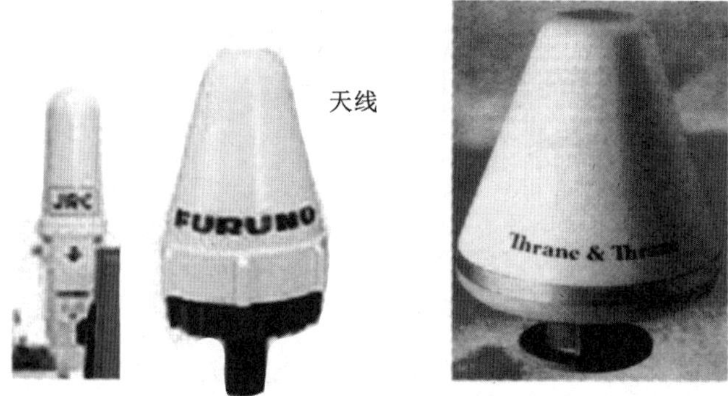

图 11-9　三家公司的 Inmarsat C 船站的天线外形图

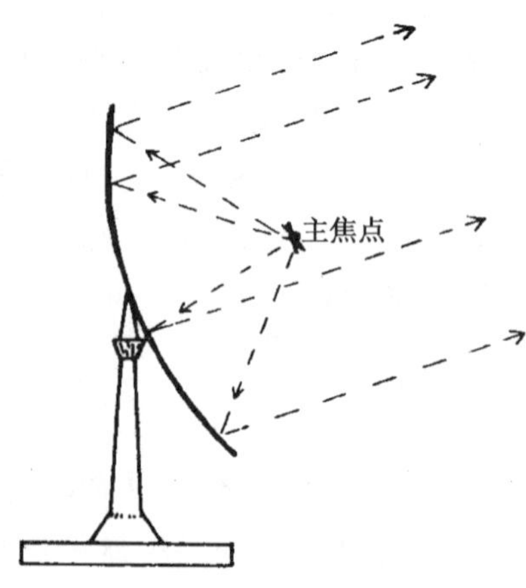

图 11-10　抛物面天线

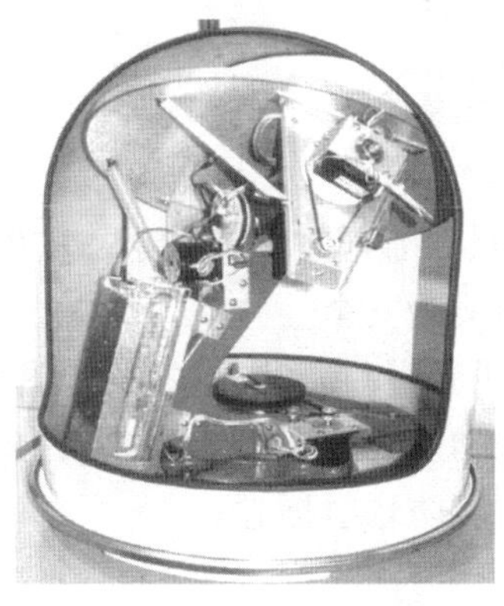

图 11-11　Inmarsat M 船站抛物面天线外观与内部结构图

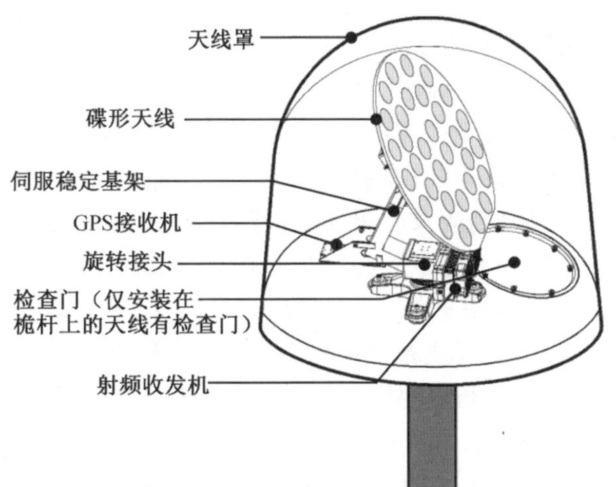

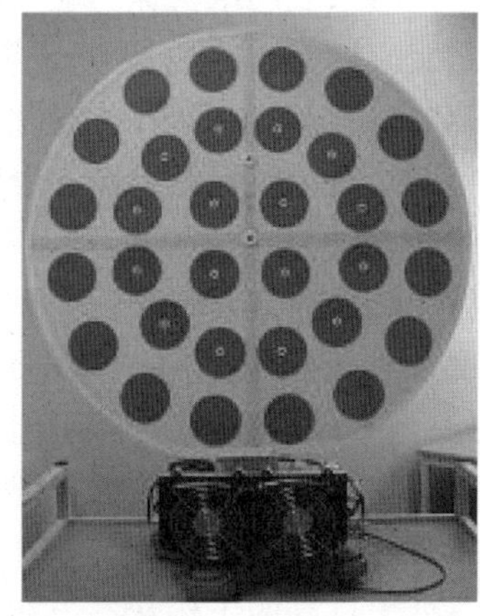

图 11-12　NERA 公司的 F 船站标准阵列天线实例

二、船用天线安装注意事项

使用一般下拉铜线作天线时,雨雪天会使绝缘电阻下降,导致天线收发效率下降。为防止这种情况出现,最好采用由多个绝缘子组成的绝缘链,以提高天线对地绝缘电阻,从而提高天线收发效率。

发射天线离设备近些,而接收天线可离设备远些,“T”形和“Γ”形天线的水平部分通常都挂在 2 根桅杆之间。天线的垂直下引线必须离金属桅杆尽可能远,距离一般不小于 7~8 m(与桅杆高度有关)。

在安装天线时还应注意以下几点:

(1)天线装置的结构,应能承受 11 级的风力。

(2)每根天线应由一整根绞合线构成。在天线与下引线必须打结时,应予以编织,可靠焊接。

(3)天线装置应选远离高烟囱、通风筒、桅杆及上层建筑其他金属物体,其距离不小于 1 m。

(4)天线绝缘子应采用高压高频绝缘材料,并能承受一定的机械强度和很高的放电电压。

(5)在人员易于通过之处,装设垂直位置的发射天线引入线时,应有防护措施,以人手碰不到引线为安全。

(6)安装 Inmarsat 船站天线时,应先仔细阅读安装说明书,了解天线的安装图和注意事项。天线的安装地点不能有遮挡物,并远离船员经常工作和接近的地点,天线周围要有适当的提醒防辐射标志。

三、船舶天线的维护与保养

对天线的维护保养应当有计划地定期进行检查、维护和保养。春、夏之交与秋、冬之交应调节天线的张力;定期检查天线,天线松紧要适度,不应绷得过紧,也不应过于松弛;应当定期地给天线的拉线、卸扣、绳圈和夹头等上黄油,以避免拉线等被腐蚀;应当定期地对天线桅杆敲锈和上防腐漆,避免桅杆被腐蚀;在船舶到港,为装卸货而放下天线时,可检查一下天线有无断裂或铜锈,发现问题应及时更换或清洁;检查天线绝缘子有无破损,若有破损应及时更换,并应经常清洁绝缘子除去所积的烟灰,以提高绝缘强度;应定期测量天线对地的绝缘电阻,若绝缘电阻过低,则应找出降低的原因,予以排除;当暴风雨来临时,若可能应把天线放下,以免天线被强风所刮断;定期检查,尤其是在雷雨季节检查避雷装置,需要时做适当调整;检查应接地的地方接地是否良好,保证有良好的接地;经常清洁室内天线。只有认真地做好天线的维护和保养,才能使天线始终处于良好的工作状态。在雨雪天气,要防止因冰水附挂在绝缘子造成天线短路故障。

对于卫星船站天线,维护保养时,可在天线进口水密的情况下,用水清洗天线外罩,但不能在天线外罩上涂油漆。机械传动部分可适当加润滑油。检查紧固螺丝,并加黄油保护。

开航前要对天线全面检查,特别是在大风和台风季节,要注意检查天线的抗风力,如果发现问题及时采取措施。

天线的维护保养,以及在维护保养中发现的问题和解决结果,要在电台日志做好记录。

思考与练习

1. 船用电源有哪几类?
2. 简述几类船用电源的工作关系。
3. 简述公约对备用电源的要求和规定。
4. 简述蓄电池的日常维护。
5. 简述免维护蓄电池的保养方法。

6. 简述酸性蓄电池的组成、工作原理、电解液配制时的注意事项。

7. 介绍船舶常用天线种类。

8. 如何对天线进行维护与保养？

项目十二

船舶通信管理

任务一　了解 GMDSS 无线电操作员的适任要求和船长无线电通信权限

STCW 公约 2010 修正案将 GMDSS 一级无线电电子员、GMDSS 二级无线电电子员、GMDSS 通用操作员和 GMDSS 限用操作员统称为 GMDSS 无线电操作员。船舶通信导航工作通常由持有 GMDSS 无线电操作员证书的驾驶员来担任。许多船舶公司规定二副具体负责通信导航日常管理工作。船长是船舶通信导航工作的第一责任人,具有绝对领导权。而具体负责通信导航设备管理与维护工作的无线电操作员是直接责任人。

目前,我国船舶驾驶员一般都持有 GMDSS 通用操作员。持有 GMDSS 适任证书的船舶驾驶员或者船长指定的其他持有 GMDSS 适任证书的人员,应保证船舶通信畅通和通信导航设备的正常使用,保证船舶的正常营运和航行安全,具体岗位适任与职责要求如下:

(1)负责完成船舶无线电通信工作。爱岗敬业,忠于职守,严格遵守国际国内关于海上通信规则、通信纪律、保密规定和设备操作规程;树立安全意识和责任意识,保证船舶电台通信畅通,保障船舶的安全营运;处理好每一份来往电文;按要求做好电台日志的记录;对各类通信应按先急后缓,先船后岸的顺序处理,迅速准确,简洁明了,规范正规。对来往电文,未经船长同意,不得擅自修改。

(2)保持通信室整洁,不做与通信工作无关的事情;爱护机线设备,正确操作使用,保持设备良好和线路状况正常。

(3)每天及时处理来往电文,并在电台日志记录;接收和阅看航线上的气象、航警信息;对遇险、紧急或特殊(重大)通信,要及时准确接收、详细如实记录、及时报告;重要事项详细记载,上下班时交接清楚。

(4)全面负责船舶无线电通信导航设备和广播系统设备的管理使用、维护保养、检修和修理工作。经常检查通信导航设备的运转状况,按规定做好设备的测试工作,并做好记录。负责一般故障的检修；在陆地工程人员对船舶通信导航设备修理时，负责检修和验收。设备发生故障时应及时排除，确实无法修复时，应报告船长，并向公司主管部门提出修理建议。

(5)船长要经常督促船舶通信导航设备管理使用人员进行技术业务学习，不断提高技术水平和工作效率。

(6)当本船遭受海难或发生其他危险情况时，负责船舶遇险通信人员应监守在无线电工作台(Radio Workstation)，不得擅离职守。弃船时应销毁秘密以上等级的文件资料，亲自携带电台日志和电台执照，按船长的命令离船。

(7)负责国内、国际通信导航资料的保管和修改工作。负责保管图纸、说明书等技术资料和物品账册；负责备件、工具、物料、仪表的盘点、登记和保管。

(8)负责电台蓄电池、变流机和各种天线的日常清洁、检查、养护工作，确保良好技术状态；做好蓄电池室(箱)、变流机室和备件库的清洁工作；负责电台蓄电池的充、放电。

(9)负责航前安全检查，发现问题要及时检修、纠正，并报告船长。

(10)在任何港口均应尊重和接受船舶通信导航管理人员对本船工作的检查和指导。

(11)船长应每天查阅电台日志，检查一天所做的通信导航工作，并在电台日志上签字，发现问题要及时查清，设法纠正。

(12)拟定有关设备的备件、工具、物料和仪表的请领审购计划，经船长审批后报送公司有关主管部门。

(13)大风浪侵袭前后，应检查通信导航设备、器材及周围环境，特别是甲板上的设备设施，并采取安全防范措施。

(14)接新船(包括二手船)时应对通信导航设备和资料进行全面检查，制定设备核定表并报公司主管部门。

(15)船舶退役时应将电台执照和最后两本电台日志(写明船舶退役时通导设备、备件、物料、资料、仪器、工具等的交接情况)带回交公司主管部门。

(16)公休时应详细交接本人的工作和工作中的注意事项。

(17)凡涉及遇险、紧急、安全通信的情况，按“遇险、紧急、安全通信处理程序与原则”办理。

(18)船舶电台遇下列情况之一者，不应停止相关工作：

①与本船舶有关或发生在本船舶附近的遇险、紧急、安全通信尚未处理完毕；

②与有关电台的通信尚未完毕，或尚有急电待发或等待急电回电；

③正在进行救助行为时；

④当执行特殊任务，航行特殊海区，或因故在海上抛锚、漂泊、待命、遇台风等，应按上级布置或船舶领导要求进行值守；

⑤需要通过有关岸台向有关部门报告本船动态时，以及海事部门要求保持值守的其他情况。

任务二　掌握船舶通信保密规定和通信纪律

一、船舶通信保密规定

(1)树立国家安全观和保密意识,确保通信机密安全,不得随意向无关人员透露或变相透露来往电话、电传、传真或邮件等内容;

(2)未经国家主管部门和船长批准,不得利用船舶电台询问机密事项;

(3)通信密件必须妥善保管,不得私自外带、摘抄,如有遗失泄密,立即上报;

(4)船舶保安报警系统属于保密系统,只有船长、政委和公司指定的船舶保安人员才能掌握该系统的启动和测试。

二、船舶通信纪律

(1)未经国家主管部门和船长批准,不准主动与无关电台通信联络和承担核定以外的通信任务,或未经准许而接收核定以外的信息;

(2)不准冒用、伪造电台呼号、识别和使用核定以外的频率;

(3)不准私编密语、密码和在机上进行私人谈话(船舶公众通信业务除外);

(4)不准擅自发送遇险、紧急信号及脱险报告;

(5)不准伪造通信情况、涂改电台日志和来往电文;

(6)不准无故中断通信、冒充急电、干扰抢叫、争执吵骂和不服从指挥;

(7)船岸通信时,船台要服从岸台指挥;

(8)不准擅自在无线电室内或驾驶台内用收信机收听与工作无关的语音广播;

(9)只能受理经船长签发批准的电话、电传和传真;船员进行公众通信须经船长批准。

任务三　熟悉船舶在航行和停泊期间的日常通信工作

一、船舶航行期间的日常通信工作

(1)GMDSS 系统用设备自动值班代替传统的人工值班要求。甚高频数字选择性呼叫70信道(VHF DSC CH70)值守机和中/高频数字选择性呼叫(MF/HF DSC)值守机保持24 h开机,不间断守听;中/高频段DSC遇险和安全呼叫频率2 187.5 kHz和8 414.5 kHz为强制值守频率,另外还要在DSC遇险安全呼叫频率4 207.5 kHz、6 312 kHz、12 577 kHz和16 804.5 kHz中的一个频率上保持不间断守听,也可在这些频率上全部扫描值守;尽可能地保持在VHF CH16上连续的守听。

我国《水上无线电规则》规定:符合GMDSS设备配备要求的船舶电台,航行时均应按规定开启相关设备,每周保持7×24 h连续安全通信值守。

(2)装有Inmarsat C、F、M、FB标准船站的船舶,应保持卫通船站常开,以确保地面站转发的重要信息能及时收到。

(3)保持NAVTEX接收机和EGC接收机(或者C船站)常开,并根据船舶航行的具体海域,随时接收附近海岸电台播发的航行警告(N/W)和气象报告(WX)等海上安全信息。必要时,开启MF/HF无线电设备,接收该海域海岸电台用窄带直接印字电报(NBDP)技术播发的海上安全信息(MSI)。如果在NAVDAT系统覆盖区,也应把NAVDAT(航行安全数字接收机)打开,以接收附近NAVDAT岸台用数字通信技术播发的海上安全信息。

(4)每天至少对MF、HF和VHF DSC遇险安全呼叫频率值守机进行1次无辐射的试验和测试,包括与收发设备和备用电源连接试验。

(5)每周进行1次船到岸的DSC测试,检查1次备用电源,并将试验和测试情况记入电台日志;发现问题及时设法修复或通知所属公司通导主管部门。如果船舶航行海域不能进行船到岸DSC测试,一旦进入可以进行船到岸DSC测试的海域或者时机,就要进行船到岸的DSC测试。

(6)每月至少试验和测试1次救生艇筏双向无线电话设备和检查手持VHF设备备用电池1次(备用电池不能拆封)。

(7)每3个月至少试验1次卫星紧急无线电示位标,并将试验和测试情况记入电台日志。

(8)每月至少试验1次搜救雷达应答器,并将试验和测试情况记入电台日志。

(9)航行中每天校准驾驶台天文钟和无线电工作台时钟。

(10)按规定定期做好蓄电池充放电及保养工作。

(11)按规定定期做好通信导航设备的检查维护保养工作。

(12)按规定定期做好通信导航设备天线的维护保养工作。

(13)按时完成各项通信工作及船长安排的工作。

二、船舶停泊期间的日常通信工作

(1)船舶在等潮水、引航、泊位、港界线外锚地或因故在海上漂泊期间,按船舶航行值班规定执行。

(2)船舶锚泊期间,保持VHF DSC CH70信道值守机开机值守和VHF CH16上连续的守听;根据当地港口要求和规定,在相应 VHF 无线电话频道上值守;注意守听港口有关通告和通话表。

(3)保持 NAVTEX 或者 C 船站(或者 EGC 接收机)常开,随时接收相关岸台播发的气象预报、区域航行通告、沿海航行警告等海上安全信息。每天至少接收 1 次相应岸台播发的气象报告、气象传真图、航行警告或冰况报告等海上安全信息。

(4)靠泊期间,要遵守港口当局有关港界线内使用发信机的规定,防止有害干扰发射,防止误报警。

(5)注意室外天线是否影响装卸货物,如有影响及时处理。正在装卸燃点较低和挥发性较强的易燃气体货物及其他危险品货物时,禁止调试一切发射设备。

(6)开航前校准驾驶台天文钟和无线电工作台时钟。

(7)做好蓄电池、通信导航设备天线及通信导航设备的维护保养。

(8)做好开航前通信导航设备的检查和测试。有设备需要岸修时,应提早请示报修,确保通信导航设备处于良好的适航状态。

(9)船舶通信导航设备管理使用人员离船时,应安排好有关工作,请示船舶领导同意后方可离船。

任务四　掌握船舶电台相关证书和文件资料管理规定

一、船舶电台应备的相关证书和文件资料

(1)船舶无线电台执照;
(2)船舶电台设备核定表;
(3)货船无线电安全证书;
(4)MMSI 证书或船舶 AIS 标识码证书;
(5)无线电操作员适任证书;
(6)电台日志;
(7)交通运输部颁发的《水上无线电通信规则》;
(8)《全国江海岸电台台名录》(交通运输部编印);
(9)《全国船舶电台台名录》(交通运输部编印);
(10)船舶公司通信导航管理规程;
(11)如果是执行双备份设备和岸基维修,还需要有岸基维修协议;
(12)其他应备的业务文件和资料。

二、船舶电台相关证书和文件资料的管理规定

(1)船舶必须具备我国或国外有关主管部门核发的电台执照、通导设备核定表。

船舶电台执照应存放在电台内便于立即取下携带和出示检查的位置，并由二副或者船长指定相关人员负责保管。船舶电台执照分为短期和长期两种，短期有效期一般为1年；长期有效期为3年或者5年（挂方便旗船舶除外）。船舶电台执照有效期届满前3个月，船长应及时向公司通导主管部门报告，以便向有关主管当局重新申请核发。

（2）船舶应配备持有符合有关主管当局要求的GMDSS无线电操作员适任证书专职人员或者兼职人员。GMDSS无线电操作员适任证书持有者系指持有GMDSS一级或者二级无线电电子证书（First Class Radio-Electronic Certificate，1st REC or 2nd REC），或者持有GMDSS通用操作员证书（General Operator's Certificate，GOC）人员。我国商船每船需要配备持有GMDSS通用操作员以上等级的适任证书人员2人，兼职负责船舶通信工作。在船期间GMDSS无线电操作员适任证书，由船长统一负责保管。有关GMDSS无线电操作员适任证书有效期一般为5年，有效期届满前6个月，由船长（在船期间）或本人（离船期间）向公司主管部门报告，以便向有关当局申请换发。

（3）货船无线电安全证书由船长负责统一保管。船舶货船无线电安全证书分换证检验和定期检验，换证检验5年一次，定期检验1年1次。有效期届满前3个月，由船长向主管船级社或公司主管部门提出申请，对船舶无线电设备进行定期检验或换证检验。换证检验或定期检验过程中，若验船师对无线电设备的配套、性能等方面提出异议时，船长要报告本公司通导主管部门，妥善处理。

（4）电台日志一般由二副或者船舶指定的其他GMDSS无线电操作员负责保管，保管期限为2年。

（5）船舶电台各类报底（船舶电传、传真、E-mail电子文档）一般由船长和二副（或者无线电电子员）负责保管，保管期限为2年。

（6）气象报告、气象传真图、航行警告（含NAVTEX和EGC自动接收的海上安全信息）一般由二副负责保管，保管期限为半年。

（7）国际业务文件和资料短缺或已过期时，经请示船舶主管部门或船舶领导后可自行购买。

（8）国内业务文件、资料和专用工具书短缺时，应及时向公司通导主管部门申请领取，或经请示公司通导人员同意后在国内自行购买。

（9）凡需定期或不定期修改的国际、国内业务文件和资料，应按规定进行修改。当收到相关的修改资料后要及时、认真、修改，不得借故拖延。

（10）船、岸电台的各类报底、账单、电台日志和光盘、磁带等记录介质保管期满后，应由相关责任人员开列清单，经本单位负责人批准后监督销毁，或由上级主管部门处理。密级文件按相关规定保管或者销毁。

三、船舶电台应配备的国际文件和业务资料

（1）国际电信联盟的《无线电规则》（Radio Regulations）；

（2）国际电信联盟的《水上移动业务和卫星水上移动业务实用手册》（Manual for

Use by the Maritime Mobile and Maritime Mobile-Satellite Services);

(3)国际电信联盟的《船舶电台及水上移动业务标识分配表》(List of Ship Stations and Maritime Mobile Service Identity Assignments);

(4)国际电信联盟的《海岸电台和特种业务电台表》(List of Coast Stations and Special Service Stations);

(5)《无线电定位和特别业务电台表》(List of Radio Determination Special Service);

(6)《国际航空和海上搜寻救助手册》(IAMSAR Manual);

(7)《国际信号规则》(International Code of Signals);

(8)《STCW 公约》(Intrnational Convention on Standards of Training, Certification and Watchkeeping for Seafareers);

(9)《SOLAS 公约》(Intrnational Convention for the Safety of Life at Sea);

(10)英国《无线电信号表》第一、二、三、五卷(Admiralty List of Radio Signals, Volume Ⅰ、Ⅱ、Ⅲ、Ⅴ);

(11)有关港口检查当局和船舶注册的船级社提出的文件和资料;

(12)相关船舶电台通信工作必要的修改资料。

四、相关工具书籍

(1)标准电码本;

(2)英汉词典;

(3)新华字典。

任务五　掌握港口国对船舶电台检查的内容与相关规定

一、船舶电台港口国检查的分类及定义

为保证船舶航行安全,国际公约要求对营运的船舶要进行一些例行的检查和检验。对船舶电台的检查主要有:船舶无线电安全检验、港口国检查和船旗国检查等。另外,为了保证船舶的安全适航,隶属公司也会对船舶进行包括船舶通信导航工作的监督检查,并要求船舶进行航前自查。

船舶无线电检验是一个定期的检验,由船舶入级的船级社组织实施,船舶要取得证书后方可继续营运。

港口国检查(Port State Control,PSC 检查),是世界各地的港口国当局对抵港的外籍船舶实施的以船舶和人员安全、防止海洋污染及船舶技术状况为对象的专门检查,同时也是港口国政府对于船旗国政府、船级社、船东在执行国际公约、维护海上人命和财产安全、保护海洋环境方面工作质量的检查与监督。港口国检查是一项强制性检查,对于在检查中发现船舶没有履行国际公约的情况,PSC 检查官会提请港口国相关机构采取相应措施,必要时可以要求纠正缺陷,甚至滞留船舶。

船旗国检查(Flag State Control,简称 FSC 检查),是船旗国对其所属船舶进行的检查,检查形式和内容与 PSC 检查基本相同,因此以 PSC 检查为主做详细描述。

二、PSC 检查的地区组织

船舶通信设备和通导设备是 PSC 检查的一部分,检查的主要内容是船舶电台证书、业务资料、GMDSS 设备及其他通信导航设备,以及持 GMDSS 证书人员操作技能。PSC 检查中,船舶通信导航设备有缺陷,GMDSS 持证船员对设备使用操作不熟悉,将可能导致船舶滞留。因此,船长和驾驶员要重视通信导航设备及操作人员的 PSC 检查,掌握检查的具体内容和程序,做到心中有数,从容应对,顺利通过检查。

国际海事组织(IMO)在 1991 年要求在全球各地区建立 PSC 备忘录组织,相互合作,以减少直到消除低标准船舶的运营;继巴黎备忘录组织后,世界各地根据要求相继建立了 PSC 组织,目前 PSC 检查已经覆盖全球,发挥了非常重要的作用,检查的依据是国际海事组织(IMO)制定的国际公约。

PSC 检查按地区以备忘录形式开展工作,目前为止有如下地区组织:

(1)欧洲地区组织:1982 年 7 月 1 日签订了巴黎备忘录(PARIS MOU),有 20 个国家参加。

(2)亚太地区组织:1993 年 12 月 2 日签订了东京备忘录(TOKYO MOU),有 18 个国家或地区参加。

(3)拉丁美洲地区组织:1992 年 11 月 5 日签订了“Vina del Mar or Latin-America Agreement”备忘录,有 13 个国家参加。

(4)加勒比海地区组织:1996 年 2 月 6 日签订了加勒比备忘录(Caribbean MOU),有 18 个国家参加。

(5)地中海地区组织:1997 年 7 月 11 日签订了地中海备忘录(Mediterranean MOU),有 11 个国家或地区参加。

(6)印度洋地区组织:1998 年 6 月 5 日签订了印度洋备忘录(Indian Ocean MOU),有 20 个国家或地区参加。

(7)西非和中非地区组织:1999 年 10 月 22 日签订了安哥拉备忘录(Abuja MOU),有 19 个国家参加。

(8)黑海地区组织:2000 年 4 月 7 日签订了黑海备忘录(Black Sea MOU),有 6 个国家参加。

(9)美国从 20 世纪 70 年代,美国海岸警卫队(USCG)就开始对到港的外籍船舶实施检查;2001 年 1 月 1 日,USCG 开始实施采用 QUALSHIP21 计划,对外籍船舶实施检查。

(10)波斯湾地区组织在筹建中。

三、与船舶通信导航设备、人员相关的滞留缺陷代码和处置代码

1995年11月23日,国际海事组织(IMO)在第19届大会上通过了A.787(19)决议——港口国检查程序(Procedure for Port State Control),为港口国的PSC检查提供了基本依据。并在A.787(19)决议中添加了附录1——滞留船舶指南(Guidelines for the Detention of Ships),这是PSC检查官滞留船舶的指南,各地区的备忘录组织也基本按照这一指南的标准执行PSC检查和滞留船舶。国际海事组织(IMO)在第21届大会上通过的A.882(21)决议对A.787(19)决议进行了进一步的修正。

1. 与船舶通信导航设备、人员相关的滞留缺陷代码及缺陷界定

与船舶通信导航设备、人员相关的滞留缺陷代码及缺陷界定表如表12-1所示。

表12-1 与船舶通信导航设备、人员相关的滞留缺陷代码及缺陷界定表

代码	缺陷类型(Description)	滞留缺陷(Detainable Deficiencies)
0223	Certificates for Radio Personnel(无线电人员证书)	没有配备无线电操作人员,或者相关证书不符合规定;或证书过期
0669	Radio Life-saving Appliances(救生无线电设备)	1. 2套双向VHF不能工作; 2. 救生艇罗经不能工作
0674	Emergency Equipment for 2-way Communication(双向通信应急设备)	双向通信应急设备过期,应急蓄电池过期
0945	Emergency Lighting, Batteries & Switches(应急照明、蓄电池和开关)	1. 应急照明不能工作; 2. 蓄电池不能工作(如比重过低)
1540	Gyro Compass(陀螺罗经)	主罗经不能工作,或者分罗经不能工作
1541	Magnetic Compass(磁罗经)	没有操作罗经;或者无法正常读数
1544	Automatic Radar Plotting Aid(ARPA)(自动标绘雷达)	有缺陷
1561	Electronic Charts(ECDIS)(电子海图)	有缺陷
1565	Automatic Identification System(AIS)(自动识别仪)	有故障
1566	Voyage Data Recorder(航行数据记录仪)	有故障
1567	GNSS Receiver(全球导航系统接收机)	
1575	Echo-sounder Device(回声测深仪)	不能工作
1597	Distress Messages: Obligations and Procedures(遇险信息:义务和程序)	

续表

代码	缺陷类型（Description）	滞留缺陷（Detainable deficiencies）
1600	Radio Communications(无线电通信)	
1623	MF/HF Radio Installation (MF/HF 无线电装置)	MF/HF DSC 设备故障,无法向岸台发送信号;NBDP 不工作
1625	Inmarsat SES(卫星船站)	Inmarsat C 工作不正常
1645	Performance Standards for Radio Equipment (无线电设备的性能标准)	不合格
1655	Facilities for Receiving Marine Safety Information(接收海上 MSI 设备)	接收 MSI 设备不能正常工作,比如 NAVTEX
1685	Operation/Maintenance(操作/维修)	存在缺陷
1686	Homing Device(无线电导引设备)	有缺陷
1671	Satellite EPIRB 406 MHz (卫星紧急无线电示位标)	EPIRB 设备缺陷(没有自动释放装置;不正确存放;不能工作等)
1675	Radio Transponder (雷达应答器)	雷达应答器存放位置不正确或者不能工作
1677	Reserve Source of Energy (备用电源)	不正常
1680	Radio Log (Diary)(电台日志)	未配备电台日志
2530	Resources and Personnel(资源和人员)	船长不熟悉 LSA 设备;主管人员没有充分理解相关的法规和指导

2. 常用缺陷处置代码与字母含义和说明

PSC 检查的缺陷处置代码如表 12-2 和表 12-3 所示,其中代码“30”是滞留船舶的代码,船舶在接受检查时应格外注意是否被开处此代码。

表 12-2　数字代码含义

代码	Actions to be Taken 需采取的行动
00	No Action Taken 不需要采取行动
10	Deficiency Rectified 缺陷已纠正
12	All Defieciencies Rectified 所有缺陷已纠正
15	Rectify Deficiencies at Next Port 在下一港口纠正缺陷
16	Rectify Deficiencies within 14 Days 在 14 天内纠正缺陷
17	Master Instructed to Rectify Deficiencies Before Departure 要求船长在离港前纠正缺陷
18	Rectify Deficiencies within 3 Months 在 3 个月内纠正缺陷
19	Entrance Prohibition for Ship Without Certification 未经认证的船舶禁止靠港
20	Ship Delayed to Rectify Deficiencies 船舶延期离港以纠正缺陷
25	After Delay Allowed to Sail(* Specify Date)延迟后允许开航(* 标明日期)
30	Ship Detained 船舶滞留
35	Detention Rised (* Specify Date)解除滞留(* 标明日期)

续表

代码	Actions to be Taken 需采取的行动
36	Ship allowed to Sail after Follow-up Detention 船舶再次滞留后允许开航。
40	Next Port Informed 通知下一港口
50	Flag State/Consul Informed 通知船旗国/领事馆
55	Flag State Consulted 咨询船旗国
60	Region State Informed 通知本区域成员国
70	Classification Society Informed 通知船级社
80	Temporary Substitution of Equipment 临时更换设备
82	Alternative Equipment or Method Used 使用替代设备或者方法
85	Investigation of Contravention of Discharge Provision(MARPOL)违反《MARPOL 公约》排放规定的调查
90	Letter of Warning Issued 签发警告信
95	Re-inspection Connection with Code 90 根据签发的警告信重新检查
96	Letter of Warning Withdrawn 收回警告信
97	Destination Unknown Information 目的港信息未知
99	Other(Specify)其他(具体说明)

表 12-3　字母代码含义

代码	Meaning 含义	Actions Taken 采取的措施
A	Detained 滞留	Grounds for Detention 滞留的原因
B	Rectified 纠正	Deficiency Rectified 缺陷已纠正
C	Before Departure 离港前	Rectify the Deficiency Before Departure 离港前纠正缺陷
D	At the Next Port 下一港口	Rectify the Deficiency Within 14 Days(1)在 14 天内纠正缺陷
E	Within 14 Days14 天内	Rectify the Deficiency at the Next Port(1)在下个港口纠正缺陷
F	Agreed Class Condition 已同意的船级条件	As in the Agree Class Condition 根据已同意的船级条件
G	Within 3 Months3 个月内	Rectify Non-conformity in 3 Months(2)在 3 个月内纠正缺陷
H	Major NC 主要不合格项	Rectify Major Non-conformity Before Departure(3)离港前纠正主要不合格项
J	At Agreed Repair Port 在经允许的港口	At an Agreed Repair Port(4)在经允许的港口修理
K	Temporary Repair 临时修理	Temporary Repair to be Carried Out 进行临时修理
L	Flag State Consulted 咨询船旗国	Flag State Consulted 咨询船旗国

续表

代码	Meaning 含义	Actions Taken 需采取的措施
M	Low Issued 签发	Letter of Warning Issued 签发警告信
N	Low Withdrawn 收回	Letter of Warning Withdrawn 收回警告信
O	Operation Stoped 操作停止	Prohibition to Continue an Operation 禁止继续操作
P	Temporary Substitute 临时更换	Temporary Substitute of the Equipment 临时更换设备
Q	Other 其他	Specify Unusual Circumstances (Free Text)说明异常情况(格式不限)
Notes 注释: (1)Never with a Detainable Deficiency 不适用于滞留缺陷。 (2)Only for ISM Defective items and Never with a Detainable Deficiency 仅适用于与 ISM 有关的缺陷项目,不适用于滞留缺陷。 (3)Only for ISM Defective Items and Always with a Detainable Deficiency 仅适用于与 ISM 有关的滞留缺陷项目。 (4)Only for Detainable Deficiency 仅适用于滞留缺陷		

3.《SOLAS 公约》相关滞留条款解释

根据《SOLAS 公约》第Ⅳ章 15 条“维修要求(maintenance requirements)”第 8 款和第 5 章 16 条“设备维修(maintenance of equipment)”第 2 款规定:采取一切合理的步骤使设备保持有效的工作状态,以确保符合第 4 条规定的所有功能要求。如某部 GMDSS 设备出现故障,只要船舶电台设备能够实现 GMDSS 遇险安全功能,而不能实现在 4.8 条所规定的用于提供常规无线电通信功能不能实现的情况下,船长要计划和实行一个安全航程,以将船舶驶往可以进行修理的港口,并注意到故障设备可能接收不到安全信息,并做了适当安排。此时不应认为该船舶不适航,或作为使船舶滞留在不易提供维修设施的港口的理由。

以上条款的规定可解读为:如某一 GMDSS 设备故障未能修复,船长应采取一切合理的措施使其不影响船舶的遇险安全通信功能。这种情况下,PSC 检查官不应因这些设备的功能失常视为船舶不适航。如果船舶停靠的港口不能提供修理便利,也不能作为滞留船舶的理由,PSC 检查官可允许船舶抵达下一港后修理。

依据以上条款规定,如下情况将不应认为船舶不适航,不会造成滞留:

(1)陀螺罗经故障,磁罗经工作正常;

(2)一台雷达故障,另一台雷达工作正常;

(3)GPS 等无线电定位设备故障;

(4)C 船站故障,中/高频无线电设备工作正常,或反之;

(5)Inmarsat M 船站、F 船站、FB 船站等常规通信设备故障;

(6)非国际海事组织(IMO)强制要求的设备故障;

(7)AIS、计程仪及测深仪故障。

可要求船舶开航前解决,或者到下一港口修理。如有故障的通信导航设备在停靠港口无法修复,通常采取如下措施避免船舶滞留:

(1)由船旗国海事部门出具担保函,将在下一个港口进行修理或者限期解决。

(2)船级社验船师到船进行临时检验,出具展期报告。船舶将船旗国担保函或船级社检验报告提交给港口国当局后,港口国将不再限制船舶必须开航前解决。

四、船舶电台 PSC 检查的内容

船舶通信设备和通导设备是 PSC 检查的一部分,检查的主要内容是船舶电台证书、业务资料、GMDSS 设备及其他通信导航设备,以及持 GMDSS 证书人员操作技能。PSC 检查中,船舶通信导航设备有缺陷,GMDSS 持证船员对设备使用操作不熟悉,将可能导致船舶滞留。因此,船长和驾驶员要重视通信导航设备及人员的 PSC 检查,掌握检查的具体内容和程序,做到心中有数,从容应对,顺利通过检查。

1. 证书方面的检查

主要检查设备和人员证书是否满足 GMDSS 的要求,是否按要求配备足够数额的有资格的 GMDSS 操作人员。

2. 设备方面的检查

检查通信设备是否与无线电证书相符合;呼号和其他识别是否正确并标志在设备上;设备能否满足 GMDSS 功能。

3. GMDSS 无线电操作员操作能力的检查

(1)对于安全信息接收设备,主要采用查看以前记录的方式,检查最近接收的海上安全信息判断设备的工作情况。

(2)对于 Inmarsat 设备,进行 Performance Verification Test(PVT or Link Test),PSC 检查官检查测试结果,同时要求打印显示结果做备案。

(3)对于 MF/HF 无线电设备,在指定的无线电话遇险频率上进行呼叫试验,设备使用蓄电池能否工作;用 MF DSC 或者 HF DSC 与海岸电台进行呼叫试验,然后查看结果。

(4)在检查 VHF 无线电设备时,主要的方法是使用 VHF 设备在无线电话频率上与港口 VHF 岸台进行呼叫试验。在本船两台 VHF 无线电设备间进行 DSC 呼叫,查看呼叫结果。

(5)对于紧急无线电示位标(EPIRB)设备,检查设备固定是否恰当,自浮时是否受到障碍影响,EPIRB 的相关开关是否正确设置在相应位置。

(6)检查船舶是否配备了足够数量的 Radar-SART(搜救雷达应答器)或者 AIS-SART(自动识别系统搜救发射器),电池是否在有效期内。

(7)PSC 检查官要求船舶操作人员解释注销船舶误报警发射时所需的正确操作步骤。

(8)检查便携式 VHF 收发性能及备用锂电池是否符合要求。

注意:GMDSS 无线电操作人员进行卫星通信设备、地面通信设备操作试验时,要避免 GMDSS 设备误遇险报警。

五、船舶电台问题引起船舶滞留的案例原因

因船舶电台问题引起船舶滞留的原因分为设备、证书和人员素质方面。

1. 设备方面的原因

导致船舶滞留的设备分基本设备和附加设备,只要船舶通信设备方面违反下列其中之一,船舶就可能被滞留。

(1)基本设备缺陷

EPIRB 故障;所有搜救雷达应答器故障;所有 VHF DSC 收发机故障;NAVTEX 接收机故障(适用于航行于播发国际 NAVTEX 业务的海区的船舶);Inmarsat EGC 故障(适用于航行于 Inmarsat 覆盖区域,但无 NAVTEX 业务的海区的船舶);备用电源不合格;天线系统严重损坏。

(2)附加设备缺陷

①A1 海区:与基本设备缺陷相同。

②A2 海区:所有 MF DSC 收发机故障(如果没有配备卫通设备和/或 MF/HF DSC)。

③A3 海区:所有 MF/HF DSC 收发机故障或所有卫通设备故障。

④A4 海区:所有 MF/HF DSC 收发机故障。

2. 证书方面的原因

因 GMDSS 证书问题引起的船舶滞留,一般有如下原因:

(1)船舶无线电证书到期;

(2)GMDSS 证书与航行海区不相符合;

(3)船舶电台的其他证书不符合要求。

3. 人员素质方面的原因

GMDSS 无线电操作人员不能按照 PSC 检查官的要求正确操作和使用相关的 GMDSS 设备;不能与 PSC 检查官进行良好的语言沟通,不理解检查官的要求。

六、船舶电台问题造成船舶滞留案例分析及建议

因船舶电台存在问题造成船舶滞留一般有如下几方面:GMDSS 设备问题,船舶电台管理问题,相关 GMDSS 无线电操作员设备操作使用不熟练问题和 PSC 检查官沟通交流存在问题,以及船舶电台对缺陷项整改不力等问题。

1. GMDSS 设备问题造成的滞留及建议

诸如 SART、EPIRB、VHF DSC 和 MF/HF DSC 等 GMDSS 设备故障,还有 SART、

EPIRB 电池有效期过期是造成船舶被滞留的主要原因。特别是 MF/HF 无线电设备平时使用少,却是 PSC 检查的重点。建议把地面通信系统设备的操作和使用步骤放在设备旁,以便于驾驶员日常使用和维护,以及 PSC 检查时参考用。

EPIRB、SART 等紧急情况下才使用的设备,也是 PSC 必查设备。建议将其操作使用、日常维护事项张贴于明显处,便于日常了解及检查时参考。

对于船舶电台的交、直流电源转换,也要有明显的标识,并能熟练进行转换。

船舶备用电源(蓄电瓶)应当按规定进行定期的保养和维护。船舶电台的蓄电瓶不可用,也会导致船舶被滞留。

2. GMDSS 无线电操作员素质原因造成的滞留及建议

负责 GMDSS 设备的船舶驾驶员通信素养差,不能胜任船舶通信导航设备的管理、操作和使用;英文基础差,与 PSC 检查官交流困难等造成船舶滞留案例相当多。因此,应当重视船舶 GMDSS 无线电操作员的培训和管理,使其胜任工作。

船舶驾驶员经常操作熟悉设备也非常重要。

3. 船舶电台管理方面的原因造成的滞留及建议

船舶电台管理差造成的船舶滞留主要表现在不按照国际国内规定进行 GMDSS 设备试验,无记录或者记录不齐全;船舶电台相关证书和文件不齐全或找不到等。

因 GMDSS 设备证书、GMDSS 无线电操作员证书过期、丢失、无人管理等造成船舶滞留时有发生,建议船舶指定专人管理船舶电台的文件和证书,并特别注意 GMDSS 证书和 ITU 等文件的有效期。船舶通信导航技术资料包括设备的相关证书和检测资料以及岸基维修协议等,这些资料是说明设备技术状况的重要文件,也是船舶接受 PSC 等相关检查时向官方出具的备查资料,必须妥善保管。船舶相关人员应按表 12-4 的要求保管好船舶电台通信导航设备资料。

表 12-4 通信导航设备资料保管

资料名称	保管人(处)	备注
EPIRB 年检资料,检测时的读码资料,5 年检验资料	船长	随无线电安全证书的检验或换证一起检验及换发,由检验机构出具
AIS 年度检验资料	船长	随设备安全证书的检验或换证一起检验及换发,由检验机构出具
VDR/S-VDR 年检资料和 5 年检验资料	船长	随设备安全证书的检验或换证一起检验及换发,由检验机构出具
SSAS 布置图、检验资料和限定日期的试验记录	船长	随船舶保安证书每 5 年的换证和中间审核一起检验及换发
LRIT 性能符合测试报告	船长或者存放在电台执照旁	由应用服务提供商(ASP)出具
设备产品证书(入 CCS 级船舶)及 GMDSS 改造资料	船长	由船级社颁发
GMDSS 改造资料	船长	初次改造时由安装调试单位出具并经船级社审图

续表

资料名称	保管人(处)	备注
中国旗船舶需配备“海上移动通信业务标识证书”	电台执照旁	由交通运输部无线电管理领导小组颁发
岸基维修协议	船长或者便于出示检查的位置	有效期满前三个月报本公司主管部门,以便向有关厂家或代理申请换发
磁罗经校差表	张贴在驾驶室合适位置	由具有校正资格的人员或机构出具

在船舶电台通信记录方面,例如不能提供DSC日常值守和C移动站PV-TEST的记录;无每周一次的DSC测试记录;无VHF CH16和CH70的相关记录;在美国水域,无守听CH13信道记录等都可能造成船舶电台PSC检查缺陷记录或者滞留。因此,除按规定做好电台日志的记录外,设立“应急设备使用与测试记录簿”或者“应急电源测试检查与充放电记录簿”,并做好相关工作记录也很有必要。

4. 遇险报警和误报警的问题

怎样在紧急情况下发射遇险报警?在误发射报警后怎样取消误报警?也是PSC检查的重点,GMDSS无线电操作员应当熟练掌握船舶遇险报警发射程序及误报警取消步骤。

5. 其他问题

船舶电台需要的出版物不是最新版本;驾驶台的通信室没有遮光布帘;通信设备没有ID码;EPIRB设备没有放置在自浮位置上;主用VHF没有连接备用电源供电;岸基维修协议证书未换新;防海盗联系电话未张贴在明显处,双向无线电话设备的备用电池没有放在电话旁等。这些事情如果没有考虑到也可能影响PSC检查官的判断,因此要予以重视。

任务六　船舶电台PSC检查前的准备工作

一、一般要求

(1)在抵港前,船长要组织相关人员对本船电台相关证书和资料、通信导航设备工作状况和操作使用、各种记录进行全面自查准备,发现缺陷要立即向公司主管部门报告情况,或者请求岸基支持。紧急情况下可直接联系港口代理安排修理,PSC检查时可将申请修理或供应的相关证明出示给PSC检查官。

(2)根据港口国要求,将通信导航设备存在的缺陷及时向代理或港口当局报告,告之已采取纠正和补救措施,并标明其他通信导航设备一切正常,可以保障船舶安全进出港和航行。

(3)对船舶通信导航设备应注意经常检查、维护、保养,发现问题及时解决或者上报公司主管部门,采取一切合理措施使通信导航设备保持有效工作状态。只要船舶能够实施所有的遇险安全通信功能和基本导航功能,就应认为船舶适航,其存在的缺陷不应作为船舶滞留在不易提供维修设施港口的理由。密切注意 PSC 检查存在缺陷船舶的动态,采取措施在船舶抵达下一港口时安排修理。当设备出现故障时,应首先立足于自修。自修前应认真阅读相关说明书,必要时通过本公司主管部门,取得岸基支持,切忌盲目修理,避免扩大故障。

(4)完善船舶电台交接班制度,把船舶通信方面的交接作为一项重要的工作,这样将有利于接班船员很快胜任船舶通信工作,有利于做好 PSC 检查的准备工作。

(5)加强对船舶电台的管理,做好航前检查和抵港前的准备工作。船舶电台资料摆放整齐有序。检查过程中,安排专人陪同,积极配合,合理解释,及时纠正错误,根据业务分工,在检查通信方面时,最好有 2 人在场,其中一人选择英语和业务比较好的,另一个对于出现的问题及时向船长汇报,最大可能地减少人为因素的影响。

(6)为顺利通过港口国 PSC 官员对船舶电台的检查,船舶可以从以下几方面做好准备,即船舶电台相关证书、必备通信文件、设备的操作使用和试验记录、相关人员的遇险通信能力,以及防止误报警与误报警后的正确处理。

二、船舶电台相关证书的准备

(1)1 本有效的 GMDSS 电子员证书或 2 本有效的 GMDSS 通用操作员证书。

(2)有效的 GMDSS 岸基维修协议。

(3)有效的船舶电台执照、电台日志。

(4)GMDSS 岸基维修协议是否有效。

(5)海上移动业务识别码(MMSI)证书是否有效(仅中国籍船舶需要)。

(6)无线电安全证书是否有效。

(7)GMDSS 产品证书(对入 CCS 船级社的船舶要求):

①EPIRB 年度检验报告或五年岸基检验报告是否有效。

②航行数据记录仪(VDR)或者简易航行数据记录仪(SVDR)年度检验报告是否有效。

③自动识别系统接收机(AIS)年度检验报告是否有效。

④远程识别跟踪设备(LRIT)证书是否有效。

三、船舶电台必备文件的准备

(1)《无线电规则》(Radio Regulation)或《水上移动业务和卫星水上移动业务实用手册》(Manual for Use by the Maritime Mobile Service and the Maritime Satellite Mobile

Service)。

(2)《海岸电台表》(List of Coast Station)。

(3)《船舶电台表》(List of Ship Station)。

(4)《水上移动业务和卫星水上移动业务电台的呼号和数字识别表》(List of Call Signs and Numberical Identities of Stations Used by Maritime Mobile and Maritime Mobile Satellite Service)。

(5)《无线电定位和特别业务电台表》(List of Radio Determination Special Service)。

(6)《无线电信号表》(Admiralty List of Radio Signals),相关人员会正确查阅。

(7)海图和航海出版物(包括航路指南、灯台表、航海通告、潮汐表、国际信号规则和IAMSAR手册第三卷等)。

(8)有关港口国检查当局和船舶注册船级社提出的文件和资料。

(9)对上述所列文件和资料的必要修改资料或最新补编。

(10)电台日志检查内容:

①是否有GMDSS操作员记录。

②是否有负责遇险通信的人员(如二副)的记录。

③是否有GMDSS设备,包括MF/HF DSC、VHF DSC、SART、EPIRB、Two-way VHF、C船站、蓄电瓶等的定期测试记录。

④按规定必须记录的其他事项。

(11)中国船旗国检查还需配备:交通运输部颁发的《水上无线电通信规则》;交通运输部颁发的《全国江海岸电台台名录》;交通运输部颁发的《全国船舶电台台名录》。

四、GMDSS设备检查与操作的准备

GMDSS设备性能和功能应保持正常;持有GMDSS无线电操作员证书的人员要能够熟练地操作使用设备完成相关通信任务;设备的测试记录和通信记录要保存好,以便提供给PSC检查官;如果设备有缺陷和故障,应报告PSC官员,并采取相应的补救措施;设备故障的修理记录应能够随时让PSC检查官检查。

GMDSS无线电操作员应熟练地掌握如下GMDSS设备的操作。

1. MF/HF设备

(1)能熟练进行船到岸MF、HF DSC测试呼叫,得到海岸电台的应答,打印记录测试结果。

(2)熟练掌握MF、HF DSC遇险、紧急、安全和常规呼叫程序。

(3)检查MF/HF DSC识别码。

(4)能熟练进行船到岸SSB通信,呼叫海岸电台,询问其信号质量,做好通信记录。

(5)是否已接GPS船位信息。

(6)查阅接收到的DSC遇险信息记录及各类呼叫与通信记录。

2. VHF 设备

(1)用单台 DSC 呼叫方式从船上一台 VHF 设备呼叫另一台 VHF 设备,应答,并记录。

(2)VHF 无线电话通信试验,用本船 2 台 VHF 进行,或者呼叫所在港口的 VHF 海岸电台。

(3)检查设备有无 MMSI 码;是否已接 GPS 船位信息。

(4)查阅 DSC 遇险信息接收记录。

(5)叙述遇险报警与通信操作步骤。

(6)启动 VHF 自测程序,查看结果。

(7)是否已接备用电源,并能熟练地由主用电源转换至备用电源。

3. 卫通 C 船站

(1)熟练使用 C 船站收发信息;进行 PV 测试,并查看、打印测试记录。

(2)是否已接 GPS 船位信息,或者查看内置 GPS 信息。

(3)查看船站识别码。

(4)查看接收到的经由 Inmarsat SafetyNET 播发的航行警告(N/W)和气象报告(WX),值班驾驶员是否已经阅读,并且在上面签字、在海图上做相应修改。

(5)熟练掌握遇险报警操作步骤(结合设备能正确描述)。

(6)检查能否使用 24 V 蓄电瓶备用电源。

4. NAVTEX 接收机

(1)能熟练设置接收经由 NAVTEX 系统播发的 MSI。PSC 检查官主要检查 NAVTEX 接收机收到的海上安全信息(MSI),并查验驾驶员是否已阅读,并签字;查验驾驶员在海图上是否已做相应修改。

(2)检查 NAVTEX 接收机接收情况,启动自测,并查看、打印结果。

5. EPIRB 设备

(1)能熟练地掌握 EPIRB 设备的操作使用方法,正确设置、启动、试验 EPIRB。

(2)机身应当标有船名、呼号和电池的有效期以及静水压力释放器的有效期。

(3)按规定试验并记录。

(4)示位标支架及各部件是否有损坏现象。

6. SART 设备

(1)熟练掌握 SART 的保存和使用规定、测试方法。

(2)机身应当标有船名、呼号和电池的有效期。

(3)熟练进行设备的自测试;也可结合 X 波段雷达进行测试,每月 1 次,并记录。

(4)掌握船舶遇险时,正确安装 SART 的方法。

(5)如果船舶配备的是自动识别系统搜救发射器(AIS-SART),按规程做好准备工作。

7. Two-way VHF 设备

(1)3 部双向 VHF 电话;开机通话试验收发正常;每月试验 1 次,并记录。

(2)备有 3 块在有效期内未开封的锂电池。

8. 交、直流电源

(1)检查备用电源充电/放电记录;电源电压和比重是否正常。

(2)检查蓄电瓶间通风和环境是否符合要求。

(3)检查备用电源能否给应急设备和应急照明电路供电;AC/DC 切换良好。

9. 检查室外天线

检查室外各天线完好;固定电缆连线、卸扣、拉环磨损符合要求;绝缘子是否正常。

10. 蓄电池要求

蓄电池容量符合要求,保持电量充足状态,每周检查 1 次,并记录。

11. 遇险报警和误报警

掌握发送遇险报警信号和接收遇险报警信号后的执行程序(包括遇险转发);掌握船舶误发遇险报警处理程序。

12. 其他检查准备

(1)在驾驶台或者通信室是否已张贴“船长遇险操作指南”,并能用英文解释。

(2)一旦发生误报警,船舶应采取的措施。

(3)配置的各种 24 V 直流应急灯是否正常。

任务七　了解船舶无线电安全检验

一、船舶无线电安全检验的定义

船舶无线电检验分为年度检验和换证检验,年度检验是每年一次,换证检验每五年一次,个别设备还要进行特检。一般由船舶注册的船级社委派具有资格的船舶通信导航公司的工程技术人员进行检验。检验合格后,取得相应的证书船舶方可继续营运。

作为船舶 GMDSS 无线电操作员,承担着船舶无线电通信与导航设备的使用、维护和管理工作,必须了解无线电检验的具体内容和要求,才能顺利地通过无线电检验,确保船舶的正常运营。

船舶无线电检验的主要依据是:《SOLAS 公约》、《无线电规则》、国际海事组织(IMO)的决议、国际海事组织(IMO)的通函以及船籍国的要求等。

二、船舶无线电检验内容

船舶无线电检验人员上船后,首先会了解船舶航行的海区,检查设备的配备是否与该轮航行的航区相符合。然后,主要检查船舶电台的证书和资料,包括 GMDSS 无线电操作员证书、电台执照、无线电安全证书、上次无线电安全检验的副本、岸基维修协议、EPIRB 年度检验报告或 5 年岸基维修检验报告、电台日志、按公司规定配备的图书及相关设备的说明书等。无线电操作员在准备原件的同时,也要准备好复印件,原件供检查用,复印件供无线电检验人员留存。

1. 必须提供的文件复印件

(1)无线电设备安全记录(Record of Safety Radio Equipment)1 份;

(2)货船无线电安全证书(Cargo Ship Radio Safety Certificate)1 份;

(3)船舶电台执照(Ship Radio Station Licence)1 份;

(4)GMDSS 岸基维修协议(Shore Base Maintenance)1 份;

(5)GMDSS 操作员证书(GMDSS Operator Certificate)2 份;

(6)卫星示位标证书或编程信息(EPIRB Certificate or Programming Information)1 份;

(7)上述复印件只是普通无线电检验的要求,如果无线电检验涵盖了 VDR/S-VDR 和 LRIT 的检查部分,则需要提供其他一些设备的文件复印件。

2. 船舶必备的资料

(1)电台日志;

(2)呼号与识别码表;

(3)船舶电台表;

(4)无线电定位和特别业务电台表;

(5)水上移动业务和卫星水上移动业务手册;

(6)国际信号表;

(7)英版无线电信号表。

上述资料必须是最新版本。

3. 船舶无线电装置的总体情况

船舶无线电装置的总体情况,主要是指无线电设备的安装情况,根据《SOLAS 公约》第Ⅳ章 C 部分规则 6 第 2.1~2.4 条规定的内容进行例行检查。由于船舶无线电设备安装的位置是在船舶建造时就已经设计好,并经过了有关机构的审定,因此年度检验和换证检验不会进行详细的检验。但是对于新加装的船舶无线电设备,会按照《SOLAS 公约》相关条款的要求进行详细检验。

4. 船舶电台电源

船舶电台电源包括主电源、应急电源和备用电源,是无线电检验必须检查的内容之一,也是容易出问题的地方,主要出现的问题是船舶主电源、应急电源、备用电源三者之间的转换情况。船舶 GMDSS 无线电操作员应当熟悉船舶主电源、应急电源、备用电源三者之间的相互转换。

对于船舶电台的备用电源,主要检查备用电源的容量和日常维护。对于船舶电台备用电源(蓄电瓶)的容量,公约要求:如果船舶的应急发电机能正常工作,船舶电台的备用电源需要对其连接的负载供电 1 h 以上;如果船舶的应急发电机不能正常工作,或者没有配备,需要对其连接的负载供电 6 h 以上。

对于船舶电台备用电源的日常维护,主要检查其日常维护保养情况和充、放电状况,一般是检查船舶电台的蓄电瓶间和对蓄电瓶的日常维护和检查的记录。

5. 对船舶电台设备的具体检查

船舶无线电检验一般检查的设备主要包括船用甚高频设备(VHF & VHF DSC),船用中/高频设备,Inmarsat C 船站,双向无线电话,紧急无线电示位标,NAVTEX 接收机和搜救寻位装置。

船载自动识别设备(AIS)、船舶保安报警系统(SSAS)、航行数据记录仪(VDR/S-VDR)以及远程识别与跟踪系统(LRIT)不属于船舶无线电检验的范围,但是部分船级社仍然要求无线电检验工程师进行检验。

(1)船用甚高频无线电设备

①检查电源转换情况,主电源断电时,设备能否自动转换到备用电源工作;

②能否在通常驾驶的位置上启动遇险报警(客船需要);

③所有控制是否工作正常;

④输出功率是否合乎要求;

⑤与岸台或本船另一台设备进行 DSC 常规通信,检查设备的收发情况;

⑥检查 MMSI 码是否正确;

⑦检查外接 GPS 信号是否正常;

⑧CH70 值守机工作是否正常;

⑨DSC 报警声音是否整个驾驶室都能听到;

⑩分别用 CH06、CH13、CH16 以及常用信道进行常规的 VHF 通信试验;

⑪必要时用频率计检测频率。

(2)船用中/高频无线电设备

①检查电源转换情况,主电源断电时,设备能否自动转换到备用电源工作;

②能否在通常驾驶的位置上启动遇险报警(客船需要);

③与岸台进行 DSC 呼叫测试,检查设备的收发情况;

④所有控制是否工作正常,且是否能在 MF/HF 所有波段上正常调谐;

⑤能否在 2 187.5 kHz、8 414.5 kHz,以及至少在 4 207.5 kHz、6 312 kHz、12 577 kHz 或 16 804.5 kHz 中的一个频率上保持 DSC 值守;

⑥检查 MMSI 码是否正确;

⑦DSC 报警声音是否整个驾驶室都能听到;

⑧分别用中频和高频与海岸电台进行 SSB 及 NBDP 通信试验;
⑨检查外接 GPS 信号是否正常;
⑩必要时用频率计检测频率。
(3)Inmarsat C 船站
①检查电源转换情况,主电源断电时,设备能否自动转换到备用电源工作;
②能否在通常驾驶的位置上启动遇险报警(客船需要);
③通过 PVT 测试,验证设备的各项功能;
④检查机内存储的 Inmarsat C 船站识别码是否正确;
⑤是否能正常接收或打印 EGC 信息;
⑥检查外接 GPS 信号是否正常。
(4)双向 VHF 无线电话(Two-way VHF)
①检查外观有无缺陷;
②核实未开封锂电池的有效期;
③几个双向 VHF 无线电话之间进行通信试验;
④核实机身上是否清楚地标有本船的船名和识别。
(5)406 MHz 卫星紧急无线电示位标
①安装位置是否妥当,是否正确配置静水压力释放器,是否能人工释放和启动设备;
②目测检查设备无缺陷;
③自测试正常;
④或者用专门的仪器检测发射情况,并读出 EPIRB 的编码信息;
⑤核实设备身上是否清楚地标有本船船名和识别;
⑥检查 EPIRB 电池的有效期和静水压力释放器的有效期。
(6)NAVTEX 接收机
①是否能用主电源正常工作;
②通过监视接收电文或检查最近的接收报文来检查机器的工作状态;
③打印一份新接收的电文;
④对设备进行自测试;
⑤检查显示功能;
⑥如有可能,检查不同频率接收机的性能。
(7)搜救定位装置
①储藏位置是否妥当,是否便于从船舶两翼拿取;
②对设备进行自检测;如果是配备的 Radar-SART,可结合雷达试验其应答性能;
③如果是配备 AIS-SART,可在本船 AIS 接收机上查看本船 AIS-SART 发出的标识;
④检查电池有效期;
⑤检查设备本体是否标有识别。

(8)船载自动识别设备(AIS)

①检查设备是否能由主电源转备用电源供电；

②检查目标船的信息,确认接收、解码和显示功能正常；

③发送一个短消息,判别发射功能是否正常；

④检查本船的静态信息；

⑤检查本船的动态信息；

⑥检查设备航次相关信息的输入情况；

⑦检查 GPS 船位的输入情况；

⑧检查船首向的更新情况；

⑨必要时,用仪器对 AIS 性能进行测试。

(9)船舶保安报警系统(SSAS)

①检查设备是否能由主电源转换为备用电源,除非经过船级社同意,否则另一电源不应当是 GMDSS 备用电源；

②报警按钮应装在驾驶台和船舶另一个位置；

③进行自测试；

④检查最近的测试记录,以证实发送的信息是否准确,包括船名、IMO 码、呼号、MMSI 码、船位和时间；

⑤必要时,检查保安报警投递的地址是否正确。

(10)航行数据记录仪(VDR/S-VDR)

①资料检查,主要检查产品证书、服务商提供的完工文档、上次年度检验后服务商出具的 CoC(Compliance of Certificate)证书和操作手册；

②外观检查,主要检查各组成单元有无缺陷；

③电源检查,主要检查电源转换功能、失电报警功能、自动恢复功能、主电源工作情况、备用电源工作情况等；

④有效期检查,主要检查电池的有效期、释放器或定位信标的有效期；

⑤系统工作状态检查,主要检查主机指示灯,判断工作是否正常；检查报警单元是否报警；检查外围接口和传感器是否有异常；

⑥数据采集功能检查,主要通过专门软件进行验证；

⑦数据下载与回放、更改功能检查。

(11)远程识别与跟踪系统(LRIT)

①如果是专用 LRIT 设备,查看其主管机关的形式认可；

②查看相关机构颁发的性能测定证书。

(12)对于客船的检验

对于客船检验除完成上述检验外,还需要进行如下检验:

①检查安装在指挥(Conning)位置上的遇险报警遥控单元；

②检查安装在指挥(Conning)位置上的声光报警单元；

③如果在指挥位置装有一个附加的 EPIRB,则也需要检查此设备；

④检查装配在船上使用121.5 MHz、123.1 MHz航空频率的双向无线电话。

任务八　掌握电台日志等船舶电台文件的填写要求

一、电台日志的填写要求

(1)电台日志是船舶的重要文件和法律依据之一,用以记载航行中所发生的有关海上人命安全和正常无线电通信业务等事项。电台日志必须使用墨水笔或者碳素圆珠笔填写,按日志内容逐项逐行详细、准确、清楚、如实记载通信情况,写错时应划去重写,不得任意涂改和撕页。

(2)船舶发生海难弃船时,应变部署表中指定的负责遇险通信的GMDSS无线电操作员或者船长临时指定人员应携带电台日志离船。

(3)填写电台日志的文字应是通信联络中实际使用的文字,说明性内容可用汉字。"S"代表本台,"R"代表对方台,第三台可直接注明其识别标志。

(4)填写电台日志中的所有事项的时间,都应以00:00—23:59的形式表示,航行全球水域的船舶电台应使用世界协调时(UTC),只在国内沿海航行的船舶电台可以使用北京时间。

(5)记载经由MF/HF无线电设备完成的SSB、NBDP、DSC通信;重要的VHF通信,以及船载卫星通信设备完成的移动卫星通信。

(6)在电台日志中标明本船舶无线电设备配备方案。岸上维修,需要指明维修公司。

(7)记载船长指定的负责遇险通信的GMDSS无线电操作员信息。

(8)填写电台日志,以航次终了为界,航次开始时另起页填写。

(9)电台日志应由船长审阅、签字,接受港口国、船籍国有关管理部门的检查。

(10)电台日志还应记载如下事项:

①开航前船舶电台所有通信设备的试验情况和设备状况;

②遇险通信详情,以及紧急和安全通信摘要等;

③航次开始和结束期间的船舶动态;

④正常通信业务情况,包括各类单边带无线电话(SSB)、数字选择性呼叫(DSC)、卫通电邮(SES E-mail)、卫通电话(SES TEL)和卫通传真(SES FAX)等,各类通信业务可用上述缩写,阅收人一并记载;

⑤记载接收到的重要气象报告、气象传真图、航行警告和紧急信息;

⑥记录航行期间每天正午(天文钟时间)船位、船时变更、气象状况,以及航经国际日期变更线等情况;

⑦记录通信条件变化和影响各类正常通信业务的情况；

⑧记录定期进行的船舶通信导航设备试验、检查和维护保养；

⑨记录通信导航设备及其附属装置故障、修理以及蓄电池充放电起止时间及比重等情况；

⑩记录船舶停靠国内外港口，有关主管当局和部门对船舶电台及其设备实行检查情况，包括登船、离船时间。记录船舶通信导航设备使用人员变动情况。

二、船舶电台其他记录簿的填写要求

(1)船舶各类来电、航行警告、气象警告与气象预报的接收与签收均可记载在电台日志上，可不再另备签收簿。

(2)"甚高频(VHF)使用记录簿"由驾驶员或使用人员直接填写，记载船舶进出港、锚泊等重要事项的VHF通话内容摘要。有关遇险、紧急、安全以及重大事件的通信，应将记录详细通话内容和过程记录在该记录簿上，还应将重要通信内容和事项记载在电台日志上。

(3)"船舶通信导航设备与维修保养记录簿"需要将船舶的通信导航设备记录在册，设备的故障与维修详情要做好记录，并将该记录簿随船永久保存。没有设置该记录簿的要将设备安装单、维修单永久保存。

(4)各记录簿一律使用墨水笔或者碳素圆珠笔填写，要求书写认真，逐项填写，妥善保管，不得任意涂改和撕页，时间一律采用船时。

任务九 了解船舶通信计费相关知识

船舶通信发生的费用一般由船舶所隶属的公司收缴。船舶通信有免费、计时计费和按信息量大小计费三种方式。船舶遭遇紧急情况发生的通信费用一般免费，比如船舶遇险时在救助现场发生的通信费用大多情形下是免费；沿岸国家、附近航行船舶提供的航行警告、气象报告等公益性安全信息一般也不收费。计时计费一般按与用户链接后所占用通信信道的时间计费，比如Inmarsat F船站、FB船站的ISDN业务；中/高频NBDP、SSB与陆上用户间进行的通信等都是按占用信道的时间计费。按传输流量计费的业务有：Inmarsat C船站进行的常规通信业务，Inmarsat F船站采用MPDS传输技术进行的常规通信业务等。海岸电台与国内单位所属船舶进行的常规通信业务，大多采用协议方式计费。

一、我国对船舶通信资费的一般规定

(1)通信资费仅指中外籍船舶电台以及陆地公众通信网用户经由国内海(江)岸电

台或北京国际移动卫星系统海岸地球站进行通信所发生的费用。

(2)国内海(江)岸电台和北京国际移动卫星系统海岸地球站应根据国家制定的有关通信资费标准收取通信费;通信业务使用者应履行缴纳通信费用的义务。

(3)免费的业务范围如下:

①船舶遇险和以营救为目的的通信;

②船舶电台发出有关公众航行安全的信息,如水文电报、船舶气象电报以及航道电报等信息;

③国家公布的其他免费通信业务。

二、船舶通信资费的组成和类别

(1)船舶通信资费由岸台(站)费、陆线费及附加费组成。

(2)船舶通信资费类别有国内船舶通信资费、国际船舶通信资费、国际移动卫星通信资费和陆地用户通信资费。

(3)国内船舶通信资费系指中国籍船舶经由国内海(江)岸电台往来的通信发生的费用。

(4)国际船舶通信资费系指:

①外籍船舶经由国内海(江)岸电台与国内外陆地用户、船舶间通信发生的费用;

②中国籍船舶经由国外海(江)岸电台与国内外陆地用户通信发生的费用。

(5)国际移动卫星通信资费系指国内外国际移动卫星终端用户经由北京国际移动卫星地球站发往国内外陆地用户,以及国际移动卫星终端间通信发生的费用。

三、船舶通信资费结算

1. 国内船舶通信资费结算

国内船舶经由国内海(江)岸电台接转至国内公众电信或船舶的通信业务资费结算由相应的国内海(江)岸电台负责。海岸电台费:免予收缴;路线费(经由陆上电信网络的费用)由海岸电台代为收缴。

2. 国际船舶通信资费和国际移动卫星通信资费结算

北京船舶通信导航公司是国内唯一的经国家电信主管部门批准并在国际电信联盟(ITU)备案的国际通信账务结算机构。其账务结算机构识别代码(AAIC)为 CN03。

国际资费一般由如下几项组成:

(1)陆线费(LL)是指在陆上公众通信网络上传递的资费。

(2)海岸费(CC)也称为陆地电台费,是指海岸电台所提供设备的使用费。

(3)卫星地面费指地面站设备使用费和卫星链路使用费,包括地面站费和空间段费。

(4)特别业务费指使用特别业务所需收取的附加费。

3. 国内船舶通信资费结算程序

国内船舶通信资费和陆地用户通信资费根据通信所经由的海(江)岸电台制定的程序,向船公司和电信运营商结算岸台费和陆线费。

4. CN03 的国际船舶通信资费结算程序

(1)外籍船舶经我海(江)岸台转递并经由电信运营商传递或投送的国际公众船舶通信业务,由 CN03 按收费标准向电信运营商结付陆线费。

(2)外籍船舶经由海(江)岸台、国际移动卫星地球站的通信费,由 CN03 向船舶所属的国际账务结算机构结算。

(3)CN03 国际账务结算机构与国内海(江)岸电台之间的结算:

——各海(江)岸电台按月将国际公众船舶电报、电话通信记录以电子数据的形式在通信发生的次月 5 日前向 CN03 国际账务结算机构提供;

——CN03 国际账务结算机构按收款情况向各海(江)岸电台每季度结付一次岸台费,并结算手续费。

(4)中国籍船舶经由国外海岸电台或国际移动卫星地球站的业务,应按照下列规定向船公司结算通信业务费用,并按下列有关规定收取结算手续费:

——CN03 国际账务结算机构按国外通信资费结算机构寄送的船舶通信账单,每月向船舶公司发送船舶通信账单;

——船舶公司应在收到账单后 15 天内付讫;

——船舶公司对有疑义的通信账单,应在 45 天内向 CN03 提出,由 CN03 与国外账务结算机构核实后,对溢收或欠收费用再行退费或补费。

5. CN03 的国际船舶通信资费收费标准

(1)陆线费归电信局所得,其收费标准是:

——经我国海岸电台接转国内各地与外籍船舶间的国际公众船舶用户电报,每分钟 0.8 金法郎;

——经我国海岸电台接转国内各地与外籍船舶间的国际公众船舶电话,每分钟 1.08 金法郎。

(2)海岸费归岸台所得,其收费标准是:

——海岸电台对国际船舶无线电话按分钟收取岸台费,每次通话 3 min 起算,不足 3 min 按 3 min 计算,超过 3 min,按通话分钟数计算,尾数不满 1 min 的,按 1 min 计算。VHF 无线电话:每分钟 3.4 金法郎;MF 无线电话:每分钟 4.4 金法郎;HF 无线电话:每分钟 7.4 金法郎。

——船舶无线电话销号费,每次等同于 1 min 的岸台费收取。地面站费归各呼叫的地面站所得。

(3)空间段费归 Inmarsat 所得,其收费标准是:

——对于发自船舶移动站的通信,中国 LES 对国内船舶无线电话按 6 s 起计费,不足 6 s 按 6 s 计,超过 6 s 按累计 6 s 计;

——对于由陆地端发向船舶移动站的通信,由电信部门按每分钟收取;

——Inmarsat C 空间段费和 LES 费按每 256 bit 作为计费单位计费。

6. 结算机构

北京船舶通信导航公司(Beijing Marine Communication and Navigation Company, MCN),对外账务结算机构识别代码(AAIC):CN03,地址:北京市安外外馆后身 1 号(No. 1 Wai Guan Hou Shen, An Wai, Beijing, China),邮政编码(Postal Code):100011。

任务十　掌握电台呼号和识别码组成与指配

一、一般要求

(1)一切从事水上无线电通信的我国所有海(江)岸电台、国际移动卫星终端站、船舶电台以及参与我国水上遇险救助的航空器电台、助航设施以及具有 DSC 功能的手持 VHF 设备等移动业务电台应能通过识别信号或其他方式加以识别。

(2)水上移动业务的发送应带有识别信号。

(3)在我国,水上移动通信业务的主要识别包括呼号、MMSI 和 IMN。

(4)开放水上移动通信业务的海(江)岸电台,应具有由国家主管部门指配的 MMSI 和呼号。

(5)配备包括 AIS、DSC 和 EPIRB 的船舶,均应具有由国家主管部门指配的 MMSI。需要时应指配规定的呼号。

(6)配备符合 ITU-R M. 1371 建议书要求 AIS 设备的海(江)岸电台、飞行器和助航设施应使用九位 MMSI。

(7)配备有国际移动卫星船舶地球站的船舶,均应具有由国家主管部门指配的 IMN。

(8)应确保 RCC 能随时获得所有与 MMSI 相关的数据信息。

(9)所有船舶电台使用的呼号和设备识别码,必须经本公司通导管理部门向有关主管部门申请核配,并以电台执照为准,任何人不得擅自更改,禁止使用假呼号和假识别码。

二、电台呼号

在水上移动业务中,按照每船分配一个呼号的原则指配。

1. 中国船舶电台呼号格式

中国船舶电台呼号格式如下:

(1)B 字头的 4 个英文字母组合。

(2)B 字头的 4 个英文字母后加 1 位数字组合(数字 0 和 1 除外)。

(3)只使用无线电话的船舶电台也可以使用如下呼号格式:

①B 字头的 2 个英文字母后加 4 位数字组合(紧接在字母后的数字 0 和 1 除外);

②B 字头的 3 个英文字母后加 4 位数字组合(紧接在字母后的数字 0 和 1 除外)。

2. 我国海(江)岸电台呼号格式

我国海(江)岸电台呼号格式如下:

(1)字母 XS 开始的 3 个英文字母组合;

(2)字母 XS 开始的 3 个英文字母后加 1~2 位数字组合(紧接在字母后的数字 0 和 1 除外)。

三、无线电话的呼叫识别

(1)海岸电台的无线电话呼叫标识由“台名+Radio station”组成;海(江)岸电台呼号也可作为无线电话呼号。例如,呼叫上海台,可呼叫“上海海岸电台”,或者“Shanghai radio station”。

(2)船舶电台的无线电话呼叫由船舶电台呼号,或该船舶的正式名称,或者船名+船舶呼号,或者船舶国籍+船名组成。例如,“M/V(motor vessel)Yu Qiang”,或者“M/V Yu Qiang, call sign is BOQQ Bravo Oscar Quebec Quebec”,或者“Chinese vessel Yu Qiang”。

(3)救生艇(筏)电台无线电话呼叫识别由该救生艇(筏)电台呼号,或由母船名称后面跟两位数字组成,紧接在字母后的数字 0 和 1 除外。

四、水上移动业务识别码(MMSI)

1. MMSI 格式的一般要求

海上移动业务识别码(Maritime Mobile Service Identity code,MMSI)由 9 位十进制数字组成。为了便于指配和管理呼号资源,规定了海上识别数字(Maritime Identification Digits,MID)。MID 由 3 位数字组成。第一位代表国家或地区所在的地区,其中:2——欧洲,3——北美洲,4——亚洲(不含东南亚),5——大洋洲和东南亚,6——非洲,7——南美洲。每个国家分配一个或者几个 MID。例如,中国的 MID 为 412、413、414;美国的 MID 为 336;日本的 MID 为 431;法国的 MID 为 227;英国的 MID 为 232;波兰的 MID 为 216。

海上移动业务标识由 9 位阿拉伯数字组成,其格式为:

$$M_1I_2D_3X_4X_5X_6X_7X_8X_9$$

其中前三位是 MID。在我国,MID 为 412、413、414;X 为从 0 至 9 中的任何数字。

2. 海运船舶电台 MMSI 的格式

我国海上运输、公务和工程类船舶 MMSI 格式如下：

$$M_1I_2D_3X_4X_5X_6X_7X_8X_9$$

其中 $X_4X_5X_6X_7X_8$ 为从 00000~99999 中的任何数字，X_9 为 0。

3. 渔业船舶电台 MMSI 的格式

我国渔业船舶电台 MMSI 格式如下：

$$4_1 1_2 2_3 X_4X_5X_6X_7X_8X_9$$

其中 $X_4X_5X_6$ 为 200~549 之间的任何数字，X_9 是不为 0 的一位自然数。

4. 内河运输船舶电台 MMSI 的格式

我国内河运输船舶电台 MMSI 格式如下：

$$4_1 1_2 3_3 X_4X_5X_6X_7X_8X_9$$

其中 $X_4X_5X_6$ 为 760~999 之间的任何数字，X_9 是不为 0 的一位自然数。

5. 船舶电台群呼标识格式

船舶电台群呼标识格式如下：

$$0_1M_2I_3D_4X_5X_6X_7X_8X_9$$

其中第一个数字为 0，X 为 0 至 9 中的任何数字。

6. 海(江)岸电台 MMSI 格式

海(江)岸电台 MMSI 格式如下：

$$0_1 0_2 M_3I_4D_5X_6X_7X_8X_9$$

其中 X 为从 0 至 9 中的任何数字。$0_1 0_2 M_3I_4D_5 0_6 0_7 0_8 0_9$ 组合预留为海岸电台群呼标识，004120000 为我国交通运输行业主管部门内所有电台的群呼码，行业主管部门也可使用附加群呼标识进一步增强使用，如 004121111 等。

号码“009990000”已保留作为全部 VHF 电台全呼码，该码对 MF/HF 电台无效。

7. 航空器 MMSI 的格式

以水上航行安全、搜救、救助协调为目的的飞行航空器，应指配一个唯一的 MMSI，格式如下：

$$1_1 1_2 1_3 M_4I_5D_6X_7X_8X_9$$

其中 X_8X_9 为从 0 至 9 中的任何数字。当 X_7 为 1 至 4 中的任何数字时，表示为固定翼航空器；当 X_7 为 5 至 9 中的任何数字时，表示为直升机。号码“111MID000”作为该 MID 下全部航空器的全呼码。

8. AIS 助航设施 MMSI 的指配

对 AIS 助航设施，应指配 1 个唯一的 MMSI，格式如下：

$$9_1 9_2 M_3I_4D_5X_6X_7X_8X_9$$

其中 X 为从 0 至 9 中的任何数字。以 X_6 对物理 AIS 助航设施和虚拟 AIS 助航设施进行区别，当 X_6 为 1 至 5 中的任何数字时，为物理 AIS 助航设施；当 X_6 为 6 至 9 中的任何数字时，为虚拟 AIS 助航设施。

9. 母船配套船只 MMSI 格式

母船配套船只 MMSI 格式为：

$$9_1 8_2 M_3 I_4 D_5 X_6 X_7 X_8 X_9$$

其中 X 为从 0 至 9 中的任何数字。

此号码格式仅对母船配套船只上的装置有效。每个与母船配套的船只应分配到一个唯一的 MMSI，并应单独注册而且应与母船的 MMSI 相互关联。

10. 手持 VHF 通信设备 MMSI 的格式

在水上移动业务中使用具有 DSC 功能的手持 VHF 通信设备，应指配一个唯一的 MMSI，其格式为：

$$8_1 M_2 I_3 D_4 X_5 X_6 X_7 X_8 X_9$$

其中 X 为从 0 至 9 中的任何数字。

例如：我国上海岸台 9 位识别码是 004122100；天津岸台 9 位识别码是 004121100；广州岸台 9 位识别码是 004123100；中国某船的 9 位识别码是 412119710；中国某船队的群呼码是 041211111。

五、国际移动卫星船用终端站业务识别码(IMN)

国际移动卫星船用终端站的电话、传真、电传、数据等不同的通信业务，应分别用不同的国际移动卫星船舶地球站 IMN 表示。

1. Inmarsat C 标准船用终端站业务识别码

Inmarsat C 标准船用终端站业务识别码格式如下：$4_1 M_2 I_3 D_4 X_5 X_6 X_7 Z_8 Z_9$，其中第一位数字为 4；X 为从 0 至 9 中的任何数字；$Z_8 Z_9$ 取值范围为 10~99，用以区分同船上安装的多个船用终端站。

2. Inmarsat F 标准船用终端站业务识别码

Inmarsat F 标准船用终端站业务识别码格式如下：

$7_1 6_2 D_3 X_4 X_5 X_6 X_7 X_8 X_9$，用于低速数据业务（LSD），其中 X_8 不能为零；

$6_1 0_2 D_3 X_4 X_5 X_6 X_7 X_8 X_9$，用于高速数据业务（HSD），其中 X_8 不能为零。

3. Inmarsat 第四代星业务识别码

Inmarsat 第四代星业务识别码格式如下：

$$T_1 T_2 D_3 X_4 X_5 X_6 X_7 Z_8 Z_9$$

对于 Inmarsat 第四代星业务，一个终端有一个主号码（MSISDN）来识别电话（Voice）、短信（SMS）、语音信箱（Voicemail）、数据（GPRS）业务；可以有两个辅号码分别识别传真（FAX）、低速数据（DATA）。其中当 $T_1 T_2$ 为 77 时，是主号码，$T_1 T_2$ 为 78 时，是辅号码；D_3 为 3 时，表示船队宽带（Fleet Broadband）业务；D_3 为 6 时，表示船队电话（Fleet Phone）业务；X 为从 0 至 9 中的任何数字。

六、我国水上移动业务识别的指配和管理

1. 呼号的指配和管理

(1)呼号应由交通运输部水上无线电管理部门指配。

(2)申请船舶电台呼号应提交船舶无线电台呼号申请。

(3)船舶变更船名、船东或船籍港时应注销呼号,并在新注册地重新申请呼号。

(4)无线电管理机构应定期向中国海上搜救中心(RCC)提供最新的船舶呼号资料。

2. MMSI 的指配和管理

(1)悬挂中国国旗且配备 EPRIB、AIS、DSC、NBDP 或国际移动卫星船舶地球站的各类船舶应申领 MMSI 证书。

(2)MMSI 应由交通运输部水上无线电管理部门指配。

(3)申请 MMSI 应按照相关法规要求提供水上移动业务标识码申请函、水上移动业务标识码申请表以及船舶国籍证书、船检证书的复印件;如系新船尚未办理国籍证书和船检证书,则应提供船名核定使用通知书与由中国船级社所出具的该船舶所安装使用的通信设备的船用产品证书。

(4)船舶在变更船名、船东或船籍港时,应注销原 MMSI 证书,并重新申领。

(5)船舶在变更船舶种类、EPIRB 或 AIS 设备时应更换 MMSI 证书。

(6)船舶在报废、拆解和灭失后,应注销 MMSI 证书。一个 MMSI 从被注销到重新启用之间应间隔 5 年的时间。

(7)MMSI 的号码资源,应由交通运输部水上无线电主管部门负责申请。

七、IMN 的指配和管理

悬挂中国国旗并承担 GMDSS 通信的各类船舶的 IMN,应由国内业务注册机构申领。

思考与练习

1. GMDSS 无线电操作员的适任要求有哪些?

2. 简述船舶通信保密规定和通信纪律。

3. 船舶电台有哪些证书?

4. 港口国对船舶电台检查的内容有哪些?

5. 简述船舶电台 PSC 前的准备工作。

6. 何谓船舶无线电安全检验?

7. 电台日志的填写方法、要求和内容有哪些?
8. 船舶通信国际资费由哪几部分构成? 哪些海上通信是免费的?
9. 举例说明哪些通信计时收费? 哪些通信按流量收费?
10. 船舶电台的识别有哪些? 分别介绍呼号、MMSI、IMN 的组成特点。
11. 设置 AAIC 代码的作用是什么? 中国的 AAIC 代码是什么?

项目十三

其他船用通信系统及设备

任务一　了解船舶自动识别系统的组成及功能

一、船舶自动识别系统的组成

船舶自动识别系统(Automatic Identification System,AIS)由岸基(基站)设施和船载设备共同组成,是一种新型的集网络技术、现代通信技术、计算机技术、电子信息显示技术为一体的数字助航系统和设备。船舶 AIS 设备如图 13-1 所示。

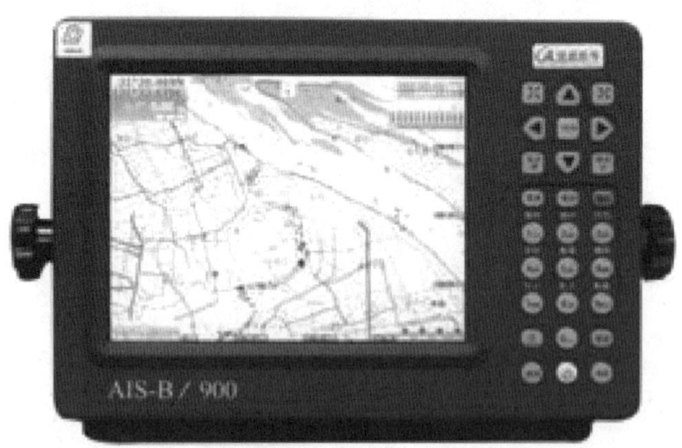

图 13-1　船舶 AIS 设备

二、船舶自动识别系统功能

船舶自动识别系统功能系指通过增强 ARPA 雷达、船舶交通管理系统、船舶报告功能，以及将附近船舶航向、航线、船名等信息在本机电子海图上可视化，能有效避免船舶发生碰撞事故，从而保障了海上生命安全，提高了船舶航行安全和效率，有效保护海洋环境。船舶自动识别系统具体有如下功能：

（1）自动向合适配备的岸台、其他船舶和航空器提供信息，包括船舶识别、类型、位置、航向、航速、航行状态和其他与安全有关的信息；

（2）自动接收来自其他船舶的有关信息；

（3）识别、检测和跟踪船舶；

（4）与岸基设施交换数据；

（5）简化信息交流和提供其他辅助信息以避免碰撞发生。

三、船舶 AIS 设备的分类

船舶 AIS 设备分为 A 类和 B 类两种。A 类 AIS 设备完全符合国际海事组织（IMO）船载自动识别系统技术要求；B 类 AIS 设备不完全符合国际海事组织（IMO）的船载自动识别系统技术要求。

国际海事组织（IMO）规定安装自动识别系统（AIS）的具体要求是所有 300 总吨的国际航行船舶，和 500 总吨的非国际航行船舶，以及所有客船，应配备一台完全符合国际海事组织（IMO）船载自动识别系统技术要求的 AIS 设备。

按照国际海事组织（IMO）相关安装规定，国际航线航行的 300 总吨及以上的船舶和 500 总吨及以上的非国际航线商用船舶只需要安装 A 类船载 AIS 设备；B 类 AIS 设备主要安装在国际海事组织（IMO）未强制要求的中小型船舶上。B 类 AIS 设备的船舶报告内容与 A 类 AIS 设备一致；对于安全信息，B 类系统只要求具备接收的功能，可以不满足发射的功能。

四、船舶 AIS 报告的信息分类

船舶 AIS 报告的信息分为三类，即船舶静态信息、船舶动态信息和船舶航次信息。其中：

（1）船舶静态信息，包含船名、呼号、MMSI、IMO 识别号、船舶类型、船长、船宽等；

（2）船舶动态信息，包含经度、纬度、船首向、航迹向、航速等；

（3）船舶航次信息，包含船舶状态、吃水、目的地、ETA 等。

五、船舶 AIS 的识别与技术

船舶 AIS 设备使用全球唯一编码的海上移动业务识别码（MMSI）标识本船信息。

船舶自动识别系统采用自组织时分多址连接（SOTDMA）技术进行通信，每分钟划分为 4 500 个时间段，每个时间段可发布一条不长于 256 bit 的信息，若发布长于 256 bit

的信息需增加时段。每条船舶会通过自动询问选择一个与他船不发生冲突的时段来发布本船的信息。AIS 工作在 VHF 频段的 CH87B 和 CH88B 信道上。AIS 系统(在同一区域)能同时容纳 200~300 艘船舶,在系统超载的情况下,只有距离很远的目标才会被放弃,以保证作为 AIS 船对船运行主要对象的近距离目标的优先权。

船舶 AIS 设备根据船舶锚泊、航速自动改变信息报告次数,具体是:

——锚泊船:每次 3 min;

——0~14 kn 航速的航船:每次 12 s;

——航速为 0~14 kn 并且在改变航向的航船:每次 4 s;

——14~23 kn 航速的航船:每次 6 s;

——航速为 14~23 kn 并且在改变航向的航船:每次 2 s;

——超过 23 kn 航速的航船:每次 3 s;

——航速超过 23 kn 并且在改变航向的航船:每次 2 s;

——船舶静态信息及与航程有关的信息,每 6 min 更新一次或按要求(自动反应,无须用户操作)更新。

另外,新一代的船舶 AIS 使用电子海图显示与信息系统(ECDIS),集成了各种相关航行信息实时显示,帮助船舶驾驶员实时监控船舶航行动态与安全。

同时,AIS 技术还在 VTS、航标等领域广泛应用。

六、未来船舶 AIS 的技术升级

目前技术下的 AIS 系统由于使用信道少,通信速率慢,仅 100 波特(Baud)。随着 AIS 在航海中的广泛使用,已出现信息丢失和碰撞现象。国际海事组织(IMO)已提出 GMDSS 现代化和 e-Navigation 战略,其目标之一就是在新一代船舶通信导航设备的升级中,在 AIS 系统中引入正交频分复用(OFDM)技术,ITU 也已分配了多个 VHF 信道供 AIS 引入新技术。届时,新一代 AIS 传输速率提高几十倍,数据传输将更加可靠,更能有效保障航行安全。

任务二　了解保安报警系统的功能和组成等知识

一、船舶保安报警系统简介及功能

1. 船舶保安报警系统简介

2002 年 12 月国际海事组织(IMO)在缔约国政府会议上,审议并通过了强制安装船舶保安警报系统(Ship Security Alert System,SSAS)的要求。SSAS 已纳入《SOLAS 公

约》Ⅺ-2 补充条例，即《国际船舶和港口设施保安条例（ISPS）》。《SOLAS 公约》第Ⅺ-2 章第六条和 76 届海安会决议 MSC. 136（76）规定，从事国际海域航行的船舶必须安装“船舶保安警报系统（SSAS）”，并自 2004 年 7 月 1 日起生效。

国际海事组织（IMO）关于强制安装船舶保安警报系统的规定适用于各类从事国际海域航行的船舶、石油钻井平台和其他海上固定或移动设施。考虑 SSAS 的安全性和隐蔽性，《SOLAS 公约》和海安会（MSC）并不要求对 SSAS 进行型式认证，但需通过船籍国主管当局依据《SOLAS 公约》、MSC. 76、IEC 645 等规范对 SSAS 进行的装船检验。

2. 船舶保安报警系统功能

船舶保安报警系统的功能是：保证船舶在受到海盗威胁或遭受海盗攻击时，及时向主管当局指定的相关部门和船舶运营部门发出警报。

二、船舶保安报警系统组成

船舶保安报警系统（SSAS）的组成概念图如图 13-2 所示，由船舶的保安报警设备、通信卫星、数据处理中心、岸上相关机构和船公司相关人员组成。

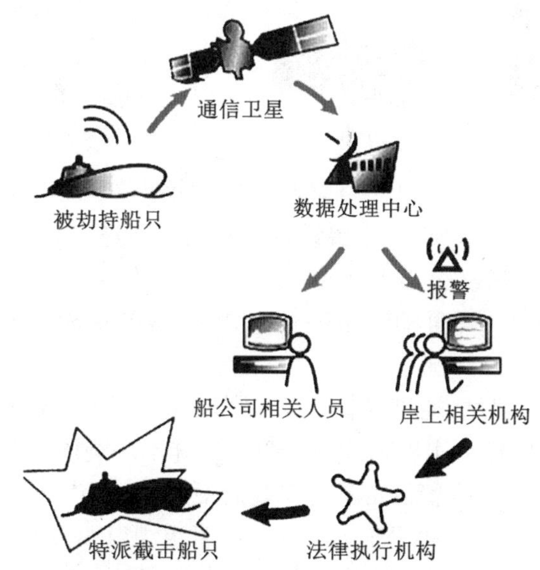

图 13-2　船舶保安报警系统的组成概念图

船舶保安报警系统通常基于 Inmarsat C 系统和 C 船站开发，需按照 Inmarsat CN137 协议通过验证，享有遇险等级。通常方法是，在 Inmarsat C 船站上开发保安报警程序，设计专门保安报警按钮。当船舶受到威胁或已遭受攻击时，由船舶保安员按下 SSAS 报警按钮，通过 Inmarsat C 船站和 Inmarsat 系统卫星，经地面站自动向主管当局指定的相关部门发送警报。警报信息包括公司名、船舶标识、船位以及当前船舶的安全状态。相关部门接收到 SSAS 报警后，将联系有关各方采取营救行动。一旦启动 SSAS 报警，系统将持续发送相关 SSAS 信息，直到关闭或重新预置。SSAS 不向其他船舶报警，启动后本船也不会发出声光报警,具有隐蔽特点。

三、基于 Inmarsat C 的船舶 SSAS 报警设备

图 13-3 所示是基于 Inmarsat C 船站改造而成的船舶 SSAS 设备,主要由一个 Mini-C 设备、一个互连箱、两个以上报警按钮(红色)和一个测试按钮(绿色)组成。当发生紧急情况时只需按下报警按钮,即可将报警信息发送至事先设置的地址,操作简单、迅速、可靠、隐蔽。该设备还可使用备用电池,可以安装在任何地方。

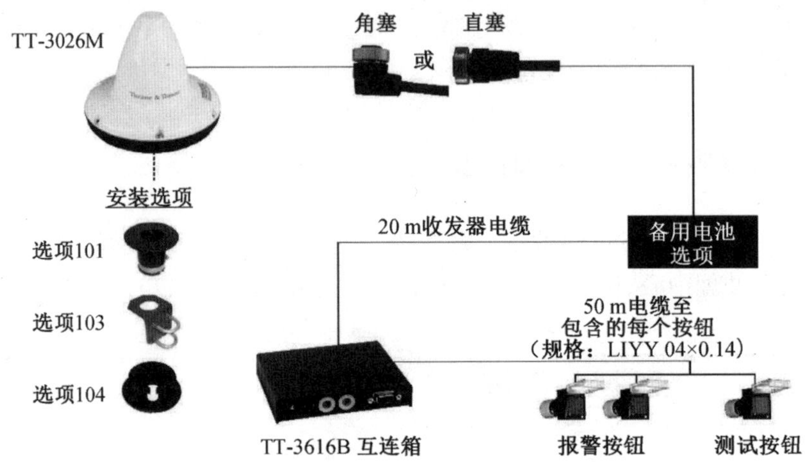

图 13-3　TT-3000 SSAS 型船舶保安警报设备的组成示意图

基于 Inmarsat C 的船舶 SSAS 报警设备正常情况下还可为公司的船舶动态监控系统提供船位、航向和航速等(公司查询或者定时报告船位两种方式)。

在紧急情况下,SSAS 可自动将报警信息以 E-mail 或 SMS 形式发至用户指定的信箱。

现有的 Inmarsat C 船站,通过安装升级加密软件及配备必要的专用设备(专用保安报警按钮和互连箱),同样可实现 SSAS 报警功能,并不影响该 C 船站的其他功能。

基于 Mini-C 船舶保安报警设备具有安装简便,设备小巧,便于隐蔽,可用自带备用电池工作,无船电后仍可发送报警信息。国际海事组织(IMO)要求 SSAS 至少两个报警按钮,隐蔽保密安装,具有测试和运行两种工作模式,便于平时测试。

四、船舶保安报警系统与遇险报警的区别

船舶保安报警与遇险报警有如下不同之处:

(1)SSAS 报警采用隐蔽方式,报警时,无声光提示,而 GMDSS 遇险报警不采用隐蔽方式,且启动报警后,有声光提示;

(2)SSAS 报警是向陆上专门机构和公司保安员报警,而 GMDSS 遇险报警是向附近船舶和陆上 RCC 报警。

任务三 了解反海盗机构联系方法

近些年以索马里沿海为典型区域的海盗活动猖獗,威胁着远洋船舶和船员的安全,影响了正常航运,为此我国和国际有关组织都加强了反海盗措施。2006 年 10 月我国签署了《亚洲地区反海盗及武装劫船合作协定》(ReCAAP),确定中国海上搜救中心为我国履行该"协定"的国家联络点,主要负责:

(1)接收海盗或武装劫船事件的信息,并将该信息通知设在新加坡的信息分享中心。

(2)将信息分享中心发出的海盗或武装劫船警报转发给位于事发区域内的相关船舶。要求各单位及所属船舶,在收到或遇到海盗或武装劫船事件时,及时向中国海上搜救中心报告有关信息。信息分享中心在官方网站上定期发布海盗信息分析报告,提醒在有海盗活动海域航行的船舶采取相应防范措施。

亚洲地区信息分享中心的网站是:http://www. recap. org。

我国联络点的联系方式为:

电话:86-10-65292218,65292219,65292221;

传真:86-10-65292245;

电传:85-222258;

电子邮件:cnmrcc@ msa. gov. cn。

国际海事部门等组织也都设置了反海盗联系点。国际上反海盗的主要机构联系表在《无线电信号表》第一卷(281)中单独一页,可剪下张贴在驾驶台一个醒目的位置,以保证驾驶台值班人员方便查看。如果船舶认为可能受到攻击,或者攻击已经开始时,可立即联系相关当局。

反海盗联系表包含当局的详情如下:

(1)UK Maritime Trade Operations (MTO) Middle East Region(英国海上贸易所中东区);

(2)European Union NAVFOR, Somalia (EU NAVFOR Somalia)(欧盟驻索马里海军);

(3)The International Maritime Bureau Anti-Piracy Reporting Center (IMB)(国际海事局反海盗报告中心);

(4)North Atlantic Treaty Organisation Shipping Center (NATO)(北大西洋公约组织航运中心);

(5)Maritime Liaison Officer, Bahrain (MARLO)(巴林海事联络官)。

世界主要反海盗机构联系表如表 13-1 所示。

表 13-1(a) 世界主要反海盗机构联系表

反海盗机构名称	UK Maritime Trade Operations (MTO) Middle East Region(英国海上贸易所中东区)	EU NAVFOR Somalia 欧盟驻索马里海军
地址	Dubai(迪拜) Note:In case of emergency, call:UKMTO (primary) or MARLO (secondary)(紧急情况下主要呼叫人和第二呼叫人)	Operations Center Maritime Security Center (Horn of Africa)(非洲之角海上安全行动中心) European Union Operation HQ (欧盟行动总部) Northwood Headquarters(诺斯伍德总部) Sandy Lane Northwood Middlesex, HA6 3HP ENGLAND
覆盖区域	Gulf of Aden & Red Sea (亚丁湾和红海)	Gulf of aden、Somali Basin、Horn of Africa 亚丁湾、索马里海域、非洲之角海域
紧急电话网址	Tel:+971 50 552 3215 Officer in Charge (OiC)(主管) + 971 50 552 6007 Deputy (OiC)(代理人)	Tel:+44 1923 958545 www. mschoa. org
传真/电传	Fax:+971 4 306 5710 Telex:(51)210473	Fax:+441923 958520
电子邮箱	ukmto@ eim. ae	opscentre @ mschoa. org; postmaster @ mschoa. org

表 13-1(b) 世界主要反海盗机构联系表

反海盗机构名称	IMB Anti-Piracy Reporting Center (国际海事局反海盗报告中心)	NATO Shipping Center (北大西洋公约组织航运中心)	MARLO Bahrain (巴林海事联络处)
地址	ICC International Maritime Bureau Piracy Reporting Center P. O. Box12559 50782 Kuala Lumpur Malaysia	Atlantic Building Northwood Headquarters Sandy Lane Northwood Middlesex, HA6 3HP England	US NAVY Maritime Liaison Office PO Box 116 Manama Bahrain
覆盖区域	Worldwide(全球)	Mediterranean Sea(地中海) Black Sea(黑海)	Maritime Security Patrol Area (MSPA) Gulf of Aden (亚丁湾海上安全巡逻区)
紧急电话	Tel:+603 2031 0014 (H24)	Free Tel:+44 1923 956574	Tel:+973 39401395

续表

传真/电传	Fax:+603 2078 5769 Telex:+84 34199 (IMBPCI MA34199)	Free Fax:+44 1923 956575	Fax:+973 17853930
电子邮箱	imbkl@icc-ccs.org piracy@icc-ccs.org	info@shipping.nato.int	marlo.bahrain@me.navy.mil
帮助热线	Tel:+603 2078 5763 E-mail: imbsecurity@icc-ccs.org		Tel: +97317853925 (Sun-Thurs)
网址	www.icc-ccs.org	www.shipping.nato.int	
注释	ICC(国际商会)	Operation ACTIVE ENDEAVOUR(积极行动)	CTF151(Common Trace Facility)(公共跟踪设备)

当船舶遭遇海盗袭击或即将遭遇海盗袭击时,及时报警或者与有关机构联系,方法如下:

(1)使用卫星设备或者是中/高频设备与上述机构或者护航舰只联系,获得相关指导和帮助。

(2)如果附近有商船或者是护航舰只,为引起他们的注意和帮助,可用 VHF 设备在 CH16 信道上直接呼叫,或者编发标明“Piracy”(海盗)的 DSC 遇险报警,对于这类性质的报警,无线电话通信按紧急通信程序,冠以紧急信号“PAN PAN”。

(3)如果情况紧急,海盗已经登船或者是即将登船,可使用船上的保安报警系统启动报警。

任务四　了解远程识别跟踪系统的功能、组成和工作原理等知识

一、远程识别跟踪系统简介

2002 年 12 月国际海事组织(IMO)海上安全委员会(MSC)第 76 届会议审议,国际海事组织(IMO)海上保安外交大会通过,将《国际保安规则》纳入《SOLAS 公约》,并将船舶远程识别与跟踪(Long Range Identification and Tracking of Ships,LRIT)系统作为海上保安的特别措施提交航行安全分委会(NAV)和无线电通信与搜救分委会(COMSAR)研究。2006 年 5 月,国际海事组织(IMO)的海上安全委员会(MSC)第 81 次会议

通过了 1974 年《SOLAS 公约》修正案,在第Ⅳ章增加了规则 19-1,规定从事国际航行的所有客船、300 总吨及以上的货船和海上移动平台,都必须强制安装 LRIT 信息发送装置。最新的国际海事组织(IMO)《LRIT 的性能标准和功能要求修正案》[MSC. 263(84)]于 2008 年 5 月 16 日通过生效。

二、远程识别跟踪系统的功能

船舶远程识别与跟踪系统的主要功能就是自动地或者被动(被岸上查询)地向船籍国或者抵达港口国报告本船船位等信息。

三、远程识别跟踪系统的组成及工作原理

1. 远程识别跟踪系统的组成及各部分的作用

远程识别跟踪系统由船舶 LRIT 信息发送设备、通信服务提供商(Communication Service Provider,CSP)、应用服务提供商(Application Service Provider,ASP)、LRIT 数据中心(LRIT Data Center)、LRIT 数据分发中心(LRIT Data Distribution Plan)和国际 LRIT 数据交换中心(International LRIT Data Exchange)组成,如图 13-4 所示。

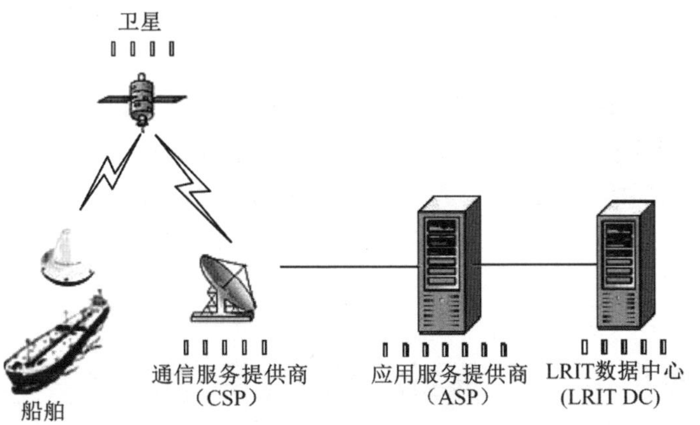

图 13-4 国际 LRIT 系统的组成

船舶 LRIT 设备负责信息发送;CSP 负责通信信息传递(船舶到卫星到地面站段);ASP 负责 CSP 到 LRIT 数据中心段的通信(通信与接口协议),提供路由管理,安全可靠地搜集、保存和传送 LRIT 信息;LRIT 数据中心负责信息的存储、处理(可分为国家数据中心、地区数据中心和国际数据中心);LRIT 数据分发中心负责数据分发;LRIT 数据交换中心负责各中心间的管理与信息交换。

2. 远程识别跟踪系统的工作原理

航行船舶通过卫星通信把 LRIT 信息发送到地面站(通信服务提供商),地面站再通过应用服务提供商(ASP)和 LRIT 分配网络,转发到经国际海事组织(IMO)授权的用户终端——国际海事组织(IMO)缔约国政府,后者就可以实现对航行船舶进行全球性

识别和跟踪。

LRIT 系统还可以把 LRIT 信息(预先设定发送时间的船位报告、被要求发送的船位报告和事件报告)发送给其他经授权的用户。

一些国家的 LRIT 系统,一个机构同时承担几个分系统的工作,比如 CSP 同时承担 ASP 和各数据中心的功能。我国主管机关为中国海事局,ASP 为中国交通通信中心。

四、船载远程识别跟踪系统设备的技术要求

(1)船舶 LRIT 设备识别使用本船的 MMSI。

(2)船位可以使用基于全球导航卫星系统(GNSS)的位置;船位时间用 UTC 时间。

(3)能每隔 15 min~6 h 自动向 LRIT 数据中心发送一次 LRIT 信息,一般设置 6 h 自动发送一次;当船舶处于修船、改造、进坞、靠港等状态时,可以设置 24 h 间隔发送,或者停止发送。

(4)船载 LRIT 可以被遥控发送信息。岸上可以使用查询指令(Polling)得到船舶的 LRIT 信息。

(5)船载 LRIT 可外接 GPS 信号,或者使用内置 GPS 信号。

(6)船载 LRIT 应能使用船舶的主用电源和备用电源。

五、公约国政府获取 LRIT 信息的权利

(1)不管船舶航行在何处,船旗国有权利获取 LRIT 信息。

(2)船舶即将停靠港或目的地港的港口国有权利获取 LRIT 信息,但是不包括船舶在外国的内海水域。

(3)来自距本国海岸 1 000 n mile 以内(不包括位于外国的内海水域)的海上航行船舶,签约国有权获取船舶 LRIT 信息。

六、公约国船舶使用 LRIT 的权利

船舶在下列情况下,可以关闭 LRIT 或者终止发送 LRIT 信息:

(1)船舶航行于国际规定的保护航行信息区域。

(2)非常情况下,当船长认为 LRIT 设备工作可能对船舶和人员构成威胁时,船长应尽快将关闭船舶 LRIT 设备的决定通知主管机构,并将关闭 LRIT 设备的情况记录在航海日志。一旦非常情况解除,应重新开启 LRIT。

(3)船舶所属国家主管机构出于船舶保安及其他方面的安全考虑,在任何时候有权决定不对其他缔约国提供本国国籍的船舶 LRIT 信息,并可以决定此措施的有效期限。

七、船舶 LRIT 设备简介

目前,船舶多采用 Inmarsat C 设备作为 LRIT 系统的船舶终端设备,实现 LRIT 功能。一些厂家也推出了独立的 LRIT 设备。

1. FURUNO Inmarsat C 产品

FURUNO 公司的 Felcom11 和 Felcom12 型设备,终端 IB581,软件升级后可满足 LRIT 系统功能要求;该型号 C 船站,终端 IB582,已经满足 LRIT 系统功能要求;Felcom15 和 Felcom16 已经满足 LRIT 要求。

2. JRC 公司 Inmarsat C 产品

2008 年 7 月 1 日后出厂的 JUE-85 C 船站可选择增加 LRIT 功能;JUE-95LT 是独立的船舶 LRIT 终端。

3. SAILOR Inmarsat C 产品

TT-3000 型 LRIT 是一台独立的 LRIT 设备;TT-3020C 既可作为 C 船站,也可满足 LRIT 的要求;TT-3000E 作为 Mini-C 船站,满足 SSAS 和 LRIT 功能。

八、LRIT 通信流程

基于 Inmarsat C 系统的船舶 LRIT 设备的通信流程如下:

1. 船舶自动发送 LRIT 信息流程

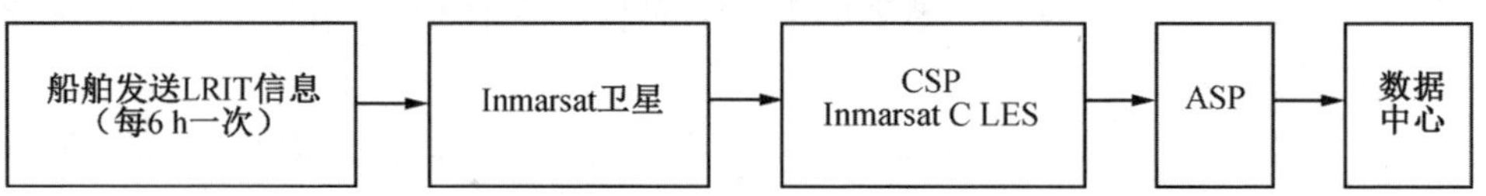

2. 岸上轮询或者遥控发送信号流程

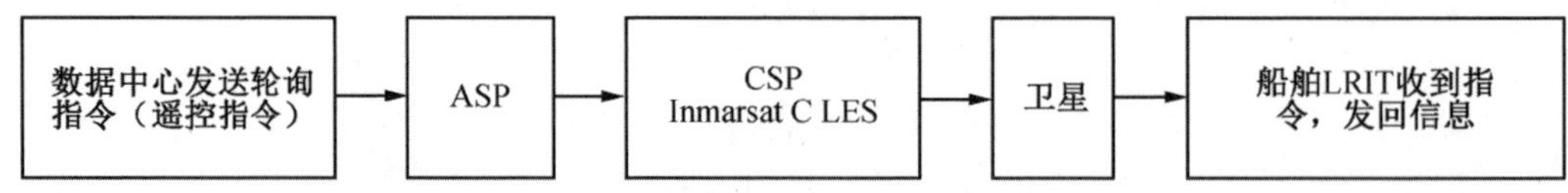

3. 中国船舶 LRIT 测试流程

中国船舶 LRIT 测试流程按照中国交通通信中心规定的测试流程进行,详情可到中国交通通信中心相关网站上查询。

申请符合性试验应提交的相关信息:船名、注册港、IMO 码、总吨、MMSI 码、航行海区、上次无线电检验日期、C 船站 9 位码、设备厂商及设备型号、设备序列号等。

任务五　了解铱星系统

铱星系统(Iridium System)是基于卫星的全球移动个人通信卫星系统(Global Mobile Personal Communications by Satellite System,GMPCS)。该系统支持全球、无线数字通信,移动用户可以用手持机通过铱星系统进行语音、数据、寻呼和短信等通信。

一、铱星系统功能

铱星系统有各类终端,比如手机、海事终端、航空终端和传呼机等,为移动用户提供广泛的服务,除能够提供传统的语音和寻呼服务之外,用户还能使用一个标准铱星终端经由铱星系统进入全球 Internet 网,与陆上计算机用户通信。铱星系统的数据业务包括拨号网络,高数据速率的直拨网络业务,可大大减少连接时间,并具有各种智能连接功能。

二、铱星系统组成及各部分作用

铱星系统组成图如图 13-5 所示,商业移动卫星系统主要由卫星星座、用户终端和地球站网关组成。卫星星座为用户终端和地球站网关提供通信线路;地球站网关作为交换中心,建立所有通信线路与任何地面网络的连接,如公共交换电话网络;同时,地球站网关具有定位、识别和跟踪用户功能,以便实现对移动用户管理,记录用户通信情况,从而进行计费;铱星用户终端类似于现在人们使用的移动电话,具有将系统接入移动用户的功能;控制端负责操作和维护整个网络,包括卫星星座。

1. 网络结构

铱星系统是唯一的采用十字星交联卫星星座的移动卫星系统。在交叉链接架构内,卫星是通过卫星间链路联网在一起的。为了接入网络,用户和网关不需要在同一卫星覆盖下。用户的通信链路可以通过星际链路被转送到地面上该用户归属的网关,铱星交联结构如图 13-6 所示。

2. 卫星星座

铱星系统由 66 颗低轨道卫星和其他几个在轨轨道备用卫星组成,支持用户对用户、用户对网关、网关对网关的通信。这 66 颗卫星被均匀分布在有 86.4°倾斜的极轨道平面上,每个轨道面上有 1 个或多个备用卫星。

铱星卫星星座运行在 780 km 高的轨道上,绕地球运行的周期大约为 100 min,提供从南极到北极无缝的全球覆盖。铱星星座分布图如图 13-7 所示。

自从 2001 年 3 月推出商用,铱星公司先后引进和继续推出了各种新功能。

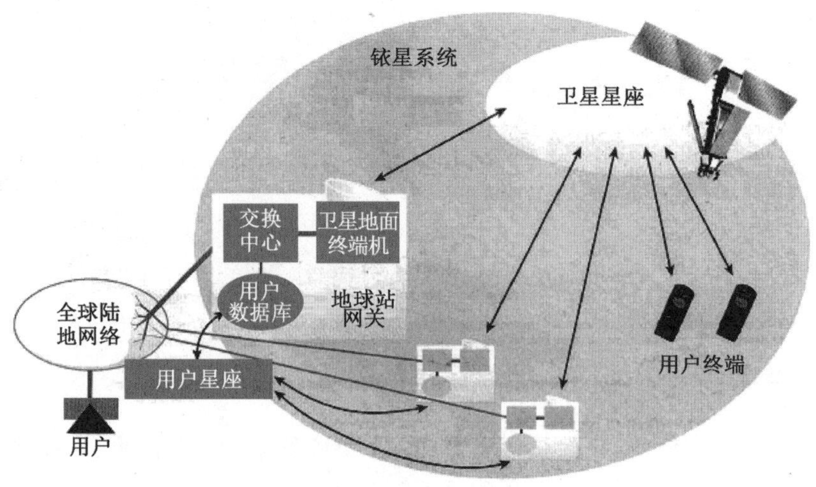

图 13-5 铱星系统组成图

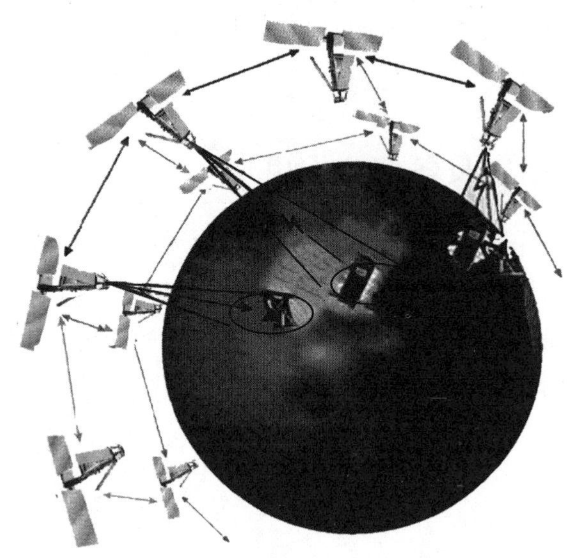

图 13-6 铱星交联结构

3. 铱星

铱星支持 3 种类型的通信链路:卫星到卫星、卫星到网关、卫星到用户。每颗卫星和在同一轨道平面上前面和后面的卫星以及在相邻轨道平面上最近的卫星进行通信联系。在每颗卫星上,遥测跟踪控制装置跟踪卫星的轨道,以及邻近的卫星轨道。遥测到的这些信息用于操作东/西卫星间链路的交叉链路天线。铱星卫星如图 13-8 所示。

卫星到网关链路使用支线链路天线,使用独立的地面设施支持网关(地球站)的开启呼叫和终止呼叫和遥测、跟踪以及控制功能。

卫星到用户链路使用 3 个 L 波段天线,形成了主要的天线分发系统。这个阵列天线对地球形成 48 个点波束,或者蜂窝区,每个波束直径大约为 400 km。虽然这些点波

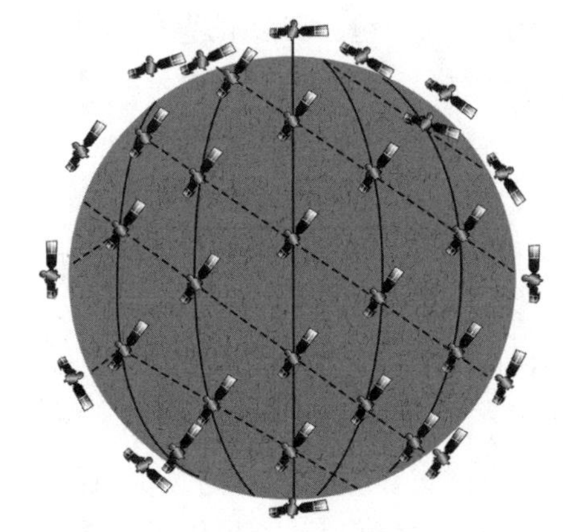

图 13-7　铱星星座分布图

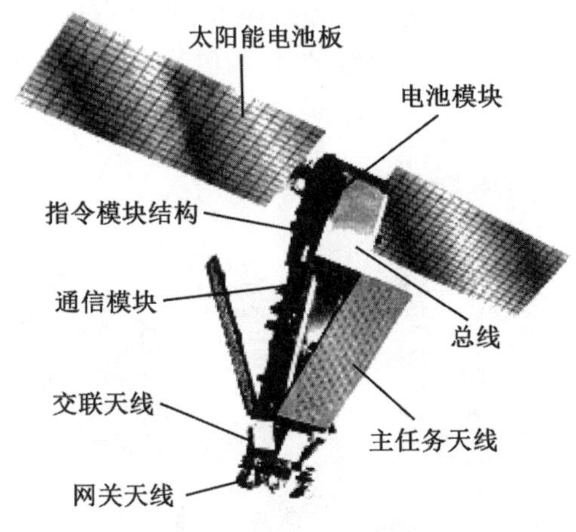

图 13-8　铱星卫星

束类似于陆地上的蜂窝覆盖，但是它们与基于陆地系统的工作相反，不像陆地移动系统那样，移动用户通过固定的蜂窝网通信，而铱星点波束横跨天空移动，移动用户则停留在一个相对固定的位置。

必要时，在大都市可以动态分配无线电信道，以提供更大的通话容量。随着卫星快速移动，覆盖用户的蜂窝区也快速变化。大约每分钟一次，同一卫星的不同点波束提供给蜂窝内的用户。大约一次需要 9 min 时间，蜂窝区就要分布到不同卫星的点波束上。随着卫星移动，信号需要专门进行“切换”处理，以便保持呼叫。由于波束和卫星（为满足网络通信的需要）之间经常重新分配无线电信道，呼叫也可能从同一波束内一个信道到另一个信道。单颗卫星覆盖直径大约为 4 500 km，并可以同时处理大约 1 100 个话音线路。L 波段天线上行和下行链路支持 16 dB 的语音链路和 27 dB 的寻呼链路。

每颗卫星上的处理系统提供了卫星控制和通信路由。卫星控制包括遥测控制、温度控制、电源控制、推进和指向控制以及故障管理功能。通信控制是铱星系统分组交换网络的路由器。

铱星系统使用专有的铱星传输模式（ITM）在网络上传输信息包。为了把数据包传送到目的地,每个 ITM 包都带有一个包含必要信息的包头。每颗卫星把 ITM 包路由到馈线线路、交叉链路或者用户链路。为了避免路由延时,ITM 包路由采用门阵列技术而不是软件。

4. 用户终端

铱星系统支持几个类别和类型的用户终端。传统的铱星用户单元(ISU)主要是一个移动电话手机,能够提供到地面上任何一点的电话服务(语音、数据和传真)。传真和数据通信是由内置到每个 ISU 的标准的 RS232 接口提供的。

除传统手持设备,还有专门的海事机构给船舶、航空终端提供铱星业务,用来支持铱星航空业务和数字式以及字符式寻呼业务。为了支持缺乏地面通信基础设施的偏远地区的基于卫星的无线业务,铱星增值制造商提供了扩展口解决方案,便于那些从事商业或使用太阳能电源的固定用户和便携式电话亭用户使用。大多数铱星用户设备(除 9601 型短突发数据调制解调器以外)使用 SIM 卡,能够存储有关用户的信息,并在由网关发起的认证过程中使用。铱星用户终端如图 13-9 所示。铱星系统操作中心如图 13-10 所示。

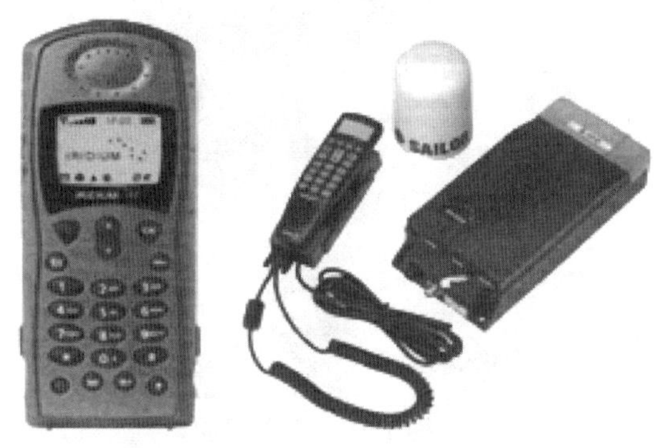

图 13-9　铱星用户终端

图 13-10　铱星系统操作中心

5. 地球站网关

主要的铱星商业网关位于 Phoenix、Arizona 附近,作为交换中心,此网关提供了从铱星系统到任何和所有陆地的网络连接。在夏威夷的第二个网关,为国防用户执行相同的功能。每个网关都能控制系统的接入,呼叫设置、移动性管理、计费,跟踪和维护所有有关注册用户的信息,如用户身份和地理位置的信息。

系统控制段运行、监视和维护铱星系统,包括卫星星座、网关设施和计费。卫星网络运营中心(The Satellite and Network Operation Center,SNOC)位于华盛顿特区郊外,控制卫星星座,并提供整个铱星系统的网络管理。SNOC 通过遥测跟踪控制(Telemetry,Tracking and Control,TTAC)站与卫星进行通信。除了控制 SNOC 与卫星之间的通信,TTAC 船站从他们跟踪的卫星接收遥测数据。两个主要的 TTAC 船站位于加拿大的 Yellowknife 和 Iqaluit。

三、铱星系统电话呼叫技术

铱星系统以基于 GSM 的电话架构为主要特征,这个主要特征是在用户地理位置基础上的系统访问途径加强的。铱星用户(ISU)发起呼叫和陆上用户发起呼叫,处理程序略有不同。两个铱星用户,或一个铱星用户和陆上电话间呼叫,其处理程序也略有不同。

对于铱星用户到铱星用户的呼叫,路由是通过交联的卫星星座和下行线路从原始的铱星用户到目的用户。对于移动用户到固定用户的呼叫,一旦呼叫连接建立,语音路由仅通过终端网关。

铱星用户可以由几个标识来辨认。每个用户都分配有一个铱星网络用户标识(Iridium Network Subscriber Identifier,INSI),这是一个永久性号码存储在用户的 SIM 卡和网络中。INSI 类似于 GSM 中的个人移动用户识别(Individual Mobile Subscriber Identifier,IMSI),是用来识别移动用户的。为维护用户保密性,当一个有效的临时移动用户识别码(Temporary Mobile Subscriber Identifier,TMSI)(类似于 GSM 中的 TMSI)是临时分配给移动用户和存储在用户 SIM 卡上的临时标识符时,INSI 仅在空中进行传播。TMSI 是根据系统参数周期性变化的,仅用来识别航空用户。

移动用户 ISDN 识别码(MSISDN)是铱星用户的识别码。国际移动设备识别(International Mobile Equipment Identity,IMEI)是分配给每个铱星用户的电子序列号,用于服务请求的。IMEI 常用来识别铱星用户,并且在呼叫建立过程中发送到网络中。

铱星系统可在全球范围内通过许多途径不间断地监听系统性能,比如使用标准的铱星手机连续进行语音呼叫,通过铱星网络进行数据呼叫,以及报告大范围的呼叫数据统计等。

四、铱星系统技术参数

卫星	66 颗在轨加上一些备用的卫星
轨道平面	6(11 个卫星一个面)

轨道高度	780 km
轨道平面倾角	86.4°
轨道周期	100′28″
卫星重量	689 kg
点波束	每颗卫星 48 个(每个波束直径 250 ft)
链路衰减	−16 dB(平均)
系统寿命	15 年
ITU 标识	HIBLEO-2(用户线路)
	HIBLEO-2A(馈线和交叉链路)
频带	
用户链路	1 616~1 626.5 MHz
网关馈线链路	19.4~19.6 GHz(地面到空间)
	29.1~29.3 GHz(空间到地面)
卫星交叉链路	23.18~23.38 GHz

任务六　了解全球高频数字通信网

随着 GMDSS 现代化的推进,多个国家或者机构在高频段采用数据通信技术(OFDM)建立了高频海岸电台,构成了全球高频数字通信网。如表 13-2 所示,全球高频数字通信网目前由 10 个海岸电台组成,可在全球范围内提供连续快速的高频数据通信。

表 13-2　全球数据通信网高频台

国家	位置	呼号
阿根廷(Argentina)	布宜诺斯艾利斯(Buenos Aires)	LSD836
澳大利亚(Australia)	汤斯维尔(Townsville)	VZG
中国(China)	威海	IDC
德国(Germany)	基尔(Kiel)	DAO
挪威(Norway)	罗加兰(Rogaland)	LGB/LGL/LGV/LGZ
菲律宾(Philippines)	马尼拉(Manila)	DZO
南非(South Africa)	梅尔维尔(Melville)	ZRK696
瑞士(Switzerland)	伯尔尼(Bern)	HEB
美国(United States of America)	佛罗里达州圣奥古斯丁(Saint Augustine, FL)	WHL
美国(United States of America)	华盛顿瓦申岛(Vashon Island, WA)	KKL

每个台的工作频率及业务开放时间可从《无线电信号表》第一卷(281)中查找。

在现有的船舶中/高频设备上添加一个专门的数字调制解调器,连接到一个计算机上,并安装专门的数字通信软件,与网络内一个台签订协议,船舶就能漫游到网内的任何台,E-mail 通信,网站浏览,下载气象传真等。该通信软件还具有自动选择通信路由功能,即根据通信条件可自动搜索网内可用性最强的高频海岸电台和最佳信道,当网内台通信条件不好时,也能自动选择卫星系统。

任务七　了解全球星系统

一、全球星系统简介

全球星(Global-Star)系统是美国低轨道卫星移动通信系统,由 LQSS(Loral Qualcomm Satellite Service)公司 1991 年 6 月提出并构建,到 2011 年年底已经有 48 颗工作卫星,如图 13-11 所示。全球星系统与铱星系统在结构设计和技术上均有不同。该系统保证全球范围内任意用户随时可以通过该系统网关(Global-Star Gateway)接入地面公共网。

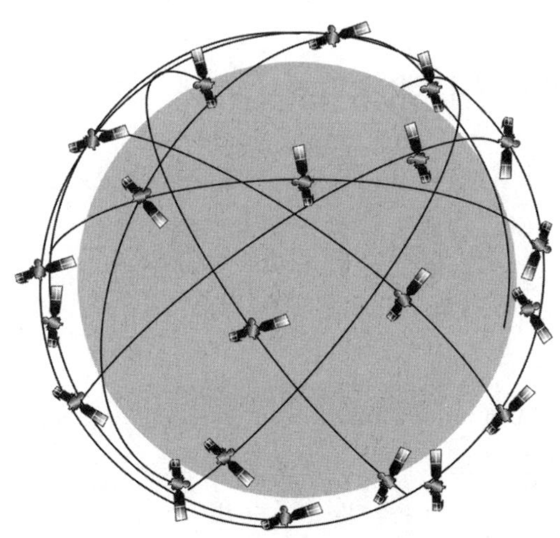

图 13-11　全球星轨道

全球星系统可覆盖除南北两极地区外的几乎所有地面区域,包括沿岸和大洋区。航空、海上和陆地用户使用该系统的手持机,在世界上任何地方随时都可与用户建立可靠、快速、经济的通信联络,目前使用该系统的国家和地区已经达到几十个。

该系统能提供话音通信和数据通信,包括接入互联网、语音邮件、短信业务(SMS)和电话转接等。全球星系统手机还能提供和转发定位信息,这个特色对发生紧急情况时特别有用。经由调制解调器转换的遥感信息也可经由全球星系统手机转发,使该系统增加了监视和跟踪功能,比如对船运集装箱实施监视和跟踪等。

全球星系统通信都需经由该系统网关转接,即通信路由分别是:

(1) 陆上网络用户→全球星网关→系统卫星→全球星用户

(2) 全球星用户→系统卫星→全球星网关→陆上网络用户

(3) 全球星用户→系统卫星→全球星网关→系统卫星→另一地球星用户

另外,全球星用户或者系统外用户通过全球星系统网关可进行全球星用户电话会议。

全球星系统的服务对象更适合为边远地区蜂窝电话用户、漫游用户、外国旅行者,以及希望低成本扩充通信的国家和政府的通信网和专用网。按目前全球星(GlobalStar)系统合作伙伴的分布情况来看,它可以为 33 个国家提供服务,其中包括 14 个欧洲国家、8 个亚洲国家、6 个美洲国家以及其他地区的 5 个国家。

全球星系统目前已经产出了卫星和蜂窝电话两用的世界上最小的手持机,且成本低,工作可靠。手持机的价格和目前使用的蜂窝手机价格相当。

该系统的低轨道卫星在空中通常呈十字形,全球星用户同时可见卫星一般 2 到 3 颗,有时多达 4 颗。当用户通过该系统打电话时,其信号从手持机经一颗或者多颗卫星传送到地面站,即系统网关(Gateway),再经系统网关转发至用户。全部处理(建立呼叫连接)仅需几秒钟,类似一个通常的移动电话呼叫。

二、全球星系统通信技术

全球星系统采用码分多址(Code Division Multiple Access,CDMA)技术,信号清晰、质量高,有保密、防伪、防窃听功能。该系统可靠性高,成本小,功耗低。手持机平均功率不到 1 W,辐射远低于美国对微波辐射生物公害的限定。系统频率利用率高,在同一个频率上,允许同时通话的用户多达 20 个,在全球范围内同时通话的用户可以达到 104 000 个。

该系统使用低于 1 000 n mile(1 609 km)的近地轨道(Low Earth Orbit,LEO)卫星通信,消除了老一代卫星系统的信号回波和延迟问题。

在南、北纬 70°间单星覆盖达 100%,在纬度 25°到 50°间双星或者多星覆盖达 100%。只有全球星系统使用信道分集组合以防止信号阻塞和遮挡。也就是说,假如一颗卫星的信号被建筑或其他障碍堵塞,系统自动将呼叫信号切换到另一颗可通信的卫星上,保持呼叫不被中断,极大地降低了呼叫掉线的发生率。这种切换可多达 3 颗,甚至是 4 颗卫星。卫星将信号传送到地球站(Earth Station),由地球站将信号转发至陆上电话网络用户,这样的地球站全球要建 100~210 个。地球站作为一个接口,起到不可缺少的转换中心(Main Switching Center,MSC)的作用,负责将呼叫信号传送到地面移动呼叫处理系统中的一个电话用户。当不能与地面网络用户通信时,全球星用户间可以经由卫星和地球站进行电话通信。全球星系统组成由空间段、用户段和地面段组成;空间段(Global-Star Space Segment)由全球星系统卫星组成;用户段(Global-Star User Segment)由用户使用的便携全球星手机、全球星移动电话和全球星固定电话组成;地面段(Global-Star Ground Segment)由地球站(又称为网关,Global-Star Gateway)、卫星操作控制中心(SOCC)、全球星操作控制中心(GOCC)组成。系统提供的数据传输速率为1 200、2 400、4 800和9 600 kbit/s,当检测到没有语音信息传送时,声码器速率允许降至1 200 kbit/s,在与全球星用户保持同步的同时,降低了干扰,增加了容量。

系统采用多端放大器,可以自动把用户分配给各波束,也可以把用户集中到一个波束上,这对用户分布不均匀的通信和救灾通信特别有用。用户端的功率可以控制,当电波遇到障碍的时候,瞬时功率可以增至6~7 W。通过卫星分集作用为移动用户提供超过40°的仰角,使用户在高层建筑附近也不至于受到阻挡,同时还提高了通信质量。全球星天线波束形成与卫星速率矢量方向成一条直线的椭圆点波束,增加了用户保持在每一波束上的时间。由于90%的呼叫是本地呼叫,故系统没有星际交叉链路,不会旁路现有的公共网,降低了卫星成本通话费用。由于地面系统存在多种标准,为与其兼容,无星上处理。

任务八　了解甚小口径天线终端(VSAT)

一、甚小口径天线终端简介

甚小口径天线终端,也称为微孔终端,简称为VSAT(Very Small Aperture Terminal)。随着卫星通信技术的不断发展,VSAT越来越受用户宠爱,自20世纪80年代最先在美国兴起,发展速度很快。VSAT有两种类型:一种是双向VSAT,由卫星系统中心站控制众多VSAT用户进行数据传输、语音和传真等业务;另一种是单向VSAT,在这种系统中,图像和数据等信息从卫星中心站传输到单向VSAT用户终端。

VSAT用户终端由室外单元和室内单元组成。室外单元即射频设备,包括小口径天线、上下变频器和各种放大器;室内单元,即中频及基带设备,包括调制解调器、编译码器等,因业务不同而略有不同。

二、VSAT的组成与分类

1. VSAT的组成

VSAT一般由空间段和地面段两部分组成,如图13-12所示。VSAT的空间部分就是卫星,一般使用地球静止轨道通信卫星,卫星可以工作在不同的频段,如C、Ku和Ka频段。星上转发器的发射功率应尽量大,以使VSAT地面终端的天线尺寸尽量小。VSAT的地面段由中枢站、远端站和网络控制单元组成,其中中枢站的作用是汇集卫星来的数据,然后向各个远端站分发数据。远端站是卫星通信网络的主体,VSAT 的卫星通信网就是由许多的远端站组成的,这些站越多,每个站分摊的费用就越少。一般远端站直接安装于用户处,与用户的终端设备连接。

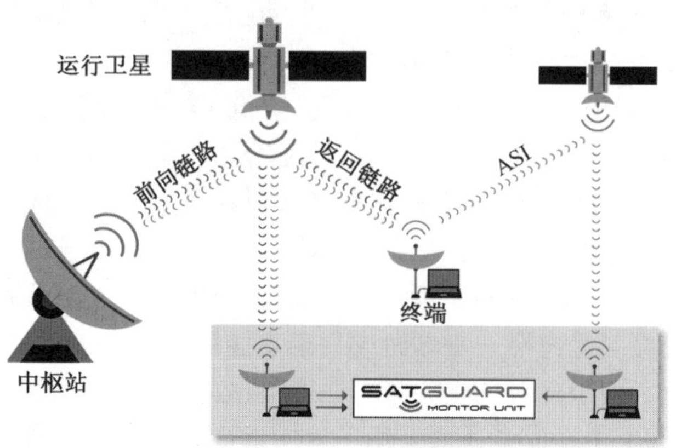

图 13-12 VSAT 组成图

2. VSAT 的分类

VSAT 的通信网根据业务性质可分为数据通信网、语音通信网和电视卫星通信网三大类。数据通信网以数据通信为主,这种网除数据通信外,还能提供传真及少量的话音业务;语音通信网是以话音通信为主的网,这种网主要是供公用网和专用网话音信号的传输和交换,同时也能提供交互型的数据业务;电视卫星通信网是以电视接收为主的网,接收的图像和伴音信号可作为有线电视的信号源通过电缆分配网传送到用户家中。

三、VSAT 通信的特点

VSAT 广泛应用于新闻、气象、民航、人防、银行、石油、地震和军事等部门以及边远地区通信,远洋船舶也成为重要的使用客户。VSAT 之所以获得如此迅猛的发展,除了它具有一般卫星通信的优点外,还有以下两个主要特点:

一是地球站通信设备结构紧凑牢固,尺寸小、功耗低,安装方便。VSAT 通常只有户外单元和户内单元 2 个机箱,对安装环境要求低,可以直接安装在用户处(如安装在楼顶,甚至居家阳台上)。由于设备轻巧、机动性好,便于安装在移动车辆上。

二是组网方式灵活、多样。在 VSAT 中,网络结构形式通常分为星形式、网状式和混合式三类,它们各具特点:星形式网络由一个主站(处于中心城市的枢纽站)和若干个 VSAT 小站(远端站)组成。主站具有较大口径(一般为 11~18 m)的天线和较大的发射功率,网络微机控制系统一般也集中于主站,这样可以使小站设备尽量简化,并降低造价。主站除负责一般的网络管理外,还要承担各 VSAT 小站之间信息的接收和发送,即具有控制功能。

一个 VSAT 的网络系统可以容纳数百至 1 000 个以上的小站。网络内所有小站都与主站建立直达链路,可直接通过卫星(小站-卫星-主站)沟通联络。小站与小站之间不能直接进行通信,通信必须经过主站转接。通信链路按"小站-卫星-主站-卫星-小站"方式构成,即要两次通过卫星,经过"双跳"联通,具有较大(约 0.54 s)的传输延迟。双跳传输适用于数据业务或录音电话,而用户间进行直接通话需要有一个适应过程。星形式网络特别适合于各小站与中心站传高速数据使用。

在网状式网络中,中心站借助于网络管理系统,负责向各 VSAT 小站分配信道和监控它们的工作状态,但各 VSAT 小站之间的通信自行完成,不需要经过中心站(主站)接转。通信链路按"小站-卫星-小站"的单跳通信方式实现。

混合式网络融星形式网络和网状式网络于一体,网中各 VSAT 小站之间可以不通过主站转接,而直接进行双向通信。VSAT 综合了诸如分组信息传输与交换、多址协议以及频谱扩展等多种先进技术,可以进行数据、语音、视频图像、图文传真和随机信息等多种信息的传输。通常情况下,星形网以数据通信为主兼容话音业务,网状网和混合网以话音通信为主兼容数据传输业务。

如同一般卫星通信一样,VSAT 的一个基本优点是可利用共同的卫星实现多个地球站之间的同时通信,这称为"多址连接"。实现多址连接的关键,是各地球站所发信号经过卫星转发器混合与转发后,能为相应的对方所识别,同时各站信号之间的干扰要尽量小。实现多址连接的技术基础是信号分割。只要各信号之间在某一参量上有差别(如信号频率不同、信号出现的时间不同,或所处的空间不同等),就可以将它们分割开来。为达到此目的,需要采用一定的多址连接方式。

四、宽带化 VSAT 卫星通信

VSAT 卫星通信从单一窄带业务的卫星电信网,向一个融合电信、广播、计算机的宽带卫星网络发展。它将是未来电信系统的重要组成部分,依赖地面超大容量光纤网,以及空间宽带卫星网,使用户设备方便地直接接入全国或全球宽带网络。VSAT 用户利用架设在办公室或住宅的 VSAT 设备,方便地接入卫星通信网。用户按照业务的需要来自适应地使用卫星网络的资源,并构造它与卫星网络的拓扑结构(1 跳或 2 跳)。用户设备是一个小口径的天线(0.6 m 以下),一个笔记本式附在天线上的室外单元,一个笔记本式的室内单元。用户的办公和生活设施可以像接在地面设备一样地接在 VSAT 设备上。

VSAT 卫星通信提供的业务包括电信业务,计算机互联网业务,以及数据、音频、视频等广播业务。VSAT 卫星通信在提供传统的话音、数据等交互业务的同时,随着网络的宽带化,宽带化的 VSAT 设备发展了远程教育、远程医疗、电视会议等功能。随着广播业务的发展,利用卫星通信的广域覆盖特性和宽带卫星广播技术,实现新闻和数据分发和广播,数据音频、视频广播到户,卫星寻呼,Web 广播,视频点播(VOD),IP 数据音频、视频广播。宽带卫星数据传输作为计算机互联网的一部分,提供了方便的文件和软件下载、Internet 接入、企业的 Internet 互连、ISP 骨干业务运营、电子邮件收发、电子商务合作、金融证券管理。

五、VSAT 卫星技术的应用

VSAT 站能很方便地组成不同规模、不同速率、不同用途的灵活而经济的网络系统。一个 VSAT 网一般能容纳 200~500 个站,有广播式、点对点式、双向交互式、收集式等应用形式。它既可以应用于发达国家,也适用于技术不发达和经济落后的国家,尤其适用于那些地形复杂、不便架线和人烟稀少的边远地区以及航行于浩瀚海洋中的远洋船舶。VSAT 主要应用于卫星电视广播和卫星电视;财政和金融系统、证券系统,对市场的情况进行动态跟踪管理;水利建设的管理,监测水文变化,防止和减少自然灾害的损失;可以及时传输气象卫星、海洋卫星、资源卫星和地面检测站获取的信息;海上运输和陆上交通运输的管理;军事用途,在 1991 年的海湾战争中,多国部队利用 VSAT 进行了大量的移动通信,甚至将其装备到每个士兵;应急通信等。

VSAT 卫星通信网向宽带业务发展已经是一个必然的趋势,它有着数据音频视频广播、计算机的卫星宽带交互接入、音频视频会议等业务的推动;而分别针对这些业务的 VSAT 卫星通信网也日益趋于融合形成一个统一的宽带 VSAT 通信网。

任务九　了解时区划分知识和无线电时间信号业务

一、时区的划分与国际日期变更线

以英国伦敦格林尼治子午线(0°经线)为中央经线,从西经 7.5°至东经 7.5°,划分为零时区。每隔经线 15°划分为一个时区,全球按经度划分为 24 个时区。在零时区以东,依次划分为东一时区至东十二时区。在零时区以西,依次划分为西一时区至西十二时区。东十二时区和西十二时区各跨 180°经线 7.5°,合为一个时区,180°经线是东十二时区和西十二时区共同的中央经线。时区号数是零时区为 0,东一时区为-1,东二时区为-2,…,东十二时区为-12。西一时区为+1,西二时区为+2,…,西十二时区为+12。各时区以本区中央经线的地方时作为全区的区时。相邻两个时区的区时,相差 1 h,其中较东的时区,区时较早。

海上船舶时钟指示当地时间,由于船舶航行会跨越区时,船钟需要向前或朝后拨钟。同时国际规定,180°经线作为国际日期变更线,简称日界线。在日界线西侧的东十二区,在任何时刻,总比日界线东侧的西十二区早 24 h。也就是说,东西十二区虽然钟点相同,但日期正好相差一天。因此,当船舶自东十二区向东进入西十二区,日期要减去一天;反之当船舶自西十二区向西进入东十二区,日期要增加一天。日界线是地球上新的一天的起点和终点。地球上日期的更替都从这条线上开始。为照顾 180°经线附近居民生活的方便，日界线避免通过陆地，即日界线不完全在180°经线上。

例如：北京时间（东八时区）为12日4时，这时美国纽约（西五时区）应是11日15时。

二、无线电对时业务

1. 无线电对时业务简述

无线电对时业务是指各国指定岸台播发无线电时间信号用于船舶校准时钟。无线电时间信号源自岸台所在国的天文台、国家物理实验室或其他时间信号源。为满足航海的需要和其他需高精确度时间的要求，世界上大多数时间信号是以UTC来发送的。船舶无线电人员或者驾驶员应每天用无线电时间信号校对船舶天文钟。精确的船舶天文钟将有助于船舶驾驶员在测天时精确地推算船位。

2. 无线电报时方式

目前，世界上采用的报时方式有以下6种：

（1）老国际式（Old International System）；

（2）新国际式（New International System）；

（3）英国式（English System Ordinary Time Signal）；

（4）美国式（United States System）；

（5）国际韵律式（Rhythmic System）；

（6）英国广播式（English Broadcast System）。

各种制式时间信号的组成，时间信号播发台的播发频率、时间、所用制式等信息可查阅《无线电信号表》第二卷或国际电信联盟（ITU）出版的《无线电测定和特别业务电台表》。

3. 中国上海海岸电台报时业务

中国上海天文台通过上海海岸电台每天播发两次时间信号。上海岸台的呼号为XSG，播发时间信号的时间为10：56：55—11：00：30，16：56：55—17：00：30。报时方式为新国际式。发射的频率为458、4 290、6 414.5、6 454、8 487、8 502、12 871.5、12 954和17 002.4 kHz，发射方式为A1A。在播发气象报告前播发对时信号，播发引语“CQ CQ CQ DE XSG HR STANDARD TIME SIGNALS AND WX AS”后即播发对时信号。从英文版《无线电信号表》第二卷查找到中国上海海岸电台的对时业务和频率，如图13-13所示。

上海岸台“新国际式”时间信号综述为：整点前5 min始发，其中：

55 min 00 s—56 min 50 s：预备信号，组成为每秒一个0.1 s的短点。

56 min 50 s—56 min 55 s：无信号。

56 min 55 s—56 min 60 s：长划信号。

57 min 00 s—57 min 50 s：每10 s一次字母“X”（—・・—）信号。

SHANGHAI(XSG) **31°07′N 121°33′E**

A	4 58	A1A A2A
B	4 290	A1A
C	6 414.5	A1A
D	6 454	A1A
E	8 487	A1A
F	8 502	A1A
G	12 871.5	A1A
H	12 954	A1A
I	17 002.4	A1A

Times of Transmission(发射时间)

A-I:0256-0856

System(系统)

59m-55s 59m 59s Second pulses 100 ms duration(每100 ms发一个秒脉冲)

60m-00s Minute pulses 100 ms duration(每100 ms发一个秒脉冲)

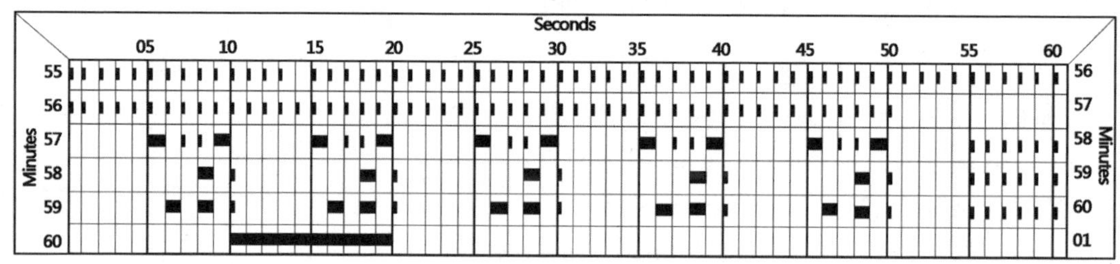

图 13-13 上海海岸电台对时业务和频率

57 min 50 s—57 min 55 s:无信号。

57 min 55 s—57 min 60 s:6 个短点,第六个短点的开始表示每分钟的 00 s。

58 min 00 s—58 min 50 s:每 10 s 一次字母“N”(—·)信号。

58 min 50 s—58 min 55 s:无信号。

58 min 55 s—58 min 60 s:6 个短点,第六个短点的开始表示每分钟的 00 s。

59 min 00 s—59 min 50 s:每 10 s 一次字母“G”(——·)信号。

59 min 50 s—59 min 55 s:无信号。

59 min 55 s—59 min 60 s:6 个短点,第六个短点的开始表示每分钟的 00 s。

00 min 10 s—00 min 20 s:一个长划,作为结束信号。

4. 中国西安天文台

西安天文台位于陕西省蒲城,是一个短波授时和标准频率发射台,台名和呼号为 XIAN/BPM。西安天文台采用的时间信号为科学式和平时式。其时间信号的发射频率和时间为:2 500 kHz,0730—0100;5 000 kHz,24 h;10 000 kHz,24 h;15 000 kHz,0100—0900。信号种类为 A1A 或 H3E。

5. 利用 GPS 信号对时

GPS 不仅用于导航系统,而且还提供精确的计时信号。GPS 系统时间信号与美国海军的时间信号的误差保持在 1 ms 之内,这样精确的时间足以满足商船天体定位的要求,为此船舶可以使用这个时间信号校对船钟。

6. 校对船钟注意事项

(1)应每天至少提供一次无线电时间信号校正船舶天文钟。

(2)启航前 2 天,就应开始校对天文钟。

(3)校对天文钟时,除校对秒针外,分针也要注意校对。

(4)装有 GPS 接收机的船舶也应按时校对天文钟,以免一旦 GPS 接收机故障或停电导致船上无一准确的时钟。

(5)每天不仅要校对驾驶室天文钟,也要校对通信室的时钟。

(6)对时结束后应把天文钟情况记录在电台日志中。

思考与练习

1. 简述船舶自动识别系统组成及功能。
2. 船舶 AIS 设备发送的信息分哪几类? 举例说明。
3. 简述船舶保安报警系统的功能、组成及报警方法。
4. 我国的反海盗联络点是哪个部门? 其主要责任是什么?
5. 当船舶遭遇海盗袭击时如何报警和联系?
6. 简述 LRIT 系统功能、组成和工作原理。
7. 简述船舶 LRIT 设备传送信息的要求。
8. 简述公约国政府获取 LRIT 信息的权利。
9. 简述船舶自动发射 LRIT 信息流程。
10. 简述铱星系统组成及各部分作用。
11. 全球高频数字通信网使用什么技术?
12. 简述全球星系统的通信路由。
13. 简述 VSAT 组成及工作频段。
14. 简述时区的划分与国际日期变更线。
15. 简述无线电报时方式与业务,以及校对船钟注意事项。

项目十四

搜救工作及船舶报告制度

任务一　了解搜救协调中心的功能与相关联系方法

一、搜救协调中心的功能

建立搜救协调中心（Rescue Coordination Center, RCC）和海上搜救协调分中心（Maritime Rescue Coordination Sub-Center, MRSC）旨在协调和运用专业的和非专业的救助力量，对水上遇险事件进行快速、有效反应和救助，减少水上财产损失，保障水上人命安全，有效保护海洋环境。

二、我国搜救海域及 RCC 联系方法

我国 1973 年成立“海上安全指挥部”，办公室设在交通部，负责我国沿海水域的海上搜救工作；1985 年加入《1979 年国际海上搜寻救助公约》；为和国际接轨，1989 年将“海上安全指挥部”改名为“中国海上搜救中心”。

同时，在我国辽宁、河北、天津、山东、江苏、上海、浙江、福建、广东、广西等沿海省、自治区、直辖市先后成立了相应的海上安全指挥机构，承担我国搜救分中心职责，领导和组织本地区的海上搜救工作，对我国责任水域实现全方位覆盖、全天候运行、快速反应，对发生在我国沿海及内河通航水域遇险人员、船舶及航空器提供及时、高效的搜寻救助。

我国根据国际搜救公约，确定中国（含中国香港）在中国南海海域的海上搜救责任区为北纬 10°以北，东经 124°以西的海域。

我国的 RCC 和各沿海地区的 RSC 以及其他国家的 RCC 和 RSC 的联系方式，可以

从船舶电台配备的《无线电信号表》第五卷中查找。一般方法是:从该书后面附录中查找某一国家 SAR 页码索引,然后查找相关 RCC 或者 RSC 的联系方式。

任务二　了解《国际航空和海上搜寻救助手册》的无线电通信程序

一、搜救系统(SAR)的通信功能

(1)为了使 RCC 没有延迟地派遣出 SRU(搜救单位)和其他搜救资源进行搜救,应该快速提供报警信息给一个 RCC,并能够与遇险者保持双向通信。

(2)搜救组织应具有直接接收遇险报警功能和转发遇险报警功能。

(3)报警台应是 RCC 和 RSC 转发遇险报警的设施。

(4)由报警台和其他台(站)收集的遇险信息,应该立即向 RCC 或者 RSC 转发。

(5)RCC 或者 RSC 可以有自我通信功能,或者使用其他设施转发报警,并执行搜救应答通信。

二、《国际航空和海上搜寻救助手册》中关于报警台的要求

(1)报警台应包括接收和向 RCC 或者 RSC 转发遇险信息的设施。

(2)报警台的设施应包括航空飞行服务(ATS)机构,或者海岸电台(CRS)。

(3)报警台必须能够将遇险信息传送到 RCC。

(4)当紧急事件产生时,RCC 快速有效的行动能力,依赖于报警台向它传递大量的信息。

(5)报警台和 RCC、RSC,或者当地的搜救中心(SRU)之间快速、可靠的通信是基本的,因此应定期检查报警台的通信信道,以确认与 RCC 或者 RSC 能够直接地或经公众电话网或者无线电话网络或者其他方式建立语言通信或者数据通信。理想方式是:自动经由遇险优先等级通信网络,将报警数据直接传到责任区中的 RCC 或者 RSC。

三、接收到遇险报警的第一 RCC 应执行的通信程序

图 14-1 描绘了接收到遇险报警的第一 RCC 行动指南。

(1)接收到遇险报警或者遇险呼叫的第一 RCC 应设法确认收到的报警,保持与遇险者的通信联系,通知遇险事件附近的船舶和搜救部门,并启动对遇险事件的广播业务。

(2)确认遇险船舶是否在本搜救协调中心所负责的搜救区(Search and Rescue Re-

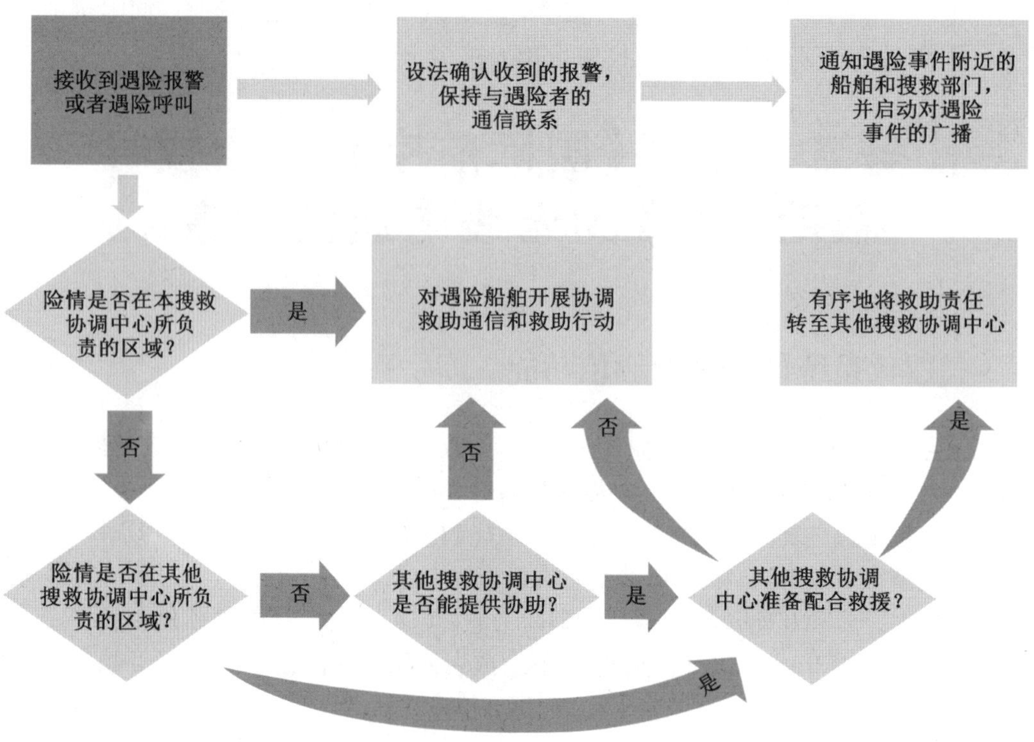

图 14-1　收到遇险报警第一 RCC 的行动指南

gions,SRR)内。如果遇险船舶在接收到遇险报警 RCC 负责的搜救区内,就对遇险船舶开展协调救助通信和救助行动。

(3)如果遇险船舶不在接收到遇险报警 RCC 负责的搜救区内,应首先确认是在哪一个 SSR,并将遇险报警转发到遇险船舶所在海域的 RCC,由此 RCC 开展协调救助通信和救助行动。

(4)如果遇险船舶不在接收到遇险报警 RCC 负责的搜救区内,又不能确认是在哪一个 SSR,应将遇险报警转发到能够更好地对遇险船舶进行救助的 RCC,并由此 RCC 开展协调救助通信和救助行动。

(5)如果遇险船舶不在接收到遇险报警 RCC 负责的搜救区内,又不能确认是在哪一个 SSR,也不能确认哪一个 RCC 对遇险船舶提供更好的救助,就由最初接收到遇险报警的 RCC 开展协调救助通信和救助行动。

四、接收到遇险报警的船长应执行的通信程序

图 14-2 描绘了当发现某船明显遇险时,船长应执行的通信程序与应采取的行动。

(1)当发现某船可能遇险时,发现船船长应与可能遇险船联系确认,设法进一步获得信息。在证实遇险船不需要救助后,继续航行。

(2)与明显可能遇险船联系不成功时,发现船船长应设法获得该船更多信息,比如

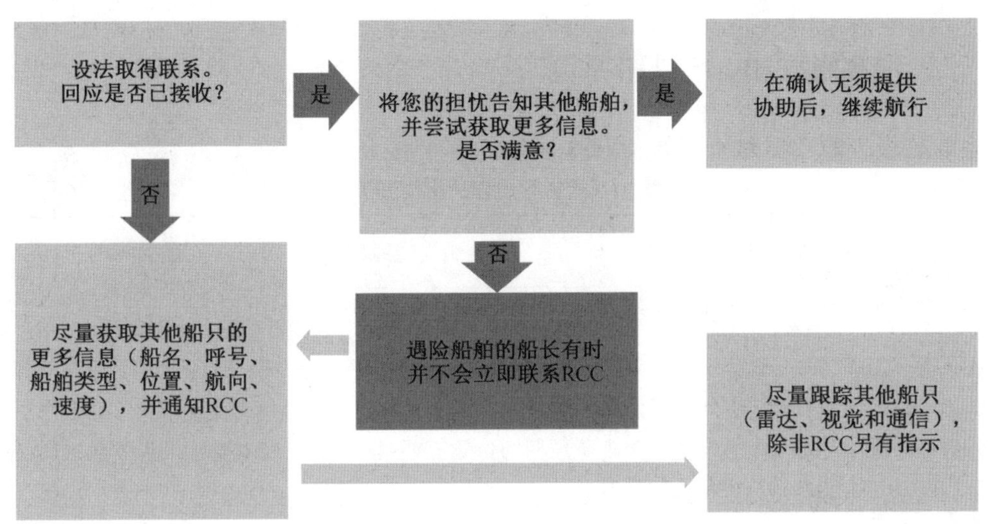

图 14-2 发现某船遇险船长操作指南图

船名、呼号、船舶类型、位置、航向、速度等,并通知 RCC。然后,设法对该船保持跟踪(使用雷达、尝试联系等),直到 RCC 与其联系为止。

五、遇险船船长应执行的通信程序和采取的行动

遇险船船长应执行的通信程序和采取的行动,见项目十任务一"三"所述。

任务三 了解主要的船舶报告制度及其业务

一、船舶报告的意义

为了船舶的航行安全和海洋生态环境保护,按照国际海事组织(IMO)的 A. 851(20)号决议,设立船舶报告制度,即船舶航行至一些国家的有关海域时,需按照该地区的要求做相应的报告。有些国家的船舶报告制度是属于强制性的,比如进入澳大利亚水域时,就需要强制进行船位报告,否则会受到相应的处罚。因此,在进入有关国家海域时要通过公司或者代理了解抵达国的相关要求,及时进行相关船舶报告。根据船舶报告建立的船舶数据库,可以有效地对船舶实行动态监管。船舶遇险或者遇有紧急情况时,可以缩小搜寻的范围,通知附近的其他船前往营救或援助,以提高救助效率。

目前一些国家都建立了船舶报告系统,比如:中国船舶报告系统(CHISREP)、澳大利亚船舶报告系统(AUSREP)、美国商船互救系统(AMVER)和日本船舶报告系统(JASREP)等。世界各国有关船舶报告的详细资料可在《无线电信号表》第六卷查询。

二、船舶报告的类型和原因

船舶报告的类型和原因如表 14-1 所述。

表 14-1　船舶报告的类型和原因

船舶报告类型	船舶报告原因
航行计划报告(SP)	在船舶驶离某个已建立本系统的港口之前,或尽可能接近离港时或在进入已建立本系统的区域时
船位报告(PR)	当确保本系统有效运行所必需时
绕航变更报告(DR)	当船舶位置与以前报告所预期的位置有明显改变时,当改变已报告的航线时,或当船长决定做此报告时
最终报告(FR)	当到达目的地时或驶离某一船舶报告系统所覆盖的区域时
危险货物报告(DG)	当发生任何涉及包装类危险货物(包括货物集装箱,可移动货柜,公路和铁路车辆及载驳船中的危险货物)从船上落入或可能落入水中的事故时
有害物质报告(HS)	当涉及油类(《MARPOL 73/78》附则Ⅰ)或散装有毒液体物质排放(《MARPOL 73/78》附则Ⅱ)或可能排放时
海洋污染物报告(MP)	当由国际海上危险品规则定为海洋污染物的包装形式危险货物(包括货物集装箱,可移动货柜,公路和铁路车辆及载驳船中的危险货物)从船上落入或可能落入水中的事故时

三、船舶报告的相关要求

(1)船舶报告应力求简单,使用国际标准船舶报告格式和程序。

(2)存在语言通信障碍,应能使用英语,建议尽可能地使用标准航海词汇,或国际信号代码。

(3)如果需要船舶基本信息(船舶概况、船上设施和设备等),应报告一次,在相关船舶报告系统中保留。如果船舶基本信息发生变化,船舶应及时更新。

(4)船舶须提供有关影响航行的船体、机械、设备或配员等方面的故障或缺陷,及其他相关的特别报告,包括已经造成或可能造成海洋污染的特别报告。

(5)与安全或污染有关的船舶报告应立即发出;为避免影响主要航行任务,可灵活安排非紧急性报告的时间和地点。

(6)船舶报告次数应尽量少;有关船舶报告应免费。

(7)如果遇险、安全和防污染等需要时,船舶报告信息可以用于其他船舶报告系统。

四、船舶报告的常用标识

每份报告的第一行是报告的报类识别。报告每一行的开始用一个行识别，行识别及一行内的不同项目用一个斜线“/”分隔，行与行之间用双斜线“//”分开。

行识别解释：

A/船名/电台呼号//。

B/日期和时间(UTC)//(日期和时间用6位数字加后缀Z表示，前2位是日期，后四位是小时和分钟，也可增加月份的前三个字母，如B/010203Z DEC//)。

C/纬度/经度//(纬度和经度用度和分表示。如：C/5042N/04035W//)。

E/航向//(用三位数字表示)。

F/平均速度//(用三位数字表示，以n mile为单位，精确到十分位，不用小数点)。

G/离开港/纬度/经度//。

I/目的港/纬度/经度/ETA//。

K/港口名称/纬度/经度/抵港时间//。

L/航线报告//(包括开航计划的大多数信息，如采用大圆航法以“GC”表示，恒向线航法以“RL”表示，沿岸航行以“Coastal”表示)。

M/当前值守的岸台或移动卫星地面站移动站识别号/其次的岸台(如有的话)//。

V/船上医务人员//(医师为MD，医助为PA，护士为NURSE，没有用NONE)。

X/详细说明或备注//。

Y/转发指示//。

Z/报文结束识别//(便于计算机处理，如：Z/EOR//)。

五、中国船舶报告系统(CHISREP)

中国船舶报告系统(China Ship Reporting System，CHISREP)根据国际、国内相关法规建立，采取自愿加入和强制加入两种方式。加入CHISREP的船舶必须严格遵守《中国船舶报告系统管理规定》，按照规范格式和有关程序发送船舶报告。CHISREP将时刻关注加入该系统船舶的航行安全，对海洋环境加强监管。CHISREP具有对船舶报告的航线、船位进行自动标绘和推算，对延时未报船舶自动预警等功能。当所在海域有船舶发生遇险时，系统可提供相关搜寻救助信息。

1. 适用船舶

(1)航行在中国船舶报告区域内，且航行时间超过6 h的下列船舶：

①航行于国际航线300总吨及以上的中国籍船舶。

②航行于中国沿海航线1 600总吨及以上的中国籍船舶。

③2005年1月1日后航行于中国沿海航线的300总吨及以上的中国籍船舶。

(2)鼓励外国籍船舶和本规定以外的中国籍船舶志愿加入中国船舶报告系统。

2. 报告区域

CHISREP 的报告区域为:其他国家领海和内水以外的北纬 9°以北,东经 130°以西的海域。

3. 报告的目的

(1)在没有收到遇险信号时,减小同船舶失去联系与开始搜救工作之间的时间间隔。

(2)迅速认定能被召来提供援助的船舶。

(3)在遇险人员、船舶的位置不明或不定时,可划定一定范围的搜寻区域。

(4)提供紧急医疗援助或咨询。

4. 管理机构

中国船舶报告管理中心负责运行管理 CHISREP;

地址:上海市四平路 190 号;

邮政编码:200086;

电话:86-21-65078144 86-21-65073273;

传真:86-21-65089469;

电传:85-337117HSASC CN;

船舶报告 E-mail:chisrep@ shmsa. gov. cn。

5. CHISREP 船舶报告方式

CHISREP 接收船舶报告方式有:莫尔斯报、NBDP;Inmarsat 传真、电传或电子邮件等。

注意:

(1)莫尔斯报应通过上海海岸电台发送。

(2)电子邮件发送报告时,应以 CHISREP 作为电子邮件的主题。

(3)不能发送船位报或最终报的船舶,可通过他船或岸上的有关机构代为发送船舶报告。

6. CHISREP 报告种类

(1)常规报告

航行计划报告(Sailing Plan Report,SP);

船位报告(Position Report,PR);

绕航变更报告(Deviation Report,DR);

最终报告(Final Report,FR)。

(2)特殊报告

危险货物报告(Dangerous Goods Report,DG);

有害物质报告(Harmful Substances Report,HS);

海洋污染物报告(Marine Pollutants Report,MP)。

7. 船舶报告格式、内容和要求

(1)航行计划报告

当船舶进入 CHISREP 区域前 24 h 或者进入边界 2 h 内;或者当船舶离开国内港口前 24 h 或者离开后 2 h 内,应向 CHISREP 中心发出航行计划报告。预定起航时间 2 h 内不能启航时,应发送一份新的航行计划报告 SP。其报告格式、内容和要求举例如下:

报告内容	举例
CHISREP 航行计划报告	CHISREP/SP//
A 船名和呼号	A/YUQIANG/BOQQ//
F 船速	F/140//
G 上一港口	G/SINGAPORE//
H 进入 CHISREP 区域的日期时间 UTC 和位置	H/081200UTC/0900N/11220E//
I 下一港口及 ETA	I/SHANGHAI/150800UTC//
L 计划航线转向点	L1/150/0900N/11220E//
	L2/150/1950N/11750E//
M 通信方法	M/Inmarsat C//
Z 报告结束	Z//
报告内容	

(2)船位报告

在航行计划报告发出后 24 h 内,应发出第一份船位报告(PR),以后每天定时发送一次船位报告,直到抵达中国国内港口或驶离 CHISREP 边界前 24 h 内发出。船舶的实际船位与计划航线推算船位前后相差 2 h 的航程时,须补发船位报告更新船位。船位报告中的信息将被 CHISREP 用来更新该船的船舶动态。格式如下:

报告内容	举例
CHISREP 船位报告	CHISREP/PR//
A 船名和呼号	A/YUQIANG/BOQQ//
B 日期/时间(UTC)	B/090400UTC//
C 船位	C/1125N/11530E//
E 航向	E/010//
F 船速	F/140//
N 下次发船位报告时间	N/100400UTC//
Z 报告结束	Z//

(3)最终报告

当船舶抵达国内港口前 2 h 内,或者离开 CHISREP 边界后应发出最终报告,格式如下:

报告内容	举例
CHISREP 航行结束报告	CHISREP/FR//
A 船名和呼号	A/YUQIANG/BOQQ//
K 抵达港名或者离开 CHISREP 边界位置的日期/时间(UTC)	K/150700UTC/SHANGHAI//
Z 报告结束	Z//

报告内容

(4)危险货物报告

当船舶发生或可能性发生危险货物落入海中的事故时发送危险货物报告。

格式和内容举例:

CHISREP/DG//A/YUQIANG/BOQQ//B/090400UTC//C/SHANGHAI RADIO STATION//Q/MAIN ENGINE BREAKDOWN//R/ * * * * * * *//S/ * * * * * * *//T/ * * * * * * *//U/ * * * * * * *//Z//

R 项的内容为:

①货物的正确技术名称或货物名称;

②联合国编号;

③国际海事组织规定的危险类别;

④货物的生产厂家名称(如果知道的话),或收货人或发货人的姓名;

⑤包装种类,包括识别标记或是否装在活动槽罐或槽罐车中,或是否包装于车辆、货物集装箱或其他运输单元内;

⑥对货物的数量和可能的状况的估计;

⑦失落的货物是浮在水上还是沉到海中;

⑧失落是否在继续发生;

⑨失落的原因。

如果船舶处于包装危险货物仍有失落于海中的危险这样的状况,应有 P 项和 Q 项报告。

P 项的内容为:

①货物的正确的技术名称或货物名称;

②联合国编号;

③国际海事组织规定的危险类别;

④货物的生产厂家名称(如果知道的话),或发货人或收货人的姓名;

⑤包装种类,包括识别标记或是否装在活动槽罐或槽罐车中,或是否包装于车辆、货物集装箱或其他运输单元内;

⑥对货物的数量和可能的状况的估计。

(5)有害物质报告

当发生排放或可能排放油类或散装的有毒液态物质的事件时,应进行有害物质报告。

当实际排入海中时，初次有害物质报告应包括标准报告格式的 A、B、C(或 D)、E、F、L、M、N、Q、R、S、T、U、X 项。当可能排入海中时，P 项也应在内。P、Q、R、T 和 X 项的详情如下：

P 项内容：

①油类或船上有毒液体物质的正确的技术名称；

②联合国编号；

③有毒液体物质的污染类别(A、B、C 或 D)；

④物质的生产厂家的名称(如果适当而且知道的话)，或发货人或收货人的姓名；

⑤数量。

Q 项内容：

①船舶的有关状况；

②转移货物/压载/燃料的能力。

R 项内容：

①油类或排入海中的有毒液体的正确的技术名称；

②联合国编号；

③有毒液体物质的污染分类(A、B、C 或 D)；

④物质的生产厂家的名称(如果合适而且知道的话)，或发货人或收货人的姓名；

⑤对物质数量的估计；

⑥失落的物质是漂在水上还是沉入海中；

⑦失落是否在继续发生；

⑧失落原因；

⑨对排出或失落的物质的运动的估计，讲明海流状况(如果知道的话)；

⑩如果可能的话，对溢出物表面面积的估计。

T 项内容：

船舶所有人或船方代表(船舶的承租人、经理或营运人或他们的代理)的姓名、地址、电传和电话号码。

X 项内容：

①对于排出和船舶的运动正在采取的措施；

②已经要求的或别人已经提供的援助或救助工作；

③援助或救助船的船长应报告已经和计划采取措施的细节。无法立即得到的细节情况应列入补充电文中。

从事或被要求从事提供援助或进行救助作业的任何船舶的船长应尽可能对标准报告格式的 A、B、C(或 D)、E、F、L、M、N、P、Q、R、S、T、U、X 项做出报告。

(6)海洋污染物报告

当包装类有害物质落入或可能落入水中，如“国际危规”中认为是海洋污染物时，应做出海洋污染物报告。当实际落入或排入海中时，初次海洋污染物报告应包括标准报告格式的A、B、C(或D)、M、Q、R、S、T、U、X项。当可能排入海中时,P项也应在内。P、Q、R、T和X项的详情如下:

P项的内容为:

①货物的正确的技术名称或货物名称;

②联合国编号;

③国际海事组织规定的危险类别;

④货物的生产厂家名称(如果知道的话),或发货人或收货人的姓名;

⑤包装种类,包括识别标记或是否装在活动槽罐或槽罐车中,或是否包装于车辆、货物集装箱或其他运输单元内;

⑥对货物的数量和可能的状况的估计。

Q项的内容为:

①船舶的有关情况;

②联合国编号;

③国际海事组织的危险类别;

④货物的生产厂家名称(如果知道的话),或发货人或收货人的姓名;

⑤包装种类,包括识别标记或是否装在活动槽罐或槽罐车中,或是否包装于车辆、货物集装箱或其他运输单元内;

⑥对货物的数量和可能的状况的估计;

⑦失落的货物是浮在水上还是沉到海中;

⑧失落是否在继续发生;

⑨失落的原因。

T项的内容为:

船舶所有人或船方代表(船舶的承租人、经理或营运人或他们的代理)的姓名、地址、电传和电话号码。

X项的内容为:

①与排放和船舶移动有关的正在采取的措施;

②已经要求的或别人已经提供的援助或救助工作;

③援助或救助船的船长应报告已经和计划采取的措施的细节。无法立即得到的细节情况应列入补充电文中。

从事或被要求从事提供援助或进行救助作业的任何船舶的船长应尽可能对标准格式的A、B、C(或D)、M、P、Q、R、S、T、U、X项做出报告。

8. 船舶延误报告处理

超过规定报告时间或约定报告时间3 h未报的船舶,系统将对该船进行预警,中国船舶报告管理中心将对这些船舶进行处理:

(1)检查中国船舶报告管理中心是否已收到船舶的报告。

(2)采用有效的通信手段,直接与船舶进行联系。

(3)将船舶呼号列在接收船舶报告的海岸电台通报表中,提醒船舶联系岸台发送报文。

(4)超过规定报告时间或约定报告时间 6 h 未报的船舶,将“船舶呼号/JJJ”列在接收船舶报告的海岸电台通报表中,提醒船舶联系岸台发送报文。

(5)超过规定报告时间或约定报告时间 12 h 未报的船舶,将对船舶所有人、经营人、代理人及可能见过该船或该船舶联系过的其他船舶进行查询,核实该船是否安全。

(6)超过规定报告时间或约定报告时间 18 h 未报的船舶,将“船舶呼号/XXX”列在接收船舶报告的海岸电台通报表中,在通报表中进行紧急呼叫。

(7)超过规定报告时间或约定报告时间 24 h 未报的船舶,船舶报告管理中心制定搜救方案,报中国海上搜救中心,由中国海上搜救中心指定区域海上搜救中心进行搜寻救助,开始搜救行动。

六、商船互救系统(AMVER)

商船互救系统(Automated Mutual-assistance Vessel Rescue System,AMVER)由美国海岸警卫队主管,是一个全球覆盖非强制加入的商船互助组织,可在世界范围海域内对搜救工作提供帮助。世界上任何超过 24 h 航程的商船都可以加入该系统,通过该系统指定的海岸电台,或经由 Inmarsat 系统将船舶有关的信息提供给位于纽约的美国海岸警卫队“AMVER 中心”。AMVER 中心根据船舶提供的信息推算船舶位置。一旦船舶遇险,可根据需要委托搜索和救助组织(SAR)在世界各国的代理机构,请求提供及时有效的援助。应当注意在危急情况之下,所有的遇险电文必须发往离出事地点最近的搜救协调中心(RCC),而不是发往 AMVER 中心。

AMVER 船位报告也分为 4 种,即航行计划报告、抵港报告、船位报告和绕航变更报告。

AMVER 报告的格式和内容与前面介绍的 CHISREP 类似,详情见《无线电信号表》第一卷。

AMVER 电报的传递:

(1)通过卫星或 HF 设备,发送 E-mail 到 AMVER 中心,地址是 amvermsg@ amver. org 或 amvermsg@ amver. com。

(2)通过 C 移动站,发送电传到 AMVER 中心,地址是(0)(230)127594 AMVER NYK。

(3)注意所有的 AMVER 电报应尽可能拍发给参加 AMVER 系统的海岸电台。AMVER 电报收报人名字应是:AMVER 加上电台的名称,如 AMVER SYNEY、AMVER MANILA 等。有关开放 AMVER 业务的海岸电台的名称与呼号、时间与频率等业务细节都刊登在英版《无线电信号表》第一卷中。

AMVER 电报应按规定在正常值班期间内发送,但考虑到美国的有关规定,AMVER 电报应在船舶到港 24 h 以前发出,以免延误。AMVER 报告发出后,应注意守听与之联络的电台。

AMVER 电报举例

AMVER/SP//

A/SEALAND MARINER/KGJF//

B/240620Z MAR//

E/045//

F/198//

G/TOKYO/3536N/13946E//

I/LOS ANGELES/3343N/11817W/031300Z APR//

L/RL/190/3448N/13954E/NOJIMASAKI/240850Z//

L/GC/210/4200N/18000E/280400Z//

L/RL/200/4200N/16000W/300030Z//

L/GC/188/3422N/12047W/030500Z APR//

L/RL/161//

M/JCS//

V/NONE//

X/NEXT REPORT 250800Z//

Y/JASREP/MAREP//

Z/EOR//

七、澳大利亚船位报告系统(AUSREP)

澳大利亚船位报告系统(Australian Ship Reporting System,AUSREP)建立于 1973 年,由堪培拉海上搜救协调中心控制管理,该船位报告系统要求在 AUSREP 区航行船舶强制参与该系统。

1. 适用范围

(1)航行在 AUSREP 海域的在澳大利亚登记的商船。

(2)非澳大利亚船舶,从抵达澳大利亚的第一个港口直到离开澳大利亚的最后一个港口。但是鼓励船舶从进入 AUSREP 海域到离开 AUSREP 海域一直参加该系统。

(3)澳大利亚船位报告系统是为了 AUSREP 海域内船舶的航行安全而设立的,其主要目的在于:

①在船舶没有发出遇险信号时,缩小从发现船舶失踪到开始搜救行动的时间。

②缩小搜救行动的海域。

③在搜救行动中,提供在该海域内其他可参与救助船舶的最新信息。

2. AUSREP 电报种类

(1)航行计划报告

当船舶进入 AUSREP 海域或离开 AUSREP 海域的一个港口时(在其 24 h 之前或在进入 AUSREP 海域或离开该海域的一个港口的 2 h 之后),船舶应发送 SP 报告。一旦船舶在 SP 报告中预定的启航时间 2 h 内不能启航，应取消该 SP 报告并应另发一份新的 SP 报告。

非澳大利亚国籍的船舶，若其下一停靠港不是澳大利亚的港口，船长应在每天报告时间栏里用“NOREP”标明其不发送船位报告的意图。

AUSREP SP 报告的格式：AUSREP/SP//。

A、F、H、K、L、M、N（同意使用 Inmarsat C polling 数据报告与查询业务或下次报告的日期和时间，如使用查询业务，不需发送船位报告，如 N/POLL//）、U（船舶类型，船长和总吨位）、V 项内容。

（2）船位报告

船位报告应每天在 SP 报告中规定的时间发送，但第一份 PR 报告必须在 SP 报告发送以后的 24 h 以内发出。船位报告的发送应在抵港或离开 AUSREP 海域的当天。若需改变每天的报告时间，应在 PR 报告中发送出改变的时间。抵达目的港或 AUSREP 海域的 ETA 应在航向的上一个船位报告中予以确认。

AUSREP PR 报告的格式：AUSREP/PR//A（船名/电台呼号/IMO 识别号）、B、C、E、F、N 项内容。

（3）绕航变更报告

任何时候船舶在上次发送的 SP 或 PR 报告中预报的船位与实际船位相差 2 h 的航程，船舶必须发送绕航变更报告。

AUSREP DR 报告的格式：AUSREP/DR//。

A、B、C、N、X（改航理由）项内容。

（4）最终报告

当船舶抵达距离引航站 2 h 的航程，并可与港口当局或引航站进行 VHF 无线电话联络的时候，船舶可发送最终报告 FR。在距离目的港超过 2 h 航程的任何情况下，船舶不得发送最终报告。另外，若抵港时间为无线电值守以外的时间，最终报告应在系泊后立即发出；若无法用电话联络，则应在系泊前通过适当的海岸电台或海上通信电台发出。对驶离 AUSREP 海域的船舶，应在穿越该海域界限后发出最终报告。

AUSREP FR 报告格式（抵港或驶离 AUSREP 海域时）：AUSREP/FR//A、K 项内容。

3. AUSREP 电报举例

AUSREP/PR//

A/HESPERUS/BCBC/8502458//

B/030400UTC//

C/0748S/07940E//

E/129//

F/8.5//

N/040400UTC//

X/ETA NOW 060200UTC//

Y/PASS TO AMVER//

4. AUSREP 电报的发送

当船舶在海上航行时,AUSREP 船位报告应发往 MRCC Australia,可通过 Inmarsat C 船站,并使用业务代码 43+,经 Perth 岸站(02)发送到 RCC Australia;也可用 HF DSC 呼叫澳大利亚海上通信电台(005030001),然后用合适的无线电话频率免费传递;如用 Inmarsat B 船站,应选择 Perth 岸站(02),并输入电传号码:7162025+。注意不要使用传真或 E-mail 发船位报告。

当参加 AUSREP 船位报告系统时,船长也希望同时将船位报告传递给纽约 AMVER 中心站。这应在 AUSREP 报告中的备注栏内注明,特别是在船舶驶离 AUSREP 海域发送 FR 报告时尤为重要。

5. 船舶延误报告的处理

船舶延误报告会导致 AUSREP 采取一系列的行动。

(1)进行内部检查以核实 RCC Australia 是否收到报告。

(2)尝试用各种有效的通信手段与船舶进行直接联系。

(3)如没有收到船位报告或抵港报告,将进行通播。并与国外海岸电台、船东、代理及其他船舶进行广泛通信核查,以追寻最后看到或联络过该船的线索和证实其是否安全。

(4)若延误超过 21 h,播发紧急信号 PAN PAN 识别,开始部署搜寻计划,其细节包括在 NAVAREA Ⅹ区的航行警告和通过 VMC 和 VMW 播发的气象传真广播图中。

(5)若延误超过 24 h,即开始搜救行动。

参加 AUSREP 船位报告系统的船舶,应在每天规定的时间发送船位报告,并在驶离 AUSREP 海域时发送 FR 报告,以避免开展不必要的搜救行动。

如船舶不按规定进行 AUSREP 报告将会受到处罚。

任务四　了解全球搜救系统和搜救程序

一、全球搜救系统简介

国际海事组织(IMO)和国际民用航空组织(ICAO)为构建一个有效的全球搜救系统,使无论在何处航行的船舶或飞行的飞机,在需要时都能得到有效救助,在全球范围内划分为 19 个搜救区(Search and Rescue Regions,SRR),由参与搜救的成员国提供搜救业务。一个国家应努力使本国的搜救系统成为全球搜救系统的组成部分,这样每个国家对旅行在世界各地的本国国民、航行船只、飞行飞机就不需要在全球范围内提供搜救业务。中国在第 13 搜救区。

每个搜救区都有一个或者多个搜救协调中心(Rescue Coordination Center,RCC)提供搜救业务。在搜救区中遇险的任何人员和船舶,无须考虑自身的国籍和所处环境而得到救助。凡是接受了《SOLAS 公约》《海上搜寻救助公约》和《国际民用航空公约》的国家,就有义务和责任对其领空、领海,甚至可能的情况下对远海提供 24 h 的搜救业务。

为了承担这些责任,一个国家要么建立国家级的搜救组织,要么联合一个或者多个国家组成一个区域搜救组织。在一些地方,为有效地实现这个目标,多个航区和陆上机构形成一个区域搜救系统。

ICAO 的区域空中导航图(Regional Air Navigation Plans,RANPS)描绘了全世界大多数地区的航空搜救区图(SRR)。大多数国家确定了一个航空 SRR 责任区。海上的 SRR 印制在国际海事组织(IMO)出版的搜救图中,与航空的 SRR 基本相同。

确定 SRR 的目的是清楚地界定在世界各地发生遇险事件时,哪个国家负主要责任。这对自动地将遇险报警发送到责任 RCC 尤其重要。

搜救系统由能提供全部搜救业务的独立机构组成。一个典型的搜救系统,要设立一个或者多个搜救协调区(SRR)。在每一个 SRR 区,能够接收遇险报警;进行搜救协调;开展搜救业务。每个 SRR 要能够与 RCC 联系。

全球搜救系统依靠国家建立的搜救系统,并将他们的服务条款与其他国家的相结合,以提供全球覆盖。

每一个 SRR 有其独特的运输能力、气候和地理特点、物理特性。这些因素对该区搜救业务的选择和作业,设施和人员等会造成一定影响。

二、搜救(SAR)系统应具备的功能及要求

一个搜救(SAR)系统应具备如下功能及要求:

(1)在 SRR 区内具有 SAR 通信功能。

(2)RCC 能对该区搜救业务进行协调。

(3)如需要,在一个搜救区内设立一个或者多个搜救分中心(RSC),以支持 RCC 业务。

(4)搜救设施包括搜救机构和训练有素的人员,以及能够用于搜救作业的其他资源。

(5)现场搜救协调的指定,如果需要,对所有参与现场搜救行动进行协调。

(6)对搜救工作提供支持的设施。

(7)提供搜救业务,在搜救区中遇险的任何人员和船舶,无须考虑自身的国籍和所处环境而得到救助。

(8)具备定位功能,定位能力能使采取行动的搜救设施减少搜救时间,取得真实的遇险位置。

(9)配备救助船舶和飞机。基本要求是:对大多数工作在海洋和陆上边远地区的民用航空飞机及其他飞机,要求配备紧急定位发射机(ELT)。专用于搜救的飞机必须

能够用 ELT 发出的 121.5 MHz 信号飞行,以确定遇险现场和幸存者的位置。

(10)船舶和艇筏要求配备紧急无线电示位标(EPIRB)。EPIRB 主要功能是遇险报警和便于在搜救作业中确定遇险者的位置。即使有很精确的搜救目标位置可用,也不能取消对搜救者的导引功能要求。尤其是在搜救者没有精确的导航设备,夜间作业,或者是在能见度较低的情况下,就更不能取消对搜救者的导引功能。

(11)由于位置信息对搜救作业的重要性,在一个 SRR 区域内应提供各种适合的方法,进行位置的测定。这些方法可以包括:测向台(DF)、航空监视系统和船舶通航服务系统。

(12)根据搜救公约、1949 年日内瓦(GENEVA)公约和它们的附加条款 1 的有关规定:当发生军事冲突时,对受伤、疾病和在海上残骸上的军人应正常地开展搜救业务。

(13)搜救系统应提供被主管当局认可的搜救业务,以保护人类的必要的活动。比如提供沿岸搜救艇筏、人员、固定的海岸搜救设备。

(14)搜救中应使用国际信号码语。

三、全球搜救系统的搜救程序

1. 准备性措施

(1)每一搜救协调中心和救助分中心必须备有最新信息,特别是有关搜救设施和其区域内与搜救行动相关的现有通信。

(2)每一搜救协调中心和救助分中心应能随时在区域内向海上遇险的人员、船舶或其他航行器提供援助船舶的航向、航速的信息和如何与其联络的信息。该信息应保存在搜救协调中心或在必要时可随时得到。

(3)每一搜救协调中心及救助分中心必须有进行搜救行动的详细的计划。适当时,须与可能提供搜救服务或可能得益于搜救服务的人员的代表共同制订这些计划。

(4)搜救协调中心或分中心须始终了解搜救单位的准备状况。

2. 紧急情况信息

(1)各当事国须单独地或与其他国家合作确保它们每天 24 h 均能迅速和可靠地接收在搜救区域内用于此目的的设备发来的遇险报警。收到遇险报警的任何台(站)要立即将该报警转发适当的搜救协调中心或分中心,然后视情况对搜救通信予以帮助;如可以,对报警进行确认。

(2)适当时,各当事国须确保对通信设备的登记和紧急情况的反应做出适当的有效的安排,使搜救协调中心或分中心能迅速使用有关登记信息。

(3)任何当局或搜救服务单位,在有理由认为人员、船舶或其他航行器处于紧急状态时,须尽快将所有现有信息发给有关的搜救协调中心或救助分中心。

(4)在收到人员、船舶或其他航行器处于紧急状态的信息后,搜救协调中心或救助分中心须立即对此种信息做出评估,并确定紧急阶段和所需行动范围。

3. 收到遇险报警首先采取如下行动

收到遇险报警信息的任何搜救单位,如能提供帮助,须立即采取初步行动并须在任何情况下及时通知事故在其区域内发生的搜救协调中心或搜救分中心。

4. 适用于遇险事件不同阶段的搜救程序

为帮助确定适当的搜救程序,搜救协调中心或分中心须对下列紧急阶段做出区分:

(1)遇险事件不明阶段

①收到人员失踪的报告,或船舶或其他航行器未能如期抵达时;或

②人员、船舶或其他航行器未做出预期的船位或安全报告时。

(2)遇险事件报警阶段

①继不明阶段之后与人员、船舶或其他航行器建立联络的尝试失败,并且向其他有关方面的查询不成功时;

②收到的信息表明船舶或其他航行器的运行效率受到损害但尚未达到可能处于遇险状况的程度时。

(3)遇险阶段

①收到人员、船舶或其他航行器处于危险状况并需要立即援助的确切信息时;或

②继报警阶段之后与人员、船舶或其他航行器建立联络的进一步尝试失败和进行更广泛查询不成功表明有遇险情况的可能性时;或

③收到的信息表明船舶或其他航行器的运行效率受到损害并达到可能处于遇险状况的程度时。

5. 搜救协调中心和救助分中心在遇险阶段应使用的程序

(1)在宣布不明阶段后,搜救协调中心或救助分中心,视情而定,须开始查询以确定人员、船舶或其他航行器的安全,或须宣布报警阶段。

(2)在宣布报警阶段后,搜救协调中心或救助分中心,视情而定,须扩大对失踪人员、船舶或其他航行器的查询,向适当搜救服务部门发出报警,并根据特定事件的情况开始必要行动。

(3)在宣布遇险阶段后,搜救协调中心或救助分中心,视情而定,须根据搜救计划行动。

(4)搜寻对象位置不明时开始的搜救行动。在宣布遇险阶段而搜寻对象的位置不明时,搜救行动按下列规定进行:

①除非搜救协调中心或救助分中心知道其他搜救协调中心在行动,否则须承担开始适当行动的责任并与其他搜救协调中心磋商,以指定一个中心来承担责任;

②除经有关搜救协调中心协议而有其他决议外,有待指定的搜救中心必须是最近报告的搜寻对象的位置在其负责区域的搜救协调中心;和

③在宣布遇险阶段后,对搜救行动进行协调的中心须视情向其他中心通报所有紧急情况和其后的所有事态发展。

(5)向被宣布处于遇险阶段的人员、船舶或其他航行器传递信息。凡可能时,负责

搜救行动的搜救协调中心或救助分中心均须将有关开始搜救行动的信息传递给被宣布处于遇险阶段的人员、船舶或其他航行器。

6. 涉及两个或多个当事国的协调

对于涉及多于一个当事国的搜救行动,每一当事国在收到该区域的搜救协调中心的请求时,须按照前面所述的搜救计划采取适当行动。

7. 搜救活动的现场协调

(1)从事搜救行动的搜救单位和其他设施的搜救活动须在现场做出协调,以确保最有效的结果。

(2)在有多个设施要从事搜救行动并且搜救协调中心或救助分中心认为有此必要时,应尽早并且最好在各设施抵达规定的作业区之前将最有能力的人员指定为现场协调人。须根据现场协调人的显见的能力和作业要求,为现场协调人指定具体责任。

(3)如果没有任何负责的搜救协调中心或因任何理由负责的搜救协调中心不能对搜救任务做出协调,则涉及的各设施应通过彼此的协议来指定一位现场协调人。

8. 搜救行动的终止和中断

(1)可行时,搜救行动须继续至救助幸存者的所有合理希望均已破灭。

(2)有关的负责的搜救协调中心或救助分中心通常决定何时停止搜救行动。如果没有任何此种搜救协调中心对行动进行协调,则现场协调人可做出此种决定。

(3)当搜救协调中心或救助分中心根据可靠信息认为搜救行动已获成功或紧急情况已不复存在时,须终止搜救行动,并须立即向已被动员或通知的任何当局、设施或机构做出此种通报。

(4)如果现场搜救行动已变为不可行,而搜救协调中心或救助分中心的结论是遇险人员可能依然活着,则该搜救协调中心可在有新的事态发展前暂时中断搜救行动,并须立即向已被动员或通知的任何当局、设施或机构做出此种通报。须对以后收到的信息做出评估,并在根据此种信息被证明合理时继续搜救行动。

四、搜救计划的制订

1. 制订搜救计划单位

搜救工作最关键的环节是制订搜救计划。如下四个单位都有权制订搜救计划:

(1)由搜救区域内的 RCC 制订搜救计划,它是搜救区域内负责推动各种搜救服务,有效组织和协调搜救工作的指挥单位。

(2)由搜救区域内的搜救分中心(RSC)制订搜救计划,它是在搜救区域内的特定地区内为辅助 RCC 而设置的隶属于该中心的指挥单位。

(3)由搜救区域内的现场指挥(OSC)制订搜救计划,它是在特定搜寻区域内对海面搜救工作进行协调的专业救助单位的指挥者。比如说专业救助船。现场指挥可以由搜救中心来指定,若这种指定行不通,则由有关的专业救助单位相互协商指定一个现场指挥。而在现场指挥未指定前,第一个到达现场的专业救助单位应自动承担起现场指挥的责任。

(4)由搜救区域内的海面搜寻协调船(CSS)制订搜救计划,它是在特定搜寻区域内对海面搜救工作进行协调的非专业救助单位的指挥者。比如说商船。当现场没有专业救助单位担任现场指挥,而只有若干商船或其他船舶参加搜救工作时,应由搜救中心指定其中一艘船为海面搜寻协调船。如这种指定行不通,则各参加单位应通过协商,指定一艘船为海面搜寻协调船,并通知上述搜救协调中心。

总体来讲,如果海难或空难发生在沿海,一般来说是由搜救协调中心(RCC)或搜救协调分中心(RSC)来制订搜救计划。但如果海难或空难发生在远洋水域,由于RCC或RSC对现场情况和信息掌握得不够及时和准确,所以多数情况下则由现场指挥(OSC)或海面搜寻协调船(CSS)来制订搜救计划。不管怎样,由谁来制订搜救计划的命令是由搜救协调中心来下达的。值得注意的是,负责此次搜救工作的搜救协调中心(RCC)或搜救协调分中心(RSC)一定要尽早明确地告知由哪个单位来制订搜救计划、联系方式、参加单位和各自任务。只有明确分工,搜救工作才能做到迅速而有效。

2. 制订搜救计划需要注意的问题

不管是由哪个单位来制订海上搜救计划,在制订计划时要注意确定搜寻基点(Datum)。搜寻基点并非发生事故的最初位置点,而是以事故发生的原来位置为起点,考虑到风、流漂移和救助者到达现场的时间差等影响后所得出的目标最可能的位置(The Most Probable Position)。

任务五　了解《国际信号规则》的主要内容

第一个《国际信号规则》是在1855年由英国贸易部建立的委员会草拟的,以后多次改版。现版《国际信号规则》已对过去版本的《国际信号规则》进行了大量修正以符合国际海事组织(IMO)的最新要求。

《国际信号规则》主要是为了适应在海上发生危及航行和人命安全等紧急情况时通信的需要,它适用于各种通信工具及手段,包括可能使用的无线电话和无线电报,特别是当语言发生困难的时候,能够使各种通信更简洁明了,由于《国际信号规则》统一采取一个信号具有一个完整意义的原则,因而不会产生歧义,使得海上人命救助活动更加可靠、有效。

中国海事局国际海事研究委员会编译出版了符合国际海事组织(IMO)最新要求的《国际信号规则》(2005年版)。全书分十章,第一章概述包括制定国际信号规则的目的、信号组成等;第二章定义了各类术语;第三章规定了各类通信方法,包括可以使用的通信方法、旗语通信、灯光和声号通信、强力扬声器喊话、无线电报和无线电话;第四章通则规定了发信人和受信人、船舶和航空器的识别码、识别码的使用、船舶或地点的名称、如何发送数字、方位角和方位、航向、日期、纬度、经度、距离、速度、时间、发信时间和用地方信号码通信;第五章规定了旗语通信的方法;第六章规定了灯光通信的方法;第七章规定了声号通信的方法;第八章规定了无线电话通信的方法;第九章规定了手旗或手臂发送莫尔斯码的通信方法;第十章规定了莫尔斯符号。

思考与练习

1. 简述搜救协调中心的功能。
2. 简述接收到遇险报警 RCC 的无线电通信程序。
3. 当发现附近船舶遇险时,船长应执行什么无线电通信程序?
4. 简述船舶报告的意义、类型及报告原因。
5. 介绍船舶报告的常用标识。
6. CHISREP 船位报告系统船舶延误报告如何处理?
7. AUSREP 船位报告系统船舶延误报告如何处理?
8. 全球范围内划分多少个搜救区? 中国在哪一搜救区?
9. 简述搜救行动的终止和中断。
10. 应由谁制订搜救计划?
11. 简述《国际信号规则》的主要内容。

项目十五

应急应变及辐射防护措施

任务一　掌握弃船前后，GMDSS 操作员的职责及操作规程

一、弃船前后 GMDSS 操作员的职责

船舶遇险准备弃船时，负责遇险通信的 GMDSS 操作员的职责是：

(1)负责遇险通信的 GMDSS 操作员应掌握遇险报警与遇险通信的程序与相关规定，熟悉 GMDSS 遇险报警设备的操作程序，听从船长指挥。

(2)船舶遇险时，具体负责遇险通信的操作人员，要在有关的遇险安全通信频率上值守，并做好一切遇险通信的准备工作。

(3)当船舶遇险准备弃船时，在船长授权下启动 GMDSS 设备发出遇险报警。如果情况允许，可通知所在海域 RCC，或者在 VHF CH16 信道上播发弃船信息。

(4)弃船时，携带弃船操作规程规定的设备登上救生艇筏，并启动设备发送遇险报警和定位信号，并与前来救助的船舶进行通信。如果救生艇筏上配有卫星手持机，应尽快与所在海域 RCC 或者搜救机构取得联系，报告情况，并接受指示和指导。

(5)遇险通信结束后，将遇险通信的全过程尽快上报主管机关。

二、弃船前后 GMDSS 操作规程

1. 弃船前 GMDSS 操作规程

(1)当船舶遇到的险情严重威胁船舶和人命安全，需要弃船时，在船长授意下，负责 GMDSS 遇险通信的操作员应及时启动船舶电台的 GMDSS 报警设备发出遇险报警。如果情况允许，可通知所在海域 RCC，或者在 VHF CH16 信道上播发弃船信息。

(2)弃船信息发出后,船长与负责GMDSS遇险通信的操作员最后离船。离船时,负责GMDSS遇险通信的操作员按规定销毁机密文件并负责携带电台日志、电台执照和其他必要的用具。

(3)按分工将无线电应急设备,包括卫星紧急无线电示位标(S-EPIRB)、搜救雷达应答器(SART)、双向甚高频无线电话(VHF)或者卫星手持机携带到救生艇筏上。将一只SART开启后,固定在母船上;另一只或者两只携带到救生艇筏上开启固定。

2. 弃船后GMDSS操作规程

(1)当救生艇筏离开母船后,应启动S-EPIRB,发送遇险报警。

(2)开启Radar-SART或者AIS-SART,以便使救助船舶或飞机或附近船舶尽快施救。

(3)开启双向甚高频(VHF)无线电话设备,在CH16信道上与前来救助的船舶或者飞机,以及附近船舶进行通信联络。如果救生艇筏上配有卫星手持机,应尽快与所在海域RCC或者搜救机构取得联系,报告情况,并接受指示和指导。

(4)当旅客和船员被营救船或飞机营救后,船长应及时选择有效的通信手段向RCC报告情况。

任务二　船舶无线电设备的防火与灭火

电气火灾一般是指由于电气线路、用电设备、器具以及供配电设备出现故障性释放的热能,如高温、电弧、电火花,以及非故障性释放的能量,如电热器具的炽热表面,在具备燃烧条件下引燃本体或其他可燃物而造成的火灾,包括由雷电和静电引起的火灾。对于船舶而言,防止无线电设备电气火灾是驾驶员、无线电操作员和船舶电子电气员的重要职责之一。

一、GMDSS设备电气火灾的成因

GMDSS设备电气火灾主要包括以下四方面原因:

1. 漏电火灾

所谓漏电,就是线路的某一个地方由于某种原因,包括自然原因或人为原因,如风吹雨打、潮湿、高温、碰压、划破、摩擦、腐蚀等,使线路的绝缘或支架材料的绝缘能力下降,导致导线与导线之间、导线与大地之间有一部分电流通过,这种现象就是漏电。当漏电发生时,漏泄的电流在流入大地途中,如遇电阻较大的部位时,会产生局部高温,致使附近的可燃物着火,从而引起火灾。此外,在漏电点产生的漏电火花,同样也会引起火灾。在船舶实践工作中,当无线电设备电源线或者载有较大功率的发射机馈线穿过船舶的舱壁,尤其是在船舶竣工后临时安装的设备导线穿过舱壁时,经常出现施工不规范的现象,例如,穿过舱壁时没有加装防护性防火线槽,导管与导线之间存在空隙发生摩擦等,都是导致船舶无线电设备漏电火灾的主要原因。

2. 短路火灾

电气线路中的裸导线或绝缘导线的绝缘体破损后,火线与零线,或火线与地线在某一点碰在一起,引起电流突然大量增加的现象就叫短路,俗称碰线、混线或连电。由于短路时电阻突然减少,电流突然增大,其瞬间的发热量也很大,大大超过了线路正常工作时的发热量,并在短路点易产生强烈的火花和电弧,不仅能使绝缘层迅速燃烧,而且能使金属熔化,引起附近的易燃可燃物燃烧,造成火灾。在船舶实际工作中,短路火灾的致因一方面与漏电火灾非常相似,只是短路火灾由于各种摩擦等原因,无线电设备电源线的零线和火线同时出现裸露,最终接触短路造成火灾;另一方面,可能由于各种原因,设备零线和火线触点防水性不良,在大风浪情况下通过海水、雨水形成短路,最后造成火灾。

3. 过载火灾

所谓过载包括导线过载和无线电设备过载两个方面。导线过载是指当无线电设备导线中通过电流量超过了安全负载流量时,导线的温度不断升高,这种现象就叫导线过载。经常性导线过载会加快导线绝缘层老化变质。在严重过载的情况下,导线的温度会不断升高,甚至会引起导线的绝缘发生燃烧,进而引燃导线附近的可燃物最终造成火灾。无线电设备过载是指,由于设备工况不良造成某一个部件或者设备的某个模块承载的功率远超过其允许值,导致设备的部件或者模块温度不断上升,这种现象就叫设备过载。在设备过载时,如果保护电路出现故障没有及时采取保护措施,例如降低辐射功率、切断电源等,设备最终会从内部引发火灾。

4. 接触电阻过大火灾

众所周知,凡是导线与导线、导线与开关、熔断器、仪表、电气设备等连接的地方都有接头,在接头接触面上形成的电阻称为接触电阻。当有电流通过接头时会发热,这是正常现象。如果接头处理良好,接触电阻不大,则接头点的发热就很少,可以保持正常温度。如果接头中有杂质,连接不牢靠或其他原因使接头接触不良,造成接触部位局部电阻过大,当电流通过接头时,就会在此处产生大量的热,形成高温,这种现象就是接触电阻过大。在有较大电流通过的电气线路上,如果在某处出现接触电阻过大的现象,会在接触电阻过大的局部范围内产生极大的热量,使金属变色甚至熔化,引起导线绝缘层发生燃烧,进而引燃附近的可燃物或导线上积落的粉尘、纤维等,最终造成火灾。以GMDSS备用电源为例,当蓄电池输出功率较大时,如果电池正负极接头位置发生松动或者由于保养不当出现氧化层,就可能出现接触电阻过大的现象。如果蓄电池清洁不当,当表面附着有灰尘时就极易被引燃。在这种情况下,如果电瓶间温度较高、空气流动较差就很容易进一步引燃由于电池反应所集聚的氢气,最终造成火灾甚至爆炸。

二、GMDSS 设备防火

GMDSS 设备是保障船舶安全的重要通信设备,应采取防范措施,以保证 GMDSS 设备安全运行。

(1)为防止线路因超负荷引起火灾,应保证导线的容量符合用电设备要求。如发生超载现象,应拆断线路上过多的用电设备,或者根据需要加装导线。

(2)导线与导线,导线与电气设备的连接要牢固可靠,以防产生过热而引起意外。

(3)有人触电时应立即切断电源,或者用绝缘体将导线与人体分离开后实施抢救。

(4)易燃易爆物品要远离 GMDSS 设备。

(5)注意设备与导线防潮、防水,以免导线短路,引起火灾。

(6)定期检查、维护、保养设备,并注意导线绝缘是否符合电压和工作情况的需要。

(7)注意 GMDSS 电瓶间保持通风、清洁,防止火灾发生。

(8)设备远离高温、日晒等。

三、GMDSS 设备灭火

(1)在船舶电台准备好干粉灭火器,或者二氧化碳灭火器等适宜的消防器材。

(2) 当船舶发生火灾可能波及 GMDSS 设备时,应首先设法隔离火源,保护设备。

(3)如果 GMDSS 设备、电线导线等电气设备起火,必须先切断电源,再用干粉灭火器或者二氧化碳灭火器灭火,并及时通知船长。绝不能用水或泡沫灭火器来扑灭燃烧的电线与电器,以免因水或灭火器喷出的药液导电而造成灭火人员的触电事故。

(4)如果发现起火设备中包含电子显像管部件,应该马上拔掉总电源插头,然后用湿地毯或湿棉被等盖住它们。这样既能有效阻止烟火蔓延,也能在一旦爆炸的情况下挡住荧光屏的玻璃碎片。注意切勿向电子显像管部件泼水或使用任何灭火器,因为温度的突然降低,会使炽热的显像管立即发生爆炸。此外,电视机和电脑内经常在断电的情况下还带有剩余电流,泼水可能引起触电。灭火时只能从侧面或者后面接近显像管,不要正面接近防止其爆炸伤人。

任务三　掌握无线电设备部分或全部故障时,适航措施、依据及程序

(1)在抵港前,GMDSS 操作员要对本船无线电设备进行全面检查,发现设备缺陷要立即向公司主管部门报告请求岸基支持,紧急情况下可直接联系港口代理安排,并将申请修理或供应的相关证明出示给 PSC 检查官。

(2)根据港口国要求,将无线电设备缺陷及时向代理或港口当局报告,告之已采取

纠正和补救措施，并标明其他无线电设备一切正常，可以使用其他相关设备保障船舶安全进出港。或者向 PSC 检查官说明本船采取双套设备、岸基维修方式，根据《SOLAS 公约》规定，允许 GMDSS 设备在航行中出现故障，抵港后修理。

(3)《SOLAS 公约》第Ⅳ章 15 条“维修要求(Maintenance Requirements)”第 8 项，“虽然采取一切合理的步骤使设备保持有效的工作状态，以确保符合第 4 条规定的所有功能要求，但是只要船舶能够实施所有的遇险安全功能，在第 4.8 条所要求的用于提供一般无线电通信设备发生故障的情况下，不应认为该船舶不适航，在不能提供修理便利的港口，不能作为滞留船舶的理由”。此条款说明如 GMDSS 设备故障已经进行修理但未修复，将不会造成滞留缺陷，但可能要求船舶开航前解决。

(4)《SOLAS 公约》第Ⅴ章 16 条“设备维修(Maintenance of Equipment)”第 2 项，“虽然采取一切合理的步骤使设备保持有效的工作状态，但不应把这些设备的功能失常视为船舶不适航，在不能提供修理便利的港口，不能作为滞留船舶的理由。船长要计划和实行一个安全航程，以将船舶驶往可以进行修理的港口时，注意到无法工作的设备或不可得到的信息，并做了适当安排”。此条款说明如陀螺罗经、一台雷达、测深仪、计程仪、AIS 故障已经进行修理但未修复，将不会造成滞留，但可能要求船舶开航前解决。

(5)如有故障的无线电设备无法修复，可采取以下方式：

①由船旗国海事部门出具担保函，将在下一个港口进行修理或者限期解决。

②船级社验船师到船进行临时检验，出具展期报告。船舶将船旗国担保函或船级社检验报告提交给港口国当局后，港口国将不再限制船舶必须开航前解决。

(6)只要船舶能够实施所有的遇险安全通信功能和基本导航功能，就应认为船舶适航，其存在的缺陷不应作为船舶滞留在不易提供维修设施港口的理由。

(7)船舶所属公司应密切注意 PSC 检查存在缺陷船舶的动态，采取措施在船舶抵达下一港口时安排修理。

(8)下列无线电设备和导航设备存在缺陷的情况，不应认为船舶不适航：

①F 船站、FB 船站等无线电设备故障。

②C 船站故障，中/高频无线电设备工作正常，或反之。

③GPS 等无线电定位设备故障。

④一台雷达故障，另一台雷达工作正常。

⑤陀螺罗经故障，磁罗经工作正常。

⑥非国际海事组织(IMO)强制要求的设备故障。

⑦计程仪及测深仪的换能器故障。

任务四　掌握电气和非电离辐射危害的预防措施

一、电磁辐射影响人体健康的机理

电磁辐射通常以热效应,非热效应和刺激对人体产生生物作用。热效应已为大家所熟悉,人体是电介体,在高变电场作用下被反复极化,分子间碰撞和摩擦产生剧烈运动,将电能转化为热能。体液在电场作用下产生传导电流,形成不同程度的闭合回路,产生局部感应热流,导致发热。高频辐射特别是微波辐射产生的热效应更为明显。微波炉等就是利用辐射能的热效应原理。发热过高和长时间接受辐射都会对人体产生影响。

一般地讲,电磁波的波长越短对人体健康影响越大。当电磁波的波长远小于人体高度时,即电磁波在微波段对人体机理影响最大,因为这个波段的电磁波能在人体局部感应热流,使人体局部发热,从而影响人体健康。另外,电磁波的场强也是影响人体健康的重要因素,电磁波的场强越大,就可能对人体健康造成更大影响。

综上,可以确定地讲,超长波、长波、短波,甚至是超短波辐射对人体健康影响很弱,主要是微波段高场强会对人体健康影响大。

二、电气辐射危害及预防措施

船舶通信导航设备电气辐射危害及预防措施如下:

(1)Inmarsat 船站工作在 L 波段,其辐射主要发生在天线附近,因此在天线罩上制造厂商都会有防止辐射的提示。

由于船站辐射功率低,天线周围对人危害程度有限,但是不能长时间停留在天线周围。

(2)406 MHz EPIRB 也工作在微波波段,工作时以脉冲束 5 W 的功率发射,因功率低不是连续发射,其电磁波对人体危害程度很弱,不需要采取预防措施。

(3)船舶中/高频设备、甚高频设备、AIS 设备,工作波长在几米到数十米,其电磁波的辐射对人体影响很小。

(4)在通信导航设备中,最容易造成电磁波辐射伤害的数雷达设备,船舶航海雷达工作在 3 cm 波段,发射功率大,如果眼睛对着雷达发射窗口,严重的情况下,可能使眼睛失明,应注意防范。

三、非电离辐射危害及预防措施

1. 非电离辐射种类及危害

非电离辐射包括工频电磁场辐射和射频电磁场辐射两类。电磁场源有自然型电磁场源与人工型电磁场源两种。自然型电磁场源来自自然界,是由自然界某些自然现象所引起的。在自然型电磁场源中,以天电所产生的电磁辐射最为突出。由于自然界发生某些变化,常常在大气层中引起电荷的电离,发生电荷的蓄积,当达到一定程度后引起火花放电,火花放电频带很宽,它可以从几千赫一直到几百兆赫,乃至更高频率,这样高的频率辐射如果不采取预防措施就会对人体健康造成伤害。

2. 预防非电离辐射措施

(1)场源屏蔽

将电磁能量限制在规定的空间内,阻止其传播扩散。屏蔽辐射源的措施在 GMDSS 设备中有诸多采用,如高频调谐单元、振荡电容器组、高频变压器、感应线圈等采取屏蔽措施。屏蔽材料通常选用铜、铝等金属材料,利用金属的吸收和反射作用,使电磁场强度减低。屏蔽罩应有良好的接地,以免成为二次辐射源。

雷达的磁控管、调速管、导波管等因屏蔽不好或连接不严密,就会因微波泄漏造成辐射伤害,因此,应有良好的屏蔽措施。

(2)远距离操作

在屏蔽辐射源有困难时,可采用自动或半自动的远距离操作,在场源周围设有明显标志,禁止人员靠近。根据微波发射有方向性的特点,工作地点应置于辐射强度最小的部位,避免在辐射流的正前方工作。

(3)个人防护

在难以采取其他措施时,短时间作业可穿专用的防护衣、戴帽子和眼镜。

1. 简述弃船前 GMDSS 操作员的职责及操作规程。
2. 简述弃船后 GMDSS 操作员的职责及操作规程。
3. 简述 GMDSS 操作员防火规程。
4. 简述 GMDSS 操作员灭火规程。
5. 简述无线电设备适航的法规依据。
6. 简述部分无线电设备故障时,保持船舶适航的措施。
7. 简述电气辐射的危害及预防措施。

项目十六

海上通信业务出版物的使用

任务一　掌握英版《无线电信号表》第一、二、三、五卷的使用

一、《无线电信号表》简介

《无线电信号表》[Admiralty List of Radio Signals(R/S),ALRS]由英国印制出版,每1年再版1次。该《无线电信号表》有六卷,其中第一、二、三、五卷多用于船舶通信,远洋商船一般都有配备,作为船舶航海人员的工具书,其修订资料每周一份。

二、《无线电信号表》第一卷的主要内容与使用

《无线电信号表》第一卷[Volume 1 Maritime Radio Stations(NP281)]包括全球海上无线电电台,共分2册,主要内容包括各国开放公众通信的海岸电台的业务情况,包括开放业务的海岸电台名、呼号、无线电传的识别号、数字选择性呼叫识别码;以及海岸电台无线电报、无线电话、无线电传和数字选择性呼叫等的开放频率、服务时间,无线电传操作程序,无线电医疗指导,海上无线电检疫报告业务;蝗虫疫和污染报告业务;Inmarsat系统地面站开放的业务详情;船舶报告系统;防海盗及防武装劫持信息;防走私报告;在国内水域和港口使用无线电的规定;国际无线电规则部分章节选登;相关图表等。

《无线电信号表》第一卷分两册,第1分册[NP281(1)]包括欧洲、非洲和亚洲(菲律宾群岛和印度尼西亚、远东地区除外)各国海岸电台和Inmarsat系统地面站等无线电业务详情;第2分册[NP281(2)]包括南北美洲、远东、大洋洲各国海岸电台和Inmarsat系统地面站等无线电业务详情。

使用方法多采用从信号表后面附录海岸电台索引查找，一般方法是先按字母索引找到国家，再找到该国家的某一海岸电台。

三、《无线电信号表》第二卷的主要内容与使用

《无线电信号表》第二卷[Volume 2 Radio Aids to Navigation Systems, Differential GPS (DGPS) Legal Time, Radio Time Signals and Electronic Position Fixing Systems(NP282)]包括各国提供的无线电助航业务、差分 GPS 信号时间基准业务(DGPS 基准站)、无线电报时业务、电子定位业务等。无线电助航业务包括沿海区域航空无线电信标，无线电测向电台，开放“QTG”临时信标业务的海岸电台和雷达信标。

可根据业务需要在相关部分中查找业务详情。

四、《无线电信号表》第三卷的主要内容与使用

《无线电信号表》第三卷[Volume 3 Maritime Safety Information Services(NP283)]提供海上安全信息业务，主要包括全球各海岸电台的海上气象传真业务，无线电气象报告业务，Inmarsat 安全网业务，NAVTEX 业务、NAVAREA 业务，同时还包括船舶气象密语(OBS)等。

《无线电信号表》第三卷共分 2 册。第 1 分册[NP283(1)]包括欧洲、非洲和亚洲(菲律宾群岛和印度尼西亚、远东地区除外)各国提供的 MSI 业务；第 2 分册[NP283(2)]包括南北美洲、远东、大洋洲各国提供的 MSI 业务。

船舶可根据业务需要从《无线电信号表》目录或者后面索引查找相关国家台站的业务详情。

五、《无线电信号表》第四卷的主要内容

《无线电信号表》第四卷[Volume 4 Meteorological Observation Stations(NP284)]包括世界气象组织所认可的气象观测台及相关图表详情。

六、《无线电信号表》第五卷的主要内容与使用

《无线电信号表》第五卷[Volume 5 Global Maritime Distress and Safety System (GMDSS)(NP285)]主要描述全球海上遇险与安全系统(GMDSS)，包括《SOLAS 公约》《无线电规则》《国际海上搜寻救助公约》等相关规定和程序，以及 DSC 系统、Inmarsat、COSPAS-SARSAT 系统、MSI 业务、SART 业务、RCC 等系统的规定与程序、业务详情等。

可根据业务需要从《无线电信号表》目录或者后面索引查找相关国家和业务详情。

七、《无线电信号表》第六卷的主要内容与使用

《无线电信号表》第六卷[Volume 6 Pilot Services,Vessel Traffic Services and Port Operations(NP286)]主要介绍各国提供的引航业务和港口操作业务,包括各国的船舶申请引航和进港的无线电通信程序和规定、港口通信业务、船舶通信管理和业务信息、船舶所需要的引航业务、小船的一些专用业务(海上和港口 VHF 设备相应业务)等。第 1 册资料的主要范围是英国;第 2 册资料的主要范围是欧洲的西部和西北部;第 3 册资料的主要范围是地中海及非洲;第 4 册资料的主要范围是澳大利亚东南部;第 5 册资料的主要范围是北美洲;第 6 册资料的主要范围是远东;第 7 册资料的主要范围是南美洲和加勒比海地区。

八、查阅《无线电信号表》的方法

(1)从《无线电信号表》后面的国家或地区名称索引表(Index of Geographical Sections),按字母顺序找到国家或地区海岸电台的页码,然后去查找该海岸电台的业务详情。

(2)从《无线电信号表》后面的呼号索引表(Index of Call Signs),按字母顺序找到海岸电台的页码,然后去查找该海岸电台的业务详情。

(3)从《无线电信号表》后面的海岸电台(或者无线电台)索引表(Index of Coast Radio Stations 或 Index of Radio Stations),按字母顺序找到海岸电台(或者无线电台)的页码,然后去查找该海岸电台的业务详情。

九、修改《无线电信号表》的注意事项

修改《无线电信号表》应注意如下事项:

(1)英国出版的《航海通告》的第六部分是关于《无线电信号表》的更正。修正通告每周出版一次,全年共 52 期。修改资料系单面印刷,修改时只需剪下有关内容贴于相应之处即可。需注意应将修改资料右下角结尾处“周期/年份”一并剪下,以便操作员自己查询或岸上检查人员检查。也可以根据修改内容用红墨水笔正楷清楚地进行删增。

(2)对《无线电信号表》印刷出版中收集到的最新资料,摘录后作为补遗同新版一并发行,所以修改时,要先修改特别补遗,再按每周修改通告按序修改。

(3)《航海通告》修改资料一般由船舶二副负责保管和修改。修改时要注意修改资料的年份是否和本船现有《无线电信号表》相符。

(4)修改情况应及时登记在卷首第 1 页的修改登记卡中。修改期数按序衔接,不可缺期。

任务二　了解海岸电台表和特别业务电台表的使用

一、海岸电台表的使用

海岸电台表由国际电信联盟(ITU)印刷。海岸电台表由如下几部分组成:

(1)第一部分包括 A 和 B 两部分,其中:A 部分列出了本书使用的符号和缩写;B 部分列出了管理当局/地理区域索引,以及在本书第三部分 A 中所列电台的索引。

(2)第二部分为全球海上遇险和安全系统(GMDSS),包括 A、B、C、D、E 五部分,其中:

①A——海岸电台在 MF、HF 和 VHF 频段上的 DSC 值守频率;

②B——NAVTEX 播发台;

③C——使用 NBDP 技术播发船舶航行警告、气象警告和紧急信息(MSI);

④D——海岸地球站;

⑤E——搜救协调中心。

(3)第三部分包括 A 和 B 两部分,其中:A 部分列出了提供公众通信业务的海岸电台详情;B 部分列出了海岸电台信道注角。

(4)第四部分为计费和账务机构。

(5)第五部分提供公众通信业务的海上移动卫星业务。

(6)附录为 435~526.5 kHz 和 1 606.5~2 160 kHz 频率段 DSC 国内信道频谱。

使用时,可以根据海岸电台索引查找,或者依据业务类型查找。

二、无线电测向台和特殊业务台表的使用

无线电测向台和特殊业务台表(List of Radiodetermination and Special Service Stations)是依据《无线电规则》,由国际电信联盟(ITU)颁布的业务手册。该手册由国际电联的无线电通信处准备整理,使用法文、英文和西班牙文三国语言编辑,每六个月发布一次概要更新资料。具体再版日期由国际电联秘书长决定,通常间隔三年半再版更新。

无线电测向台和特殊业务台表包含了除港口作业、船舶移动和公众通信业务外的海上移动业务、海上移动卫星业务无线电测向台和特殊业务台的详细信息。管理部门应将相关信息通知无线电通信处,并作为导航注意事项。如果该手册中的电台操作信息有任何变化,管理部门应立即通知无线电通信处。如果有重要变化,各国管理部门应立即通知工作台站,并向国际电信联盟(ITU)通信处提供变化详情。

本手册包括五部分,介绍如下:

A 部分——索引表,其中表 1 栏目包括管理部门/地区、所属国家、部门所在页码、注释所在页码;表 2 为按字母排序国家/地区缩写;表 3 为本手册常用缩写及全称;表 4 为呼号分配详情;表 5 为差分校正信息类型。

B 部分——按字母排序的台站所在地区及台站详情页码索引。

C/Ⅰ部分——1 到 9 区的测向台、无线电信标台、雷达信标台等的台站详情。

C/Ⅱ部分——对 C/Ⅰ部分所列电台的注释。

D 部分——10 到 12 区的测向台、无线电信标台、雷达信标台等的台站详情。

任务三　了解船舶电台表及海上移动业务识别分配表的使用

一、船舶电台表的使用

船舶电台表由国际电信联盟(ITU)起草印刷。船舶电台表由如下几部分组成:

(1)第一部分按字母顺序排列的国家缩写、船舶分类缩写、通信常用缩写、国家和地区符号;

(2)第二部分由每个成员国统计的船舶电台工作时间;

(3)第三部分已经通知国际电信联盟(ITU)通信部门的分配了 MMSI 号船舶电台详情,包括船名、呼号、MMSI、船舶国籍、工作时间、通信计费识别码;

(4)第四部分是第三部分船舶电台相关详情的注脚;

(5)附录 1 支配给船舶电台的公共呼号、公共 NBDP 选呼号和公共 MMSI 预分配;

(6)附录 2 表中船舶电台的曾用名称和现用名称;

(7)附录 3 表中船舶管理当局。

使用时,可以根据第一部分所给国家缩写或者呼号等按字母顺序查询船舶电台详情。

二、海上移动业务识别分配表的使用

海上移动业务和海上移动卫星业务使用的电台呼号和数字识别表(List of Call Signs and Numerical Identities of Stations Used by the Maritime Mobile and Maritime Mobile-Satellite Services)是依据《无线电规则》,由国际电信联盟(ITU)秘书长印制的业务文件。依据无线电规则附录 16 的规定,该手册作为 GMDSS 船舶电台的强制配备,每两年再版 1 次,国际电信联盟(ITU)每 3 个月发布该手册的更新资料。

本手册使用法文、英文和西班牙文印刷,包含如下几部分:

第一部分为分配给各国或地区的呼号(Call Sign)和海上识别数字(MID)。

第二部分为分配给海上移动业务无线电信标台的信号发射特征表,其中第一栏为信标台的信标特征;第二栏为信标台名;第三栏为信标台类别。

第三部分为分配给海上移动业务电台呼号,其中第一栏为电台呼号;第二栏为电台名;第三栏为电台类别。

第四部分为海上移动业务和海上移动卫星业务数字识别表,包括 MMSI 和船台选呼号、Inmarsat 系统 IMN 码和国家电传码。其中第一栏为数字识别码;第二栏为电台名/电台呼号;第三栏为电台类别。

附加部分为已分配的船队电台呼号和数字识别,以及未来船台呼号表。

任务四　掌握海上移动业务与海上卫星移动业务手册的使用

海上移动业务与海上卫星移动业务手册(Manual for Use by the Maritime Mobile and Maritime Mobile-Satellite Services)由 ITU 无线电通信处印制。手册包含 GMDSS 操作员在使用海上移动业务和海事移动卫星业务方面的相关条款,分六部分,介绍如下:

A 部分主要包括 ITU 章程和公约相关内容;

B 部分主要包括无线电规则相关内容;

C 部分主要包括无线电通信处(ITU-R)相关的建议案,即:DSC 建议案(ITU-R M. 493-11);海上移动业务识别的分配和使用(ITU-R M. 585-3);基于 DSC 信号格式的国际海上 VHF 自动电话系统(ITU-R M. 689-2);GMDSS 值守信道的保护,A2 海区和 NAVTEX 覆盖范围的预测(ITU-R M. 1467);

D 部分主要包括国际无线电通信规则;

E 部分主要包括无线电通信处(ITU-T)的相关建议案,即海上移动业务收费、记账、国际结算机构和地址(ITU-T 建议案-D. 90);国际公众电报业务操作规定(ITU-T 建议案-F. 1);国际电传业务操作规定(ITU-T 建议案-F. 60);海上移动业务操作规定(ITU-T 建议案-F. 110);VHF/UHF 和海上移动卫星业务船舶电台识别(ITU-T 建议案-F. 120);海上通信-船舶电台识别(ITU-T 建议案-E. 217);

F 部分主要包括从表 7A(List of 7A)前言部分抽取的内容。

使用者可在相应部分查找相关内容。

项目十七

GMDSS现代化

时至今日,GMDSS 已经运行了 20 余年的时间,对于海上人命和财产安全发挥了举足轻重的作用。然而,目前其技术进步速度远远滞后于船舶航行安全的现实需求,尤其是该系统的遇险报警体制由于一直受到大量误报警的困扰而广受诟病。海上误报警概率曾经一度高达 90%以上,极大地影响了 GMDSS 系统的有效性并造成大量人力和物力资源的浪费。

GMDSS 诞生时以解决"人人互联"为主要突破方向,提供了以无线电话、传真、电传技术为主的"一揽子"方案。近 20 年来,信息技术迅猛发展,新的通信技术层出不穷,海上船舶运输技术也向着现代化、信息化方向快速发展,物联网越来越成为限制航海安全保障技术应用的新瓶颈。在实践工作中,能够方便、快捷、廉价地提供互联网支撑的 VSAT(Very Small Aperture Terminal,甚小口径天线终端)、Inmarsat FB 系统等广泛在船舶上应用,这导致 GMDSS 设备处境尴尬,使其成为应付 PSC 检查的"务虚"设备。

总之,GMDSS 的诞生具有明显的历史局限性,其缺陷与生俱来,现在已经难以与海事安全需求相适应。国际海事组织(IMO)开展 GMDSS 复审及现代化具有划时代的现实意义。

任务一　GMDSS 现代化进程简介

2008 年 4 月,COMSAR 12 次会议提出了 GMDSS 已经不具有先进性,有必要对其进行复审。① 大约半年后,COMSAR 13 次会议提出了复审的具体内容,并表示这将是一个漫长的过程,因此有必要提出一个系统的复审计划,即项目开展的前期工作。海安会收到该提议后批准通过。② 经过 COMSAR 的多次会议讨论,2012 年 3 月的 COMSAR 16 次会议提交了 GMDSS 复审工作范围和工作计划的最终报告,将 GMDSS 复审分为高级复审和详细复审两个阶段,并分别介绍了两个阶段需要审议的内容 ③。COMSAR 16-17

① COMSAR 12-15. Report to the Maritime Safety Committee[R]. IMO, 2008.

② COMSAR 13-7-2. Developments in Maritime Radiocommunication Systems and Technology[R]. IMO, 2008.

③ COMSAR 16-17. Report to the Maritime Safety Committee[R]. IMO, 2012.

次会议目的是复审 GMDSS 现状并制定现代化方案。现代化方案将解决复审过程中发现的问题,包括使 GMDSS 更为现代化、更为高效,并支持 e-Navigation 战略需求。2012 年 5 月,海事安全委员会 MSC 90 通过了 COMSAR 16-17 次会议提议,正式提出“GMDSS 复审及现代化”的工作项目,交由 COMSAR、NAV 及 STW 分委会进行讨论①。文献 MSC 90-28 正式提出“GMDSS 复审及现代化”工作项目,预示着 GMDSS 正式开始变革。主要支撑本项目的分委会有 COMSAR、NAV 及 STW。COMSAR 分委会及 NAV 分委会于 2013 年合并为 NCSR 分委会,同时 STW 更名为 HTW。至此,“GMDSS 复审与现代化”工作启动。工作的启动,预示着 GMDSS 将发生两个方面的变革:一是设备配备要求将会发生较大的变化,老的技术可能被弱化,例如 NBDP;新的技术、系统将被吸纳入 GMDSS,例如新的卫星通信系统。另一个是设备配备的变化将反过来对人的因素提出新的适任能力的需求。

2013 年 11 月 NCSR 1 次会议上,提交了国际海事组织(IMO)、国际电信联盟(ITU)联合专家组第 9 次会议的会议结果,其中包括高级复审的结果以及初期详细复审纲要②。2016 年 3 月,NCSR 3 向委员会提交了详细复审结果,意味着 GMDSS 的复审工作完成,即将迈入现代化建设中③。

一年之后的 2017 年 3 月,NCSR 4 向委员会提交了 GMDSS 现代化草案。草案涉及 GMDSS 功能要求、GMDSS 卫星业务及 A3 海区新定义、VHF 数据交换系统(VDES)及 NAVDAT 等新技术、遇险报警路径及相关信息、误报警、船员培训、过时规定的清理等多方面内容④。图 17-1 为国际海事组织(IMO)针对“GMDSS 复审及现代化”计划开展的会议及相关内容一览图。

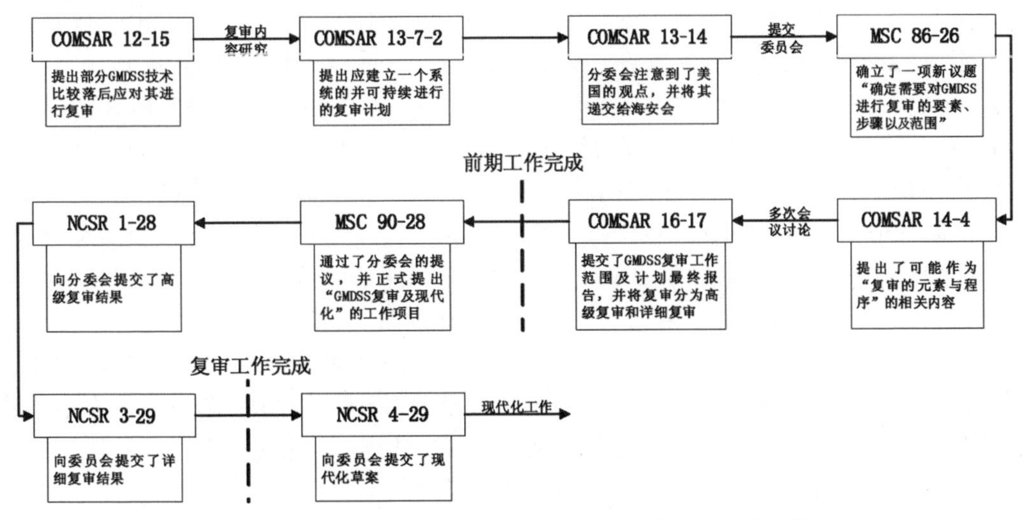

图 17-1 “GMDSS 复审及现代化”计划开展的会议历程一览图

① MSC 90-28. Report of the Maritime Safety Committee on Its Ninetieth Session[R]. IMO, 2012.

② NCSR 1-17. Consideration of ITU World Radiocommunication Conference Matters[R]. IMO, 2013.

③ NCSR 3-29. Report to the Maritime Safety Committee[R]. IMO, 2016.

④ NCSR 4-29. Report to the Maritime Safety Committee[R]. IMO, 2017.

任务二　现代化背景下 GMDSS 的主要变化

针对 NCSR 4-29 的第 12 部分[Draft Modernization Plan of the Global Maritime Distress and Safety System (GMDSS)],NSCR 委员会提交了 GMDSS 现代化草案。草案首先提出,非 SOLAS 船舶的相关规定应与 GMDSS 设备兼容,新修订条款不应由于技术或者经济原因排除非 SOLAS 船舶的参与。GMDSS 现代化工作应继续保持对于 e-Navigation 战略需求的支撑。

一、功能要求

将"保安通信"和"其他通信"加入 GMDSS 功能以外的功能要求中,并对两项通信内容进行定义。较之以前对于海上安全信息的功能的定义,是船舶具有"收发"海上安全信息的功能,现在改为船舶"接收"岸基"播发"的海上安全信息,船舶播发的信息称之为"安全相关信息"。采取的行动是修订《SOLAS 公约》相关内容及国际电信联盟(ITU)等的相关文件。

二、GMDSS 卫星业务及 A3 海区新定义的规定

NCSR 4-29 建议,以 A3 海区的新定义为中心开展工作,重新修订 A. 801(19)将新进 GMDSS 卫星服务供应商加入在内,并根据新进卫星服务供应商重新修订 A. 707(17)。建议将《SOLAS 公约》中的 A3 定义修改为:"A3 海区系指除 A1 和 A2 海区以外,能够支持船舶地面站连续报警的经认证的移动卫星通信业务所覆盖的区域"。由于 A3 海区被重新定义,有一系列问题需要考虑,其中涉及其对 A4 海区定义的影响。对于不同的卫星业务,会出现不同的 A3 海区定义。由于 A4 海区没有重新定义,仍然是 A1、A2、A3 海区之外的区域,船舶使用不同的卫星业务时可能出现不同的 A4 海区定义,例如对于一艘使用了全球覆盖卫星业务的船舶而言,可能根本不存在 A4 海区。新 A3 海区定义的一个重要结果是它将成为一个纯粹的卫星业务区域。对于在 A2 海区以外航行且未使用经认证的移动卫星通信业务的船舶,仍可使用 HF 作为备选方案。若船舶在 A4 海区航行,将不再仅仅认为是极地地区。HF 依然可以作为使用经认证的卫星移动通信服务的船舶的附加手段在 A3 海区中使用。

新的卫星系统应该具有播发 MSI 的功能。同时建议,如果可能减少延迟,增强群呼的格式化对于 MSI 提供者和搜救当局信息起草者都应该有相同的标准,这与使用的卫星系统无关。如果可能,应该考虑一种途径,保证所有的卫星业务运营方能够同时播发 EGC。

三、VHF 数据交换系统(VDES)

如果 VDES 能够得到充分的发展,有必要将 VDES 设备的执行标准作为一项新的输出,VDES 极有可能成为未来 MSI 播发机制的一部分。因此,如果目标能够达成,则《SOLAS 公约》第Ⅳ章应允许船舶在 VDES 覆盖范围内使用 VDES 系统获得 MSI 业务。

四、NAVDAT

当 NAVDAT 得以充分发展时,国际海事组织(IMO)及国际电信联盟(ITU)应该给出必要的性能标准。另外应考虑是 NAVDAT 完全取代 NAVTEX 的功能还是发展新的 NAVDAT/NAVTEX 联合接收机。

五、遇险报警路径及相关信息

发展一项新的输出,确保所有的遇险报警能够直接传输给负责接收的 RCC。

六、SAR 技术

考虑对救生艇筏上安装定位装置的要求,对《SOLAS 公约》第Ⅲ章进行修订,并要求成员国政府继续鼓励本船旗国的船舶及其他载运工具自愿装配工作在 VHF 波段的测向设备,以探测 121.5 MHz 频率的发射。更新卫星 EPIRB 岸基维修指南(MSC/Circ. 1039)以及 406 MHz EPIRB 的年度测试指南(MSC/Circ. 1040/Rev. 1)。另外修订极轨卫星系统相关内容以反映出当前及未来的 COSPAS-SARSAT 系统的发展。

七、HF 通信

更新 GMDSS 总规划中 HF 电台的列表,包括接收和响应测试信息的海岸电台信息。合理安排 HF 电台的具体位置,使得 HF 数量尽可能减少,达成资源合理利用。

八、GMDSS 设备配备要求

GMDSS 的配备要求应该进行修订,确保修订的功能要求及其他变更内容得以实施。关于《SOLAS 公约》第Ⅲ章中与救生艇筏无关而与通信有关的内容全数移到第Ⅳ章中,并重新对《SOLAS 公约》第Ⅳ章进行调整。主要内容为第Ⅳ章的第 6 条及第 11 条。

九、误报警

尚未确定任何具体行动来减少误报警,并且在此阶段尚未确定哪些 GMDSS 设备对错误报警有更严重的影响,但 EPIRB 与 MF/HF DSC 依然是公认的目前 GMDSS 系统中误报警占比最高的。因此应继续采取措施,指导、培训相关人员(除船员外还包括操作人员、船坞中设备的建造者及为二次利用时的维修人员、检查员及验船师)的操作方式,避免误报警。

十、培训

培训将受到一定影响,尤其是示范课程,主要诱因是 A3 海区定义的变更。除了对于船员的培训外,还将影响到岸上人员的培训和业务需求,可能需要修改"无线电规则""IAMSAR 手册""关于 GMDSS 海岸电台/站操作员证书(Coast Station Operator's Certificate,CSOC)示范课程"。

十一、过时的规定

尽管当船舶没有装配其他可以用于接收 MSI 的设备时,现存设备可以保留用来接收 MSI,但是 NBDP 设备仍然可以从强制配备中删除;从《SOLAS 公约》第Ⅳ章删除 VHF EPIRB 设备;删除Ⅳ/18,如果船舶没有装配导航接收机,免除通信设备自动更新船舶位置的要求。

任务三 Inmarsat FB 技术及业务

一、认可 FB 海事安全数据业务在 GMDSS 中应用的提案

在文件 MSC 97-7-4 中,英国在 Inmarsat FB 海事安全数据业务(Maritime Safety Data Service,MSDS)主题下提出,希望海事安全数据业务得到组织认可并用于 GMDSS。MSC 97 当时指示 NCSR 4 考虑应该采取的步骤,尤其需要考虑将其作为一个新的应用还是作为对于现存业务的附加备份,并要求将结果报告和提供评论及建议,特别需要注意国际海事组织(IMO)大会决议案 A. 1001(25)的要求。英国在文件 NCSR 4/18/3 提供了补充信息用以支持考虑 MSDS 的应用和评估,并定义为"现存 GMDSS 卫星业务提供商的新业务"。MSDS 通过 Inmarsat 中与 3 代卫星(I-3)覆盖范围类似的 4 代卫星(I-4),可以提供 GMDSS 基本功能中的卫星业务。通过在标准 FB 船站设备上面加装海事安

全终端(Maritime Safety Terminal,MST),航海员既可以获得 GMDSS 中所要求的安全业务,也可以获得普通的 FB 业务。信息提案 NCSR 4-INF. 9 进一步提供了其与 A. 1001(25)的符合度信息。

NCSR 4-29 注意到,寻求 MSDS 业务认可的是 I-4 覆盖下的 MEAS 洋区,该洋区与其他 I-4 卫星存在重叠区,但是可以根据需要以后再评估通过未来卫星覆盖的范围。分委会同意把 MSDS 作为一种新的应用进行评估,并且注意到其实并不是 A. 1001(25)的所有要素都要评估,因为 A. 1001(25)起初就是基于 Inmarsat 开发的。开展评估时主要遵循 A. 1001(25)决议案,涉及海事遇险和安全通信、优先接入、优先抢线、卫星备份、SAR 当局对于识别信息的获得、遇险报警的接收、海事移动终端的控制、设备测试、海事遇险报警的路由、数据通信系统、广播 MSI 的设施。MSC 98 邀请 IMSO 实施评估,并把结果汇报给 NCSR。2017 年 11 月,IMSO 向 NCSR 5 提交题为"认可 FB 海事安全数据业务在 GMDSS 中应用"①的提案。

二、MSDS 简介

目前一共有 2 个 Inmarsat 系统可以用来满足 GMDSS A3 海区的部分要求。Inmarsat C 通过数据业务提供遇险报警、遇险通信业务,通过运用 Inmarsat 增强群呼的 SafetyNET 和 SafetyNET Ⅱ业务接收 MSI。Inmarsat F77 目前通过语音和数据业务提供遇险、紧急、安全和常规呼叫,并且船岸双向上具有信道抢占功能。但是根据文件 NCSR 3-19-1,F77 业务将于 2020 年 12 月 1 日关闭。

Inmarsat FB 是 BGAN 的一部分。BGAN 网络包括 Inmarsat 所有并经营的卫星接入站(Satellite Access Station,SAS),接入站通过稳定、双备份的地面网络实现内部以及与其他各方的链接,进而提供语言和数据业务。BGAN 平台以与现存的 Inmarsat C、F 不同的网络构架通过 I-4 星座进行通信。新构架为全球提供了容量更大、弹性更好的通信系统。FB 包括 FB150、FB250、FB500 和 Fleet One 等终端类型,可以提供相同的语音和数据业务。各种终端只是各自的速率有所区别,但是不会影响到 MSDS 业务。除了基于数据的 IP 业务,所有的 FB 终端都支持语音电路交换业务,即 FB 满足所有的语音通信要求,包括通过海事安全语音业务提供满足 MSC. 130(75)的遇险和紧急通信。此外,FB 还支持遇险、安全、紧急和常规数据业务,以及通过加装 MSDS 接收 MSI。MSDS 设计为可以像在一个系统内部一样向 Inmarsat C 和 F 提供遇险、紧急和安全业务。MSDS 是完全的端到端解决方案,可以向航海员、海事搜救协调中心、海事安全信息提供者(Maritime Safety Information Provider,MSIP)提供增强的 GMDSS 功能。MRCC 和 MSIP 通过安全的网页界面链接,不需要任何特殊的设备。MSDS 通过在 4 个区块段内整合 Inmarsat C 提供 GMDSS 业务及功能。Inmarsat C 将与 MSDS 共存,具体整合方式如图

① NCSR 5-14-1. Recognition of the Inmarsat FleetBroadband Maritime Safety Data Service for Use in the GMDSS [R]. IMO, 2017.

17-2 所示①。

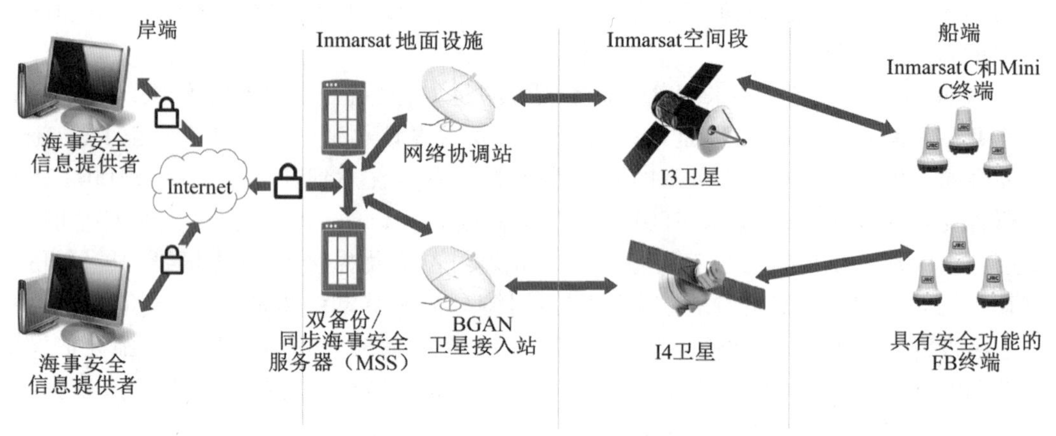

图 17-2 MSDS 与 Inmarsat C 整合方式

三、MSDS 的构架及业务

1. 岸端

岸端包括 MRCC 和 MSIP。经过 INMARSAT 的授权和认可,MRCC 和 MSIP 分别通过安全的网页接入 MSDS,把它们和海事安全服务器(Maritime Safety Server,MSS)连接起来。基于 MSDS 的设计,MRCC 不需要新增任何设备。SafetyNET 及 SafetyNET Ⅱ信息流向如图 17-3 所示。

2. 地面设施

地面设施需要考虑 MSS,Inmarsat C 和 F 系统的 NCS(网络协调站,Network Control Station)及 FB 通信组织等三方面问题。

INMARSAT 拥有并运营 4 个专门建造的 MSS,每一个拥有 100%的内部应用冗余度。其中两个在伦敦的 INMARSAT 总部,另外两个位于荷兰的 Burum 卫星接入站,这又进一步为 MSDS 从物理、应用、地理等方面提供了可靠的冗余度。

陆上用户和船端 MSDS 终端都与 MSS 相连接,而 MSS 还与 NCS 相连接,从而允许向 C 系统的终端广播信息。这种框架设计保证包括重要搜救通信在内的 MSI,能够从一个输入端经由适当的卫星同时向所有的 GMDSS 终端广播。换而言之,陆地与 MSI 有关的用户,一次接入 MSS,就同时可以向 FB 和 C 用户播发信息。

FB 通信网络由 BGAN 的 SAS 组织。I-4 的 SAS 等同于 I-3 的 LES(地面站,Land Earth Station),分别与 MSS 和地面通信网络连接。每一个 I-4 卫星覆盖区都有不止一个 SAS,以此从物理和地理层面为 FB 提供了网络复原力和冗余度。目前主 SAS 和备份

① NCSR 5-14-1. Recognition of the Inmarsat FleetBroadband Maritime Safety Data Service for Use in the GMDSS [R]. IMO, 2017.

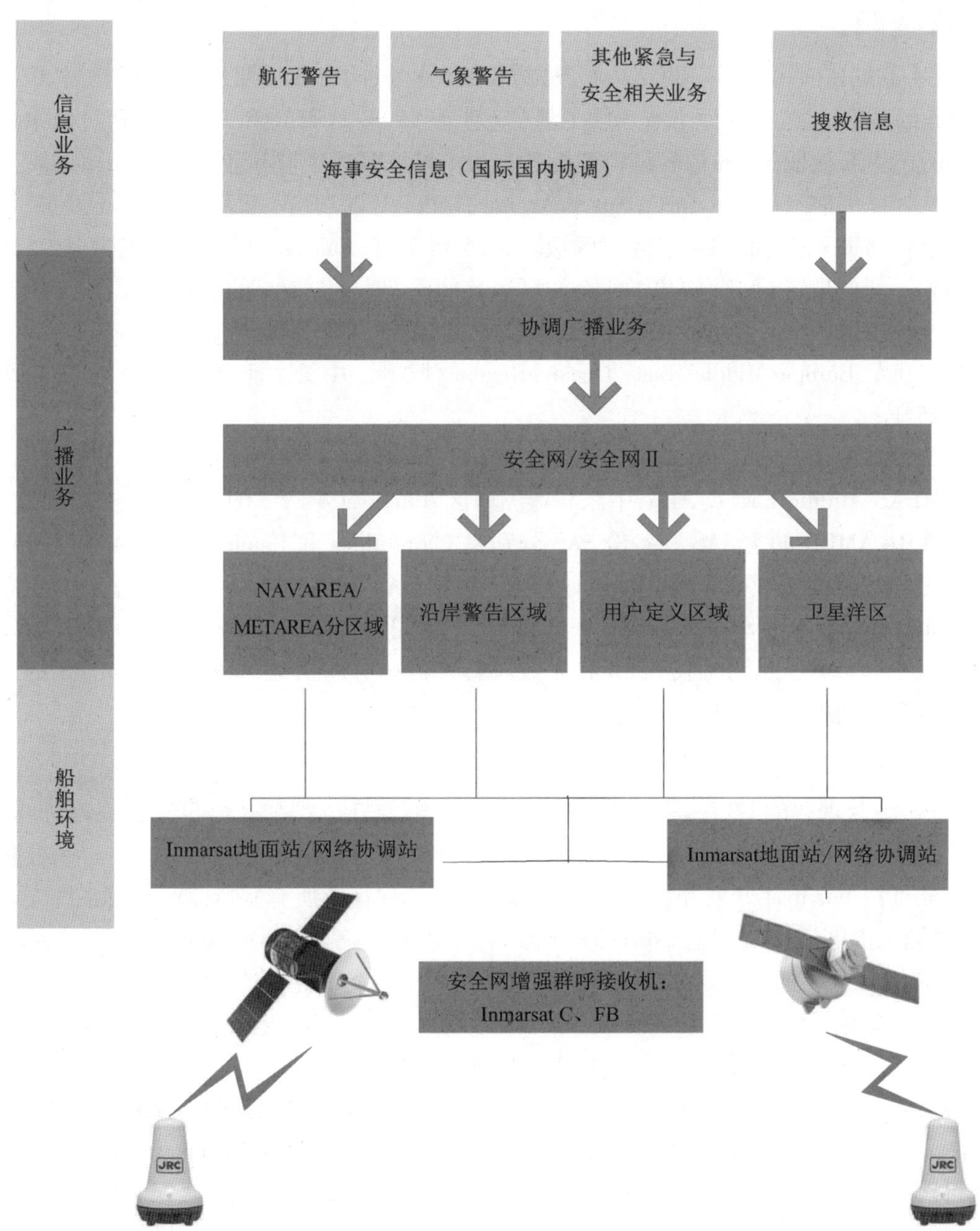

图 17-3 SafetyNet 及 SafetyNet Ⅱ 信息流向

SAS 都已经投入运营。一旦主 SAS 失效，每个洋区至少有一个备份 SAS 会启动并马上提供服务。所有的 SAS 通过租用的、冗余备份和高容量的线路和业务与 PSTN（公共电话交换网，Public Switched Telephone Network）、PSDN（分组交换数据网，Packet Switched Data Network）以及 Internet 网络进行地面交互。网络的多冗余路由设计，保证为遇险和安全通信提供了可靠性强的通信线路，这也是 A. 1001（25）中 4. 4. 2 段的要求。

3. 空间段

I-4 卫星目前用来支持 BGAN 业务,例如 FB 业务,同时在早期也是 GMDSS 中 C 和 F 业务的备份卫星。I-4 原来有 3 颗卫星,分别是 APAC、AMER 和 EMEA。通过未来发射 I-6 卫星,L 波段 FB 通信容量得到提升。为了扩展覆盖区域和业务容量,Inmarsat 与合作伙伴欧洲航天局(European Space Agency,ESA)于 2013 年发射了 Alphasat 卫星,从而建立了与 I-3 相类似的 4 个覆盖区域。2016 年 7 月,Inmarsat 把 I-4 F2 卫星从 25°E 移动到了新的位置 64°E,构建了 4 个洋区覆盖的框架。4 个卫星的位置如下:

AMER:Americas Ocean Region,美洲洋区,Inmarsat 4 F3—98°W;

EMEA:Europe/Middle East Ocean Region,欧洲、中东、非洲洋区,Inmarsat 4 F4—25°E;

APAC:Asia/Pacific Ocean Region,亚太洋区,Inmarsat 4 F1—143.5°E;

MEAS:Middle East & Asia,中东与亚洲洋区,Inmarsat 4 F2—63°E。

其中,AMER 的主 SAS 和备份 SAS 分别是 Laurentides 和 Paumalu;EMEA 的主 SAS 和备份 SAS 分别是 Fucino 和 Burum;APAC 的主 SAS 和备份 SAS 分别是 Aukland 和 Paumalu;MEAS 的主 SAS 和备份 SAS 与 EMEA 相同。Inmarsat 计划自 2020 年开始发射 I-6 卫星。I-6 卫星同时载有 Ka 和 L 波段转发器。可以预见,届时 Inmarsat FB 的通信能力会得到进一步提升。

4. 船载设备

MSDS 与现存的 FB 终端能够很好地兼容,只需要在船端加装海事安全终端即可。MST 提供一个视频显示终端,允许海员独立于 FB 一般通信业务使用 MSDS。标准化 MST 软件由 Inmarsat 开发并提供给 FB 设备制造商,保证了所有制造商产品对系统安全功能的标准化运用。通过 MST 海员可以获得国际海事组织(IMO)要求的所有 A.1001(25)载明的功能。典型的 MSDS 包括甲板下设备和甲板上设备两部分。其中,甲板下设备包括海事安全业务终端、送受话器以及打印机;甲板上设备主要是收发天线机器附属设备。其中,每一个甲板下设备的 MSDS 终端内部都有一个 SIM 卡(客户识别模块,Subscriber Identity Module),SIM 卡包含了国际移动用户识别(International Mobile Subscriber Identity,IMSI)。当用户终端投入使用时,IMSI 将会在 Inmarsat 系统注册,系统将认可终端是一个海事安全终端。与 IMSI 一同在 Inmarsat 系统中被录入的还包括:船舶的 MMSI、呼号、船名、IMO 识别号、船舶电话号码、船东信息、船旗及紧急联系的细节信息等。Inmarsat 有两个数据库并且保证日常巡检。目前,数据库的维护主要依靠各参与方提供高标准的精确船舶信息。

除了被认可的业务,MST 还提供特色安全业务。遇险信息交流,同时在多条船舶和多个 MRCC 之间进行的文本形式的有关遇险操作的信息交流;MSI 推送,允许海员选择 NAVAREA/METAREA 区域并查阅和下载 30 天以内的 MSI;选择 MRCC,允许海员选择接收其遇险信息的 MRCC;MSI 的滤除,允许海员拒绝接收不相干的 MSI 种类。此外,MSDS 具有完全的包括地面、空间和本地的优先通信及信道抢占能力。

5. 网络操作

岸端、地面、空间设施以及船载设备持续地被保持连续操作的,位于 Inmarsat 伦敦总部的网络操作中心(Network Operation Center,NOC),Inmarsat 自有的位于荷兰的监控中心。Burum 的 SAS 为伦敦总部的 NOC 提供了地理冗余备份。NOC 的管理者和 SAS 的操作员负责维护系统的运行状态。作为 NOC 工作的一部分,管理人员每天进行两次遇险报警和语音遇险呼叫测试。遇险报警和呼叫会在 NOC 发出警报。根据 A. 1001(25)段落 4. 4. 3 的要求,报警通过手动模式确认。除了被提交给 MRCC 的遇险报警和语音遇险呼叫之外,会有一封自动生成的 E-mail 发送给 NOC,相关的 SAS 和 MRCC,其中包括呼叫的来源、船名、位置、联系号码等。一旦 NOC 知道有一份遇险报警正在被处理,无论是移动站发起的还是终止的,其在整个 BGAN 网络正在进行或者计划进行的可能影响到信息被成功提交的操作都会停止或者延迟。如果默认或者首选的 MRCC 在 1 min 之内没有对遇险报警或者呼叫做出确认,MSS 将把信息转给下一个 MRCC,如果需要可能还会进一步转发给其他的 MRCC。NOC 对遇险报警和呼叫实时监控,以保证 MRCC 会做出反应。如果语音遇险呼叫或者遇险报警没有被 MRCC 确认,Inmarsat 的 NOC 会根据程序呼叫相关的 MRCC 确认他们是否收到信息以及是否需要提供帮助。同时,NOC 一周 7 天 24 h 监控 MRCC,如果发现其离线超过 60 s,NOC 将呼叫 MRCC 要求其注册回系统。

任务四　铱星系统技术及业务

一、认可铱星系统在 GMDSS 中应用的提案

2013 年 4 月的 MSC 92 上,美国通知海事委员会,表示计划向提议成立的 NCSR 分委会提供必要的信息,以审核铱星是否能够满足国际海事组织(IMO)大会决议案 A. 1001(25)中规定的标准。MSC 92 针对 GMDSS 复审的进程进行了讨论,其中针对铱星加入 GMDSS 服务的工作,委员会表示同意将铱星系统的详细信息提供给 NCSR,并在 NCSR 分委会“海上无线电通信系统和技术发展”的议题下进行评估。

在 2014 年 3 月的 NCSR 1 次会议上,美国提交了题目为“接纳铱星移动卫星系统作为 GMDSS 业务的提供方”的提案。提案详细论述了铱星移动卫星系统可以加入 GMDSS 的理由。铱星系统达到了大会决议案 A. 1001(25)的所有标准;有关计费的政策和策略满足经修订的 A. 707(17)号大会决议案(经过 Inmarsat 系统进行遇险、紧急、安全通信的费用)。文件附件部分详述了系统是如何满足或者将要满足上述两个决议案的。同时指出,公司有信心在可以预见的未来持续运营,并且公司组织良好,具有很好的危机管控程序。申请人的业务已经运行了 13 年,没有任何征兆表明在接下来的时间里公司无法继续提供业务。申请人已经准备好提交如何被认可的业务由 IMSO 监管

并签订公共业务协议(Public Service Agreement,PSA)。

在 MSC 第 96 次会议上,委员会审议了 NCSR 3/WP.5 的报告,审议了分委会针对铱星加入 GMDSS 的工作进程,并表示后续的审议工作依然由 IMSO 组织进行。2017 年 11 月的 NCSR 5 收到了 IMSO 对铱星系统进行的第二轮技术及运营评估报告,报告主要针对 NCSR 3 中未完成的要求进行了评估,并表示铱星已经满足了 NCSR 3/WP.5 中的剩余要求,即使是资费问题,铱星公司也发表声明表示将满足 A.1001(25)中的要求。根据 A.1001(25)号大会决议案的规定,铱星系统若加入 GMDSS 服务中首先需要得到国际海事组织(IMO)的认可,然后铱星与 IMSO 签署公共服务协议(PSA),最终由 IMSO 发布“符合证明(letter of compliance)”方可将铱星系统用于 GMDSS 服务中。因此,IMSO 认为,在发布“符合证明”之前,需要将以下工作完成:

(1)MSC 发布题为“铱星通信公司提供海上移动卫星服务的认可声明”,认可铱星作为卫星服务供应商加入 GMDSS 中。

(2)铱星与 IMSO 签订 PSA。

(3)IMSO 提供通用的或铱星专用的 MSI 手册。

(4)铱星制定内部操作程序以完成 GMDSS 要求的服务。

二、铱星系统技术及业务

铱星是现在唯一真正覆盖全球的移动语音和数据卫星通信网络。铱星覆盖大陆、海洋、航空和极地地区,非常适合为海运、航空、运输、应急服务行业以及政府机构提供关键通信。铱星网络是一个基于卫星的全球个人移动卫星通信系统,支持全球范围内的无线通信。铱星系统业务包括语音、数据、寻呼、宽带、广播及短消息等,其用户包括车辆、船舶、航空器或者边缘地区。目前其用户有 660 000 之众,遍布世界各地涉及各行各业,海事用户有 50 000 多个,其中 10 000 多个用户是《SOLAS 公约》第Ⅳ章所规定的 GMDSS 船舶。

三、铱星系统的构架及业务

1. 铱星安全服务

2011 年,铱星系统被美国联邦航空管理局认可与空中导航服务提供商(Air Navigation Service Provider,ANSP)一起成为北大西洋和太平洋的移动航空卫星通信业务[Aeronautical Mobile Satellite (Route) Service,AMS(R)S]供应商。这是其与国际民用航空组织(International Civil Aviation Organization,ICAO)及美国航空无线电委员会(Radio Technical Commission for Aeronautics,RTCA)多年共同努力的结果,也证明铱星网络满足管制员飞行员数据链通信(Controller Pilot Data Link Communication,CPDLC)基础标准。为了给航空业提供安全通信,铱星公司斥资百亿美元提升系统功能和满足 CPDLC 的要求,包括进出移动航空卫星通信业务的语音、数据业务的优先接入和信道抢占以及移动航空卫星通信业务用户的接口等。自 2011 年起,移动航空卫星通信业务用户量每年递增 50%。在准备提供 GMDSS 业务时,公司又投资数百万美元开发和引入全球广播业务,并承诺将额外的资金用于 GMDSS 业务中 RCC 和 MSI 信息提供者的整合。

2. 铱星网络构建

铱星系统的最主要单元卫星星座,包括位于近地轨道(LEO)的 66 颗卫星,5 个卫星监控站(Teleport),监控站与卫星星座和卫星网关(Gateways)地面站之间相互连接,网关地面站又与地面的语言、数据网络相连接进而和用户终端连接。铱星系统网络组成如表 17-1 所示。

表 17-1 铱星系统网络组成

<table>
<tr><th colspan="2">系统特性</th><th>描述</th></tr>
<tr><td colspan="2">卫星</td><td>66 颗在轨操作卫星及外加的备用卫星</td></tr>
<tr><td colspan="2">轨道平面</td><td>6 个(每个轨道 11 颗卫星)</td></tr>
<tr><td colspan="2">轨道高度</td><td>780 km</td></tr>
<tr><td colspan="2">轨道倾角</td><td>86.4°</td></tr>
<tr><td colspan="2">轨道周期</td><td>100 min</td></tr>
<tr><td colspan="2">点波束</td><td>每颗卫星 48 个点波束(每个点波束直径 250 mile)</td></tr>
<tr><td colspan="2">ITU 识别码</td><td>HIBLEO-2(卫星对用户终端链路)
HIBLEO-2FL(馈线链路及交叉链路)</td></tr>
<tr><td rowspan="3">频带宽度</td><td>卫星对用户终端链路</td><td>1 616~1 626.5 MHz</td></tr>
<tr><td>卫星对卫星交叉链路</td><td>23.18~23.38 GHz</td></tr>
<tr><td>卫星对监控站的馈线链路</td><td>19.4~19.6 GHz(空间站对地面站)
29.1~29.3 GHz(地面站对空间站)</td></tr>
</table>

系统的星座设计能保证全球任何地区在任何时间至少有一颗卫星覆盖。每颗卫星天线可提供 960 条话音信道,每颗卫星最多能有两个天线指向一个监控站,因此每颗卫星最多能提供 1 920 条话音信道。铱星系统卫星可向地面投射 48 个点波束,以形成 48 个相同小区的网络,每个小区的直径为 689 km,48 个点波束组合起来,可以构成直径为 4 700 km 的覆盖区,铱星系统用户可以看到一颗卫星的时间约为 10 min。铱星系统的星际链路速率高达 25 Mbits/s,在 L 频段 10.5 MHz 频带内按 FDMA(频分多址,Frequency Division Multiple Access)方式划分为 12 个频带,在此基础上再利用 TDMA 结构,其帧长为 90 ms,每帧可支持 4 个 50 kbits/s 用户连接。

与使用静止轨道卫星通信的系统相比,铱星主要具有三方面的优势:一是轨道低,传输速度快,信息损耗小,通信质量大大提高;二是不需要专门的类似 Inmarsat 的地面站(LES),每部卫星移动手持电话都可以与卫星连接,这就使地球上人迹罕至的不毛之地、通信落后的边远地区、自然灾害现场的通信都变得畅通无阻;三是采用了星际连接,有效减小了通信时间延迟。此外,铱星网络能够服务《SOLAS 公约》第Ⅳ章第 2 条所描述的所有四个海区(A1、A2、A3 和 A4 海区),特别是能够服务南北纬 75°以外的区域,这一点也是铱星系统所独有的。

3. 网络的可用性

铱星网络可提供 7 天 24 小时的全球语音、数据及广播业务,通过多种机制不断监控每项服务的系统性能,包括使用铱星用户终端通过铱星网络进行连续的语音和数据呼叫,并可以报告广泛的呼叫统计。

铱星网络可达到 A. 1001(25)的要求,可为 GMDSS 通信提供高达 99. 9%的接入率。此外,铱星依然在进行着投资和现代化活动,进一步完善了网络的可用性。在 2013 年,铱星网络的语音和数据业务可靠性分别为 99. 98%和 99. 94%。

4. 故障恢复

铱星星座架构具有极高的可靠性及语音和数据通信的低延迟性。在发生故障的情况下,所有受到故障卫星影响的用户将在数分钟内完全恢复服务。铱星星座架构注定整个系统不会产生单个卫星的故障造成一个地区服务中断的情况。如果故障的卫星无法恢复全面服务,系统还有在轨的备用卫星重新定位到运行轨道上,以更换故障卫星。

在卫星故障的情况下,由于卫星具有较高的轨道运行速度,相邻的其他卫星可以在几分钟内恢复一个地区的服务。当卫星通过赤道时,卫星故障问题将产生最大的影响。随着卫星继续运行,故障卫星将向北或向南移动,从而减少覆盖范围的空白。一旦故障卫星超过南、北纬 55°,服务空隙将被相邻的卫星完全恢复。

5. 铱星网络功能

铱星网络目前具有 A. 1001(25)中规定的关于 GMDSS 中移动卫星通信系统的标准和要求的必要功能。铱星网络支持船对岸、岸对船及船对船的用于海事安全目的的呼叫。铱星网络的安全语音服务不仅支持所需的呼叫类型,而且还对所有呼叫提供四个不同优先级的级别划分,并在必要时“优先掉”优先级较低的呼叫,即信道抢占功能。安全语音业务利用增强型呼叫平台,限制用户选择,并将呼叫方标识和呼叫优先级抄送给被叫终端。

铱星突发短数据(Short-Burst Data,SBD)业务是针对安全通信进行了优化的分组交换数据业务。SBD 服务支持船对岸及岸对岸的警报和信息。此外,SBD 服务旨在支持四个优先级别,以保证向海上移动终端提供遇险、紧急和安全通信更加便利。铱星还推出了能够在全球范围内提供岸对岸信息的数据广播服务。数据广播服务将为所有 NAVAREA 提供 MSI 广播消息。正如安全语音和 SBD 服务一样,数据广播服务的设计可以支持四个优先级别。

四、铱星系统未来发展

1. 下一代铱星系统(Iridium-NEXT)

铱星公司对被称为 Iridium-NEXT 的第二代卫星星座计划,投入了充足的资金,旨在对第一代卫星星座进行升级,包括传送网络和网关。Iridium-NEXT 星座将保持现有的铱星网络架构,依然保持着不同于其他移动卫星网络的属性。所有 Iridium-NEXT 卫星均被设计与现有产品和服务完全兼容。因为部署了 Iridium-NEXT 卫星,现有的用户终端将在当前铱星和 Iridium-NEXT 卫星之间无缝地转换运行,这将减轻对目前星座的依赖。Iridium-NEXT 与现有用户终端和服务的兼容性也减轻了船只运营商购买新设备以支持向新星座过渡的必要性。

为了准备 Iridium-NEXT 卫星的部署,将执行八个单独的发射计划,以便部署新的 72 颗卫星(66 颗在轨操作卫星和 6 颗备用卫星)。八个卫星发射已在 2017 年年底之前完成,但是实际上直至 2019 年 1 月份第 8 次发射才最终完成,最后一次发射送入轨道的是第 66 到第 75 颗卫星。Iridium-NEXT 将为铱星用户终端提供更低的延迟,更高的吞吐量和容量增益。此外,Iridium-NEXT 在轨卫星和备用卫星的补充预计将使铱星网络延长至 2025 年之后。

2. 铱星网络的独特属性

铱星网络与其他移动卫星网络不同。网络拥有 66 颗低轨卫星及在轨备用卫星,并与位于地球不同地理位置的监控站相连接,这样达成了资源冗余和不可比拟的多样性。铱星网络是至今唯一提供真正全球覆盖的移动卫星网络。此外,铱星网络和用户终端可以在很大程度上免受太阳活动的影响,太阳活动对于高频的影响尤为明显。因此,铱星网络不仅在覆盖范围方面为 GMDSS 通信提供更好的服务,在极地地区使用时同样具备更高的可靠性。

铱星网络的另一个独特之处在于,在许多情况下,一个用户终端可面对多颗卫星。这在恶劣的海况下更加有利。所有铱星用户终端都使用全向天线,减轻对机械转向天线的需求。另外,在恶劣的海况下航行时,用户终端能够无缝地切换到该范围内维持连通性的替代卫星。

铱星网络不仅具备了 A.1001(25)中规定的未来加入 GMDSS 新进卫星的标准,同时有助于加强未来几十年的海上安全通信。

3. 铱星为加入 GMDSS 中所采取的行动

为了准备让国际海事组织(IMO)承认铱星卫星有限责任公司提供的移动卫星通信用于 GMDSS,铱星计划开展了若干项技术和行政工作。铱星还将启动或促进与几个搜救协调中心和海上安全信息提供者的讨论,主要涉及与铱星网关的互联,以支持语音、数据和广播通信。

NCSR 4 次会议上,铱星公司通知 IMSO,将根据表 17-2 所示的发展日程逐步满足 NCSR 3/WP.5 附件 1 提出的要求①:

① NCSR 4-18-2. Update on Recognition Process of Iridium Mobile Satellite System As A Potential GMDSS Service Provider[R]. IMO, 2016.

表 17-2　铱星发展日程表

时间	内容
2017 年 2 月	开始把铱星系统与 RCCs 和 MSI 提供者集成
2017 年 4 月	目前已经批准的船舶地球站开始进行船对岸、岸对船、船对船业务,从而符合 NCSR 3/WP. 5 附件 1 中列举的条款
2017 年 10 月	完成系统符合 NCSR 3/WP 5 附件 1 中规定的所有未完成项目的示范工作
2017 年 11 月	IMSO 向 NCSR 5 提交评估报告(ER, Evaluation Report),铱星已成功地被证明符合 NCSR 3/WP. 5 附件 1 中列举的条款
2018 年 3 月(NCSR 5)	建议将铱星视为 GMDSS 卫星服务提供商
2018 年 5 月(MSC 99)	赞同 NCSR 5 的建议,并发出一项将铱星视为 GMDSS 提供商的决议
2018 年 11 月	IMSO 采纳经修订的参考公共服务协议(PSA),并且铱星执行 PSA 协议
2020 年 1 月	铱星正式开始提供符合 IMSO 监督的 GMDSS 服务

任务五　VDES 发展现状

一、VDES 概念的提出

NCSR 1 针对 e-Navigation 战略发展问题进行了讨论,制订了 e-Navigation 战略的实施计划(Strategy Implementation Plan, SIP),指出 VDES(甚高频数据交换系统,VHF Data Exchange System)将成为未来通信系统的一部分,尤其是针对 e-Navigation 战略,VDES 是 e-Navigation 指定的通信系统[①] VDES 在集成了现有 AIS 功能的基础上,增加了特殊应用报文(Application Special Message, ASM)和宽带甚高频数据交换(VHF Data Exchange, VDE)功能,主要为航行安全通信所用,是未来 e-Navigation 战略发展的重要组成部分,是 AIS 的升级版系统。

信息提案 NCSR 1/INF. 21 聚焦了 e-Navigation 战略发展需求,提出海事云(Maritime Cloud, MC)的概念,"是一种通信框架,通过可以获得的通信技术在所有海事利益相关方之间进行高效、安全、可靠和无缝隙的电子信息交换"。[②] 现存和新的通信技术都可以在 MC 中提供信息交换的业务。船舶的强制业务,诸如 GMDSS 中的 MSI,目前通过基于电传技术的 NAVTEX 及安全网(SafetyNET)业务进行传输。这些业务不允许基于 S-100 标准呈现信息,而基于 S-100 出现信息可以在显示系统上直观地进行信息显

① NCSR 1-9. Development of An e-Navigation Strategy Implementation Plan[R]. IMO, 2014.

② NCSR 1/INF. 21. Overview of the Maritime Cloud Concept[R]. IMO, 2014.

示。同时 VTS 报告目前主要基于 VHF 语音或者 AIS 技术。ASM 通过 AIS 或者未来的 VDES 传输时却可以提供上述功能,并且对于船舶而言还是免费的。

现存的 AIS 系统通信容量有限,某些地区已经不允许新增数据业务。为了不忘 AIS 发展的初心,保留 AIS 的原有目标和功能,国际航标协会(IALA)和国际电信联盟(ITU)将致力于 VDES 的发展。VDES 数据容量比 AIS 高出 10~30 倍,可以用于船对船和船对岸双向通信。可以预见 VDES 系统可能也要包括一个双向的卫星链路,这样其业务就能实现全球化。业务将基于可以机器读取的数据格式,在 VTS 中心附近、港口及可能的沿岸区域免费提供强制性信息。VDES 是针对 AIS 在原有功能基础上进行的升级,与 AIS 相比更具备面向未来的海上通信能力。可以预测在不久的将来,VDES 一定会被纳入海上通信系统中,甚至时机成熟时完全取代 AIS 系统。

NCSR 2 议题 9 归纳了通信组对于未来 VDES 纳入 GMDSS 中的意见:①

(1)VDES 是一种完善 AIS 的通信技术,例如可用于数据 MSI 通信和遇险通信的补充。VHF 数据交换卫星组件(VDE-SAT)可将 VDES 扩展到沿海甚高频覆盖以外的地区。卫星通信能使用最小无线电频谱资源有效地覆盖大量的船只。VDE-SAT 提供与 VDES 系统的地面部件互补的通信信道。

(2)虽然 VDES 似乎不适合遇险警报,但是可借助 VDES 技术转发和广播岸对船遇险报警和 MSI,以及船对船、船对岸发送和接收的与安全相关的信息。VDES 具有落实 GMDSS 新功能要求的巨大潜力。有必要深入了解未来 VDES 服务的优先级、服务质量、安全性、完整性和其他要求。

(3)尚有大量的小型船舶没有安装卫星通信设备,但安装有一般的 VHF/AIS 接收设备,他们同样可以从上述业务中受益。使用低成本的卫星接收技术,VDE-SAT 可以覆盖大量船舶,并能够为非 SOLAS 船舶提供服务。这对在岸基础设施发展有限地区航行的船舶极其有利。

由于 VDES 具备播发 MSI 的能力,并且具备远距离 MSI 的播发能力,分委会提出将 VDES 纳入 GMDSS 中,在没有更好的远距离播发 MSI 的系统前,VDES 完全可以胜任这一任务。

二、VDES 发展计划

MSC 95 聚焦了 VDES 的发展。文献②提出根据国际航标协会(IALA)提供的 A-124 的附录 18"VHF 数据链(VDL)负荷管理",一旦 VDL 负荷超过 50%,将对 AIS 电台的顺利播发产生一定影响,需要开发一种新的方式减缓 VDL 的超负荷。AIS 是基于数字通信技术,使用 9.6 kbit/s 速度的 GMSK(高斯最小移频键控,Gaussian Minimum Frequency-Shift Keying)调制,这种技术已有 20 年之久的历史。

根据测试,VDES 基于 100 kHz 频宽的数据交换速率可以达到 307.2 kbit/s,是 AIS

① NCSR 2-9. Report of the Correspondence Group on the Review of the GMDSS[R]. IMO, 2014.

② MSC 95/INF. 12. Development of VHF Data Exchange System[R]. IMO, 2015.

的 32 倍。如果国际电信联盟(ITU)能够提出 VDES 技术特征的建议案并且在 WRC-15 为 VDES 分配新的频率,VDES 性能及其操作就能够标准化。这样将有利于制造商开发 VDES,同时保证航运业能够正确、有效地使用设备。因此,期望国际海事组织(IMO)及包括国际航标协会(IALA)在内的国际组织在近期讨论、开发系统的操作标准及设备使用指南。

图 17-4 所示为 2013—2020 年 VDES 的发展计划。

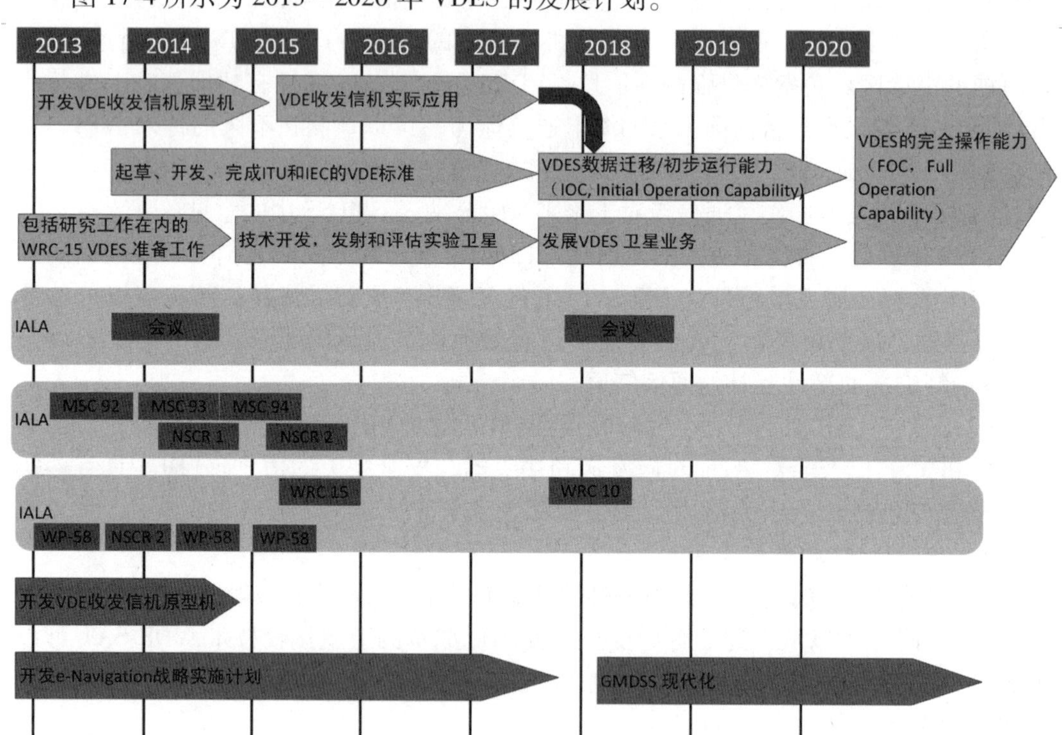

图 17-4　2013—2020 年 VDES 的发展计划

总之,MSC 95/INF. 12 指出了目前 AIS 面临的重要问题,并提到 VDES 系统对于 AIS 系统具有完善作用。相比于 AIS 系统,VDES 系统的信息种类、通信链路更加丰富,在原来广播信道基础上增加了 VDE 通信信道,并且在某种程度上 VDES 的功能要远超于 AIS 数倍。海安会提出了加快 VDES 发展的需求,并规划了 VDES 的发展目标及实现目标的时间,反映了海上安全委员会对于 VDES 系统的重视。

三、VDES 的主要功能及技术特点

2015 年 4 月,日本、瑞典和国际航标协会(IALA)共同向海安会提交了有关 VDES 发展的信息提案 MSC 95/INF. 12。提案关注在 WRC-12 和 15 上,国际电信联盟(ITU)对 VHF 波段频率的调整以及国际航标协会(IALA)针对新一代 AIS 应用开展的研究。在这期间,日本举办了系列研讨会,即“新一代 AIS 国际标准研讨会”。在其第 1 次会议

后的 2012 年到 2014 年,“新一代 AIS”被“VHF 数据交换系统(VDES)所取代”。表 17-3 是建议的 VDES 技术,包括使用用户需求的通信协议、信息类型等。

表 17-3 包括 AIS、ASM 和 VDE 的 VDES 通信建议

子项	VHF 数据通信(包括 ASM 和 VDE)		AIS	
	ASM 数据通信	VDE 数据通信	AIS 航行安全	AIS 远距离
信道	信道 2027 和 2028 世界范围内指定信道	24、84、25、85、26 信道用于 VDE 2026 和 2086 信道用于 VDE 卫星通信	AIS 1 和 AIS 2(单工)	75 和 76 信道(单工)
功能	船舶安全信息 船舶保安信息 与安全相关的短信息 一般目的的通信	一般目的的数据通信 高速数据交换突发 VDE 卫星通信(海事保安通信)	航行安全 海事定位设备	卫星 AIS 监测搜救中的定位
AIS 协议下的信息种类	SN. 1/Circ. 289 的国际特殊应用报文(ASM) 区域性特殊应用报文(ASM) 基本台站		船舶识别 船舶动态信息 船舶静态信息 航次相关数据 助航 基本台站	AIS 卫星探测信息 27
子功能	区域性警告及建议 气象和水道数据 交通管理 船对岸数据交换 信道管理	高信息有效载荷 卫星通信	船对船避碰 VTS 船舶跟踪 搜救中的定位 VDL 控制(由基本台站)	AIS 基本台站覆盖之外的海岸电台

2015 年 10 月国际电信联盟发布《水上移动频段内的 VHF 数据交换系统的技术特性》,即《ITU-R M. 2092-0 建议书》,主要包括 VDES 工作特点、系统构成、预期效果等。

1. VDES 工作特点

(1)系统给予自动识别系统(AIS)位置报告和安全相关信息最高优先级。

(2)系统能够接收和处理数字信息和询呼。

(3)系统可以在停泊、系泊或锚泊时持续运行。

(4)用于地面链路的系统使用时分多址(Time Division Multiple Access,TDMA)技

术,接收数据与传输数据同步。

(5)系统具有多种操作模式,包括自主、分配和轮询模式。

(6)系统设置了通信的优先次序,并可调整传输参数(鲁棒性或容量),最大限度地减少了系统复杂性。

2. VDES 系统构成

(1)天线:能够通过地面和卫星链路发送和接收数据。

(2)决议:MSC. 74(69)号决议附件 3 中规定的 AIS。

(3)可同时使用 AIS、ASM 和 VDE 相互操作的多功能数据通信和定时处理。

(4)能够在指定的 AIS、ASM 和 VDE 频率上工作的多功能发射机。

(5)能够在指定的 AIS、ASM 和 VDE 频率上工作的多功能接收机。

(6)自动从其他来源输入数据的功能。

(7)自动将数据输出到其他设备的功能。

(8)确保数据完整性的功能。

(9)根据需要自动或手动更新设备软件的功能。

(10)机内测试装置(Built-in Test Equipment,BITE)功能。

3. VDES 设备应能够满足的预期效果

(1)VDES 在现有 AIS 环境中运行。

(2)VDES 遵从并支持 GMDSS 通信的要求,包括 SAR、紧急及安全相关消息。

(3)VDES 设备是唯一认证的。

(4)VDES 相关设备应确保不会发生不必要的消息重复发送的状况。

四、2016 年 12 月,国际航标协会(IALA)对 VDES 的功能的进一步概述

具体内容如下[①]:

(1)VDES 通过地面或卫星链路提供船舶和岸上用户之间的数据交换。

(2)船内的数据交换可以自动或手动进行。

(3)数据交换使用指定的 VHF 信道。

(4)数据的发送和接收不需要船员过多的干预。

(5)VDES 包括现有的 AIS 设备。

(6)VDES 包括现有的 ASM。

(7)VDES 附加功能包括对 VHF 数据交换(VDE)的支持。

(8)VDES 相关应用程序应支持与语音无关的通信(例如通过使用数字数据库)。

(9)在 VDES 链路级上实现数据完整性监控(例如校验)。

(10)VDES 相关应用程序解决了网络安全问题(例如认证、密钥管理,如果需要可

① IALA 1117-Ed. 1. VHF Data Exchange System (VDES) Overview[R]. IALA, 2016.

加密)。

(11)VDES 具有较高的可用性。

(12)VDES 支持机对机的通信(例如提供了与 VDES 相关设备的外部设备接口)。

(13)VDES 相关设备可以清楚地理解通过其他 VDES 设备发送/接收的信息。

根据国际航标协会(IALA)的概述,VDES 系统框图如图 17-5 所示。

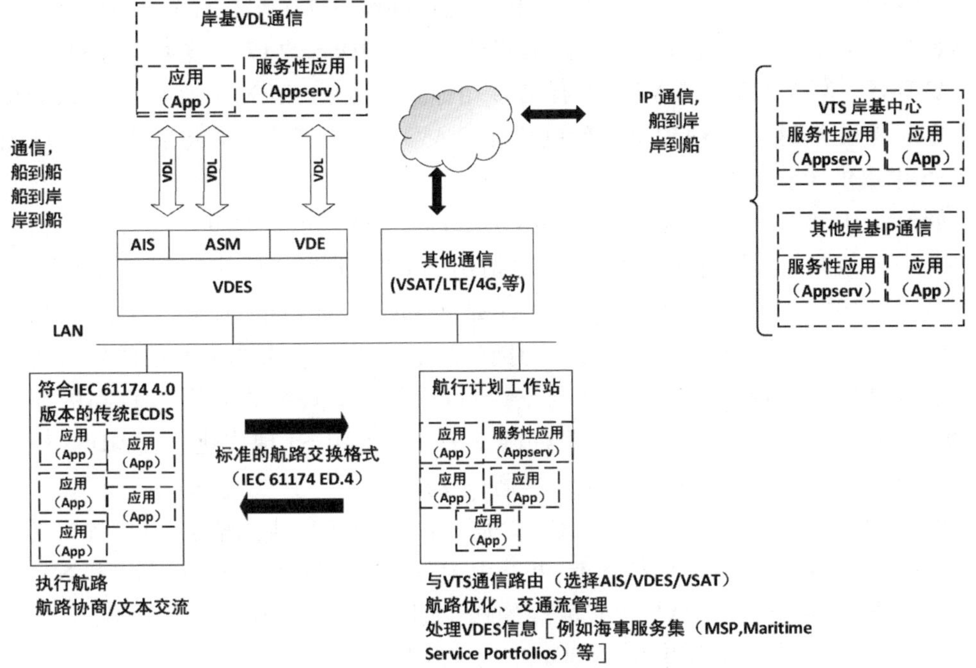

图 17-5 VDES 系统框图

任务六 NAVDAT 发展现状

一、NAVDAT 概念的提出

自 2008 年起法国开始进行一套数字系统的技术可行性示范工作的研究。该系统被命名为 NAVDAT,用于船到岸方向的信息广播。其英文全称为"Navigational Data for Broadcasting Maritime Safety and Security-Related Information from Shore-to-ship",即岸到船与海事安全、保安相关信息数据广播系统。2010 年在比斯开湾进行的测试验证了 NAVDAT 从岸到船广播海上安全和保安相关信息的高潜力。实验工作在 500 kHz 频率上进行,该频率于 2011 年 11 月由国际电信联盟(ITU)工作组授权使用①。这是 NAVDAT 第一次被正式提交到国际海事组织(IMO)的相关分委会。一起被提交的还包括测试结果,该测试结果显示 NAVDAT 与 NAVTEX 相比具备一定的先进性。此外,虽然未来 NAVDAT 与 NAVTEX 不一定共存,但至少在过渡期间不会导致不良影响,这对于两套系统而言都是一个好消息。

文献②记录了国际海事组织(IMO)、国际电信联盟(ITU)海上无线电通信联合专家组第 8 次会议报告,报告中指出了未来有可能加入 GMDSS 的 12 项技术(设备),其中包括 NAVDAT。NAVDAT 与 NAVTEX 有诸多相似点,而 NAVTEX 一直为近岸船舶接收 MSI 的重要设备,如果 NAVDAT 有更优于 NAVTEX 的能力,则未来完全可以加入 GMDSS 中提供 MSI 业务。

如前所述,NCSR 1 议题 9 针对 e-Navigation 战略发展问题进行了讨论,制订了 e-Navigation 战略的实施计划(SIP),同时指出 NAVDAT 将成为未来通信系统的一部分,尤其是针对 e-Navigation 战略,NAVDAT 是 e-Navigation 指定的通信系统。可以看出 GMDSS 现代化与 e-Navigation 战略之间存在着诸多关联,未来海事通信的发展将不只局限于 GMDSS 中,GMDSS 只是遇险与安全系统,但尚有许多设备具备较高的通信能力,而 e-Navigation 战略的发展则不只局限于现有的 GMDSS 现代化中,GMDSS 现代化应尽可能为 e-Navigation 战略提供更多的通信支撑。

根据 NCSR 3 的思路,NCSR 4 议题 12 提交了 GMDSS 现代化草案,其中提出了一项新的输出,即制定 NAVDAT 性能标准,并交由国际电工委员会(IEC)制定船载 NAVDAT 的测试标准③。对于 NAVDAT 性能标准的输出时间设置在 2020—2021 年,于 2021—2022 年在 MSC 会议上通过并纳入《SOLAS 公约》中。

二、NAVDAT 的主要功能及技术特点

1. NAVDAT 的工作频率

NCSR 3 注意到 WRC-12 在 495~505 kHz 频段内为海上移动业务特别优先地划分了频点,以满足将来可能的需求。NAVDAT 是一种数字广播系统,将与 NAVTEX 在一定历史时期内共存且不会互相干扰。NCSR 3 提出应该考虑将 NAVTEX 和 NAVDAT 组合在一起成为未来 NAVTEX 接收机的可行性,并且他们能够在被要求的 490 kHz、500 kHz 和 518 kHz 以及另外指定的 HF 频率上播发 MSI;或是广泛应用 NAVDAT,在未来的某个时刻正式取代 NAVTEX。

---

① COMSAR 16-4-3. Digital system for broadcasting maritime safety and security-related information in the 500 kHz band (NAVDAT)[R]. IMO, 2012.

② COMSAR 17-4. Report of the Eighth Meeting of the Joint IMO/ITU Experts Group on Maritime Radiocommunication Matters[R]. IMO, 2012.

③ NCSR 4-12. Report of the Correspondence Group on the Draft of the Modernization Plan of the GMDSS[R]. IMO, 2016.

HF 的 NBDP MSI 海岸电台以及 HF 传真海岸电台设施也可以用于 NAVDAT 广播。NCSR 3 提出,在下一步的研究工作中,在考虑全球覆盖问题时需要对于现存的全球 330 座常规无线电通信海岸电台设施予以考虑。NAVDAT 已经在 ITU-R M. 2058 中有所描述,其技术应用需要得到国际海事组织(IMO)的大力支持。为了保证远期 HF 在 GMDSS 中全球覆盖,GMDSS HF 海岸电台的数量及地理分布需要审查,如果需要,后续的变化情况需要包含在大会决议案 A. 801(19)之中。《无线电规则》已经针对 HF 数据及 500 kHz 的使用做出了修正。国际海事组织(IMO)和国际电信联盟(ITU)需要开发必要的国际 NAVDAT 业务建议案和性能标准,之后国际海事组织(IMO)和国际电工委员会(IEC)可以合作开发船载 NAVDAT 终端或者(和)NAVTEX/NAVDAT 组合设备标准。

2. NAVDAT 工作框架

NAVDAT 使用多载波频率调制(Multicarrier Frequency Modulation)技术在 495～505 kHz 频带上进行数字广播。它与全球 NAVTEX 系统共存并且没有互相干扰,速度更优于 NAVTEX 并且可对信息进行加密广播,覆盖范围与 NAVTEX 基本无异。

NAVDAT 可使用三种不同模式的数据广播:

(1)广播:这类信息广播供所有船舶使用。

(2)选择性广播:这类信息广播供一组船舶或特定航行区域的船舶使用。

(3)特定信息:这类信息使用 MMSI 识别码向一艘船舶发送[①]。

从目前掌握的资料看,典型 NAVDAT 系统工作框图如图 17-6 所示[②]。

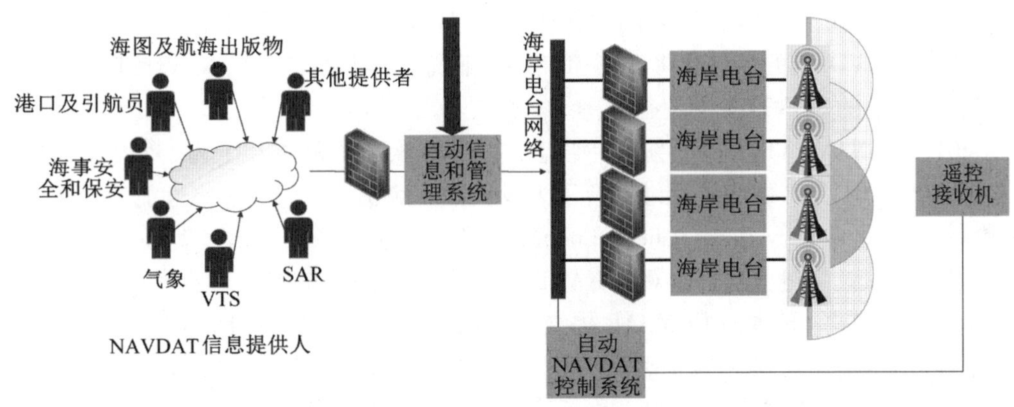

图 17-6 NAVDAT 系统工作框图

① COMSAR 16-4-3. Digital system for broadcasting maritime safety and security-related information in the 500 kHz band (NAVDAT)[R]. IMO, 2012.

② NCSR 2/INF. 4. NAVDAT-based Maritime Safety Related Information Broadcasting Tests Conducted in China [R]. IMO, 2015.

三、NAVDAT 的测试与评估

2014 年,中国在上海建立了 NAVDAT 测试系统。该系统包括:信息源系统(System of Information Source, SIS)、信息和管理系统(System of Information and Management, SIM)、NAVDAT 无线电台(NAVDAT Radio Station, NRS)、船载终端及 ECDIS。测试系统使用了上海海岸电台的 NAVTEX 中频发射系统。为了测试 NAVDAT 信号的接收能力,分别在距离 NAVDAT 广播电台 100 km 的长江沿岸、沿海港口和内陆地区建立了三个接收站。测试了不同 OFDM(正交频分复用,Orthogonal Frequency Division Multiplexing)调制方式下的信噪比(Signal to Noise Ratios, SNR)和接收信噪比。结果表明,无线电噪声对 NAVDAT 的接收性能有很大的影响,城市附近的无线电噪声要大于离岸岛屿,夜间的无线电噪声大于白天。不同调制方式下的信噪比测试结果如表 17-4 所示。

表 17-4　不同调制方式下的信噪比测试结果

调制方式	数据速率(kbit/s)	可用数据速率(kbit/s)	信噪比(dB, BER$\leqslant 10^{-5}$)
OFDM/64QAM	36	18	17
OFDM/16QAM	24	12	11
OFDM/4QAM	12	6	6

实验表明,由于 NAVDAT 的载波带宽为 10 kHz,而 NAVTEX 的载波带宽小于 1 kHz。NAVDAT 与 NAVTEX 之间的抗干扰能力不同,在相同的工作条件下与 NAVTEX 比较,NAVDAT 的信噪比降低了 10 倍,抗干扰能力更差。因此 NAVDAT 的覆盖范围将小于当前的 NAVTEX 的覆盖范围。

2016 年,NAVDAT 实验系统在中国正式启动,该系统部署在上海、舟山及巡逻船上。① 2016—2017 年,中国又相继进行了大量实验。测试系统采用了高性能的低密度奇偶检验码(Low Density Parity Check Code, LDPC),有效地降低了信号解调所需的信噪比的阈值,提高了接收性能,这对于 NAVDAT 系统扩大覆盖范围也起到了积极的作用。

2016 年 12 月,日本向 COMSAR 提交了信息提案②,对 NAVDAT 的覆盖范围进行了评估。该信息提案提到,在新加坡沿岸进行了覆盖范围评估,NAVDAT 覆盖范围为 24~351 n mile, NAVTEX 覆盖范围为 228~724 n mile。在哥本哈根沿岸也进行了覆盖范围的评估,NAVDAT 覆盖范围为 112~444 n mile, NAVTEX 覆盖范围为 434~824 n mile。从评估结果来看,NAVDAT 的覆盖范围偏小,尤其在赤道附近地区。纵然 NAVDAT 能够提供更多信息,通信速率也是 NAVTEX 的 300 倍,但很难达到和 NAVTEX 相近的覆盖范围,暂时无法达到 GMDSS 现代化技术的需求。另外,在前期的测试中还反映出这样的问题,NAVDAT 抗干扰能力弱,想让 NAVDAT 系统达到更高的水平,更好地为

① NCSR 5/INF. 8. Prediction of NAVDAT Coverage And Related Tests[R]. IMO, 2017.

② NCSR 4/INF. 11. Evaluation of the Coverage of NAVDAT[R]. IMO, 2016.

GMDSS 服务，需要先解决该问题。总之，目前按照日本的测试结果，NAVDAT 无法实现高质量地对 A2 海区覆盖，暂时缺乏运用到 GMDSS 中的条件。

四、《海上数字广播系统技术要求》

在国内，由交通运输信息通信及导航标准化技术委员会提出并归口，交通运输部东海航海保障中心、上海埃威航空电子有限公司正在联合起草了中华人民共和国交通运输行业标准《海上数字广播系统技术要求》（简称《要求》）。

《要求》从系统组成、各子系统的功能入手对 NAVDAT 提出了中国版性能标准。《要求》中提到，NAVDAT 系统应至少包括 5 个子系统，即信息和管理系统（SIM）、岸基网络、岸基播发台、传输信道和船载接收机。其中，信息和管理系统的主要功能是收集和控制各类信息；创建需传输的消息文件；根据文件的优先级和重复需求创建发射序列；监测岸基播发台工作状态和播发质量；控制岸基播发台工作参数。岸基网络的功能是确保消息文件和监控数据在 SIM 和岸基播发台之间的传输。岸基播发台的功能包括接收来自 SIM 的消息文件；将消息文件转换成 OFDM 信号；将 RF 信号通过天线辐射，向船舶广播；监测工作状态并向 SIM 上报。传输信道的功能是提供传输 500 kHz 无线电信号。船载接收机的功能是接收无线电信号，并解调 OFDM 信号；重建消息文件；根据消息文件的应用分类，显示消息内容或将消息文件提供给专用设备。

思考与练习

1. GMDSS 现代化是在什么样的背景下进行的？
2. 概述 GMDSS 复审与现代化过程。
3. 在现代化背景下，GMDSS 哪些方面将发生显著变化？
4. 在现代化背景下，海区的概念将发生怎样的变化？
5. 概述 MSDS 的构架及业务。
6. 概述 SafetyNET 及 SafetyNET Ⅱ 的信息流向。
7. 描述 I-4 卫星的位置。
8. 概述铱星网络结构。
9. 在铱星系统中，如果出现卫星故障，网络是如何保障通信的？
10. 国际电信联盟（ITU）发布的《水上移动频段内的 VHF 数据交换系统的技术特性》中，对 VDES 工作特点、系统构成、预期效果做了哪些描述？
11. 简单描述 NAVDAT 的工作框架是什么样的。

附 录

附录一　船舶通信常用术语和缩写（中英文对照）

AAIC——Accounting Authority Identification Code. 计费机构识别码

AIS——Automatic Identification System. 船舶自动识别系统

ALRS——Admiralty List of Radio Signals. 无线电信号表

AMVER——Automated Mutual-Assistance VEssel Rescue system. 船舶互救系统

AOR-E——Atlantic Ocean Region (East), coverage area of Inmarsat satellite. 大西洋东区

AOR-W——Atlantic Ocean Region (West), coverage area of Inmarsat satellite. 大西洋西区

ARCC—Aeronautical Rescue Co-ordination Center. 航空救援协调中心

Bcst——Broadcast. 广播

Baud (bps)— Bits per second (transmission rate). 比特数/秒(发射速率)

BPSK——Binary Phase Shift Keying. 二相相移键控

CES——Coast Earth Station. 海岸地球站,简称岸站

CG——Coastguard. 海岸警卫队

Ch——Channel. 信道或者频道

CRS——Coast Radio Station. 海岸电台或者海岸无线电台

CSS——Co-ordinator Surface Search. 地面(海面)协调搜救协调者

dB——decibels. 分贝

dBW——decibel watts. 分贝瓦

DF——Direction-finding. 测向

DGPS——Diferential Global Position System. 差分全球定位系统

Distress Alerting ——遇险报警

Distress Call——遇险呼叫

Distress Phase——遇险阶段

Distress-Priority Request Message——遇险优先等级请求信息

DSC——Digital Selective Calling system. 数字选择性呼叫系统

EGC——Enhanced Group Calling. 增强群呼

EPIRB——Emergency Position-Indicating Radio Beacon. 紧急无线电示位标

ETA——Estimated Time of Arrival. 预计抵达时间

ETD——Estimated Time of Departure. 预计离开时间

F3E——Telephony using frequency modulation. 调频电话

Fax——Facsimile. 传真

FEC——Forward Error Correction. 前向纠错

FM——Frequency Modulation. 调频

FSK——Frequency Shift Keying. 频移键控

FTP——File Transfer Protocol. 文件传输协议

Fx——Frequency. 频率

General communications——常规通信

GEOSAR——Geostationary Orbiting Search And Rescue satellite system. 静止轨道搜救卫星系统

Geostationary-Satellite Orbit——The orbit of a geosynchronous satellite. 地球同步卫星轨道

GHz——Gigahertz. 千兆赫兹

GMDSS——Global Maritime Distress and Safety System. 全球海上遇险与安全系统

GMT——Greenwich Mean Time. 格林尼治标准时间

GNSS——Global Navigation Satellite System. 全球导航卫星系统

GPS——Global Positioning System. 全球定位系统

GT——Gross Tonnage. 总吨位,总吨

H3E——Telephony:single sideband, full carrier. 单边带全载波无线电话

HF——High Frequency (3 to 30 MHz). 高频(3~30 MHz)

HJ——Day service only. 仅白天服务

HN——Night service only. 仅夜间服务

HSD——High Speed Data. 高速数据

HX——No specific hours or fixed intermittent hours. 没有特定的时间或者固定的间隔时间

IAMSAR——International Aeronautical and Maritime Search And Rescue manual. 国际航空及海上搜救手册

ICAO——International Civil Aviation Organization. 国际民用航空组织

ID——Identity code. 识别码

IHO——International Hydrographic Organization. 国际航道组织

IMN——Inmarsat Mobile Number. 国际移动卫星系统移动站识别码

IMO——International Maritime Organization. 国际海事组织

Inmarsat —International Maritime Satellite System(Organization). 国际海事卫星系统(组织)

Inmarsat —International Mobile Satellite System(Organization). 国际移动卫星系统(组织)

IOR——Indian Ocean Region. 印度洋区

ISPS——International Ship and Port Facility Security. 国际船舶和港口设施保安规则

ISSC——International Ship Security Certificate. 国际船舶保安证书

ITU——International Telecommunication Union. 国际电信联盟

J3E——Telephony using amplitude modulation:single sideband, suppressed carrier. 用幅度调制的无线电话:单边带,抑制载波

JRCC——Joint Rescue Co-ordination Center. 联合搜救协调中心

kHz——Kilohertz. 千赫,千赫兹

kW——Kilowatt(s). 千瓦

LEO——Low Earth Orbit. 低高度地球轨道

LES——Land Earth Station. 陆地地球站(简称地面站)

LRIT—Long Range Identification and Tracking. 船舶远程识别与跟踪系统

LT——Local Time. 本地时间

LUT——Local User Terminal. 本地用户终端

Maritime mobile-satellite service——海上移动卫星业务

Maritime mobile service——海上移动业务

MCC——Mission Control Center. 任务控制中心

MES——Mobile Earth Station. 移动地球站(简称移动站)

METAREA——METeorological AREA. 气象区域

MF——Medium frequency. 中频

MHz——Megahertz. 兆赫

MID——Maritime Identification Digits. 海上识别数字

MMSI——Maritime Mobile Service Identity code. 海事移动业务识别码

MOB——Man Over Board. 人员落水

MRCC——Maritime Rescue Coordination Center. 海事搜救协调中心

MRSC——Maritime Rescue Coordination Sub-Center. 海事搜救协调分中心

MSI——Maritime Safety Information. 海上安全信息

National Hydrographic Office——国家航道局

National Meteorological Office——中国气象局

NAVAREA——NAVigational AREA 航行警告区

NAVTEX——Narrow-Band DirecT-Printing telegraphy system for transmission of navigational and meteorological warnings and urgent informationto ships. This service uses Medium Frequency and has a range of around 200 n mile. 使用窄带直接印字电报系统用来向船舶发送航行和气象警告以及紧急信息。该业务使用中频，并且覆盖范围约 200 n mile

NCC——Network Control Center. 网络控制中心

NCS——Network Co-ordination Station. 网络协调站

NM——Notice to Mariners. 航海通告

n mile——International nautical mile. 海里

NP——Nautical Publication. 航海出版物

OCC——Operations Control Center (for Inmarsat). 操作控制中心

Ofcom——Office of Communication. 通信室

On-scene communications——现场通信

OSC——On-Scene Coordinator. 现场协调者

PLB——Personal Locator Beacon. 个人定位示位标

Polar Orbiting Satellite Service——极轨道卫星业务

POR——Pacific Ocean Region. 太平洋区

PSTN——Public Switched Telephone Network. 公共电话交换网

Port Operations Service——港口作业业务

Public Correspondence——公众通信

RCC——Rescue Coordination Center. 搜救协调中心

RR——ITU Radio Regulations. 国际电信联盟无线电规则

RSC——Rescue Sub-Center. 搜救分中心

RT——Radio Telephony. 无线电话通信

SAR——Search And Rescue. 搜救

SARSAT——Search And Rescue Satellite Aided Tracking. 搜救卫星系统

SART——Search And Rescue Transponder. 搜救应答器

Search And Rescue (SAR) region——搜救区域

SES——Ship Earth Station. 船舶地球站，简称船站

Ship station——船舶电台，简称船台

Single frequency——单频

SOLAS——The International Convention on the Safety Of Life at Sea 1974 . 1974 年国际海上人命安全公约

SRR——Search and Rescue Region. 搜救区域

SSAS—Ship Security Alert System. 船舶保安报警系统

SSB——Single Side Band. 单边带

Survival craft——救生艇筏
TLX —Telex. 电传
Tx——Transmitter;Transmission. 发射机,发送
UHF——Ultra High Frequency (300 to 3 000 MHz). 特高频(300~3 000 MHz)
USCG——United States Coast Guard. 美国海岸警卫队
UT——Universal Time. 格林尼治时,国际标准时间
UTC——Coordinated Universal Time. 世界协调时
VHF——Very High Frequency (30 to 300 MHz). 甚高频(30~300 MHz)
VTS——Vessel Traffic Service. 船舶通航服务
WMO——World Meteorological Organization. 世界气象组织
WWNWS——World-Wide Navigational Warning Service. 全球航行警告服务

附录二 综合练习题

附录 2.1 GMDSS 系统概述练习题

附录 2.1.1 GMDSS 的基本概念练习题

有关“GMDSS 的定义与概念;GMDSS 的功能与作用;GMDSS 海区的定义;GMDSS 在各海区遇险报警的方式”等部分内容。

1. GMDSS 的中文名称是________。

   A. 全球海上遇险和安全系统　　B. 全球遇险和安全系统

   C. 全球海上遇险紧急系统　　D. 全球移动遇险和安全系统

2.《SOLAS 公约 1988 年修正案》第四章题目是________。

   A. 移动通信　　B. 无线电通信

   C. 遇险通信　　D. 紧急通信

3. 开始引入 GMDSS 的日期是________。

   A. 1992 年 1 月 1 日　　B. 1999 年 1 月 1 日

   C. 1992 年 2 月 1 日　　D. 1999 年 2 月 1 日

4. GMDSS 全面实施的生效日期是________。

   A. 1992 年 1 月 1 日　　B. 1999 年 1 月 1 日

   C. 1992 年 2 月 1 日　　D. 1999 年 2 月 1 日

5.《SOLAS 公约 1988 年修正案》有关 GMDSS 条款适用于________。

   A. 所有超过 300 总吨的货船　　B. 国际航线上航行的所有客船

   C. 所有在海上作业的船舶　　D. A 和 B

6. 在 GMDSS 系统中,船舶遇险的救助应以________为核心,岸上和遇险船舶附近的船舶共同的救助。

   A. 周围的船舶　　B. 岸基搜救协调中心

   C. 搜救船舶　　D. 自我救助

7. 除下面________选项外,其他的选项内容都是 GMDSS 的基本概念。

   A. 防海盗

   B. 遇险船舶能够迅速向 RCC 或者附近的船舶报警

   C. 在 RCC 协调下,岸上救助力量和附近船舶以最短的时间延迟迅速投入救助

   D. 播发和接收海上安全信息,防止海难事故发生

8. GMDSS 建立的目的是________。

A. 遇险船舶能够迅速向 RCC 或者附近的船舶报警
B. RCC 协调救助
C. 岸上救助力量和附近船舶参与救助
D. A+B+C

9. 下面哪一说法不正确? ________。
A. GMDSS 仅是一个全球遇险报警系统
B. GMDSS 能够播发海上安全信息
C. 驾驶台与驾驶台通信是 GMDSS 的一个功能
D. GMDSS 能使遇险船舶可靠地报警

10. GMDSS 最重要的功能是保证________。
A. 常规无线电通信　　B. 遇险船舶的可靠通信
C. 驾驶台与驾驶台通信　　D. 播发海上安全信息

11. GMDSS 中遇险报警指________。
A. 船对岸的报警　　B. 船对船的报警
C. 岸对船的报警　　D. A+B+C

12. GMDSS 中,岸到船的报警一般指________。
A. 船台向 RCC 报警　　B. 船台与岸上通信
C. RCC 向船台转发报警　　D. 船台向船台报警

13. GMDSS 中,遇险报警可在________个方向上进行。
A. 1　　B. 2
C. 3　　D. 4

14. 在船舶驾驶台指挥位置附近,为了船舶航行安全使用 VHF 进行的通信是________。
A. 日常通信　　B. 遇险通信
C. 现场通信　　D. 驾驶台与驾驶台通信

15. 下面哪一项通信不属于 GMDSS 的通信功能? ________。
A. 现场通信　　B. 遇险报警
C. 导航　　D. 常规通信

16. 搜救协调中心(RCC)通过卫星地面站向船舶转发的遇险信息是________报警。
A. 船到岸　　B. 船到船
C. 岸到船　　D. A、B、C 都是

17. 遇险现场通信通常是________和________之间的通信。
A. 遇险船;LES　　B. 遇险船;RCC
C. 遇险船;岸台　　D. 遇险船;现场搜救部门

18. 具有 VHF DSC 报警与值守功能的 VHF 海岸电台覆盖区域是________。
A. A1 海区　　B. A2 海区
C. A3 海区　　D. A4 海区

19. GMDSS 中的 A2 海区是指________。

A. 南北纬 70°之内的广阔区域

B. 一个中频海岸电台覆盖区,在该海区遇险船舶能够实现船到岸 MF DSC 报警,不包括 A1 海区

C. Inmarsat 静止卫星覆盖区

D. 具有 DSC 报警功能的 HF 海岸电台覆盖区

20. GMDSS A3 海区是指________。

A. 除 A1 海区外的 MF 海岸电台覆盖区

B. 经认可的移动卫星覆盖区

C. 除 A1、A2 海区外的经认可的移动卫星覆盖区

D. 具有 DSC 报警功能的 HF 海岸电台覆盖区

21. 关于 A4 海区,下列哪项描述最正确? ________。

A. 基本为南北纬 70°以上的两极附近海区

B. 除 A1、A2、A3 海区以外的海区

C. 此海区可以使用 HF DSC 进行船到岸遇险报警

D. A+B+C

22. 在当前的 GMDSS 系统中,依照岸基设施的通信覆盖,划分为________海区。

A. 16 个　　B. 4 个

C. 3 个　　D. 2 个

23. Inmarsat 卫星基本覆盖 ________。

A. 两极地区　　B. A1 海区+A2 海区

C. A1 海区+A2 海区+A3 海区　　D. A3 海区

24. 在 A1 海区能实现船到岸遇险报警的方式是________。

A. VHF DSC　　B. 406 MHz EPIRB

C. SART　　D. A+B

25. 船舶在 A2 海区搁浅遇险,最好先选用________方式报警。

A. MF DSC　　B. 406 MHz EPIRB

C. HF DSC　　D. SART

26. 在 A3 海区,船舶实现船到岸遇险报警的设备是________。

A. MF DSC　　B. Inmarsat SES

C. 406 MHz EPIRB　　D. B 或 C

27. 船舶在 A3 海区遇险,需要附近船舶援助,向 RCC 发出遇险报警的同时,应考虑使用________设备向附近的船舶发送遇险报警。

A. 406 MHz EPIRB　　B. MF DSC

C. VHF DSC　　D. B 和 C

28. 在 A4 海区,船舶实现船到岸遇险报警的设备是________。

A. MF DSC 设备　　B. Inmarsat SES

C. 406 MHz EPIRB D. B 或 C

29. 航行于________海区的船舶不能用 Inmarsat 系统完成通信。

A. A4 B. A3

C. A2 D. A1

30. 在任何海区都能实现船到岸报警的设备是________。

A. MF DSC 设备 B. 406 MHz EPIRB

C. Inmarsat SES D. VHF DSC

附录 2.1.2 GMDSS 的通信系统练习题

有关“GMDSS 通信系统的组成;地面通信系统与作用;Inmarsat 通信系统及作用;定位寻位系统及作用;海上安全信息播发系统及作用”等部分内容。

31. GMDSS 由哪些通信系统组成? ________。

①卫星通信系统;②数字选择性呼叫系统;③海上安全信息系统;④紧急无线电示位标系统;⑤搜救雷达应答器系统

A. ①②③④⑤ B. ①②③

C. ①②④ D. ①②③④

32. 目前,________不属于 GMDSS 系统。

A. 气象传真系统 B. Inmarsat 系统

C. MSI 系统 D. DSC 系统

33. 下面________不是 GMDSS 使用的通信技术。

A. EGC B. DSC

C. INTERNET D. NAVTEX

34. 下面几项业务中,哪一项不是地面通信系统的业务? ________。

A. 远距离业务 B. EGC 业务

C. 中距离业务 D. 近距离业务

35. 中频无线电话遇险和安全通信频率是________。

A. 2 187.5 kHz B. 2 182 kHz

C. 2 174.5 kHz D. 2 177 kHz

36. 中频无线电传遇险和安全通信频率是________。

A. 2 187.5 kHz B. 2 182 kHz

C. 2 174.5 kHz D. 2 177 kHz

37. 中频 DSC 遇险和安全呼叫频率是________。

A. 2 187.5 kHz B. 2 182 kHz

C. 2 174.5 kHz D. 2 177 kHz

38. VHF 无线电话遇险和安全通信信道是________。

A. VHF CH06 B. VHF CH16

C. VHF CH13 D. VHF CH70

39. VHF DSC 呼叫信道是________。

A. VHF CH06
B. VHF CH16
C. VHF CH13
D. VHF CH70

40. 航行于________海区的船舶不能用 Inmarsat 系统完成通信。

A. A1
B. A2
C. A3
D. A4

41. 下列哪一个不是 Inmarsat 提供的业务？________。

A. 电话、数据传输
B. SSB、NBDP
C. 传真、EGC
D. ISDN、MPDS

42. 下面哪一项不属于国际移动卫星通信系统的组成部分？________。

A. 网络协调站(NCS)
B. 地面站(LES)
C. 移动站(MES)
D. 本地用户终端(LUT)

43. COSPAS-SARSAT 系统的作用是________。

A. 提供卫星通信服务
B. 提供单边带通信服务
C. 接收和转发 EPIRB 报警信号,并测定报警船舶位置
D. 提供海上安全信息播发

44. COSPAS-SARSAT 系统船上设备是________。

A. NAVTEX
B. EPIRB
C. DSC
D. SART

45. 哪一个不是 COSPAS-SARSAT 系统的组成？________。

A. MCC
B. SART
C. EPIRB
D. LUT

46. 在 A3 航区播发航行警告主要靠________系统实现。

A. Inmarsat EGC
B. MF/SSB
C. NAVTEX
D. MF DSC

47. 海上安全信息系统,主要由________组成。

A. NAVTEX 和移动卫星 EGC 系统
B. NAVTEX 和气象传真
C. Inmarsat FB 船站
D. DSC

48. GMDSS 中,不能用________设备接收气象信息。

A. NAVTEX
B. SSB 终端
C. EGC 接收机
D. DSC 终端

49. A3 航区的航行警告主要通过________播发。

A. 经认可的移动卫星 EGC 系统
B. MF/SSB
C. NAVTEX
D. MF DSC

50. A4 航区的航行警告主要通过________播发。

A. Inmarsat SafetyNET
B. HF/NBDP

C. NAVTEX　　D. MF DSC

附录2.1.3　GMDSS的设备配备要求练习题

有关"GMDSS设备配备的原则;GMDSS设备的基本配备;GMDSS设备附加配备的要求;船舶航行A1海区设备配备的要求;船舶航行A2海区设备配备的要求;船舶航行A3或A4海区设备配备的要求;GMDSS设备维修要求"等内容。

51. GMDSS船舶设备配备、维修方案有________。
A. 海上维修　　B. 岸基维修
C. 双套设备　　D. A+B+C

52. 下面哪一项是航行在A1和A2海区的GMDSS船舶的选择?________。
A. 海上维修　　B. 岸基维修
C. 双套设备　　D. 以上方案的任何一项

53. 下面哪一项是航行在A3和A4海区的GMDSS船舶的选择?________。
A. 海上维修　　B. 岸基维修
C. 双套设备　　D. 以上方案的任何两项组合

54. GMDSS船舶的无线电设备配备依据________。
A. 船舶吨位　　B. 船舶航行的海区
C. 各国配备规范　　D. 船舶动力装置的功率

55. 航行在________海区的船舶需要增配HF设备或者MES设备,或者是它们之间的组合。
A. A1海区　　B. A2海区
C. A3海区　　D. A4海区

56. 不是GMDSS船舶基本配备的设备是________。
A. NAVTEX接收机和406 MHz EPIRB　　B. SART和AIS-SART
C. Inmarsat MES和MF/HF设备　　D. VHF/VHF DSC

57. GMDSS船舶无线电设备的基本配备是________。
A. VHF设备(具有DSC功能和VHF CH70值守机)
B. SART(或者AIS-SART)和406 MHz EPIRB
C. NAVTEX接收机
D. A+B+C

58. GMDSS船舶应配备________频段雷达。
A. 9 GHz　　B. 1.6 GHz
C. 6 GHz　　D. 4 GHz

59. 下面哪一个证书不是GMDSS所要求的?________。
A. 通用操作员证书　　B. 限用操作员证书
C. 无线电报务员　　D. 一级/二级无线电电子证书

60. 仅在A1海区航行的GMDSS船舶,需要配备的无线电持证人员的最低标准是________。

A. 不需要配备无线电人员

B. 需要配备 1 名持有任何种类的 GMDSS 无线电证书的人员

C. 需要配备 2 名持有任何种类的 GMDSS 无线电证书的人员

D. 需要配备 1 名持有通用操作员及以上证书的 GMDSS 无线电证书的人员

61. 对于航行在 A1 海区以外的 GMDSS 船舶,需要配备的无线电持证人员的最低标准是________。

A. 不需要配备无线电人员

B. 需要配备 1 名持有任何种类的 GMDSS 无线电证书的人员

C. 需要配备 2 名持有任何种类的 GMDSS 无线电证书的人员

D. 需要配备 1 名持有通用操作员或者一级(或者二级)无线电电子证书的人员

62. 在 GMDSS 中救生艇至少应配备________。

A. 救生艇电台、手持式 VHF

B. MF 无线电设备

C. 便携双向 VHF 无线电话(至少包括 CH16、CH06)

D. 406 MHz EPIRB

63. A4 海区船舶必须增配的设备是________。

A. HF 无线电设备　　B. NAVTEX 与 EGC

C. MF DSC 值守机　　D. Inmarsat 移动站

64. 500 总吨以上的货船至少配备________台双向 VHF 无线电话通信设备。

A. 2　　B. 3

C. 4　　D. 5

65. 300~500 总吨的货船至少配备________台双向 VHF 无线电话通信设备。

A. 2　　B. 3

C. 4　　D. 5

66. 目前下列________设备不满足 GMDSS 要求。

A. Inmarsat C 船站　　B. Inmarsat SES

C. VSAT　　D. 406 MHz EPIRB

附录 2.1.4　GMDSS 的通信程序与规定练习题

有关"GMDSS 的通信功能;GMDSS 通信程序;优先等级及规定;GMDSS 误报警发生后的处理规定;GMDSS 设备误报警的取消"等内容。

67. 当一船接收到附近船舶的遇险呼叫,下面哪一做法不妥? ________。

A. 继续本船的通信

B. 立即终止可能造成干扰的通信

C. 注意在有关遇险频率上守听

D. 如果能提供救助,立即联系 RCC 和遇险船

68. 船对船中频 DSC 遇险报警的有效距离大约是 ________。

A. 50 n mile　　B. 200 n mile

C. 400 n mile　　D. 800 n mile

69. GMDSS 船舶遇险时,依据当时遇险情况,可向________报警或者(和)向________报警。

A. RCC　　B. 附近船舶

C. 公海船舶　　D. A+B

70. 在 A1 海区实现船对岸遇险报警通常采用________。

A. VHF DSC 设备　　B. HF DSC 设备

C. MF/HF DSC 设备　　D. MF DSC 设备

71. 在 A2 海区实现船对岸遇险报警通常可采用________。

A. VHF DSC 设备　　B. HF DSC 设备

C. MF/HF DSC 设备　　D. MF DSC 设备

72. 在 A4 海区实现船对岸遇险报警通常可采用________。

A. VHF DSC 设备　　B. HF DSC 设备

C. MF/HF DSC 设备　　D. MF DSC 设备

73. A3 海区船舶遇险报警可使用________实现船到岸报警。

A. Inmarsat 设备　　B. HF DSC

C. EPIRB　　D. A+B+C

74. 近距离 DSC 遇险报警和安全呼叫信道为________。

A. CH70　　B. CH13

C. CH16　　D. CH06

75. GMDSS 通信优先等级分________级。

A. 3　　B. 2

C. 4　　D. 6

76. GMDSS 遇险通信优先等级为________。

A. P=3　　B. P=2

C. P=4　　D. P=0

77. GMDSS 通信中常规通信优先等级为________。

A. P=3　　B. P=2

C. P=4　　D. P=0

78. GMDSS 无线电话紧急信号为________。

A. MAYDAY　　B. PAN PAN

C. SECURITE　　D. URGENT

79. 船舶航行中有船员生病,欲紧急求助医疗指导,通信等级为________。

A. P=3　　B. P=2

C. P=1　　D. P=0

80. 若飞机参与现场通信,一般使用下列哪些频率与船舶建立通信? ________。

A. 3 023 kHz　　B. 4 125 kHz

C. 5 680 kHz　　D. 以上都是

81. 船舶发出遇险报警后判明本船的遇险事件可控,不需他方援助时,应________。

A. 尽快向船公司通告,不需援助或暂缓采取行动

B. 尽快向 RCC 和附近的船舶通告,不需援助或暂缓采取行动

C. 尽快向主管机关通告,不需援助或暂缓采取行动

D. 不需要通告

82. 船舶遇险通信的责任人是________。

A. 船长　　B. 大副

C. 二副　　D. 遇险通信者

83. 下述哪种情况下需要遇险转发? ________。

A. 确认遇险船没有发出遇险报警

B. 救助船救助能力不够,需要其他船舶增援救助

C. HF 波段上收到 DSC 报警,本船不能救助,海岸电台对遇险呼叫 5 min 还没有应答

D. 以上三种情况,可以考虑遇险转发

84. 弃船后应执行的通信步骤为________。

A. 启动 EPIRB　　B. 开启 SART

C. 开启 VHF 无线电话设备　　D. A、B、C 步骤都需要执行

85. 关于国际海事组织(IMO)对避免误报警的要求,叙述不正确的一项是________。

A. 在 EPIRB 被损坏不再使用时,可以随意处理

B. 把如何使用 GMDSS 应急设备作为“弃船训练”内容的一部分

C. GMDSS 设备的实验或者训练要防止误发遇险报警

D. 在发生误报警后,船舶应用可能的手段与有关 RCC 通信,以取消误报警

86. 下列哪一个设备不能发遇险报警? ________。

A. EPIRB　　B. NAVTEX

C. Inmarsat 设备　　D. DSC 设备

87. 关于在 VHF DSC CH70 误发 DSC 遇险报警后的取消程序,下面哪一项描述不正确? ________。

A. 在 VHF CH16 信道上播发取消误报警的通告

B. 在 VHF CH20 信道上播发取消误报警的通告

C. 在 VHF CH16 信道上收听,有船呼叫及时做出应答

D. 通知所在海域 RCC

88. 在 MF 2 187.5 kHz 误发 DSC 遇险报警后的取消程序,下面哪一项描述不正确? ________。

A. 在 MF 2 182 kHz 上播发取消误报警的通告

B. 在 MF 2 177 kHz 上播发取消误报警的通告

C. 在 MF 2 182 kHz 上收听,有船呼叫及时做出应答

D. 通知所在海域 RCC

89. 在 HF 波段上误发 DSC 遇险报警后的取消程序,下面哪一项描述不正确? ________。

A. 在 HF 相应的无线电话或者无线电传遇险和安全专用频率上播发取消误报警的通告

B. 可不用播发取消误报警的通告

C. 在 HF 相应的无线电话或者无线电传遇险和安全专用频率上收听,有船呼叫及时应答和解释

D. 通知所在海域 RCC

90. 使用 Inmarsat C 船站发送取消误发遇险报警电文,下面哪一项描述不正确? ________。

A. 编辑取消遇险报警的电文

B. 在发射界面选择遇险优先等级

C. 发送到船公司

D. 在发射界面选择误报警

91. Inmarsat C 船站发生误遇险报警时,下面哪一项描述不正确? ________。

A. 立即关机

B. 不要立即关机

C. 与相关 RCC 联系并做出解释

D. 报告船长,采取措施,消除影响

92. EPIRB 发生误遇险报警时,下面哪一项描述不正确? ________。

A. 立即停止 EPIRB 的报警

B. 与所在海区的 RCC 联系,取消本船的遇险报警信息

C. 等 RCC 与你船联系时,再做出解释

D. 报告船长,采取措施,消除影响

93. RCC 的相关联系方式在《无线电信号表》第________卷中查找。

A. 五

B. 四

C. 三

D. 二

94. 在国际海事组织(IMO)的避免误报警指南(IMO A. 814-19 条款)中,下面哪一条没有提到? ________。

A. 负责遇险通信人员要向全体船员介绍如何正确使用 GMDSS 设备发送遇险报警

B. GMDSS 应急设备应作为“弃船训练”内容的一部分

C. 安装卫星 EPIRB 应该由有技术资格的工程技术人员进行

D. 卫星 EPIRB 的遇险报警是船舶首先考虑的报警手段

95. 下述哪一频率不是 DSC 进行遇险和安全呼叫时所采用的频率? ________。

A. 8 414. 5 kHz

B. 16 804. 5 kHz

C. 156. 525 kHz

D. 2 182 kHz

96. 下述哪一频率是 MF DSC 进行遇险和安全呼叫时所使用的频率? ________。

A. 2 182 kHz　　B. 2 174.5 kHz

C. 156.8 MHz　　D. 2 187.5 kHz

97. DSC 终端 MF/HF 频段共有________遇险呼叫频率。

A. 7 个　　B. 6 个

C. 5 个　　D. 4 个

98. MF 频段无线电话的遇险通信频率是________。

A. 2 174.5 kHz　　B. 2 187.5 kHz

C. 2 182 kHz　　D. 2 177.0 kHz

99. CCIR 规定了 34 个 DSC 专用国际信道,其中用于船舶间呼叫的频率是________。

A. 2 182 kHz　　B. 2 187.5 kHz

C. 2 174.5 kHz　　D. 2 177 kHz

100. 船台在 MF 上收到 DSC 遇险呼叫后,应________。

A. 马上转发

B. 不得转发

C. 在 1 min 内没有岸台应答的情况下,船台给予转发

D. 在 3 min 内没有岸台应答的情况下,船台给予转发

101. DSC 遇险呼叫序列中不包括________。

A. 遇险船名　　B. 遇险时间

C. 遇险位置　　D. 后续通信方式

102. 遇险地址来不及编辑,发射信号中地址用________。

A. 5 个 01 字符表示　　B. 10 个 9 表示

C. 4 个 8 表示　　D. 9 个 9 表示

103. 利用 MF/HF 无线电设备进行的遇险通信通常采用________ 进行。

A. NBDP　　B. DSC

C. 无线电话　　D. 无法确定

104. MF/HF 组合电台的遇险呼叫有________方式。

A. 单频呼叫　　B. 单频呼叫和多频呼叫

C. 多频呼叫　　D. 单台呼叫

105. 在 VHF/MF/HF 遇险通信方式和遇险通信频率应如何确定? ________。

A. 根据遇险呼叫电文的后续通信方式确定随后通信方式

B. 选择与 DSC 呼叫频率同波段的遇险通信专用频率

C. A 和 B

D. 没有规定,可随意选择随后通信方式和频率

106. “SEELONCE MAYDAY”的含义是________。

A. 遇险结束　　B. 请不要干扰遇险通信

C. 遇险收妥　　D. 遇险转发

107. 遇险通信时要用________个遇险信号引导。

A. 1　　B. 2

C. 3　　D. 4

108. 救助船舶在前往遇险船救助时________。

A. 可用无线电话进行遇险收妥确认　　B. 等待指示

C. 不用确认　　D. 不用通信

109. 无线电话遇险信号是________。

A. PAN PAN　　B. MAYDAY

C. URGENCY　　D. SECURITE

110. 在 VHF CH70 信道上接收到一个 DSC 遇险呼叫,下面哪一项描述不正确? ________。

A. 接收到遇险呼叫立即转发

B. 如果不是在 A1 海区,附近接收到遇险呼叫的一船舶应先发送一 DSC 遇险收妥

C. 遇险船转到 VHF CH16 信道上进行遇险通信

D. 尽快通告所在海域 RCC,并在该 RCC 协调下进行遇险救助

111. 关于遇险收妥,下面哪一项描述不正确? ________。

A. 如果是在某一海岸电台覆盖的区域,应由该区域的海岸电台进行遇险收妥

B. 附近的船台不能收妥

C. DSC 遇险收妥是对所有船的呼叫

D. 遇险收妥后用可能的通信设备通知 RCC

112. 在 MF 2 187. 5 kHz 上接收到一个 DSC 遇险呼叫,下面哪一项描述不正确? ________。

A. 接收到遇险呼叫立即转发

B. 如果不是在 A1、A2 海区,附近接收到遇险呼叫的一条船舶要发送一遇险收妥

C. 遇险船和救助船一般转到 MF 2 182 kHz 上进行遇险通信

D. 如果遇险呼叫后续通信方式为无线电传,应转到 MF 2 174. 5 kHz 上用 NBDP 方式进行遇险通信

113. 在 HF 上接收到一个 DSC 遇险呼叫,下面哪一项描述不正确? ________。

A. 可以向 RCC 或者海岸电台或者所有台转发遇险呼叫

B. 如果是在遇险船附近,尽快联系遇险船,提供救助

C. 遇险船和收到遇险报警船舶应转到 DSC 报警同波段的无线电话或者无线电传遇险和安全频率上进行遇险通信

D. 如果遇险通信能够正常进行,就不要通知 RCC

114. 关于无线电话的遇险收妥,下面哪一项描述不正确? ________。

A. 船舶在进行了 DSC 遇险收妥后,就不需要无线电话的遇险收妥

B. 附近船舶在前往遇险地点救助前,如可能,应向遇险船用无线电话进行遇险收妥和确认

C. 无线电话的遇险收妥确认,可以包括救助船预计抵达救助现场的 ETA 等内容

D. 无线电话的遇险收妥和 DSC 方式的遇险收妥作用是不一样的

115. 关于 DSC 遇险转发,下面哪一项描述不正确? ________。

A. 可以向所有台转发

B. 不可以向一个台转发

C. 接收到 MF、VHF DSC 遇险呼叫的船舶不允许进行转发

D. 接收到 HF DSC 遇险呼叫的船舶可以进行转发

116. 船舶接收到海岸电台的遇险转发,下面哪一项描述不正确? ________。

A. 应主动和海岸电台联系,收妥遇险转发

B. 与遇险船建立联系

C. 不需要收妥

D. 和该海域 RCC 保持联系,及时通报搜救进程

117. 关于遇险现场通信,下面哪一项描述不正确? ________。

A. 可使用 VHF CH16 或者(和)MF 2 182 kHz

B. 遇险通信由遇险现场指挥者负责指挥和控制

C. 遇险现场通信仅可以使用无线电话,不可以使用电传

D. 要开启 SART

118. 用无线电话方式要求停止干扰遇险通信,应发送信号________。

A. SEELONCE MAYDAY　　B. MAYDAY

C. SILENCE MAYDAY　　D. 以上都是

119. 无线电话安全信号为________。

A. MAYDAY　　B. PAN PAN

C. SECURITE　　D. URGENCY

120. 船上人员落水失踪,要求所在海域船舶注意瞭望救助,下面说法不正确的是________。

A. 编发一个海区呼叫或者所有船呼叫

B. 优先等级为紧急

C. 优先等级为安全

D. DSC 呼叫后,再在约定的方式和频率上播发人员落水通告

121. 发现不明漂流物,要求所在海域船舶注意瞭望避让,下面哪项描述不正确? ________。

A. 编发一个海区呼叫或者所有船呼叫

B. 优先等级为紧急

C. 优先等级为安全

D. DSC 呼叫后,再在约定的方式和频率上播发 N/W

122. DSC 测试呼叫,优先等级应选择________。

A. URGENCY　　B. SAFETY

C. ROUTINE　　D. GENERAL

123. 下述哪种情况下的通信为紧急通信？________。
①船员严重疾病;②机器严重故障;③人员落水;④气象突变;⑤灯塔故障
A. ①②③④　　B. ①③④⑤
C. ①②③　　D. ②③④
124. 在无线电话的遇险收妥确认中,正确的收妥顺序为________。
①遇险船名或其他识别三遍;②MAYDAY 一遍;③This is 字样(如言语困难,可用 DE)一遍;④承认遇险收妥船名或其他识别三遍;⑤“RECEIVED MAYDAY”;⑥有关救助的其他信息
A. ①②③④⑤⑥　　B. ②①③④⑤⑥
C. ②①③⑤④⑥　　D. ①②③⑤④⑥
125. CCIR 指配用于遇险、安全等一些重要信道,收发频率相同,它们可以用于________。
A. 船船间通信　　B. 船岸间通信
C. A 或 B　　D. 以上都不对
126. GMDSS 的遇险报警至少包含的信息是________。
A. 船位　　B. 船舶的识别码
C. 船舶的遇险性质　　D. A+B
127. 船舶在航行中出现险情,对外发送遇险报警的条件是________。
A. 只要船舶遇险不考虑其他情况　　B. 船舶遇险,并需要紧急救助
C. 快速启动遇险报警按钮　　D. 需征得船公司同意
128. 船舶遇险报警应由________授权才可发射。
A. 驾驶台的高级船员　　B. 主管机关
C. 船长或船长指定责任人　　D. 船公司
129. 遇险现场通信通常使用________。
A. HF 设备的无线电话和电传　　B. Inmarsat 移动站的电话和电传
C. VHF/MF 设备的无线电话　　D. VHF 无线电话和 DSC
130. GMDSS 中,岸到船的遇险报警通常是指________。
A. 海事部门向船舶发送的紧急信息　　B. 船公司向船舶转发遇险报警
C. RCC 向船舶转发遇险报警　　D. 以上全是
131. RCC 在转发船舶遇险报警信息时,为避免大范围的船舶被报警,一般发送________呼叫。
A. 单船　　B. 遇险船
C. 区域　　D. 船队
132. 在遇险报警或遇险电文中,遇险时间采用________。
A. 本地时间　　B. 北京时间
C. 世界协调时　　D. 船时
133. GMDSS 中,遇险报警收妥承认必须________进行。

A. 人工　　　　　　　　　　　　　　　B. 自动
C. 半自动　　　　　　　　　　　　　　D. A/B

134. 通过 Inmarsat C 船站的报文产生器误发报警信息,应向________尽快取消误报警。
A. IMO　　　　　　　　　　　　　　　B. RCC
C. NCS　　　　　　　　　　　　　　　D. LES

135. EPIRB 设备在测试中误发了遇险报警信息,不能用________取消误报警。
A. EPIRB　　　　　　　　　　　　　　B. Inmarsat 设备
C. 地面通信设备　　　　　　　　　　　D. B 和 C

136. 如可能,船舶应将遇险通信的内容________。
A. 只记录发送的时间　　　　　　　　　B. 可不做记录
C. 详细记录　　　　　　　　　　　　　D. 没有要求

137. 遇险时间无效时,报警信号中的时间用________。
A. 5 个 01 字符表示　　　　　　　　　B. 10 个 9 表示
C. 4 个 8 表示　　　　　　　　　　　　D. 9 个 9 表示

附录 2. 1. 5　GMDSS 无线电操作人员适任证书与颁发条件练习题

有关“GMDSS 适任证书管理规定;GMDSS 无线电操作员证书种类;GMDSS 无线电操作员证书颁发的条件与要求;通用操作员证书的条件与要求”等内容。

138. GMDSS 适任证书由________规定。
A.《SOLAS 公约》　　　　　　　　　B.《STCW 公约》
C.《无线电规则》　　　　　　　　　D.《无线电信号表》

139. GMDSS 管理人员证书有________。
A. 一级无线电电子证书、二级无线电电子证书、通用操作员证书、限用操作员证书
B. 一级无线电电子证书、二级无线电电子证书、通用操作员证书、通用报务员证书
C. 一级无线电电子证书、二级无线电电子证书、通用报务员证书、限用操作员证书
D. 通用报务员证书、无线电电子证书、通用操作员证书、限用操作员证书

140. GMDSS 适任证书有________种,国际航线上的船舶至少有________人持有________以上证书。
A. 3;1;一级无线电电子证书　　　　　B. 4;1;通用操作员
C. 2;2;二级无线电电子证书　　　　　D. 4;4;限用操作员证书

141. 在 GMDSS 规则中,下列哪项不是通用操作员的能力要求?________。
A. 掌握英语进行海上通信沟通　　　　B. 具备维修 GMDSS 设备
C. 有效利用 GMDSS 设备进行通信　　D. 了解海上无线电通信相关规则

142. 航行在 A2 海区的船舶必须配备________。
A. 一名持有通用操作员证书的通信设备操作人员
B. 一名持有限用操作员证书的通信设备操作人员
C. 两名持有通用操作员证书的通信设备操作人员

D. 两名持有限用操作员证书的通信设备操作人员

143. 在 GMDSS 规则中,一/二级无线电电子员应具有________能力。

A. 掌握英语进行海上通信沟通　　B. 维修 GMDSS 设备

C. 有效利用 GMDSS 设备进行通信　　D. 以上都是

附录 2.1.6　GMDSS 设备工作的管理与要求练习题

有关“GMDSS 设备工作的一般规定;船舶在航行期间对 GMDSS 设备工作的要求;船舶锚泊时对 GMDSS 设备工作的要求”等内容。

144. 关于我国远洋船舶通信导航设备管理使用人员,下面哪项不包括在内? ________。

A. 一级无线电电子员　　B. 持有通用操作员证书的驾驶员

C. 驾驶台值班水手或者限用操作员　　D. 二级无线电电子员

145. 下面哪一项不是远洋船舶通信导航设备管理使用人员的职责? ________。

A. 负责完成船舶无线电通信工作　　B. 遵守通信纪律

C. 管理使用通信导航设备　　D. 通信导航设备的设计施工

146. 远洋船舶必须强制值守的频率是________。

①121.5 MHz;②2 187.5 MHz;③156.525 MHz;④8 414.5 MHz

A. ①②③　　B. ①②④

C. ②③④　　D. ①③④

147. 关于 GMDSS 船舶在航行期间对设备的工作要求,下列叙述不正确的一项是________。

A. MF DSC 2 187.5 kHz 和 VHF CH70 值守机 24 h 开机值守

B. NAVTEX 接收机和 EGC 接收机要正确设置,以便接收所在海区的 MSI

C. 在 2 182 kHz 上 24 h 值守

D. HF DSC 遇险和安全专用频率值守机要 24 h 开机值守

148. 关于船舶抛锚时对 GMDSS 设备的工作要求,叙述不正确的一项是________。

A. 每天接收气象信息　　B. 停泊期间,可以不接收 N/W 信息

C. 保持 VHF CH70 值守机开机工作　　D. 做好天线电源维护保养

149. 关于船舶在航行期间的要求,描述不正确的一项是________。

A. 开启 VHF DSC CH70 值守机　　B. NAVTEX 和 EGC 接收机可以关闭

C. 开启 MF DSC 2 187.5 kHz 值守机　　D. 开启 HF DSC 遇险和安全值守机

150. 船舶在锚泊时应做的工作是________。

①在 VHF CH70 和 VHF CH16 信道上值守;②每天至少接收一次 MSI;③开航前校对驾驶台天文钟和 GMDSS 相应设备的时钟;④海事卫星移动站可常开,中/高频无线电设备可关闭;⑤关闭海事卫星移动站

A. ①②③④　　B. ②③④⑤

C. ③④①⑤　　D. ④⑤①②

附录 2.2　Inmarsat 系统与业务练习题

（本部分包含《GMDSS 综合业务考试大纲》中“2.1 Inmarsat 组织；2.2 Inmarsat 系统组成；2.3 Inmarsat 系统在 GMDSS 中的作用；2.4 Inmarsat 系统的业务分类及使用的波段；2.5 Inmarsat 两位码业务；2.6 Inmarsat 系统新技术的应用业务”等内容）。

其中：2.2 Inmarsat 系统组成包括：2.2.1 网络控制中心（NCC）；2.2.2 空间段卫星、卫星覆盖区、实现全球通信的基本条件、洋区接续码（电传/电话）；2.2.3 网络协调站（NCS）的识别与作用；2.2.4 Inmarsat 地面站（LES/CES）的识别与作用；2.2.5 Inmarsat 移动站（MES/SES）的识别与作用。

151. 关于“Inmarsat”，下面哪一个描述正确？________。

A. 国际移动卫星组织　　B. 全球星通信系统
C. 北斗卫星系统　　D. 欧星通信系统

152. Inmarsat 组织的总部位于________。

A. 纽约　　B. 巴黎
C. 伦敦　　D. 北京

153. 国际海事卫星系统由________组成。

①MES；②LES；③NCC；④RCC；⑤Satellite；⑥NCS

A. ①②③⑤⑥　　B. ①②④⑤⑥
C. ①②⑤⑥　　D. ①③⑤⑥

154. Inmarsat 通信系统由________组成。

A. 卫星、地面站、移动站、网络协调站、网络控制中心
B. 移动站、海岸电台、卫星、控制中心
C. 卫星、网络协调站
D. 陆地移动电台、移动站、地面站

155. 在 Inmarsat 系统中，协调和控制本洋区通信网的机构是________。

A. NCS　　B. LES
C. SCC　　D. NCC

156. 依据 1 至 3 代 Inmarsat 卫星的覆盖，划分________个洋区。

A. 1　　B. 2
C. 3　　D. 4

157. Inmarsat 卫星的覆盖区分别为________。

①大西洋东区；②太平洋区；③印度洋区；④大西洋西区；⑤北冰洋区

A. ①②③　　B. ①②③④
C. ①②③⑤　　D. ②③④⑤

158. 第 4 代 Inmarsat 卫星的覆盖区分别为________。

①大西洋东区；②太平洋区；③印度洋区；④大西洋西区；⑤北冰洋区

A. ①②③　　B. ①②③④
C. ①②③⑤　　D. ②③④

159. Inmarsat 系统实现全球通信的基本条件是________。
①地面站和移动站同在一个卫星覆盖区;②移动站的定向天线要对准卫星;③在静止轨道上至少要部署 35 786 km 高度静止卫星 3 颗;④要覆盖极地地区
A. ①②③　　B. ①②③④
C. ②③　　D. ②③④

160. Inmarsat 卫星是________轨道卫星。
A. 极　　B. 赤道
C. 低高度　　D. A+B+C

161. Inmarsat 使用的卫星属于________。
A. 静止轨道卫星　　B. 中高度轨道卫星
C. 低高度轨道卫星　　D. 近极轨道卫星

162. Inmarsat 卫星覆盖区为________。
A. 地球表面积的三分之一　　B. 大约南北纬 70°以内的广阔区域
C. 南北纬 70°以外的两极地区　　D. 4 000 km 宽的带状区域

163. Inmarsat 卫星不能覆盖________。
A. 除极地外的 A1 海区　　B. A2 海区+A3 海区
C. 南北纬 70°以外的两极地区　　D. 南北纬 70°间的陆上区域

164. Inmarsat 系统现在电话洋区接续码统一用________。
A. 871　　B. 872
C. 873　　D. 870

165. Inmarsat 系统大西洋东区电传洋区接续码为________。
A. 581　　B. 582
C. 583　　D. 584

166. Inmarsat 系统大西洋西区电传洋区接续码为________。
A. 581　　B. 582
C. 583　　D. 584

167. Inmarsat 系统太平洋区电传洋区接续码为________。
A. 581　　B. 582
C. 583　　D. 584

168. Inmarsat 系统印度洋区电传洋区接续码为________。
A. 581　　B. 582
C. 583　　D. 584

169. Inmarsat 卫星通信系统中,C 船站 IMN 码首位数字为________。
A. 4　　B. 1
C. 7　　D. 3

170. Inmarsat 卫星通信系统中,F 船站的 IMN 码为________。

A. 9 位数字 B. 电话/传真/低速数据前两位为 76

C. 高速数据前两位为 60 D. 以上都是

171. Inmarsat 卫星通信系统中,F 船站电话/传真/低速数据 IMN 码前两位为________。

A. 60 B. 76

C. 00 D. 11

172. Inmarsat 卫星通信系统中,F 船站高速数据 IMN 码前两位为________。

A. 60 B. 76

C. 00 D. 11

173. 当用 Inmarsat F 船站给中国用户打电话时,北京地面站的接续码为________。

A. 868 B. 11

C. 86 D. 85

174. 在 Inmarsat 系统中地面站的作用是________。

A. 直接对卫星进行控制和管理

B. 提供和国际国内用户连接的接口

C. 负责对 Inmarsat 通信网的营运和管理

D. 负责对本洋区通信网的控制和管理

175. 在 Inmarsat 系统中网络协调站的作用是________。

A. 负责对 Inmarsat 卫星的控制和管理

B. 提供和国际国内用户连接的接口

C. 负责对 Inmarsat 通信网的营运和管理

D. 负责对本洋区通信网的控制和管理

176. 在 Inmarsat 系统中网络控制中心的作用是________。

A. 直接对卫星进行控制和管理

B. 提供和国际国内用户连接的接口

C. 负责对 Inmarsat 通信网的营运和管理

D. 负责对本洋区通信网的控制和管理

177. 在 Inmarsat 系统中卫星测控站的作用是________。

A. 直接对卫星进行控制和管理

B. 提供和国际国内用户连接的接口

C. 负责对 Inmarsat 通信网的营运和管理

D. 负责对本洋区通信网的控制和管理

178. 关于 Inmarsat,下面哪一个描述不正确? ________。

A. 国际移动卫星组织 B. 早期主要应用于海上船舶

C. 仅用于卫星报警与通信 D. 现在陆上移动用户也在使用该系统

179. 下面哪一项业务不能由 Inmarsat 系统提供? ________

A. 遇险报警与遇险通信 B. 安全网业务

C. 常规卫星通信　　D. 单边带通信

180. Inmarsat 系统的业务有________。

A. 固定卫星业务

B. 移动卫星业务

C. 固定卫星业务和水上移动卫星业务组成

D. 电传业务和电话业务的结合

181. 在 Inmarsat 系统中,地面站与卫星间的通信称为________。

A. 固定卫星业务

B. 移动卫星业务

C. 固定卫星业务和水上移动卫星业务组成

D. 电传业务和电话业务的结合

182. 在 Inmarsat 系统中,移动站与卫星间的通信称为________。

A. 固定卫星业务

B. 移动卫星业务

C. 固定卫星业务和水上移动卫星业务组成

D. 电传业务和电话业务的结合

183. Inmarsat 通信系统中,提供低速数据业务的船站是________。

A. F 船站　　B. FB 船站

C. C 船站　　D. GX terminal

184. Inmarsat 通信系统中,用于数字电话/高速数据通信的移动站是________。

A. Mini-C 船站　　B. FB 船站

C. C 船站　　D. A+C

185. Inmarsat 通信系统中,船上终端通信速率从低到高的设备依次为________。

A. C 船站、F 船站、FB 船站　　B. C 船站、FB 船站、F 船站

C. FB 船站、F 船站、C 船站　　D. F 船站、C 船站、FB 船站

186. 中国的 RCC 位于________。

A. 上海　　B. 北京

C. 西安　　D. 广州

187. Inmarsat 通信系统设计之初,主要是针对________用户。

A. 航空电台　　B. 海岸电台

C. 海上　　D. LES

188. Inmarsat 卫星通信系统具有________功能。

A. 报警　　B. 通信

C. 海上安全信息播发　　D. A、B、C 均是

189. Inmarsat 系统能实现________。

A. 单边带　　B. 全天候通信

C. 近距离通信　　D. 极地区通信

190. 在 Inmarsat 卫星通信系统中,MES 的工作波段为________。

A. L 波段　　B. C 波段

C. S 波段　　D. X 波段

191. 在 Inmarsat 卫星通信系统中,LES 的工作波段为________。

A. L 波段　　B. C 波段

C. S 波段　　D. X 波段

192. Inmarsat 系统固定卫星业务的上行频率/下行频率为________。

A. 6/4 GHz　　B. 406/156 MHz

C. 1.6/1.5 GHz　　D. 1.5/4 GHz

193. Inmarsat 系统移动卫星业务的上行频率/下行频率为________。

A. 6/4 GHz　　B. 406/156 MHz

C. 1.6/1.5 GHz　　D. 1.5/4 GHz

194. 在 Inmarsat 系统中,地面站的英文缩写为________。

A. MES　　B. NCS

C. NCC　　D. LES

195. 在 Inmarsat 系统中,移动站的英文缩写为________。

A. MES　　B. NCS

C. NCC　　D. LES

196. 在 Inmarsat 系统中,网络协调站的英文缩写为________。

A. MES　　B. NCS

C. NCC　　D. LES

197. 在 Inmarsat 系统中,两船之间用船站进行卫星通信,通常选择________。

A. 目的船舶所在洋区的任意地面站　　B. 距离目的船舶最近的地面站

C. 发射船舶所在洋区的地面站　　D. 以上都是

198. 中国国家电话码应为________。

A. 868　　B. 11

C. 86　　D. 85

199. 当利用 C 船站的终端给中国用户发电传时其使用的电传国家代码应为________。

A. 868　　B. 11

C. 86　　D. 85

200. Inmarsat 系统中,业务代码 31 的含义是________。

A. 技术帮助　　B. 海上业务查询

C. 自动业务　　D. 医疗指导

201. Inmarsat 系统中,业务代码 00 的含义是________。

A. 技术帮助　　B. 人工转接

C. 自动业务　　D. 医疗指导

202. Inmarsat 系统中,业务代码 32 的含义是________。

A. 技术帮助　　B. 人工转接
C. 自动业务　　D. 医疗指导

203. Inmarsat 系统中,业务代码 33 的含义是________。
A. 技术帮助　　B. 人工转接
C. 自动业务　　D. 医疗指导

204. Inmarsat 系统中,业务代码 38 的含义是________。
A. 技术帮助　　B. 医疗救助
C. 自动业务　　D. 医疗指导

205. Inmarsat 系统中,业务代码 39 的含义是________。
A. 技术帮助　　B. 人工转接
C. 海事救助　　D. 医疗指导

206. Inmarsat 系统中,业务代码 41 的含义是________。
A. 技术帮助　　B. 气象报告
C. 自动业务　　D. 医疗指导

207. Inmarsat 系统中,业务代码 43 的含义是________。
A. 技术帮助　　B. 人工转接
C. 自动业务　　D. 船位报告

208. Inmarsat 系统中,业务代码 51 的含义是________。
A. 气象预报　　B. 人工转接
C. 自动业务　　D. 医疗指导

209. Inmarsat 系统中,业务代码 52 的含义是________。
A. 技术帮助　　B. 航行警告
C. 自动业务　　D. 医疗指导

210. Inmarsat 系统中,业务代码 91 的含义是________。
A. 技术帮助　　B. 人工转接
C. 自动线路测试　　D. 医疗指导

211. Inmarsat 系统中,业务代码 92 的含义是________。
A. 技术帮助　　B. 移动站入网测试
C. 自动业务　　D. 医疗指导

212. 铱星手机符合 GMDSS 功能要求的移动站是________。
A. F 标准船站　　B. FB 标准船站
C. C 标准船站　　D. A+C

213. Inmarsat 系统用户之间常规通信都得通过________来实现。
A. LES　　B. NCS
C. LUT　　D. RCC

214. Inmarsat 系统开放的常规业务可以在《无线电信号表》的第________卷查询。
A. 一、五　　B. 三、二

C. 一、二　　D. 一、三

215. 以下哪个是国际移动卫星船用终端业务识别码的英文简称？________。

A. IMO　　B. IMN

C. MID　　D. MMSI

216. Inmarsat 系统 LES 的接续码在《无线电信号表》的第________卷查询。

A. 一、五　　B. 二、四

C. 二、三　　D. 五、六

217. Inmarsat 系统 EGC 业务可以在《无线电信号表》的第________卷查询。

A. 一、五　　B. 三、二

C. 三、五　　D. 一、三

218. 船舶遇险，欲选择 Inmarsat 船站报警，应选择________。

A. 向所在海域 RCC 报警

B. 选择空闲的地面站

C. 能直接将遇险信息传送到 RCC 的地面站

D. A+C

219. 遇险报警的电文一般包括________。

①目的地名称；②遇险船识别；③收报人名址；④遇险船船位；⑤要求援助种类；⑥遇险时间

A. ②④⑤⑥　　B. ①②③④⑤⑥

C. ②③⑤　　D. ①③⑤⑥

220. 用 Inmarsat 移动站发送的遇险报警传送的路径一般是________。

①由 LUT 接收，并由其传至 RCC；②由 MES 所在洋区的某一船站接收，并由其传至 RCC；③由 MES 指明的所在洋区 LES 接收，并由其传至 RCC；④由所在洋区的 NCS 接收，然后由其传至 RCC；⑤经由 MCC 传送到 RCC；⑥由所选海岸电台接收，并由其传至 RCC

A. ②④⑤⑥　　B. ③⑥

C. ③④　　D. ①②③⑤⑥

221. Inmarsat 系统船上终端设备可以使用的通信软件有________。

A. AMOS　　B. SKYFILE

C. RYDEX　　D. 以上都是

222. Inmarsat 系统现代使用第________代卫星。

A. 2　　B. 3

C. 4　　D. 5

附录 2.3　Inmarsat C 系统练习题

本部分包含《GMDSS 综合业务考试大纲》中“3.1 Inmarsat C 系统概述；

3.2 Inmarsat C 系统通信业务;3.4 Inmarsat C 船站的相关要求"等内容。其中:

3.1 Inmarsat C 系统概述包括:3.1.1 Inmarsat C 系统的特点;3.1.2 Inmarsat C 系统的组成及各部分的作用;3.1.3 Inmarsat C 系统 NCS、LES 和 MES 的识别码与特点。

3.2 Inmarsat C 系统通信业务包括:3.2.1 遇险报警与遇险优先等级电文通信和 3.2.2 安全与常规通信业务[3.2.2.1 常规电传通信业务;3.2.2.2 船到岸传真通信业务;3.2.2.3 电子邮件通信业务;3.2.2.4 增强群呼(EGC)业务]。

3.4 Inmarsat C 船站的相关要求包括:3.4.1 Inmarsat C 船站组成及各部分的主要作用;3.4.2 Inmarsat C 船站入网与退网;3.4.3 Inmarsat C 船站工作状态(C 船站/EGC ONLY)与特点;3.4.4 Inmarsat C 船站遇险报警与遇险通信程序;3.4.5 Inmarsat C 船站误报警的预防与消除;3.4.6 基于 Inmarsat C 系统下的船舶保安报警系统;3.4.7 Inmarsat C 船站遇险报警与船舶保安报警的区别;3.4.8 Inmarsat C 船站的安全与常规通信程序;3.4.9 PSC 检查中 Inmarsat C 船站需要注意的问题;3.4.10 Inmarsat C 船站使用、保养与设备自检测试。

223. 在 Inmarsat 中采用存储转发报文方式的系统是________。

A. Inmarsat F　　B. Inmarsat FB

C. Inmarsat C　　D. Inmarsat M

224. 哪种移动站不需要天线自动跟踪装置?________。

A. Inmarsat F　　B. Inmarsat C

C. Inmarsat FB　　D. Inmarsat GX

225. Inmarsat C 系统的传输速率为________。

A. 600 bit/s　　B. 600 byte/s

C. 50 MHz　　D. 64 kbit/s

226. Inmarsat C 系统的天线特点是________。

A. 定向天线　　B. 定向阵列天线

C. 抛物面天线　　D. 全向天线

227. Inmarsat C 系统采用的通信技术是________。

A. 卫星电话　　B. 卫星电传

C. MPDS　　D. ISDN

228. 下面________不是 Inmarsat C 系统的组成部分。

A. 通信卫星　　B. 网络协调站

C. FB 船站　　D. 地面站

229. 在 Inmarsat C 系统中,入网登记船站空闲时守听在________的公共信道上。

A. NCS　　B. LES

C. NCC　　D. LUT

230. 下面哪一个描述不是 Inmarsat C 系统地面站的功能?________。

A. 是与陆上网络连接的网关　　B. 存储转发移动站信息

C. 存储转发路上用户信息　　D. 建立实时电话线路

231. 下面哪一个描述不是 Inmarsat C 系统船站的功能？________。

A. 遇险报警
B. 遇险优先等级通信
C. 接收 N/W、WX
D. 卫星电话通信

232. 下面哪一个描述不是 Inmarsat C 系统船站的功能？________。

A. 入网登记
B. MPDS 通信
C. 关机前退网
D. 响应查询呼叫

233. Inmarsat C 系统，AOR-W 区网络协调站的识别码为________。

A. 244
B. 044
C. 144
D. 344

234. Inmarsat C 系统，AOR-E 区网络协调站的识别码为________。

A. 244
B. 044
C. 144
D. 344

235. Inmarsat C 系统，太平洋区网络协调站的识别码为________。

A. 244
B. 044
C. 144
D. 344

236. Inmarsat C 系统，印度洋区网络协调站的识别码为________。

A. 244
B. 044
C. 144
D. 344

237. Inmarsat 系统中，新加坡地面站兼作________卫星覆盖区的 NCS。

A. Inmarsat F 系统的 POR
B. Inmarsat C 系统的 POR
C. Inmarsat F 系统的 IOR
D. Inmarsat C 系统的 IOR

238. 太平洋区的 Inmarsat C 系统北京地面站识别码为________。

A. 01
B. 211
C. 11
D. 311

239. 印度洋区的 Inmarsat C 系统北京地面站识别码为________。

A. 01
B. 211
C. 11
D. 311

240. 关于 Inmarsat C 船站的识别码描述正确的是________。

A. 9 位数，第一位是 4，表示 C 标准业务
B. 7 位数，第一位是 1，表示 C 标准业务
C. 9 位数，前三位是 MID
D. 7 位数，前三位表示国家和地区

241. 指出下述识别码中哪一个是分配给中国船“胜利轮”的 Inmarsat C 船站的识别码？________。

A. 494601513
B. 041213560
C. 441258112
D. 412011360

242. Inmarsat C 船站的识别码的首位数是________。

A. 1　　B. 3

C. 4　　D. 6

243. Inmarsat C 系统可以提供________业务。

A. 电传　　B. 电话

C. 图像传输　　D. A+B+C

244. 下述 Inmarsat C 标准系统提供的业务中,________属于强制性业务。

A. 查询业务　　B. 船位报告业务

C. EGC MSI　　D. EGC 船队网业务

245. 下述 Inmarsat C 标准系统提供的业务中,________属于任选业务。

A. 遇险报警　　B. 遇险通信

C. SafetyNET 业务　　D. FleetNET 业务

246. Inmarsat C 船站遇险报警电文中一般不包括________。

A. 遇险时间　　B. 遇险船位

C. 遇险性质　　D. 遇险人员

247. 关于快速遇险报警和编发遇险报警,下面描述哪一个不对? ________。

A. 直接按下遇险报警键,即可快速发出遇险报警

B. 在遇险电文编辑器中可以编辑遇险报警内容

C. 快速遇险报警和编发遇险报警发出的报警内容一样

D. 编发的遇险报警内容中包括遇险性质

248. Inmarsat C 船站遇险报警有________。

A. 快速遇险报警　　B. 编发遇险报警

C. 不能编辑遇险报警电文　　D. A+B

249. 关于 Inmarsat C 系统通信与业务,下面哪一个描述错误? ________。

A. Inmarsat C 船站可以发电传至电传终端

B. Inmarsat C 使用存储转发方式发送电传

C. Inmarsat C 船站可以发传真

D. Inmarsat C 系统有查询呼叫功能

250. 关于 Inmarsat C 系统通信与业务,下面哪一个描述是正确的? ________。

A. Inmarsat C 船站可以实现电话通信

B. Inmarsat C 船站可以将文本信息发到传真机上

C. Inmarsat C 船站可以发传真

D. Inmarsat C 船站可以实时通信

251. 将搜救进程中诸如遇险船失踪与获救人员等信息经由 Inmarsat C 船站向所在海域的 RCC 报告,报告操作有哪些? ________。

A. 编辑遇险电文　　B. 选择遇险优先等级

C. 选择与该海域 RCC 相连的地面站　　D. 以上全是

252. 关于 Inmarsat C 系统通信与业务,以下正确的叙述是________。

A. Inmarsat C 船站只能使用北京地面站发送电子邮件

B. Inmarsat C 船站可以使用任意一个地面站发送电子邮件

C. Inmarsat C 船站只能使用开通电子邮件业务的地面站发送电子邮件

D. Inmarsat C 船站不能发送电子邮件

253. 以下________是 Inmarsat C 船站通过北京地面站发送电子邮件的特别业务代码。

A. 23　　B. 555

C. 868　　D. 42

254. 气象报告可通过________播发。

A. DSC　　B. AUSREP

C. EGC MSI　　D. FleetNET

255. SCADA 业务是________。

A. 监控和数据采集业务　　B. Inmarsat C 系统业务

C. 区域性船舶搜救业务　　D. A+B

256. 增强群呼业务包括________。

A. 船队网业务　　B. 安全网业务

C. 远程跟踪　　D. A+B

257. 船队网业务________。

A. 属于任选业务　　B. 属于必选业务

C. 移动终端使用 ENID 码　　D. A+C

258. Inmarsat C 船站开机入网登记后,守听________信道。

A. NCS COMMON TDM　　B. MES SIGNALLING CHANNEL

C. MES MESSAGE CHNANNEL　　D. ISL CHANNEL

259. Inmarsat C 移动站关机前脱网的主要目的是________。

A. 节省电能　　B. 防止误报警

C. 避免 LES 多次试发电文　　D. 节省打印纸

260. Inmarsat C 船站可以用于________。

A. 船舶保安报警系统　　B. 远程识别跟踪系统

C. 监控和数据采集业务　　D. 以上全是

261. Inmarsat C 船站遇险报警采用的是________。

A. 卫星电话技术　　B. 卫星电传技术

C. 卫星传真技术　　D. 电子邮件技术

262. 在船舶遭遇海盗袭击时,能够将报警信息发送至指定用户手机或者邮箱的系统是________。

A. Inmarsat FB　　B. Inmarsat F

C. SSAS　　D. LRIT

263. 通过北京地面站使用 Inmarsat C 船站向中国搜救中心发送传真,下面的哪组号码可能正确? ________。

A. 0861065292245　　B. 861065292245

C. 00851065292245　　D. 851065292245

264. 对 Inmarsat C 船站进行 PSC 检查时,通常检查________。

A. 通信记录　　B. 链路测试

C. 能否使用备用电源　　D. 以上都是

265. 在两个以上 Inmarsat 卫星覆盖的洋区,要注意什么问题? ________。

A. 注意入网登记的洋区是否是需要的洋区

B. 不用关注,设备自动选择洋区

C. 入网哪个洋区不影响通信

D. 以上全是

266. 在遇险通信时,C 船站应入网登记于________。

A. 所有洋区　　B. 船舶遇险报警时所登记的洋区

C. 船舶国籍所位于的洋区　　D. 自动扫描于信号最强的洋区

267. Inmarsat C 船站不能接收岸到船的________通信。

A. 传真　　B. 电传

C. E-mail　　D. 数据

268. 以下哪个系统能进行自动船位报告? ________。

A. Inmarsat F 系统　　B. Inmarsat C 系统

C. Inmarsat FB 系统　　D. COSPAS-SARSAT 系统

269. Inmarsat C 船站中,电文拟发送目的地为 583441221460,应是________。

A. 发给印度洋上装有 C 船站的船舶　　B. 发给印度洋上装有 F 船站的船舶

C. 发给太平洋上装有 F 船站的船舶　　D. 发给太平洋上装有 C 船站的船舶

270. Inmarsat C 船站准备通信前,必须向所在洋区的________登记。

A. 任一地面站　　B. 网络协调站

C. 网络协调站指定的地面站　　D. 操作员选择的地面站

271. 关于 Inmarsat C 船站入网登记,不正确的描述是________。

A. 没有入网登记,不能收发报文　　B. 没有入网登记,可以发出遇险报警

C. 有的 C 船站开机有自动入网功能　　D. 没有入网登记,能收发报文

272. Inmarsat C 移动站的性能试验(PVT)________。

A. 向所在洋区的 NCS 执行　　B. 由 Inmarsat 指定的 NCS 执行

C. 由所在洋区的某一 LES 执行　　D. 由船籍国的 LES 执行

273. Inmarsat C 系统中,新装 C 标准船站只有________才能进行常规通信。

A. 通过性能试验　　B. 向 NCS 入网登记

C. 处于空闲状态　　D. A、B、C 均要同时满足

274. Inmarsat C 标准船站可以使用________工作。

A. 直流电　　B. 交流电

C. A 和 B　　D. 随意

275. 下面________可能不是 Inmarsat C 船站的识别码。

A. 4412570123　　B. 421571111

C. 441234567　　D. 434115726

276. 某船舶欲用 C 船站给中远北京电传用户（电传号为 22264）发电传，应输入________。

A. 00851022264　　B. 008622264

C. 008522264　　D. 08522264

277. Inmarsat C 移动站能提供以下业务________。

①电传通信业务；②电话通信业务；③高速数据通信业务；④EGC 业务；⑤遇险报警和遇险通信业务；⑥船位报告业务

A. ①④⑤⑥　　B. ①②③④

C. ①③④⑤　　D. ①③⑤⑥

278. 船舶遇险时，使用 C 移动站，通常有________种方式发射遇险信息。

①直接按下面板上的遇险按钮；②在遇险报文产生器中编辑遇险报警信息，然后发射；③编辑遇险电文，在发射菜单选择遇险优先等级，并发射；④拿起话筒，向 RCC 报告；⑤用 EPIRB 报警

A. ②③　　B. ①②③

C. ④⑤　　D. ②③⑤

279. 内装 GPS 的 C 标准移动站，直接按遇险报警按钮，发出的遇险报警信息包括________。

①遇险性质；②遇险船位；③遇险时间；④遇险船航向、航速；⑤遇险船的 C 移动站识别码；⑥随后的通信方式

A. ②③④⑤⑥　　B. ①②③④⑤

C. ②③④⑤　　D. ①③⑤⑥

280. C 移动站主要包括________。

A. 上甲板设备（天线）　　B. 下甲板设备（电子单元）

C. A+B　　D. 以上都不是

281. Inmarsat C 系统在四个洋区都有网络协调站，它们是________。

①贡希利（Goonhilly）；②圣淘沙（Sentosa）；③温泉关（Thermopylae）；④北京（Beijing）；⑤日本（Japan）

A. ②③④　　B. ①③⑤

C. ①②③④　　D. ①②③

282. PSC 检查时，一般不检查 C 船站的________。

A. 通信记录　　B. 通信测试

C. 电源转换　　D. 通信费用

283. Inmarsat C 船站误报警后如何消除？________。

A. 向附近的船舶报告　　B. 向所在海域的 RCC 报告

C. 向公司报告　　　　D. 以上都是

284. Inmarsat C 船站遇险报警与船舶保安报警的区别是________。

A. 遇险报警伴有声光报警　　　　B. 船舶保安报警不伴有声光报警

C. 两者报警对象不同　　　　D. 以上都是

附录 2.4　地面通信系统与业务练习题

本部分包含《GMDSS 综合业务考试大纲》中“5.1 无线电波的基本知识和 5.2 地面通信系统的组成与主要业务”等内容,其中:

5.1. 无线电波的基本知识包括:5.1.1 无线电波的概念;5.1.2 无线电波段的划分及海上通信波段(水上波段的划分表;海上通信波段;频率和信道的区别);5.1.3 无线电波的传播途径和特点(无线电波的传播途径;电离层的概念;各波段无线电波的传播);5.1.4 无线电通信系统的基本概念(无线电通信系统的基本构成;模拟通信的概念;数字通信的概念);5.1.5 信号的调制与解调的基本概念及调制类型的表示方法(基带信号;调制与解调的作用;调制类型的表示方法);5.1.6 信号与噪声的基本概念(信号带宽与系统带宽;噪声的分类;信噪比的概念)等内容。

5.2 地面通信系统的组成与主要业务包括:5.2.1 地面通信系统的专用频率及使用规定;5.2.2 地面通信系统的遇险报警与遇险通信业务(地面通信系统遇险报警方式;DSC 遇险报警、收妥和转发的程序和相关规定;无线电话遇险通信;无线电传遇险通信;遇险现场通信);5.2.3 地面通信系统紧急通信(紧急通信的定义;DSC 紧急呼叫及随后通信频率的使用;海岸电台开放的紧急业务;紧急信号;无线电话/无线电传紧急通信及规定);5.2.4 地面通信系统安全通信(安全通信的定义与规定;DSC 安全呼叫及相关规定;DSC 测试呼叫及相关规定;安全信号;无线电话/无线电传安全通信及相关规定;海岸电台开放的安全业务);5.2.5 DSC 常规呼叫及相关规定;5.2.6 无线电话常规通信[VHF;常规无线电话通信;MF/HF(中/高频)无线电话通信];5.2.7 常规无线电传通信等内容。

285. 关于无线电波,下面哪一个描述不正确? ________。

A. 实际上是空间中的电磁波

B. 天线中的高频电流

C. 天线中的高频电流辐射而生

D. 无线电波有传播速度,近似光速 3×10^5 km/s

286. 无线电波实际上是________。

A. 电磁波　　　　B. 电场

C. 磁场　　　　D. 以上都不对

287. 电磁场向外辐射和传播的速度近似________。

A. 超音速　　　　B. 音速

C. 光速　　D. 以上都不对

288. 电波在 1 s 的时间内幅值大小与方向周期性重复变化的次数称为________。

A. 频率　　B. 周期

C. 速度　　D. 波长

289. 电波在一个周期内传播的距离称为________。

A. 频率　　B. 周期

C. 速度　　D. 波长

290. 电波幅值大小与方向变化 1 次所用时间称为________。

A. 频率　　B. 周期

C. 速度　　D. 波长

291. 海上 VHF 波段(156~174 MHz)的波长在________段。

A. 中波　　B. 短波

C. 米波　　D. 微波

292. 海上 MF 波段(2 MHz)的波长在________段。

A. 中波　　B. 短波

C. 米波　　D. 微波

293. 海上 HF 波段(4~27.5 MHz)的波长在________段。

A. 中波　　B. 短波

C. 米波　　D. 微波

294. 300 MHz 以上频率的波长属于________段。

A. 中波　　B. 短波

C. 米波　　D. 微波

295. 6 MHz 频率的波长是________。

A. 50 m　　B. 500 m

C. 5 m　　D. 20 m

296. 2 MHz 频率的波长是________。

A. 50 m　　B. 500 m

C. 150 m　　D. 20 m

297. 在 GMDSS 系统中,高频(HF)工作频率范围是________。

A. 415~4 000 kHz　　B. 4.0~27.5 MHz

C. 30~60 MHz　　D. 156~174 MHz

298. 在 GMDSS 系统中,甚高频(VHF)工作频率范围是________。

A. 415~4 000 kHz　　B. 4.0~27.5 MHz

C. 30~60 MHz　　D. 156~174 MHz

299. 在 GMDSS 系统中,中频(MF)工作频率范围是________。

A. 415~4 000 kHz　　B. 4.0~27.5 MHz

C. 30~60 MHz　　D. 156~174 MHz

300. 关于无线电通信信道,以下说法错误的是________。
   A. 国际无线电咨询委员会(CCIR)负责频率波段划分和信道指配
   B. 无线电话(RT)、数字选择性呼叫(DSC)等分别指配工作信道
   C. 船舶间通信信道的收发频率通常是不同的
   D. 船舶间通信信道和遇险安全信道的收发频率通常是相同的
301. 国际电信联盟(ITU)高频无线电话信道 1604 的含义一般是指________。
   A. 16 MHz 波段的第 4 个信道
   B. 仅是一个信道号,与频率无关
   C. MF 的第 1604 信道
   D. 4 MHz 波段的第 16 个信道
302. 关于无线电通信信道,以下说法错误的是________。
   A. 无线电信道分双工信道和单工信道
   B. 无线电话(RT)信道 1201 和 DSC 信道 1201 的频率相同
   C. 双工信道收/发频率是不同的
   D. 船舶间通信信道和遇险安全信道的收发频率通常是相同的
303. 关于信道与频率,下列叙述不正确的是________。
   A. 每一信道号都对应一对收/发频率
   B. 信道的收/发频率不一定相同
   C. 船舶间通信信道收/发频率不同
   D. 国际遇险与安全信道收/发频率相同
304. 无线电波的传输途径包括________。
   A. 地波传播
   B. 空间波传播
   C. 电离层波传播
   D. 以上都是
305. 电离层 D 层的特点是________。
   A. 白天存在,夜间消失
   B. 白天、夜间都存在
   C. 夜间存在,白天消失
   D. 白天浓度小,夜间浓度大
306. 电离层 F1 层的特点是________。
   A. 白天、夜间都存在
   B. 白天存在,夜间消失
   C. 夜间存在,白天消失
   D. 白天浓度小,夜间浓度大
307. 关于电离层,正确的描述是________。
   A. 在白天,依据电离浓度可将电离层大致分为 D、E、F1、F2 层
   B. 电离层晚上仅剩 E 层和 F2 层
   C. D 层和 F1 层白天存在,晚上消失
   D. 以上都是
308. 卫星通信主要在________波段。
   A. 长波和超长波
   B. 短波
   C. 微波
   D. 中波
309. 对于中波,以下说法错误的是________。
   A. 白天传播距离近,主要靠地波传播,大约 200 n mile
   B. 中波和长波传播特点相同
   C. 夜间传播距离远,靠地波和天波传播,能传数百海里

D. 夜间主要靠 E 层反射

310. 短波传播存在寂静区，其主要原因是________。

A. 地波传播，因发射台太远信号衰减，接收台收不到

B. 天波传播存在跃距，且跃距大于地波传播的最大距离

C. 天波传播的多径传播引起衰减

D. A+B

311. 对于短波通信，以下说法错误的是________。

A. 依靠天波传播实现远距离通信

B. 地波传播衰减快，传播距离不远

C. 白天频率越高，通信距离越近

D. 白天使用较高频率；夜间使用较低频率

312. 甚高频无线电通信主要靠________传播。

A. 空间波　　B. 地波

C. 天波和地波　　D. 以上都是

313. 影响甚高频无线电通信距离的因素主要是________。

A. 选择的信道　　B. 收/发方天线的高度

C. 气候　　D. 以上都是

314. 中波通信的特点是________。

A. 白天主要靠地波传播　　B. 存在寂静区

C. 日出、日落时通信效果佳　　D. 白天比夜间能接收到的电台更远

315. 关于短波段无线电波，下面哪一种描述不正确？________。

A. 短波段的电波波长为 10~100 m

B. 白天短波段频率越高，传输越远

C. 晚上通信使用短波段低一些的频率

D. 电离层对电波的衰减与频率无关

316. 超短波传播距离有限，是因为受到________影响。

A. 雷电　　B. 寂静区

C. 地球曲率　　D. 电离层

317. 短波的主要传播方式为________。

A. 地波　　B. 电离层波

C. 空间波　　D. 散射波

318. 下列情况下________更容易产生绕射。

A. 波长大于障碍物尺寸　　B. 波长等于障碍物尺寸

C. 波长小于障碍物尺寸　　D. 波长远大于障碍物尺寸

319. 无线电通信系统的基本构成是________。

A. 信息源和发送设备　　B. 接收设备

C. 传输信道　　D. 以上都是

320. 关于模拟信息和数字信息,下面哪一个描述不对? ________。
A. 模拟信息是指信息随时间连续变化
B. 数字信息是指信息不随时间连续变化
C. CPU 处理的信息一般是模拟信息
D. 现代通信多将模拟信息转换为数字信息传送

321. 用调制信号控制高频信号的技术叫作________。
A. 调谐　　B. 调制
C. 解调　　D. 检波

322. 关于调制的概念,下述哪种说法正确? ________。
①把调制信号控制高频信号的过程叫作调制;②被调制的信号称为载波;③经过调制后的高频信号称为已调信号;④从已调信号中检取出原始信号的过程称为解调或者检波;⑤发射天线长度应尽可能地与发射信号载波的波长相比拟;⑥载波的波长可以比发射天线长许多
A. ①②③④⑤⑥　　B. ①②③④⑤
C. ①②③④　　D. ②③④

323. 完整的工作类型包括 5 个字符,其中前________个字符表示基本特征。
A. 5　　B. 3
C. 9　　D. 4

324. 地面通信系统中工作种类的第________位字符表示调制信号的性质。
A. 1　　B. 3
C. 2　　D. 4

325. 地面通信系统中工作种类的第________位字符表示所发信息的类型。
A. 1　　B. 3
C. 2　　D. 4

326. 地面通信系统中工作种类的第________位字符表示主载波的调制方式。
A. 1　　B. 3
C. 2　　D. 4

327. MF/HF 无线电设备,单边带无线电话采用的工作类型是________。
A. J3E　　B. A1A
C. H2A　　D. F1B

328. 海上 VHF 设备,无线电话采用________工作种类。
A. A1A　　B. F1B
C. G3E　　D. H2A

329. 海上 VHF 设备,DSC 采用________工作种类。
A. A1A　　B. G2B
C. G3E　　D. J3E

330. MF/HF 无线电设备的 NBDP 和 DSC 方式,采用的工作类型是________。

A. J3E　　B. F1B
C. H3E　　D. R3E

331. G3E 发射种类的含义是________。
A. 单边带全抑制载波无线电话　　B. 单边带减幅载波无线电话
C. 单边带全载波无线电话　　D. 调相无线电话

332. H3E 发射种类的含义是________。
A. 单边带全抑制载波无线电话　　B. 单边带减幅载波无线电话
C. 单边带全载波无线电话　　D. 调相无线电话

333. R3E 发射种类的含义是________。
A. 单边带全抑制载波无线电话　　B. 单边带减幅载波无线电话
C. 单边带全载波无线电话　　D. 调相无线电话

334. J3E 发射种类的含义是________。
A. 单边带全抑制载波无线电话　　B. 单边带减幅载波无线电话
C. 单边带全载波无线电话　　D. 调相无线电话

335. 哪一个不是船舶 MF/HF 无线电设备的通信方式？________。
A. DSC　　B. TEL
C. EGC　　D. NBDP

336. DSC 系统主要包括的通信设备是________。
A. MF/HF 无线电设备　　B. VHF 无线电设备
C. NAVDAT　　D. A+B

337. 关于传输 300~3 000 Hz 的音频信号,下面哪一描述是正确的？________。
A. 信号带宽为 3 000 Hz　　B. 系统带宽为 6 000 Hz
C. 信号带宽为 2 700 Hz　　D. 以上全是

338. 关于噪声,下面哪一描述是正确的？________。
A. 系统本身产生的噪声为内部噪声　　B. 各类外部干扰为外部噪声
C. 天电干扰是外部噪声　　D. 以上全是

339. 关于信噪比,下面哪一描述不正确？________。
A. 是信号的平均功率与噪声平均功率之比
B. 是载波的平均功率与噪声平均功率之比
C. 信噪比越高,说明噪声对信号的影响越小
D. 信噪比通常用 S/N 表示

340. 下述哪一频率属于 DSC 进行遇险和安全呼叫时所采用的频率？________。
A. 8 291.0 kHz　　B. 12 520 kHz
C. 156.525 MHz　　D. 2 174.5 kHz

341. 下述哪一频率不属于 DSC 进行遇险和安全呼叫时所采用的频率？________。
A. 8 414.5 kHz　　B. 12 577 kHz
C. 2 187.5 kHz　　D. 156.8 MHz

342. 下述哪一频率不属于中/高频段无线电话遇险和安全通信频率? ________。
A. 8 291.0 kHz　　B. 2 174.5 kHz
C. 2 182 kHz　　D. 6 215 kHz

343. 下述哪一频率不属于中/高频段无线电话遇险和安全通信频率? ________。
A. 8 291.0 kHz　　B. 2 174.5 kHz
C. 8 376.5 kHz　　D. 6 268 kHz

344. 下述哪一频率不属于 VHF/MF/HF 频段无线电话遇险和安全通信频率? ________。
A. VHF CH16　　B. 2 174.5 kHz
C. 2 182 kHz　　D. 8 291 kHz

345. 下列哪些频率是无线电话的遇险与安全频率? ________。
①2 174.5 kHz;②2 182 kHz;③8 376.5 kHz;④8 291.0 kHz
A. ②③　　B. ①③
C. ②④　　D. ①④

346. 下面哪一种设备属于 GMDSS 地面通信系统中进行遇险报警的方式? ________。
A. SSB　　B. MF TEL
C. DSC　　D. SART

347. DSC 的主要功能是________。
A. 遇险报警　　B. 搜救现场通信
C. SSB 通信　　D. NBDP 通信

348. 关于 DSC 遇险报警,描述正确的是________。
A. VHF DSC 遇险报警只能单频报警
B. VHF DSC 和 MF DSC 是实现船到船遇险报警的主要方式
C. MF/HF 无线电设备有多频报警和单频报警两种方式
D. 以上全是

349. 关于 DSC 遇险报警,描述不正确的是________。
A. 启动报警后,每次连续发射 5 遍,大约 1 min
B. 遇险船接收到 DSC 遇险收妥,将停止报警程序
C. DSC 遇险报警可发送到单一台
D. DSC 遇险报警有快速报警和编发报警

350. 两次 DSC 遇险报警间隔(230+10N) s 是为了________。
A. 给其他台留出遇险收妥间隙　　B. 转发报警
C. 防止误发射　　D. 以上都是

351. 关于 DSC 遇险转发,描述正确的是________。
A. 接收到 VHF DSC 遇险报警的船舶,不允许转发
B. 接收到 MF DSC 遇险报警的船舶,不允许转发
C. 当遇险船没能发出遇险报警,附近船舶可以编发 DSC 遇险转发代其报警

D. 以上都是

352. 对于 DSC 遇险报警,一般由________收妥。

A. 船舶电台　　B. 海岸电台

C. RCC　　D. 以上都是

353. 关于 DSC 遇险收妥,哪个描述不正确? ________。

A. 在 A2 海区接收到 VHF DSC 遇险报警的某一船舶,可发送遇险收妥,并联系 RCC

B. 在 A3 海区接收到 MF DSC 遇险报警的某一船舶,可发送遇险收妥,并联系 RCC

C. 任何船舶不允许收妥 DSC 遇险报警

D. DSC 遇险收妥总是向所有台发送

354. 船舶电台接收到一个 VHF/MF DSC 遇险报警,应采取的行动为________。

①无海岸电台收妥时,进行收妥;②在 CH16/2 182 kHz 上守听;③通知 RCC 或海岸电台;④在电台日志中记录通信内容

A. ①②③　　B. ②①④

C. ③①②④　　D. ③②①

355. DSC 遇险呼叫包含下列信息________。

①遇险性质;②遇险位置;③船名;④后续通信方式;⑤后续通信频率;⑥遇险船识别

A. ①②④⑥　　B. ②③④⑥

C. ①②③④　　D. ②③⑤⑥

356. 关于 DSC 遇险转发呼叫,叙述正确的是________。

①船舶收到他船发来的遇险报警后应立即转发;②DSC 遇险转发不能随意进行,要在船长或主管人员授意下按照通信规则转发;③船舶收到遇险呼叫可随意转发;④船舶在 VHF 和 MF 上收到遇险呼叫不允许转发;⑤船舶在 HF 上收到遇险呼叫不允许转发;⑥非遇险船负责人认为需要进一步援助时可以转发遇险报警

A. ①③⑥　　B. ②④⑥

C. ②④⑤　　D. ①⑥

357. DSC 遇险报警后,随后的遇险通信方式与频率如何确定? ________。

A. 遇险通信方式由遇险船在 DSC 遇险呼叫电文中确定,一般为无线电话

B. 遇险通信频率与 DSC 遇险呼叫频率同波段原则

C. 随后遇险通信,可以使用 NBDP 进行

D. 以上都是

358. 遇险现场通信频率包括________。

A. RT 2 182 kHz　　B. NBDP 2 174.5 kHz

C. VHF CH16　　D. A+B+C

359. 本船 MF DSC 设备在 2 187.5 kHz 上发生了误报警,应采取的方法是________。

①关闭 DSC 设备电源;②停止 DSC 报警,或者关闭发射机以停止报警,再开机并将

频率设置在 2 182 kHz 上;③在 2 182 kHz 上用无线电话发送取消误报警电文;④向 RCC 报告,取消误报警;⑤收到任何电台询问时,可不给予答复

A. ①②④　　　　B. ②③④

C. ①②③④　　　　D. ②⑤

360. 关于紧急通信,下面描述正确的是________。

A. 有关人员落水的通信

B. 有关船员疾病、受伤需要附近船舶或者岸基机构紧急救助或者指导的通信

C. 有关低于遇险等级,高于安全等级的通信

D. 以上都是

361. 需要附近船舶提供救助的紧急通信,如何进行? ________。

A. 在 VHF CH16 上做紧急呼叫,报告紧急情况

B. 在 2 187.5 kHz 发射 DSC 紧急呼叫,约定在 2 182 kHz 或者 2 174.5 kHz 发送紧急报告

C. 紧急通信用紧急信号“PAN PAN”引导

D. 以上都是

362. 关于安全通信,下面哪一个描述不正确? ________。

A. 有关海上人命安全的通信

B. 安全通信应冠以安全信号“SECURITE”

C. 简短的安全信息可以直接在 VHF CH16 上播发

D. 有关低于紧急等级,高于常规等级的通信

363. 有关涉及附近船舶航行安全的通信,如何进行? ________。

A. 较长安全信息应在 VHFCH16 发布引语,然后转其他信道播发有关安全电文

B. 在 2 187.5 kHz 发射 DSC 安全呼叫,约定在 2 182 kHz 或者 2 174.5 kHz 发送安全报告

C. 安全通信用安全信号“SECURITE”引导

D. 以上都是

364. 在对 DSC 设备做测试呼叫时,以下叙述正确的是________。

①通常呼叫岸台;②优先等级为安全;③优先等级为常规;④标明是“TEST”呼叫;⑤可以在岸台值守的 DSC 遇险和安全专用频率上发出测试呼叫

A. ①③⑤　　　　B. ①②④⑤

C. ②③④⑤　　　　D. ③④⑤

365. 关于安全通信,下列说法正确的是________。

A. 船舶发送临时安全信息前,应先用 DSC 呼叫约定后续通信方式和频率

B. 船舶可直接发送临时安全信息

C. 安全通信,可随意进行,没有规定

D. 以上都是

366. DSC 测试呼叫,一般在________间进行。

A. 船到岸　　B. 船到船
C. 岸到岸　　D. 都不可以

367. 海岸电台播发 N/W、WX 业务可在《无线电信号表》中第________卷中查找。
A. 一、三　　B. 三、五
C. 二、六　　D. 一、二

368. 海岸电台通常使用________技术播发海上安全信息。
A. SSB　　B. SFEC
C. CFEC　　D. MPDS

369. 关于 DSC 常规呼叫,下面叙述不正确的是________。
A. 船舶电台应服从海岸电台所建议的工作频率
B. 船台只能与开放 DSC 常规业务的海岸电台做 DSC 常规呼叫
C. 船到岸通信,船台应建议随后通信频率
D. 海岸电台开放的 DSC 常规业务,可在《无线电信号表》第一卷中查找

370. DSC 单台呼叫时,如果要求对方应答,则序列终止符为________。
A. END　　B. ACK BQ
C. ACK RQ　　D. ECC

371. 常规 DSC 呼叫应包含下列信息________。
①随后通信方式;②随后通信频率;③随后通信时间;④被呼叫对象 MMSI;⑤本台 MMSI;⑥序列结束符
A. ①②④⑤⑥　　B. ①③④⑤⑥
C. ①②③④⑤　　D. ①②③⑤⑥

372. 海岸电台开放的 VHF、MF、HF 无线电话和 HF 无线电传业务可在《无线电信号表》中第________卷中查找。
A. 一　　B. 二
C. 三　　D. 四

373. 经由海岸电台进行船到岸到陆地电话的通信时,一般选择________。
A. 随意选择　　B. 离陆地用户最近的岸台
C. 繁忙岸台　　D. 空闲岸台

374. 经由海岸电台与陆地用户进行电话通信时,正确的操作步骤是________。
①设置中/高频设备工作方式和信道;②在《无线电信号表》中查找并选择海岸电台开放的电话信道;③收听海岸电台无线电话信号,信号质量最好的信道,确认信道是否空闲;④告知岸台话务员欲联系的陆地用户号码,让话务员转接;⑤拿起话筒按下 PPT 呼叫海岸电台
A. ①②③④⑤　　B. ②①③④⑤
C. ②①③⑤④　　D. ①②③⑤④

375. 船舶用中/高频无线电设备与海岸电台进行电话通信时,一般双方工作方式为________。

A. 双方都为单工工作方式　　B. 双方都为双工工作方式
C. 船台单工、岸台双工　　D. 船台双工、岸台单工

376. 通信的双方在同一时刻可以同时进行收发的工作方式称为________。
A. 单工方式　　B. 双工方式
C. 双向通信方式　　D. 自动通信方式

377. 通信的双方交替进行收发的工作方式称为________。
A. 单工方式　　B. 双工方式
C. 双向通信方式　　D. 自动通信方式

378. 开放中频常规无线电话业务的海岸电台一般在哪个频率上值守并回答船舶的呼叫? ________。
A. 2 174.5 kHz　　B. 500 kHz
C. 2 182 kHz　　D. 2 187.5 kHz

379. 开放甚高频常规无线电话业务的海岸电台一般在哪个信道上值守并回答船舶的呼叫? ________。
A. VHF CH16　　B. VHF CH06
C. VHF CH13　　D. VHF CH20

380. 中/高频无线电话通信时,OVER 表示________。
A. 通话开始　　B. 通话暂停
C. 通信结束挂机　　D. 请对方讲话

381. 采用无线电话进行通信时,通信结束用________表明。
A. OVER　　B. OUT
C. BREAK　　D. EOC

382. “Traffic List”是海岸电台的哪类业务? ________。
A. 通话表业务　　B. 通报表业务
C. 电话信息广播　　D. A 或者 B

383. 船用单边带无线电话使用的是________。
A. 上边带　　B. 下边带
C. 独立边带　　D. 双边带

附录 2.5　船舶中/高频(MF/HF)无线电通信设备练习题

本部分包含《GMDSS 综合业务考试大纲》中“6.1 船舶中/高频(MF/HF)无线电设备;6.2 MF/HF 设备 DSC 终端;6.3 MF/HF 设备 NBDP 终端”等部分内容。其中:

6.1 船舶中/高频(MF/HF)无线电设备包括:6.1.1 船舶 MF/HF 无线电通信设备的基本构成;6.1.2 船舶 MF/HF 无线电通信设备的功能;6.1.3 船舶 MF/HF 无线电通信设备的主要技术指标;6.1.4 船舶 MF/HF 发射机的基本组成;6.1.12 接收机的选择性;6.1.13 接收机的灵敏度;6.1.14 船舶 MF/HF 无线电通信设备的主要工作种类;

6.1.15 船舶 MF/HF 无线电通信设备的供电等内容。

6.2 MF/HF 设备 DSC 终端包括:6.2.1 MF/HF DSC 的功能;6.2.2 MF/HF DSC 终端设备的识别码;6.2.3 DSC 值守机的作用与值守频率;6.2.7 DSC 呼叫序列的基本组成和各部分的作用等内容。

6.3 MF/HF 设备 NBDP 终端包括:6.3.1 MF/HF 无线电通信及终端设备的维护和保养要求等内容。

384. 船舶 MF/HF 无线电通信设备主要由________构成。

①天线调谐单元;②收发机;③控制操作单元;④天线;⑤电源;⑥终端单元

A. ①②③④⑤　　B. ①②③④⑤⑥

C. ①②③⑤　　D. ②③⑤

385. 下面哪一项不是船舶 MF/HF 无线电通信设备的功能? ________。

A. DSC 遇险报警　　B. 中/高频无线电话通信

C. 增强群呼　　D. 中/高频无线电传通信

386. 船舶 MF/HF 无线电通信设备的功能包括________。

A. DSC 遇险报警　　B. 遇险通信

C. 常规无线电话/电传通信　　D. 以上全是

387. 船舶 MF/HF 无线电通信设备的主要技术指标是________。

①具有 G3E 通信类型;②具有 DSC、SSB 通信方式;③频率误差不超过±10 Hz;④收/发机开机 1 min 就可以工作;⑤能自动加高压;⑥加上高压 3 min 之内,如不执行发射,高压自动断开

A. ②③④⑤⑥　　B. ①②③④⑤⑥

C. ①②③④　　D. ①②③

388. 单边带通信的优点有________。

①无载波;②通信频带宽;③抗选择性衰落;④节省发射功率

A. ①③　　B. ①②③④

C. ①③④　　D. ①④

389. 船舶 MF/HF 无线电设备工作在 F1B 方式时________。

①高压自动加上;②高压在 1 min 内加上;③高压加上 3 min 之内,如不执行发射,高压自动断开;④手动加上高压

A. ①④　　B. ①②

C. ①③　　D. ②④

390. 单边带收发信机发送 MF/HF DSC 报警电文时,每次发________,用时________。

A. 3 遍;50 s　　B. 5 遍;30 s

C. 5 遍;50 s　　D. 3 遍;50 s

391. 不属于中/高频发信机组成部分的是________。

A. 激励器　　B. 解调器

C. 功率放大器　　D. 频率合成器

392. 下面哪一项不是 MF/HF 发射机的组成部分?________。
A. 高频放大器　　B. 激励器
C. 输出匹配网络　　D. 调制器

393. 衡量接收机好坏的两个重要指标是________。
A. 灵敏度与频率稳定度　　B. 选择性与非线性失真度
C. 灵敏度与选择性　　D. 选择性与频率稳定度

394. 中/高频接收机整机的选择性主要取决于________。
A. 输入回路　　B. 高频放大器
C. 中频放大器　　D. 低频放大器

395. 提高中/高频接收机灵敏度的措施是________。
A. 提高接收机的增益　　B. 减小接收机的内部噪声
C. 减小接收机的外来干扰　　D. 提高接收机的信噪比

396. 关于中/高频接收机灵敏度,下面描述正确的是________。
A. 灵敏度表示在规定输出信噪比的条件下,接收机接收微弱信号的能力
B. 灵敏度表示在输出信噪比为某一定值时,在接收机输入端所需的最小信号强度
C. 灵敏度表示在输出信噪比为某一定值时,在接收机输入端所需的最小信号电动势
D. 以上全是

397. 中/高频接收机可能受到的干扰有________。
①中频干扰;②互调干扰;③交调干扰;④阻塞干扰;⑤镜像干扰
A. ②③　　B. ①②③④⑤
C. ②③④　　D. ③④⑤

398. 下面哪一项不是 MF/HF 收发信机的通信方式?________。
A. MPDS　　B. DSC
C. SSB　　D. NBDP

399. 用 MF/HF 无线电设备进行电话通信时,发信机的工作种类可设置为________。
A. J3E 或 G3E　　B. J3E 或 R3E
C. G3E 或 J2B　　D. J2B 或 F1B

400. 满足 GMDSS 要求的船舶 MF/HF 无线电通信设备的供电是________。
A. 主用电源供电　　B. 应急电源供电
C. 备用电源供电　　D. 以上全是

401. 下列哪一项不属于 DSC 终端的功能?________。
A. 遇险报警和遇险值守　　B. 选择性呼叫功能
C. 无线电话通信　　D. 查询功能和船位报告功能

402. DSC 终端不具备下述哪种功能?________。
A. 遇险呼叫　　B. 对所有船呼叫
C. 选择性呼叫　　D. 自动定位

403. 具有部分 DSC 呼叫功能的 DSC 设备是________级设备。

A. A　　B. B

C. C　　D. A+B+C

404. 具有全部 DSC 呼叫功能的 DSC 设备是________级设备。

A. A　　B. B

C. C　　D. A+B+C

405. DSC 可用于________。

①遇险报警;②群呼;③遇险通信;④电传通信;⑤选择性呼叫;⑥区域呼叫

A. ①②③④　　B. ①②⑤⑥

C. ①②③⑤　　D. ①③⑤⑥

406. 下列哪种设备可能属于 A 级 DSC 终端? ________。

A. MF DSC　　B. MF/HF DSC

C. VHF DSC　　D. 以上都是

407. 关于 MF/HF DSC 终端设备的识别码,下面描述正确的是________。

A. 9 位数字组成　　B. 前三位是海上识别数字:MID

C. 中国船的 MID 为:412、413　　D. 以上全是

408. 下列哪一个号码是中国船队的识别码? ________。

A. 412119703　　B. 004122100

C. 041211111　　D. 08530301

409. 上海海岸电台的海上移动业务识别码是________。

A. 004122100　　B. 004121100

C. 004123100　　D. 412001100

410. 广州海岸电台的海上移动业务识别码是________。

A. 004122100　　B. 004773500

C. 004121100　　D. 004123100

411. 船到船中频 DSC 常规呼叫频率是________。

A. 2 187.5 kHz　　B. 2 177 kHz

C. 2 185.5 kHz　　D. 2 182 kHz

412. MF/HF DSC 值守机的作用是________。

A. 随时接收附近船的 DSC 遇险呼叫

B. 随时接收附近船的 DSC 紧急和安全呼叫

C. 随时接收海岸电台的各类呼叫

D. 以上全是

413. MF/HF DSC 值守机的频率是________。

①2 187.5 kHz;②4 207.5 kHz;③6 312 kHz;④8 414.5 kHz;⑤12 577 kHz;⑥16 804.5 kHz

A. ①　　B. ④

C. ②③⑤⑥任选一　　D. A+B+C

414. 在 MF/HF 频段上,遇险呼叫点阵为________。

A. 200 比特　　B. 20 比特

C. 100 比特　　D. 150 比特

415. 在 MF/HF 频段上,一般 DSC 呼叫确认和所有船台发往岸台的非遇险电文的呼叫点阵均为________。

A. 200 比特　　B. 20 比特

C. 100 比特　　D. 150 比特

416. 在 DSC 终端设备中,如果未连接导航设备,则需要每________ h 更新一次船位。

A. 4　　B. 2

C. 1　　D. 0. 5

417. 在使用 DSC 呼叫________时,可以不用输入建议的后续工作频率或信道。

A. 船台　　B. 岸台

C. 船队　　D. 所有船

418. DSC 中的墨卡托坐标表示法中,选择区域的________作为参考点。

A. 左上角　　B. 左下角

C. 右上角　　D. 右下角

419. DSC 中的墨卡托坐标表示法中,N-W 象限为第________象限。

A. 0　　B. 1

C. 2　　D. 3

420. DSC 中的墨卡托坐标表示法中,S-E 象限为第________象限。

A. 0　　B. 1

C. 2　　D. 3

421. DSC 发射点阵信号的目的是让 MF/HF DSC 值守机________。

A. 开始扫描　　B. 停止扫描

C. 可靠接收　　D. B+C

422. DSC 自识别码表示________。

A. 呼叫对象的识别码　　B. 呼叫台本机识别码

C. 被叫船舶识别码　　D. 船舶应答码

423. DSC 呼叫单台时,呼叫地址应键入被叫台的________。

A. 呼号　　B. MMSI

C. IMN　　D. SELCALL

424. DSC 呼叫序列中工作频率应为________。

A. DSC 呼叫频率　　B. 遇险频率

C. 随后通信用频率　　D. 以上都可

425. DSC 呼叫序列中检验符的作用是________。

A. 水平一致校验　　B. 恒比码校验

C. 垂直一致校验 D. 相互识别

426. 船舶位于北纬 20°,东经 120°,DSC 中用墨卡托坐标表示为________。

A. 1200012000 B. 0200012000

C. 1201200000 D. 0201200000

427. DSC 遇险呼叫时,遇险时间无效,应用________。

A. 4 个 8 字符表示 B. 北京时间表示

C. 88 表示 D. 10 个 9 表示

428. DSC 遇险呼叫时,无效遇险位置,应用________。

A. 4 个 8 字符表示 B. 北京时间表示

C. 88 表示 D. 10 个 9 表示

429. DSC 遇险呼叫后,一般采用________与遇险船进行通信。

A. NBDP B. 卫通

C. 无线电话 D. VDES

430. DSC 遇险呼叫连续发送________ DSC 遇险呼叫。

A. 三次 B. 四次

C. 五次 D. 两次

431. DSC 可用于________。

A. 电话通信 B. DSC 遇险、紧急、安全、常规呼叫

C. 遇险报文的接收 D. 常规通信接收

432. 船舶的 DSC 遇险呼叫________。

A. 如果在海岸电台通信范围内,应由其海岸电台给予遇险收妥确认

B. 一般由船舶电台给予收妥确认

C. 海岸电台不能给予收妥确认

D. 船舶电台不能给予收妥确认

433. 接收到一个“ACK BQ”的 DSC 呼叫,表明________。

A. 不需要给对方以 DSC 应答 B. 手动给对方 DSC 应答

C. 垂直校验符是 ACK BQ D. 接收台收妥确认了本台的 DSC 呼叫

434. DSC 遇险呼叫中表明________。

A. 后续通信的发送方式和使用的频率 B. 后续通信方式

C. 后续通信使用的频率 D. 后续通信的时间

435. 下列呼叫墨卡托区范围 1200305010,表示________。

A. 20°N30°E~50°S10°E B. 20°N30°W~30°S20°W

C. 20°N50°W~10°S40°W D. 12°N30°E~50°N10°E

436. DSC 终端不能和下列哪一种设备连接? ________。

A. GPS B. VHF 收发信机

C. SSB 收发信机 D. SART

437. MF/HF DSC 所涉及的墨卡托坐标,横轴是________,纵轴与________重合。

A. 赤道;格林尼治经度线　　B. 经度线;纬度线

C. 格林尼治经度线;赤道　　D. 纬度线;经度线

附录 2.6　船用 VHF 设备练习题

本部分包含《GMDSS 综合业务考试大纲》中"7.1 船用 VHF 设备的分类与功能;7.2 海上 VHF 通信原理(工作种类和标志);7.3 VHF 通信频率与信道划分(信道划分、单工信道与双工信道、VHF 重要通信信道的作用);7.4 船用 VHF 的组成及主要性能指标(VHF 设备的组成、主要性能指标);7.5 VHF 设备的测试要求;7.6 船用 VHF 设备的维护与保养要求"等内容。

438. 船用 VHF 设备的分类有________。

A. 船用 VHF(固定母船用)

B. 便携双向 VHF 无线电话设备(救生艇筏用)

C. 安装在救生艇筏上的双向 VHF 无线电话设备

D. 以上都是

439. 关于 VHF 功能,下面哪一个不是? ________。

A. 近距离通信　　B. 中距离通信

C. 遇险现场通信　　D. VHF DSC 遇险报警

440. 关于 VHF 功能,下面哪一个不是? ________。

A. 驾驶台对驾驶台通信　　B. VHF DSC 呼叫

C. 定位　　D. 遇险呼叫

441. VHF DSC 调制方式为________。

A. G2B　　B. J3E

C. G3E　　D. R3E

442. VHF 无线电话的调制方式为________。

A. G2B　　B. J3E

C. G3E　　D. R3E

443. VHF 发射 DSC 遇险呼叫的信道是________。

A. CH 16　　B. CH 70

C. CH 13　　D. A 与 B 均可

444. Two-way VHF 必须具备________信道。

A. CH6　　B. CH16

C. CH13　　D. A 和 B

445. 甚高频波段________信道是用于船舶和航空器之间进行协调救助作业通信或用于安全目的航空器与船舶之间的通信。

A. CH20　　B. CH13

C. CH70　　D. CH06

446. VHF 系统的双值守是指________。

A. CH70 值守机和 VHF CH16 的双值守　B. CH70 值守机和 VHF DSC 的双值守

C. 16 和任一非 16 电话信道的双值守　D. 上面任意一个

447. VHF 双工信道收发频率差为________。

A. 406 MHz　　B. 4.6 MHz

C. 25 kHz　　D. 50 kHz

448. 船用 VHF 电话 ITU 的最小信道间隔为________。

A. 50 kHz　　B. 25 kHz

C. 12.5 kHz　　D. 5 kHz

449. 在 GMDSS 系统中，甚高频(VHF)通信工作频率范围是________。

A. 415~4 000 kHz　　B. 4.0~27.5 MHz

C. 30~60 MHz　　D. 156~174 MHz

450. VHF DSC 采用的工作频率是________。

A. 156.525 MHz　　B. 156.800 MHz

C. 156.750 MHz　　D. 156.300 MHz

451. 按 CCIR 建议，水上 VHF 通信中船舶间通信只能使用________。

A. 双工信道　　B. 双工方式

C. 单工信道　　D. 以上都可

452. 下述 VHF 信道中________可能是双工信道。

A. 16　　B. 20

C. 06　　D. 13

453. VHF 设备中，静噪电路的作用为________。

A. 限制低信噪比的信号通过　　B. 减小接收机内部噪声

C. 提高接收机的选择性　　D. 提高中/高频的增益

454. VHF 双值守听信道是________，守听时间分别是________。

A. 16 信道和 70 信道；0.1 s、0.9 s

B. 16 信道和任选一非 16 电话信道；0.1 s、0.9 s

C. 16 信道和任选一非 16 电话信道；1 s、9 s

D. 70 信道和任选一非 16 电话信道；1 s、9 s

455. 下面说法错误的是________。

A. 船船通信只能使用 VHF 单工信道

B. 船岸通信只能使用 VHF 双工信道

C. VHF CH16 是国际无线电话遇险与安全通信信道

D. 在港内 VHF 岸台和船台间可以用 VHF CH16 进行呼叫与应答

456. 在甚高频无线电话机中，当静噪旋钮过大时，会造成________。

A. 有用信号被抑制　　B. 对信号无影响

C. 输出功率降低　　D. 以上全是

457. 下列哪个信道主要用于船舶间的航行安全通信？________。

A. CH06　　B. CH13

C. CH16　　D. CH20

458. 在 A2 海区船舶收到一个 VHF DSC 遇险报警后,应采取的正确措施为________。

A. 立即进行转发

B. 发送 DSC 遇险收妥,与遇险船通信,并通知 RCC

C. 在 2 182 kHz 进行收妥并进行遇险通信

D. 等海岸电台收妥

459. 航行期间,船舶 VHF 值守要求是________。

A. 在 VHF CH16 上保持守听

B. VHF DSC CH70 值守机保持连续开机值守

C. A 或 B

D. A+B

460. 关于 VHF 遇险呼叫和通信,下面描述正确的是________。

A. 遇险船可以直接在 VHF CH16 信道上直接进行无线电话遇险呼叫

B. 遇险船可以直接在 VHF CH70 信道上发送 DSC 遇险呼叫

C. 遇险船应在 VHF CH16 信道上进行遇险通信

D. 以上都正确

461. VHF 设备的 75 信道和 76 信道是________信道的保护信道,不应在此工作。

A. CH16　　B. CH70

C. CH13　　D. CH06

462. 强制工作在小功率状态(不超过 1 W)的信道是________。

A. CH16 和 CH06　　B. CH75 和 CH76

C. CH13 和 CH11　　D. CH15 和 CH17

463. VHF 设备的话筒有一个按压开关(PTT),在单工工作方式时,此开关的作用是________。

A. 按下此开关,接收机工作,发射机不工作

B. 按下此开关,接收机不工作,发射机工作

C. 松开此开关,接收机和发射机都工作

D. 松开此开关,接收机和发射机都不工作

464. VHF 设备船台载波输出功率应当在________之内。

A. 1 W　　B. 25 W

C. 50 W　　D. 75 W

465. VHF 设备可以用于________海区。

A. A1　　B. A1、A2

C. A1、A2、A3　　D. A1、A2、A3、A4

466. VHF 无线电设备是实现近距离海上通信的主要手段，有效通信距离大约为________。

A. 50 n mile B. 150 n mile

C. 200 n mile D. 400 n mile

467. 影响 VHF 通信距离的主要因素是________。

A. VHF 天线高度 B. 地球曲率

C. 选用信道 D. A+B

468. 当船舶航行于加拿大和美国附近海域时，应注意选用________。

A. ITU 信道 B. USA 信道

C. VHF 专用气象信道 D. 双值守信道

469. 在甚高频无线电话通信中，无线电波的传播方式主要是靠________传播。

A. 天波 B. 地波

C. 天波和地波 D. 空间波

470. 在 VHF 电话通信中，如果两个船台都选用了双工信道，则通信结果为________。

A. 两台只能收听对方讲话 B. 一方正常收发，另一方只能收听

C. 两台都听不到对方讲话 D. 两台正常通信

471. AIS 工作在________频段。

A. VHF B. SHF

C. HF D. UHF

附录 2.7 紧急无线电示位标(EPIRB)练习题

本部分包含《GMDSS 综合业务考试大纲》中“紧急无线电示位标(EPRIB)的概念及功能、配备要求、COSPAS-SARSAT 系统组成与功能；以及 EPIRB 设备安装、保存、测试、启动方法和注意事项；EPIRB 设备电池与静水压力释放器有效期；EPIRB 设备误报警的预防及误报警后的处理方法”等内容。

472. 406 MHz EPIRB 具有________功能。

A. 遇险报警 B. 通信

C. 海上安全信息播发 D. 以上都是

473. 406 MHz EPIRB 发射的遇险报警的信息包括________。

A. 船名 B. 遇险性质

C. 示位标的识别 D. 时间

474. 406 MHz EPIRB 的位置信息是________。

A. 由内置的导航仪提供

B. 无位置信息提供

C. 由系统卫星测定多普勒频移，LUT 推算提取

D. A+C

475. EPIRB 功能作用是________。

A. 遇险报警　　B. 定位

C. 识别　　D. A+B+C

476. 现在 COSPAS-SARSAT 系统的卫星包括________。

A. 近极轨道卫星　　B. 静止轨道卫星

C. A+B　　D. 海事卫星

477. COSPAS-SARSAT 系统覆盖范围是________。

A. 全球　　B. 南北纬 70°以内

C. 南北纬 70°以外　　D. 极区

478. COSPAS-SARSAT 系统是由哪四部分组成? ________。

A. LEO 和 GEO 卫星、LUT、EPIRB 和 MCC

B. 静止卫星、用户终端、EPIRB、RCC

C. 低极轨道卫星、用户终端、EPIRB、NCS

D. 低极轨道卫星、用户终端、SCC、MCC

479. LUT 的主要作用是________。

①接收并处理卫星转发下来的遇险示位标信号和数据;②解码、计算出示位标识别码和位置数据;③实时修正卫星轨道参数;④把示位标的报警数据和统计信息送给相应的搜救任务控制中心

A. ①②③　　B. ①③④

C. ①②③④　　D. ①②④

480. MCC 的主要作用是________。

①收集、整理、存储和分类从 LUT 和其他 MCC 送来的数据;②在 COSPAS-SARSAT 系统内与其他 MCC 进行信息交换;③把报警和定位数据分发到有关的搜救协调中心或搜救协调点;④跟踪搜救卫星并接收卫星转发下来的遇险示位标信号和数据

A. ①②③④　　B. ①②③

C. ②④　　D. ①②④

481. COSPAS-SARSAT 系统示位标有________种。

A. 1　　B. 2

C. 3　　D. 4

482. COSPAS-SARSAT 系统示位标包括________。

A. 船载 EPIRB　　B. 机载 LUT

C. 个人 PLB　　D. 以上都包括

483. 公约船配备 406 MHz EPIRB 的时间是________。

A. 1993 年 8 月 1 日　　B. 1992 年 2 月 1 日

C. 1999 年 2 月 1 日　　D. 1995 年 8 月 1 日

484. COSPAS-SARSAT 系统不能完成下列哪项任务? ________。

A. 测定遇险船舶的船位　　B. 遇险通信

C. 覆盖全球　　D. 接收和转发示位标报警

485. 406 MHz EPIRB 的启动方式是________。

A. 仅可自动启动　　B. 既可自动启动,也可人工启动

C. 仅可人工启动　　D. 以上都不对

486. 当船舶沉到水下________处时,静水压力释放器被打开,EPIRB 浮到水面并自动启动,发送报警信息。

A. 1~2 m　　B. 2~4 m

C. 4~6 m　　D. 1~5 m

487. GMDSS 中使用 406 MHz EPIRB 示位标采用多普勒定位时,其定位精度约________ n mile。

A. 2~3　　B. 4~5

C. 7~8　　D. 9~10

488. 406 MHz EPIRB 要求每几年更换电池? ________。

A. 1　　B. 2

C. 3　　D. 4

489. 406 MHz EPIRB 自浮式支架的静水压力释放器的使用年限至少是________。

A. 2 年　　B. 4 h

C. 48 h　　D. 7 日

490. 406 MHz EPIRB 启动后每________发射一次________ 的射频脉冲。

A. 1 s;1 s　　B. 5 s;5 s

C. 50 s;0.5 s　　D. 10 s;s

491. 406 MHz EPIRB 启动后,其电池应能维持________ h 的连续发射。

A. 72　　B. 48

C. 24　　D. 36

492. 406 MHz EPIRB 发射功率为________。

A. 5 W　　B. 1 W

C. 25 W　　D. 10 W

493. 406 MHz EPIRB 的主要特点是________。

A. 能人工启动报警　　B. 船舶下沉后,可自动启动报警

C. 启动方便　　D. 通信便捷

494. COSPAS-SARSAT 系统采用________定位。

A. 测距　　B. 测向

C. 多普勒频移　　D. 测天

495. COSPAS-SARSAT 系统中由________提取示位标的位置。

A. LUT　　B. MCC

C. RCC　　D. EPIRB

496. COSPAS-SARSAT 系统使用的卫星是何种卫星? ________。

A. 低高度极轨道卫星　　B. 海事卫星
C. 静止轨道卫星　　D. A+C

497. COSPAS-SARSAT 系统中 LEOSAR 卫星绕地球一周大约是________ min。
A. 50　　B. 60
C. 100　　D. 200

498. COSPAS-SARSAT 系统中,卫星转发的下行频率为________ MHz。
A. 406　　B. 121.5
C. 1 544.5　　D. 213

499. COSPAS-SARSAT 系统中本地用户终端的缩写是________。
A. LUT　　B. MCC
C. RCC　　D. EPIRB

500. COSPAS-SARSAT 系统中任务控制中心的缩写是________。
A. LUT　　B. MCC
C. RCC　　D. EPIRB

501. 若不小心使用 406 MHz EPIRB 误发报警,正确的处置方法是________。
A. 立即关机　　B. 向所在海域的 RCC 报告
C. 向公司报告　　D. A+B+C

502. 406 MHz EPIRB 安装应考虑的因素主要有________。
①驾驶台两侧或驾驶台顶部;②便于接近,容易维护;③周围无障碍、无废气、无化学品污染;④人工启动方便;⑤无机械、海浪冲击
A. ①②④　　B. ①③④
C. ②③④⑤　　D. ①②③④⑤

503. 406 MHz EPIRB 应安装在________。
A. 固定支架上　　B. 自浮式装置上
C. 驾驶台中　　D. 以上都可

504. 406 MHz EPIRB 日常维护与检查应注意的问题有________。
①确认其安装位置和示位标放置满足设备安装要求;②所有示位标安放位置不应存在妨碍示位标自动浮起的物体;③系绳应防止缠在船舶上;④检查电池的有效期和静水压力释放器的有效期;⑤检查操作说明和船舶识别等清晰可见
A. ①②④　　B. ①③④
C. ①②③④⑤　　D. ②③④⑤

505. 406 MHz EPIRB 日常测试应注意的问题有________。
A. 按设备操作方法进行试验
B. 对设备进行的试验应避免造成误报警
C. 测试情况记录在电台日志中
D. 以上都是

附录 2.8 搜救雷达应答器(SART)练习题

本部分包含《GMDSS 综合业务考试大纲》中"搜救雷达应答器(SART)的概念及功能;SART 设备的配备要求;SART 的工作原理;SART 设备操作的注意事项;9 GHz 普通导航雷达在搜救时的注意事项;SART 设备安装、存放与使用要求;SART 设备安装与使用注意事项;SART 设备存放注意事项;SART 设备的测试要求;SART 设备对电池的要求"等内容要求。

506. 确定遇难船舶、救生艇筏及幸存者位置的设备是________。

A. SART B. AIS-SART

C. VDES D. A+B

507. 关于搜救定位装置,下面描述正确的是________。

A. 300~500 总吨的货船应配备 1 部 SART 或者 AIS-SART

B. 500 总吨以上的货船应配备 2 部 SART 或者 AIS-SART

C. AIS-SART 是一个自动识别系统发射器

D. 以上描述都正确

508. 关于 SART,下面描述正确的是________。

A. 受雷达询问脉冲触发后应答发射信号

B. 主动发射信号

C. 收到遇险信号后发射信号

D. 以上都正确

509. SART 响应下述设备触发信号________。

A. 卫星示位标 B. X 波段导航雷达

C. S 波段导航雷达 D. 10 cm 雷达

510. SART 和搜救船舶上何种导航雷达配合使用________。

A. 9 cm 雷达 B. 10 cm 雷达

C. 3 cm 雷达 D. 3 GHz 雷达

511. SART 接收和发射的频率范围是________。

A. 7 380~7 500 MHz B. 9 200~9 500 MHz

C. 8 200~8 380 MHz D. 6 100~6 380 MHz

512. AIS-SART 工作在________频段,和________类设备配合工作。

A. VHF;船载 AIS 设备 B. 9 GHz;导航雷达

C. 3 GHz;导航雷达 D. 9 GHz;SART

513. 依据海安会决议,SOLAS 船舶在________以后可以配置 AIS-SART。

A. 1999 年 2 月 1 日 B. 1992 年 2 月 1 日

C. 2010 年 1 月 1 日 D. 1995 年 2 月 1 日

514. SART 应答信号是由 12 个等间距点状信号组成,大约________ n mile。

A. 8　　B. 12
C. 0. 8　　D. 0. 7

515. 搜救雷达应答器的应答信号在搜救雷达上会出现一串亮点,其首尾表示的距离为________。
A. 12 n mile　　B. 8 n mile
C. 6 n mile　　D. 4 n mile

516. SART 是一种________的示位标。
A. 主动有源　　B. 主动无源
C. 被动有源　　D. 被动无源

517. SART 应答信号在救助船雷达显示屏上的图像,下列哪一描述不可能出现? ________。
A. 可能出现 12 个亮点　　B. 可能出现三角
C. 可能出现同心圆　　D. 可能出现宽弧

518. 符合 CCIR625 建议的搜救雷达应答器上的短索用于________。
A. 在水中的遇难幸存者系在身上　　B. 避免发射时对人员造成伤害
C. 使应答器有良好的接地　　D. 增加应答器的有效发射功率

519. 搜救雷达应答器内的电池要求在待命状态下能工作________ h,然后还能连续应答________ h。
A. 48;48　　B. 24;24
C. 96;8　　D. 96;48

520. 当 SART 天线高 1. 5 m,搜救飞机的高度为 3 000 ft 时,飞机应在________外发现目标。
A. 5 n mile　　B. 10 km
C. 10 n mile　　D. 40 n mile

521. 当 SART 天线高 1. 5 m,搜救船舶天线离海平面 15 m 以上,搜救船舶应在________外发现目标。
A. 5 n mile　　B. 10 km
C. 10 n mile　　D. 40 n mile

522. SART 表面应涂________色,以保证具有较高的可见度。
A. 红　　B. 白
C. 橘红　　D. 蓝

523. SART 应能保证在________ m 高度落入水中不损坏。
A. 10　　B. 20
C. 30　　D. 5

524. 下列关于 SART 使用说法正确的有________。
①SART 平时以关机状态保存在容器中,存放在驾驶室两侧易取之处;②船舶遇险时要从容器中取出,开机使其处于 STANDBY 状态,母船应安装在罗经甲板外的栏

杆上;带到救生艇筏,应尽量安装在高处;③SART 和雷达反射器可以在同一救生艇筏上使用,以增加发现距离;④安装 SART 时应垂直安装或平躺在海面

A. ①② B. ③④

C. ②③ D. ①③

525. 当搜救船舶 9 GHz 普通导航雷达出现同心圆或者同心弧时,搜救船舶应________,因为幸存者可能就在附近,应注意瞭望,避免伤害幸存者。

A. 增大船速 B. 改变航向

C. 降低船速 D. 没有要求

526. 当搜救船舶开始搜寻时,应将 9 GHz 普通导航雷达设置在________挡,以便能够显示遇险 SART 完整的响应信号。

A. 1 n mile B. 8 n mile 以上

C. 30 n mile D. 40 n mile

527. SART 设备的测试的要求是________。

A. 增大船速 B. 改变航向

C. 降低船速 D. 尽可能缩短测试时间

528. 关于 SART 测试,描述错误的是________。

A. 每月测试 1 次 B. 尽量使用 SART 的自测试功能

C. 也可用雷达配合测试 D. 不允许测试

529. 使用雷达配合 SART 测试的方法是________。

A. 将 SART 从容器中取出,并打开

B. 打开 3 cm 雷达,1 人在雷达旁观察

C. 另 1 人将 SART 带到船头或者码头,如果雷达有 SART 回波显示为正常

D. 以上都是

附录 2.9 海上安全信息播发系统练习题

本部分包含《GMDSS 综合业务考试大纲》中“GMDSS 海上安全信息(MSI)播发系统定义、功能和分类;全球航行警告业务(WWNWS)(概念、NAVAREA 和 METAREA 区域、种类);MSI 播发系统与业务(NAVTEX 系统概念、EGC 系统概念、气象传真系统概念、高频窄带直接印字电报)”等内容。

NAVTEX 系统包括:“播发台与信息类型;使用的语言、工作频率和播发方式;NAVTEX 报文技术编码的含义;NAVTEX 报文格式和优先等级;NAVTEX 播发台发射功率”等内容。

无线电气象传真播发与接收系统包括:“无线电气象传真播发与接收系统的定义与作用;气象传真播发台信息的查找;气象传真机的维护及保养”等内容。

高频窄带直接印字电报(HF-TELEX)MSI 接收业务包括:“高频窄带直接印字电报 MSI 接收业务资料的查阅;高频窄带直接印字电报 MSI 接收业务接收的程序”等内容。

530. 全球航行警告业务包括________。
A. NAVAREA 航行警告业务　　B. 分区航行警告业务
C. 沿岸航行警告业务　　D. A+B+C

531. 海上安全信息(MSI)不包括________。
A. 航行警告　　B. 船队信息
C. 气象警告　　D. 有关航行安全的其他紧急安全信息

532. 全球航行警告主要使用的播发技术是________。
A. EGC 技术　　B. NAVTEX
C. NAVDAT　　D. 以上都是

533. 远距离航行警告业务一般通过________发送。
A. 移动卫星 EGC 系统　　B. NAVTEX 系统
C. NAVDAT　　D. VDES

534. 卫星航行警告系统经由________发送。
A. 移动卫星 EGC 系统　　B. NAVTEX 系统
C. NAVDAT　　D. VDES

535. GMDSS 中用于接收海上安全信息的设备有________。
①NAVTEX 接收机;②MF/HF 设备;③EGC 接收机;④SART
A. ①②③　　B. ①②③④
C. ③④　　D. ①④

536.《无线电信号表》第三卷内容包含________。
①安全网业务;②NAVTEX 业务;③气象传真业务;④船位报告系统
A. ①②③④　　B. ①②③
C. ③④　　D. ②③④

537. 国际海事组织(IMO)将全球划分为________个 NAVAREA 航行警告区。
A. 11　　B. 6
C. 21　　D. 4

538. NAVTEX 系统使用英语在中频段播发 MSI 的专用频率是________。
A. 500 kHz　　B. 518 kHz
C. 490 kHz　　D. 4 209. 5 kHz

539. NAVTEX 系统使用本国语言播发 MSI 的专用频率是________。
A. 500 kHz　　B. 518 kHz
C. 490 kHz　　D. 4 209. 5 kHz

540. NAVTEX 系统使用英语在高频段播发 MSI 的专用频率是________。
A. 500 kHz　　B. 518 kHz
C. 490 kHz　　D. 4 209. 5 kHz

541. NAVDAT 中频专用频率是________。
A. 500 kHz　　B. 518 kHz

C. 490 kHz　　D. 4 209.5 kHz

542. NAVTEX 系统基本覆盖________。

A. A4 海区　　B. A3 海区

C. A1 和 A2 海区　　D. A3 和 A2 海区

543. NAVTEX 每个 NAVAREA 航行警告区最多可设置的电台数是________。

A. 24 个　　B. 26 个

C. 4 个　　D. 8 个

544. NAVTEX 的识别、所在海域等信息可在________中查找。

A.《无线电信号表》第三卷　　B.《无线电信号表》第五卷

C.《无线电信号表》第一卷　　D. A 或 B

545. 我国在 NAVAREA 第________区，该区协调国是________。

A. 21；日本　　B. 4；中国

C. 10；日本　　D. 21；中国

546. 目前我国开放 NAVTEX 业务的部分海岸电台有广州、上海、大连、福州、三亚和香港，它们的标识依次是________。

A. N、Q、R、L、O、M　　B. N、Q、R、O、M、L

C. N、Q、R、L、M、O　　D. N、Q、R、O、L、M

547. 我国台湾海峡以北水域的气象报告和航行警告由________负责。

A. 广州海岸电台　　B. 上海海岸电台

C. 福州海岸电台　　D. 天津海岸电台

548. 我国台湾海峡以南水域的气象报告和航行警告由________负责。

A. 广州海岸电台　　B. 上海海岸电台

C. 福州海岸电台　　D. 天津海岸电台

549. NAVTEX 每个协调区的播发台分为________组，每个播发台每次播发的时间最长为________。

A. 6；4 h　　B. 4；10 min

C. 16；15 min　　D. 6；30 min

550. 如果一个 NAVAREA 区中可设 24 个 NAVTEX 播发台，24 个台循环播发 1 次共需________。

A. 4 h　　B. 1 h

C. 24 h　　D. 6 h

551. 对于 NAVTEX 系统，以下说法错误的是________。

A. 采用分区、分时方式在同一个频率上播发海上安全信息，以避免相互干扰

B. 限制发射功率，白天最大 500 W，晚上降至 150～200 W，以避免相互干扰，保证覆盖

C. 限制发射功率，白天 150～200 W，晚上 500 W，以避免相互干扰，保证覆盖

D. 可以选择播发台和信息种类，对航行警告、气象警告和搜救信息不可拒收

552. 对于 NAVTEX 系统,以下说法错误的是________。
A. 采用分区、分时方式在同一个频率上播发海上安全信息,以避免相互干扰
B. 限制发射功率,白天最大 500 W,晚上降至 150~200 W,覆盖范围为 400 n mile
C. 设备小,自动接收,自动打印
D. 可以选择接收或拒收任意播发台和任意信息种类
553. NAVTEX 报头中的"ZCZC"用于信息处理,表示________。
A. 报文开始　　B. 电文种类识别
C. 报文结束　　D. 特别重要的电文
554. NAVTEX 报头中技术编码中 B_1 字符表示________。
A. 发射台识别　　B. 电文种类
C. 报文编号　　D. 洋区代码
555. NAVTEX 报头中技术编码中 B_2 字符表示________。
A. 发射台识别　　B. 电文种类
C. 报文编号　　D. 洋区代码
556. NAVTEX 报头中技术编码中 B_3B_4 字符表示________。
A. 发射台识别　　B. 电文种类
C. 报文编号　　D. 洋区代码
557. NAVTEX 报头中技术编码中 B_3B_4 字符为 00,表示________。
A. 没有报文标号　　B. 无电文
C. 报文特别重要,不能拒收　　D. 无用电文
558. 接收 NAVTEX 信息,不可拒收的电文有________。
①B_1 为 A、B、D、L;②B_2 为 A、B、D、L;③B_3B_4 为 00
A. ①②③　　B. ①②
C. ①③　　D. ②③
559. 关于 NAVTEX 系统播发的信息,下面描述正确的是________。
A. 特别紧急的搜救信息 B_3B_4 可为 00
B. 不是特别紧急的搜救信息可以将 B_2 设置为 D,进行广播
C. B_3B_4 为 00 表示无电文
D. A 和 B 都正确
560. NAVTEX 报头中技术编码中 B_2 为 E 字符表示________。
A. 气象警告　　B. 气象预报
C. 冰况报告　　D. 航行警告
561. 船舶接收到 NAVTEX 电文,技术编码是 CA89,下列说法正确的是________。
A. 该电文是在 UTC 时间 0420-0430 播发的航行警告
B. 该电文是在 UTC 时间 0510-0520 播发的气象警告
C. 该电文是在 UTC 时间 0420-0430 播发的气象警告
D. 该电文是在 UTC 时间 0510-0520 播发的航行警告

562. 船舶接收到 NAVTEX 电文，技术编码是 DL05，表明这是一份 D 台播发的________。

A. 第 5 号航行警告
B. 第 104 号航行警告
C. 第 6 号航行警告
D. 第 105 号航行警告

563. 收到一份 NAVTEX 报文，其技术编码为 BA05，表明这是一份________。

A. B 台播发的航行警告
B. A 台播发的航行警告
C. B 台播发的气象警告
D. A 台播发的搜救信息

564. NAVTEX 的优先等级不包括________。

A. VITAL
B. IMPORTANT
C. ROUTINE
D. DISTRESS

565. 经由 NAVTEX 系统播发的航行警告信息________。

A. 只应播发一遍
B. 只重发两次
C. 只要在有效期内，在规定的广播时间内一直予以播发
D. 在任何时间都可以播发

566. NAVTEX 系统中，发射台采用何种工作模式发射海上安全信息？________。

A. 莫尔斯报方式
B. CFEC 方式
C. SFEC 方式
D. ARQ 方式

567. 气象预报一般每天播发________。

A. 两次
B. 一次
C. 三次
D. 无具体规定

568. 关于 NAVTEX 接收机对接收电文的处理，下面描述不正确的是________。

A. 所收电文误码率低于 4%，打印电文并存储技术编码 $B_1B_2B_3B_4$ 72 h
B. 对已经接收打印误码率低于 4%的电文，在 72 h 内重复接收时，不会打印
C. 所收电文误码率高于 4%低于 30%时，打印电文并存储技术编码 $B_1B_2B_3B_4$
D. 所收电文误码率高于 4%低于 30%时，打印电文并不存储技术编码 $B_1B_2B_3B_4$

569. 关于 NAVTEX 接收机对接收电文的处理，下面描述正确的是________。

A. 所收电文误码率低于 4%，打印电文不存储技术编码 $B_1B_2B_3B_4$ 72 h
B. 对已经接收打印误码率低于 4%的电文，在 72 h 内重复接收时，将立即打印
C. 所收电文误码率高于 4%低于 30%时，打印电文并存储技术编码 $B_1B_2B_3B_4$
D. 所收电文误码率高于 30%时，既不打印电文，也不存储技术编码 $B_1B_2B_3B_4$

570. NAVTEX 系统防止各 NAVTEX 台相互干扰的方法有________。

A. 同一 NAVAREA 区的 NAVTEX 播发台，分时工作，按每台每次 10 min
B. 相邻 NAVAREA 区，NAVTEX 台的字母指配采取首尾相接的方式
C. NAVTEX 播发台白天最大发功率 500 W，夜间降低到 100~150 W
D. 以上都是

571. 极其重要的警告标志为________，应立即播发。

A. VITAL B. IMPORTANT
C. ROUTINE D. 以上都可以

572. 重要的警告标志为________,信道空闲时,应立即播发。
A. VITAL B. IMPORTANT
C. ROUTINE D. 以上都可以

573. 常规警告标志为________,应在规定时间内播发。
A. VITAL B. IMPORTANT
C. ROUTINE D. 以上都可以

574. 在海上安全信息播发系统中________是基于卫星的广播技术。
A. NEVTEX 系统 B. EGC
C. DSC 系统 D. SART

575. 下面关于 NAVTEX 和 EGC 系统的差别是________。
A. NAVTEX 系统工作在中频段;EGC 是移动卫星广播技术
B. NAVTEX 系统仅能覆盖沿岸海域;EGC 可以覆盖 Inmarsat 卫星的 4 个洋区
C. EGC 系统可以经由 FleetNET 播发船队信息
D. 以上都是

576. 下面哪个设备是 GMDSS 的基本配置?________。
A. NAVTEX 接收机 B. EGC 接收机
C. HF NBDP 设备 D. 以上都是

577. NAVTEX 接收机收到报文的技术编码为 QE18,________是正确的。
A. 是冰况报告 B. 技术编码错误
C. 第 18 次接收该电文 D. 这类报文可拒收

578. 收到 NAVTEX 报文的技术编码为 QD00,表明是________。
A. 航行警告 B. 冰况报告
C. 一般电文 D. 遇险电文,不可拒收,必须打印

579. NAVTEX 系统采用分时播发机制,即将每个 NAVAREA 区的 NAVTEX 发射台分________个发射组,每组有________个发射台,每个发射台每________h 分配________min 发送时间。
A. 4;4;6;10 B. 4;6;4;10
C. 6;4;10;4 D. 10;4;6;4

580. 增强群呼叫(EGC)业务包括________。
A. 电传业务和电子邮箱业务 B. 电传电文业务和安全通信网业务
C. 安全通信网业务和船队通信网业务 D. 安全通信网业务和电子邮箱业务

581. EGC 系统是________。
A. 以 Inmarsat FB 系统为基础的报文广播业务
B. 以 Inmarsat C 系统为基础的报文广播业务
C. 以 Inmarsat F 系统为基础的报文广播业务

D. 以 Inmarsat M 站为基础的报文广播业务

582. 关于 Inmarsat SafetyNET 播发的电文,以下叙述错误的是________。

A. 电文编号是唯一的

B. 已经成功接收的电文不会重复打印

C. 已经成功接收的电文会重复打印

D. 接收设备电文存储器如果已满,设备会自动删除最早的电文编码,存储新的电文编码

583. 下面说法中不正确的是________。

A. EGC 接收机只能接收 EGC 报文

B. EGC 接收机只能工作在 NCS 的公共 TDM 信道,以接收 EGC 报文

C. EGC 接收机只能在 LES 的 TDM 信道,以接收 EGC 报文

D. 通常用 Inmarsat C 船站接收 EGC 报文

584. Inmarsat EGC MSI 业务通常覆盖________。

A. A1 海区　　B. A1 ~ A2 海区

C. A1 ~ A3 海区　　D. A1 ~ A4 海区

585. 海洋气象报告(WX)通常分________。

A. 气象警告　　B. 气象大势

C. 气象预报　　D. A+B+C

586. 航行警告(N/W)至少包括________。

A. 航行警告序列号　　B. 所在航行警告区

C. 航行警告的内容　　D. 以上都是

587. 用无线电图形播发技术来播发海上天气和海况的系统是________。

A. 气象警告系统　　B. NAVTEX 系统

C. 航行警告系统　　D. 气象传真系统

588. 气象传真播发台的播放频率、发布的传真种类、区域和发布的时间等信息在________中查询。

A.《无线电信号表》第三卷　　B.《无线电信号表》第一卷

C.《无线电信号表》第五卷　　D. 均不正确

589. 气象传真接收机如何启动接收? ________。

A. 在气象传真接收机上设置好气象传真播发台播发频率

B. 靠启动信号自动启动接收

C. 也可人工启动打印接收

D. 以上都是

590. 海上气象传真系统的合作系数有________。

A. 120、240　　B. 288、576

C. 90、120　　D. 以上都是

591. 海上气象传真系统的转速有________ r/min。

A.120　　B.240

C.90　　D.以上都是

592. 气象传真机所接收到的图形被压缩或拉长的原因,一般是________与气象传真播发台不同。

A.转速　　B.相位

C.合作系数　　D.以上都是

593. 气象传真机所接收到的图形严重失真错乱,一般是________与气象传真播发台不同。

A.转速　　B.相位

C.合作系数　　D.以上都是

594. 海岸电台用 HF NBDP 播发 WX 和 N/W,其频率和播发时间等应在《无线电信号表》第________卷查阅,设置________设备接收。

A.1;NAVDAT　　B.3;中/高频无线电设备

C.5;NAVTEX　　D.3;Inmarsat C 船站

附录 2.10　特别业务练习题

本部分包含《GMDSS 综合业务考试大纲》中"无线电授时业务和船舶报告系统与业务"等内容。

无线电授时业务包括:时区的划分与国际日期变更线;授时与对时;船舶时间校对要求;中国时间信号的播发台名、呼号与授时方式。

船舶报告系统与业务包括:船舶报告的要求、船舶报告的类型、全球主要的船舶报告系统、美国自动商船互救系统(AMVER)、中国船舶报告系统(CHISREP)、澳大利亚船舶报告系统(AUSREP)。

595. 时区的划分:按经度划分为________个区,每隔经线________划分为一个时区。

A.36;10°　　B.12;30°

C.24;15°　　D.15;24°

596. 当船舶从东十二时区向东驶入西十二时区时,日期应当________。

A.减去一天　　B.减去半天

C.增加一天　　D.增加半天

597. 当船舶从西十二时区向西驶入东十二时区时,日期应当________。

A.减去一天　　B.减去半天

C.增加一天　　D.增加半天

598. 国际规定,180°经线作为________。

A.国际日期变更线　　B.日界线

C.时区线　　D.A 或者 B

599. 船舶无线电人员或者驾驶员应________校准驾驶台天文钟和 GMDSS 相应设备的

时钟。

A. 每天　　B. 一周

C. 一个月　　D. 三个月

600. 目前,世界上采用的报时方式有________种。

A. 4　　B. 6

C. 8　　D. 10

600. 时间信号播发台的频率、所用制式等信息可在《无线电信号表》第________卷中查找。

A. 一　　B. 二

C. 三　　D. 四

602. 中国的时间信号播发台为________。

①北京;②福州;③厦门;④上海;⑤大连;⑥天津;⑦西安

A. ①③　　B. ②⑤

C. ③⑥　　D. ④⑦

603. 中国上海海岸电台每天播发时间信号的次数为________。

A. 一次　　B. 二次

C. 三次　　D. 四次

604. 中国上海台每天在________播发________对时信号。

A. 气象报告前;新国际式　　B. 气象报告后;新国际式

C. 新国际式;气象报告后　　D. 气象报告前;老国际式

605. 中国西安台播发时间信号采用________报时方式。

A. 新国际式和英国式　　B. 美国式和国际韵律式

C. 科学式和平时式　　D. 以上都是

606. 船舶时间校对的注意事项有________。

①负责船舶通信设备管理的人员应每天至少提供一次无线电信号,以便校正船舶天文钟;②为确保船上天文钟的准确性,起航前两天,应校对好天文钟;③可以用 GPS 接收机的时钟校对船舶天文钟;④校对天文钟除校对秒针外,分针也要注意校对;⑤船上的有关人员对时结束后,应把天文钟情况记录在电台日志

A. ①②③　　B. ①②③④

C. ①②④⑤　　D. ①②③④⑤

607. 船位报告的功能是________。

A. 船舶遇险时,可以缩小搜寻范围,提高救助效率

B. 船舶航行安全的需要

C. 海洋环境保护

D. 以上都是

608. AMVER 是一个________。

A. 强制加入的船位报告系统　　B. 船舶自动互救系统

C. 澳大利亚船位报告系统　　D. 区域性船舶搜救系统

609. 船舶自动互救系统(AMVER)是________船位报告系统,船舶________。

A. 美国;自愿加入　　B. 日本;强制加入

C. 中国;强制加入　　D. 日本;自愿加入

610. AUSREP 是________。

A. 全球性船位报告系统　　B. 全球性船舶搜救系统

C. 澳大利亚船位报告系统　　D. 自愿加入性船舶报告系统

611. 属于强制性加入的船位报告系统是________。

A. AMVER　　B. JASREP

C. CHISREP　　D. AUSREP

612. AUSREP 船位报告系统中要求的报告有________种。

A. 4　　B. 5

C. 6　　D. 7

613. AUSREP 船位报告系统中航行计划报告的表示符号为________。

A. DR　　B. SP

C. FR　　D. PR

614. AUSREP 船位报告系统中船位报告的表示符号为________。

A. DR　　B. SP

C. FR　　D. PR

615. AMVER 船位报告系统中绕航变更报告的表示符号为________。

A. DR　　B. SP

C. FR　　D. PR

616. CHISREP 常规报告有________种。

A. 4　　B. 5

C. 6　　D. 3

617. CHISREP 特殊报告有________种。

A. 4　　B. 5

C. 6　　D. 3

618. AUSREP 船位报告系统中,若船位报告延误________h,便开始播发 PAN-PAN 信号。

A. 6　　B. 12

C. 21　　D. 24

619. AUSREP 船位报告系统中,若船位报告延误________h,便开始搜救行动。

A. 6　　B. 12

C. 21　　D. 24

620. CHISREP 船位报告系统中,若船位报告延误________h,便开始搜救行动。

A. 6　　B. 12

C. 21　　D. 24

621. 在 AUSREP 系统中，当船舶在进入 AUSREP 海域 24 h 之前或离开 AUSREP 海域的一个港口 2 h 之后应发送电报的种类是________。

A. SP　　B. PR

C. DR　　D. FR

622. CHISREP 常规报告包括________。

A. SP、DR、PR、AR　　B. SP、DR、AR、DG

C. SP、DR、FR、DG　　D. SP、DR、PR、FR

623. 船舶可通过________方式向 CHISREP 系统管理中心发送船舶报告。

A. 通过上海岸台发送 NBDP 电文报告

B. 通过 Inmarsat 移动站发送电传传真或电子邮件信息报告

C. 通过公司或船队向 CHISREP 系统发送报告

D. A+B+C

624. AUSREP 电报种类包括________。

①航行计划报告；②船位报告；③遇险报告；④改航报告；⑤最后报告

A. ①②④　　B. ①②④⑤

C. ②③④⑤　　D. ③④⑤

625. CHISREP 特殊报告包括________。

①危险货物报告；②海盗报告；③海洋污染物报告；④有害物质报告；⑤绕航变更报告

A. ①④　　B. ①③④

C. ②③④　　D. ③④⑤

626. 不能使用________给 AUSREP 发船位报告。

①Inmarsat C；②HF DSC；③E-mail；④传真

A. ①②③　　B. ①②

C. ③④　　D. ②

627. 以下________不包括在保安报警系统发送的报警信息内。

A. 船舶标识　　B. 船位

C. 当前船舶安全状态　　D. 当前船舶人员状态

628. 紧急情况下船舶保安报警设备可以________形式将报警发送到指定的信箱。

A. E-mail　　B. SMS

C. EMS　　D. A 或 B

629. SSAS 是________的英文简称。

A. 船舶安全系统　　B. 船舶保安报警系统

C. 全球遇险与安全系统　　D. 国际船舶保安规定

630. 国际海事组织（IMO）规定船舶保安报警设备至少要有________个报警按钮。

A. 2　　B. 3

C. 1　　D. 6

631. 在航船舶因旅客或船员患重病或受重伤,需要向陆地医疗机构询问急救和医治方法等而发出的船岸间紧急优先级的通信称为________。

A. 海上无线电医疗指导通信　　B. 海上无线电医疗救助通信

C. 遇险通信　　D. 均不正确

632. 在航船舶因旅客或船员患重病或受重伤,严重危及生命而船舶无力治疗,需请求港口医疗当局速派直升机或快艇以便将患者或伤员转移到陆上抢救治疗而进行的船岸间通信称为________。

A. 海上无线电医疗指导通信　　B. 海上无线电医疗救助通信

C. 遇险通信　　D. 均不正确

附录 2.11　船舶电源与天线练习题

本部分包含《GMDSS 综合业务考试大纲》中"10.1 船舶电源的相关要求和 10.2 船用天线的相关要求"等内容。

10.1 船舶电源的相关要求包括:船舶电源分类与作用;船舶备用电源(国际公约对船舶备用电源的要求与规定和船舶备用电源的组成类型);船舶主用电源、应急电源和备用电源的关系;船舶备用电源的组成和维护(蓄电池的分类、酸性蓄电池的组成、酸性蓄电池的维护、船舶使用 UPS 电源的管理与保养)。

10.2 船用天线的相关要求包括:船用天线的作用、分类(船舶地面系统设备天线和卫星天线);船用天线的安装、日常维护和保养(船用地面通信天线日常维护和保养、船用卫星天线维护和保养)。

633. GMDSS 船舶电源包括________。

A. 主用电源　　B. 应急电源

C. 备用电源　　D. A、B、C 均是

634. 船舶主用电源由________提供,通常提供交流电________V。

A. 辅机;220　　B. 应急发电机;220

C. 蓄电池;24　　D. 以上都提供

365. 船舶应急电源由________提供,通常提供交流电________V。

A. 辅机;220　　B. 应急发电机;220

C. 蓄电池;24　　D. 以上都提供

636. 船舶备用电源由________提供,通常提供直流电________V。

A. 辅机;220　　B. 应急发电机;220

C. 蓄电池;24　　D. 以上都提供

637. 当辅机故障时,________自动启动供电。

A. 辅机　　B. 应急发电机

C. 蓄电池　　D. 以上都是

638. 当船舶失去动力和电力时,GMDSS 设备和照明设备由________供电工作。

A. 辅机
B. 应急发电机
C. 备用电源
D. 以上都是

639. 对于 GMDSS 备用电源的描述,正确的是________。

A. 是辅助性电源,必须与船舶电力系统相结合才能发挥作用
B. 必须独立于船舶的动力系统和电力系统
C. 可以不给船舶卫星通信系统设备和地面通信系统设备供电
D. 一般由应急发电机组成

640. 如果船舶的应急电源完全符合供电要求,备用电源须向无线电设备供电至少________。

A. 1 h
B. 6 h
C. 24 h
D. 48 h

641. 如果船舶的应急电源不完全符合供电要求,备用电源须向无线电设备供电至少________。

A. 1 h
B. 6 h
C. 24 h
D. 48 h

642. 遇险情况下,每台无线电设备所需备用电源的负荷是________。

A. 发送所耗电流+接收所耗电流+任何附加负荷所耗电流
B. 发送所耗电流+1/2 接收所耗电流+任何附加负荷所耗电流
C. 1/2 发送所耗电流+接收所耗电流+任何附加负荷所耗电流
D. 1/2 发送所耗电流+1/2 接收所耗电流+1/2 任何附加负荷

643. 当船舶不出海时,应当在不超过________的间隔期内,使用适当的办法检查蓄电池及容量。

A. 4 个月
B. 6 个月
C. 8 个月
D. 12 个月

644. 船舶使用的蓄电池包括________。

A. 酸性蓄电池
B. 碱性蓄电池
C. 免维护的蓄电池
D. A、B、C 均是

645. 船舶的备用电源是指________。

A. 蓄电瓶供电
B. 应急电源
C. 主用电源
D. 220 V AC 电源

646. 常温下,下述哪种情况表明酸性蓄电池已经充满电? ________。

A. 电解液相对密度达到 1.40 左右
B. 电解液相对密度达到 1.28 左右
C. 电解液相对密度达到 1.83 左右
D. 电解液相对密度达到 1.00 左右

647. 把配好的电解液注入蓄电池时,液面通常________。

A. 与极板同高
B. 稍微高出极板即可
C. 高出极板 10 mm 以上
D. 与极板高度无关

648. 根据规定,主用电源应能为一个或者多个蓄电池________充电。
A. 自动
B. 人工
C. A+B
D. 随意

649. 新蓄电池加满电解液后应至少停留________,以保证蓄电池的活性物质被电解液浸透。
A. 8 h
B. 4 h
C. 10 h
D. 12 h

650. 在配制铅酸蓄电池的电解液时,正确的操作方法是________。
A. 将浓硫酸慢慢细流倒入蒸馏水中
B. 将蒸馏水慢慢细流倒入浓硫酸中
C. 把蒸馏水与浓硫酸交替细流注入蓄电池中
D. 同时将蒸馏水与浓硫酸细流注入蓄电池中

651. 酸性蓄电池在充电过程中,电解液的密度要________,温度要________。
A. 升高;降低
B. 升高;升高
C. 降低;升高
D. 降低;降低

652. 酸性蓄电池的维护中应注意的问题有________。
①盖子要拧紧,但盖子上的通气孔必须畅通;②每周检查一次液体密度,若密度降至 1.245,应立即充电,以防老化;③蓄电池安放间的室内温度不得超过 45 ℃;④为避免短路,金属工具及其他导电物件不可放置在电池盖上;⑤在寒冷地区使用的电池电解液浓度可适当增加
A. ①②③④
B. ①②③④⑤
C. ②③④
D. ①②③

653. 关于船舶免维护蓄电池的保养,不正确的是________。
A. 要定期检查蓄电池的固定和电缆连接
B. 要定期检查排气孔是否畅通
C. 没有排气孔,不需要充电
D. 充电期间,保持蓄电池间良好通风,不许有明火和易燃物

654. 船舶通导天线大致分为________。
A. 地面通信设备天线
B. 卫星通信设备天线
C. 导航设备天线
D. 以上都是

655. Inmarsat 系统中,使用全向天线的移动站是________。
A. Inmarsat F 船站
B. Inmarsat C 船站
C. Inmarsat FB 船站
D. Inmarsat M 船站

656. 船舶电台发射天线的作用是________。
A. 把音频信号转换成高频信号
B. 把高频信号转换成音频信号
C. 将射频信号转换成电磁波在空间传播

D. 将欲接收的电磁波转换为高频电流或者感应电动势

657. 船舶电台接收天线的作用是________。

A. 把音频信号转换成高频信号

C. 将射频转换成电磁波在空间传播

B. 把高频信号转换成音频信号

D. 将欲接收的电磁波转换为高频电流或者感应电动势

658. 使用阵列天线的 Inmarsat 船站是________。

A. Inmarsat F 终端　　B. Inmarsat M 终端

C. Inmarsat C　　D. 以上都是

659. 关于船用天线的日常维护和保养,哪些描述正确? ________。

①应定期对船舶通信导航天线进行检查、维护和保养;②要定期给地面通信设备的天线拉线、卸扣等上黄油,以免拉线被腐蚀;③检查天线绝缘子有无破损;经常清理绝缘子上的积灰,提高绝缘度;④检查卫星船站天线进口水密;机械传动部分可适当加润滑剂;⑤定期给船站天线外罩涂油漆

A. ①②③④⑤　　B. ①②③④

C. ②③④⑤　　D. ③④⑤

附录 2.12　船舶通信设备日常管理与 PSC/FSC 检查练习题

本部分包含《GMDSS 综合业务考试大纲》中"11.1 船舶通信设备的日常管理和 11.2 船舶各种检查和检验"等内容。

11.1 船舶通信设备的日常管理包括:水上移动通信业务识别的分类与识别码;船舶电台日常管理的规定(职责、保密制度、值班与交接班);船舶电台文件资料的管理(船舶通信业务资料的管理、船舶通信设备技术资料的管理、资料和文件的保管期限与处理规定);电台日志(电台日志记录管理规定和记录的主要内容);船舶无线电执照与证书(船舶无线电执照、GMDSS 证书、货船无线电安全证书、岸基维修协议);船舶通信资费(国内和国际资费一般规定、海事卫星通信资费一般规定、船舶通信资费的结算与规定);船舶通信设备定期测试和检查的规定。

11.2 船舶的各种检查和检验包括:船舶无线电方面检查和检验的要求;PSC/FSC 对 GMDSS 检查的主要项目(相关资料、文件和记录的检查及要求;GMDSS 设备的操作检查及要求);船舶年度无线电检验的准备工作(船舶年度无线电检验的主要内容和船舶年度无线电检验的准备工作)。

660. 在我国,水上移动通信业务的主要识别包括________。

A. 呼号　　B. MMSI

C. IMN　　D. 以上都是

661. 我国主管部门分配给海岸电台的呼号是________。

A. BAA ~ BZZ　　B. XSA ~ XSZ

C. 3HA～3UZ　　D. AAA～AZZ

662. 下列识别码中哪一个是分配给广州岸台的 MMSI 识别码？________。

A. 04120017　　B. 004122100

C. 004123100　　D. 441201017

663. 下列识别码中哪一个是分配给上海岸台的 MMSI 识别码？________。

A. 04120017　　B. 004122100

C. 004123100　　D. 441201017

664. 海上识别码数字(MID)由________位数字组成。

A. 9　　B. 3

C. 7　　D. 5

665. 对 MMSI 正确的定义是________。

A. 海岸电台的 MMSI 识别由 9 位数字组成,第一位数字是"4"

B. 所有的 MMSI 识别必须是由 9 位数字组成,并且包含 MID 码

C. 船舶的 MMSI 识别由 9 位数字组成,前两位为"00"

D. 船台的群呼码须以 2 个"0"开始

666. 海岸电台的海上移动业务识别码组成是________。

A. $0_1M_2I_3D_4X_5X_6X_7X_8X_9$　　B. $0_10_2M_3I_4D_5X_6X_7X_8X_9$

C. $0_10_2M_3I_4D_5X_6X_7X_8$　　D. $M_1I_2D_3X_4X_5X_6X_7X_8X_9$

667. 船舶电台的海上移动业务识别码组成是________。

A. $0_1M_2I_3D_4X_5X_6X_7X_8X_9$　　B. $0_10_2M_3I_4D_5X_6X_7X_8X_9$

C. $0_10_2M_3I_4D_5X_6X_7X_8$　　D. $M_1I_2D_3X_4X_5X_6X_7X_8X_9$

668. 船队海上移动业务识别码组成是________。

A. $0_1M_2I_3D_4X_5X_6X_7X_8X_9$　　B. $0_10_2M_3I_4D_5X_6X_7X_8X_9$

C. $0_10_2M_3I_4D_5X_6X_7X_8$　　D. $M_1I_2D_3X_4X_5X_6X_7X_8X_9$

669. 船舶手持 VHF 通信设备 MMSI 的格式是________。

A. $0_1M_2I_3D_4X_5X_6X_7X_8X_9$　　B. $0_10_2M_3I_4D_5X_6X_7X_8X_9$

C. $8_1M_2I_3D_4X_5X_6X_7X_8X_9$　　D. $M_1I_2D_3X_4X_5X_6X_7X_8X_9$

670. 国际移动卫星船用终端 C 船站的 IMN 格式是________。

A. $4_1M_2I_3D_4X_5X_6X_7Z_8Z_9$　　B. $6_1M_2I_3D_4X_5X_6X_7Z_8Z_9$

C. $7_16_2D_3X_4X_5X_6X_7X_8X_9$　　D. $6_10_2D_3X_4X_5X_6X_7X_8X_9$

671. 下列识别码中哪一个是分配给中国船台的 MMSI 识别码？________。

A. 412119701　　B. 336123456

C. 431123456　　D. 227123456

672. 下列识别码中哪一个是分配给中国船舶 Inmarsat C 船站的 IMN？________。

A. 412119701　　B. 441212345

C. 431123456　　D. 227123456

673. 无线电通信人员的职责包括________。

A. 严格执行各项通信规则和保密规定，确保机密安全，不得透露或变相透露来往电话、电传或传真内容
B. 当本船遭受海难或发生其他危险情况时，应坚守在无线电工作台，不擅离值守
C. 弃船时应销毁秘密以上等级的文件资料，并携带电台日志和电台执照按船长的命令离船
D. 以上都是

674. 无线电通信人员的职责包括________。
A. 船舶开航前做好航前安全检查，发现问题要及时检修、纠正，并报告公司主管部门
B. 在任何港口均应尊重和接受港口国检查官对本船通导设备和工作的检查
C. 航行中每天查阅电台日志，检查一天所做的通信导航工作，发现问题要及时查清，设法纠正
D. 以上都是

675. 工作电台的保密制度中不包括________。
A. 不得在公共场所、私人通信及与无关人员谈话中泄露通信机密、通信内容等
B. 不能进行私人通信
C. 电台通信密件，必须妥善保管，不得私自外带、摘抄，如有遗失泄密，立即上报
D. 不得在机上询问机密事项

676. 船舶通信中要注意哪些问题？________。
A. 不得用私编密语、密码，在机上进行私人谈话
B. 不得擅自发送遇险、紧急呼叫及脱险报告
C. 不得无故中断通信，冒充急电，抢叫干扰，争执吵骂和不服从岸台指挥
D. A+B+C

677. 下列哪一个不是无线电通信人员的职责？________。
A. 负责遇险、紧急和安全通信
B. 做好无线电通信设备的管理、使用、维护等工作
C. 货物检查与巡视
D. 大风浪侵袭前后，检查通信导航设备、器材及周围环境，并采取安全防范措施

678. 船舶电台应保持对________规定频率和业务的值守。
A. DSC　　B. Inmarsat 船站
C. NAVTEX　　D. A/B/C

679. 关于船舶负责通信导航设备的无线电通信人员休假离船时，交接工作包括________。
①按其职责与接班人员认真进行交接工作，办理交接手续；②将通信导航设备交接事项填写在二副交接班报告书中；③按清单交接电台执照、各类相关证书、文件和资料；④交接电台日志，以及各种通导设备使用、试验情况；⑤航线上有关岸台和卫星地面站的工作和业务情况

A. ①②③④⑤　　B. ①②③

C. ①②　　D. ①②③④

680. 船舶电台应具备________国际业务文件。

A.《无线电规则》和《无线电信号表》

B.《无线电定位和特别业务电台表》

C.《海岸电台表》或相应资料

D. 以上都是

681. 中国船舶电台应具备________国内有关部门颁发的证书和业务文件。

A. 电台执照

B.《水上无线电通信规则》

C.《船舶电台表和全国江、海岸电台表》

D. 以上都是

682. 船舶电台应具备的有关工具书籍不包括________。

A. 标准电码本　　B. 国内的汉语拼音电信局名簿

C.《英汉词典》　　D.《汉语词典》

683. 船舶电台凡列入文件登记本的内部文件和业务资料,通常________负责保管,按规定定期核点清理,并列入移交。

A. 船长　　B. 大副

C. 二副　　D. 以上都可以

684. 电台日志以及来往电文,航运公司一般规定保管期为________。

A. 三年　　B. 两年

C. 五年　　D. 长期保管

685. 航运公司规定应长期保管的文件是________。

A. 电台日志

B. 船舶电台通信导航设备管理登记和维修记录资料

C. 各类通信资料账单

D. 国际各类电文

686. 电台日志的作用是________。

A. 记录船舶通信设备的使用情况　　B. 记录 GMDSS 设备试验状态

C. 是船舶的重要文件和法律依据　　D. 以上都是

687. 电台日志由驾驶员或使用人员直接填写,当进行有关遇险、紧急等重大事项时,应________。

A. 没有特殊要求

B. 详细记载通话内容和过程,并由船长签署

C. 仅记录在航海日志中即可

D. 以上都是

688. 电台日志是船舶的重要文件和法律依据之一,要求按日志内容逐项逐行详细、准

确、清楚、如实记载通信情况,写错时应________。

A. 涂改干净后重新填写　　B. 撕掉本页,重新填写

C. 划去重写,不得任意涂改和撕页　　D. 没有特殊要求

689. 电台日志记载的内容不包括________。

A. 货物装载情况

B. 处理正常通信业务的情况

C. 通信设备和值守设备的使用、试验情况

D. WX 和 N/W 等 MSI 的接收情况

690. 填写电台日志,时间一律采用________,有关通信记录尽量采用英文或英文缩写,如属必要可用中文注明。

A. 船时　　B. UTC

C. LT　　D. 无所谓

691. 船舶电台执照分________两种,短期有效期限一般为________,长期有效期限一般为________。

A. 短期和长期;1 年;10 年　　B. 长期和永久;1 年;5 年

C. 短期和长期;1 年;5 年或 3 年　　D. 短期和永久;1 年;10 年

692. 适任证书有效期一般为________年,有效期满前________个月,由船长(在船期间)或本人(离船期间)向公司主管部门报告,以便向有关当局申请换发。

A. 5;6　　B. 3;3

C. 5;3　　D. 6;6

693. GMDSS 船舶货船无线电安全证书分换证检验和定期检验,换证检验________年一次,定期检验________年一次。有效期满前________个月,由船长、主管船级社或者公司主管部门提出申请,对船舶无线电设备进行定期检验和换证检验。

A. 5;1;6　　B. 5;1;3

C. 1;5;6　　D. 5;6;1

694. 船舶通信资费分为________两种形式。

A. 国内资费与国际资费　　B. 地面与卫星通信资费

C. 电话与电传资费　　D. 免费与商业资费

695. 船舶通信资费计算标准有________。

A. 免费　　B. 按信息流量大小计费

C. 计时计费　　D. 以上都是

696. 按信息流量大小计费的设备有________。

A. Inmarsat C　　B. SSB

C. SART　　D. DSC

697. 按计时计费的设备有________。

A. Inmarsat C　　B. Inmarsat F 中的 MPDS 通信

C. HF SSB 用户电话　　D. A+B

698. 船舶使用 VHF 经岸台进行遇险通信,其收费为________。
A. 岸台的服务费　B. 公众网络的电话计时费
C. A 和 B　D. 免费

699. 海事卫星的通信资费包括________。
A. 陆线费　B. 地面站费
C. 空间段费　D. A+B+C

700. MF/HF 设备经海岸电台转接陆地电话的通信操作中,对于收费描述正确的是________。
A. 完全免费
B. 有海岸电台费和陆地线路费
C. 免收海岸电台费,陆地线路收费
D. 与岸台通信收费,陆地线路免费

701. 计费机构识别码的英文缩写是________;中国对外账务结算机构识别码是________。
A. AAIC;CN03　B. CODE;CN03
C. AAIC;CN02　D. AAIC;CN04

702. 国际资费一般由________组成。
①陆线费(LL);②海岸费(CC);③卫星地面费;④特别业务费
A. ①②　B. ①②③
C. ①②③④　D. ③④

703. 中国负责国际船舶的对外结算机构在________。
A. 上海　B. 北京
C. 香港　D. 以上都是

704. PSC 检查是________。
A. 船旗国检查　B. 港口国检查
C. 船籍国检查　D. 船东检查

705. PSC 检查的目的有________。
A. 保证船舶和人员安全
B. 防止海洋污染
C. 对抵港外籍船舶技术状况是否适航实施的检查
D. 以上都是

706. FSC 检查是________,其检查形式和内容与 PSC 检查基本相同。
A. 船旗国检查　B. 港口国监督
C. 港口国检查　D. 船东检查

707. PSC 检查中,因通信方面可能造成船舶滞留的原因是________。
A. 所有 SART、EPIRB 和 MF/HF DSC 故障
B. 各种电池过期

C. 相关文件和证书不齐全

D. 以上都是

708. PSC 检查中,因通信方面可能造成船舶滞留的原因是________。

A. SART、EPIRB 和 MF/HF DSC 故障

B. 相关证书到期或者不相符

C. 相关人员不能正确操作使用设备

D. 以上都是

709. 下列哪一个是 PSC 检查必备的主要通信文件? ________。

A. 国际电信联盟(ITU)版《水上移动业务和水上卫星移动业务使用手册》

B.《海岸电台表》

C.《呼号和数字识别码表》

D. 以上都是

710. 对船舶通信方面的 PSC 检查的一般方式是________。

A. 相关证书检查　　B. 通信设备检查

C. 持证人员的 GMDSS 操作能力　　D. 以上都是

711. 船舶滞留代码是________。

A. 00　　B. 10

C. 30　　D. 40

712. PSC 检查通常检查哪些通信设备的电池有效期? ________。

A. 双向无线电话电池　　B. 雷达应答器电池

C. 卫星示位标电池和释放器　　D. A+B+C

713. 对 Inmarsat C 船站 PSC 检查时,主要通过________来测试设备的工作状况。

A. PV Test　　B. 设置打印模式

C. 查看收发信息记录　　D. 船位报告功能

714. PSC 检查时,与附近海岸电台进行 DSC 呼叫测试时,应使用________等级。

A. 遇险　　B. 安全

C. 常规　　D. 紧急

715. 关于 PSC 检查,下列叙述错误的一项是________。

A. 检查天线及备用电源状况　　B. EPIRB 发射

C. 检查使用人员的操作能力　　D. 检查相关证书

716. 关于 PSC 检查,下列叙述不正确的一项是________。

A. 熟练操作 DSC 设备　　B. 正确使用 SSB 设备呼叫海岸电台

C. 启动 Inmarsat C 船站报警按钮　　D. 及时接收 MSI

717. 船舶无线电检验分________。

A. 年度检验　　B. 换证检验

C. 定期检验　　D. A+B

718. 为了做好 PSC 检查,船方应做到________。

①船舶证书文件专人管理;②电台日志记录完整;③通信设备完好;④熟练操作通信设备;⑤WX 和 N/W 正常收阅

A. ①②③④⑤　　B. ①②

C. ①②③　　D. ①②③④

附录三 综合练习题参考答案

	1	2	3	4	5	6	7	8	9	10
1-10	A	B	C	D	D	B	A	D	A	B
11-20	D	A	C	D	C	C	D	A	B	C
21-30	D	B	C	D	A	D	D	C	A	B
31-40	A	A	C	B	B	C	A	B	D	D
41-50	B	D	C	B	B	A	A	D	A	B
51-60	D	D	D	B	C	C	D	A	C	B
61-70	D	C	A	B	A	C	A	B	D	A
71-80	D	B	D	A	C	A	D	B	B	D
81-90	B	A	D	D	A	B	B	B	B	C
91-100	A	C	A	D	D	D	B	C	D	B
101-110	A	B	C	B	C	B	A	A	A	A
111-120	B	A	D	A	B	C	C	A	C	C
121-130	B	B	A	B	C	D	B	C	C	C
131-140	C	C	A	B	A	C	C	C	A	B
141-150	B	C	D	C	D	C	C	B	B	A
151-160	A	C	A	A	A	D	B	D	A	B
161-170	A	B	C	D	A	D	B	C	A	D
171-180	B	A	A	B	D	C	A	C	D	C
181-190	A	B	C	B	A	B	C	A	B	A
191-200	B	A	C	D	A	B	C	C	D	B
201-210	C	D	A	B	C	B	D	A	B	C
211-220	B	D	A	A	B	A	C	D	A	C
221-230	D	C	C	B	A	D	B	C	A	D

231-240	C	B	B	B	D	D	B	B	D	A
241-250	C	C	A	C	D	D	C	D	C	B
251-260	D	C	B	C	D	D	D	A	C	D
261-270	B	C	B	D	A	B	A	B	A	B
271-280	D	C	D	C	A	D	A	B	C	C
281-290	D	D	D	D	B	A	C	A	D	B
291-300	C	A	B	D	A	C	B	D	A	C
301-310	A	B	C	D	A	B	D	C	B	D
311-320	C	A	B	A	D	C	B	D	D	C
321-330	B	B	B	C	B	A	A	C	B	B
331-340	D	C	B	A	C	D	C	D	B	C
341-350	D	B	A	B	C	C	A	D	C	A
351-360	D	B	C	C	A	B	D	D	B	D
361-370	D	C	D	B	A	A	B	C	C	C
371-380	A	A	B	C	C	B	A	C	A	D
381-390	B	D	A	B	C	D	A	B	C	C
391-400	B	A	C	A	D	D	B	A	B	D
401-410	C	D	B	A	B	B	D	C	A	D
411-420	B	D	D	A	B	A	B	A	B	C
421-430	D	B	B	C	C	B	A	D	C	C
431-440	B	A	D	B	B	D	A	A	C	D
441-450	D	D	B	C	D	C	B	B	D	A
451-460	C	B	A	B	B	A	B	B	D	D
461-470	A	D	B	B	D	A	D	B	D	C
471-480	A	A	C	D	D	C	A	A	C	B
481-490	C	D	A	B	B	B	A	D	A	C
491-500	B	A	B	C	A	D	C	C	A	B
501-510	D	D	B	C	D	D	D	A	B	C

511-520	B	A	C	A	B	C	B	A	C	D
521-530	A	C	B	A	C	B	C	D	D	D
531-540	B	D	A	B	A	B	C	B	C	D
541-550	A	C	A	D	A	B	B	A	B	A
551-560	C	D	A	A	B	C	C	D	D	B
561-570	A	B	A	D	C	B	A	C	D	D
571-580	A	B	C	B	D	A	D	D	B	C
581-590	B	C	C	C	D	D	D	A	D	B
591-600	D	C	A	B	C	A	C	D	A	B
601-610	B	D	B	A	C	D	D	B	A	C
611-620	D	A	B	D	A	A	D	C	D	D
621-630	A	D	D	B	B	C	D	D	B	A
631-640	A	B	D	A	B	C	B	C	B	A
641-650	B	C	D	D	A	B	C	A	B	A
651-660	B	B	C	D	B	C	D	A	B	D
661-670	B	C	B	B	B	B	D	A	C	A
671-680	A	B	D	D	B	D	C	D	A	D
681-690	D	B	C	B	B	D	D	C	A	B
691-700	C	A	B	A	D	A	C	D	D	B
701-710	A	C	B	B	D	A	D	D	D	D
711-718	C	D	A	B	B	C	D	A		

参考文献

[1] 王化民. 船舶通信技术教程. 大连:大连海事大学出版社,2014.
[2] 交通运输部海事局. 海船船员培训大纲. 北京:人民交通出版社,2021.
[3] 刘红屏,王化民. GMDSS 原理与综合业务. 大连:大连海事大学出版社,2008.
[4] 王化民. GMDSS 地面通信设备操作与评估. 大连:大连海事大学出版社,2008.